SAP
入门经典（第5版）

[德] Michael Missbach
[美] George Anderson 著

姚军 译

人民邮电出版社
北京

图书在版编目（CIP）数据

SAP入门经典：第5版 /（德）迈克尔·米斯巴赫，（美）乔治·安德森（George Anderson）著；姚军译. -- 北京：人民邮电出版社，2017.1（2022.11重印）
ISBN 978-7-115-44160-7

Ⅰ. ①S… Ⅱ. ①迈… ②乔… ③姚… Ⅲ. ①企业管理—应用软件 Ⅳ. ①F272.7

中国版本图书馆CIP数据核字(2016)第291967号

版权声明

Michael Missbach and George Anderson: Sams Teach Yourself SAP in 24 Hours (fifth Edition)
ISBN: 0672337401
Copyright © 2015 by Pearson Education, Inc.
Authorized translation from the English languages edition published by Pearson Education, Inc.
All rights reserved.

本书中文简体字版由美国Pearson公司授权人民邮电出版社出版。未经出版者书面许可，对本书任部分不得以任何方式复制或抄袭。
版权所有，侵权必究。

- ◆ 著　　[德] Michael Missbach　　[美] George Anderson
　　译　　姚　军
　　责任编辑　傅道坤
　　责任印制　焦志炜
- ◆ 人民邮电出版社出版发行　北京市丰台区成寿寺路11号
　　邮编　100164　电子邮件　315@ptpress.com.cn
　　网址　https://www.ptpress.com.cn
　　北京天宇星印刷厂印刷
- ◆ 开本：787×1092　1/16
　　印张：20　　　　　　　2017年1月第1版
　　字数：490千字　　　　2022年11月北京第17次印刷
　　著作权合同登记号　图字：01-2015-7172 号

定价：79.80元
读者服务热线：(010)81055410　印装质量热线：(010)81055316
反盗版热线：(010)81055315

内容提要

　　本书是由业内专家编写的 SAP 入门教程，其中对 SAP 的各种主要产品与组件进行了较为详细的介绍，并且从项目管理、业务、技术等多个视角对 SAP 的部署过程进行了全面介绍。本书结构清晰、内容丰富，而且各部分内容详略得当。通过阅读本书，读者可以深入浅出地了解 SAP 的历史演进、术语、用途、配置、部署和管理等各方面的内容，对原本极其复杂的 SAP 领域获得清晰认识。

　　本书在上一版本的基础上增加了云技术等 SAP 相关新内容的介绍，更为贴近当前的实际应用。本书既可以充当了解 SAP 实际业务应用的入门读物，也可以作为从事或学习相关专业的人士的参考用书。

关于作者

Michael Missbach 博士是 Cisco SAP 能力中心（Competence Center）经理，专注于 SAP HANA 的最佳实践和公共及私有云方案中其他任务关键型的应用。早先，他是 ALCOA 的 IT 主管。他曾经写过 SAP 硬件、SAP 系统运营、自适应 SAP 基础架构、Windows 和云上的 SAP 方面的图书。

George Anderson 博士是 Microsoft Services 的高级架构师和项目经理，擅长设计和部署任务关键型的 SAP 及 Microsoft Dynamics 解决方案。他是 SAP 认证技术顾问、PMI PMP 和六西格玛黑带，他还曾经写过 SAP 实施、性能测试和项目管理方面的图书。

致 谢

本书是在许多个夜晚、周末和飞行中加班工作的产物。我们感谢所有的客户和同事，感谢你们提供了许多的帮助，包括各方面的见解、技巧、贡献以及对本书的审阅意见和建设性批评意见。没有你们的支持，我们就无法完成本书。

我们要特别感谢以下各位：来自 secure-24 的 Sean Donaldson 和 Len Landale，来自 Grand-consult 的 Steffi Dünnebier，感谢你们对系统管理主题的贡献；感谢 Gerhard Lausser 在 Nagios 上的见解；感谢 Cap Gemini 的 Antonie Katschinsky 对简化金融的介绍；感谢 Microsoft 的 Cameron Gardiner 在 SAP 和云方面的深厚造诣；还要感谢 Andreas Jenzer、Jeff Davis、Sebastian Lenz 和 Stefan Schiele 的校对以及在 SAP 应用和技术上的见解。我们的顾问提供的实际经验为本书增添了永恒的价值，他们的支持是我们勇气的来源。

前言

我们已经介绍了 SAP 的基本情况，以及"SAP 领域和我们的生活在过去几年已经发生了巨变，我很高兴与 SAP 的新手和老兵们分享这一变化。"这是 2011 年本书第 4 版前言中 George Anderson 所说的话。当他和 Sams 邀请我作为这一最新版本的主要作者时，这句话也反映了我的心情：这一任务令我兴奋！也是我的荣幸。我是认真的！实际上，George 和我分担了重写和编辑这一版本的工作。我们引入了更多的屏幕截图和其他插图，修订了格式，同时保留了旧版本中最有教益的方面。

此外，我们增加了大量新内容。从 HANA 内存数据库和托管平台等新技术的介绍，到 SAP 的新用户界面、新推出的"软件即服务"云解决方案、新报表应用等，我们实际上重新编写了许多章节。

因为 IT 领域的变化通常很迅速，我们发现提供比以往更广泛的基础是很有益的。我们加入了物联网、新型移动设备技术和社会化媒体及大数据对 IT 领域的改变等新主题，还简短介绍了数据安全性威胁和其他发展，以及合理或者可能的未来趋势。我们这样做的目标是帮助您更深入地思考 SAP 的适用场合、不足之处，以及未来最有可能面临挑战的方面。

感谢您选择本书最新、最好的版本。我们相信，您将会发现值得花费时间阅读它。本书的各章组织成 5 个容易使用的部分。第 1 部分自然地从所有基础知识的介绍开始。第 2 部分涵盖了 SAP 的新旧业务应用及组件。

这样，我们就为从业务用户的角度（第 3 部分）和 IT 专业人员的角度（第 4 部分）探索 SAP 打好了基础。第 5 部分用 3 章进行总结，帮助您开始或者提升 SAP 职业生涯。

在学习过程中，我们介绍了对 SAP 新人最重要的知识。对于业务用户，我们组合了几个章节，简单介绍了实际的商业事务。我们探索了 SAP 在创建销售订单、检查客户记录、更新员工记录等方面的作用。我们提供了 SAP Business Suite 中用于执行常见商业事务的事务代码，而且不仅从 SAP ERP 本身、还从 SAP Business Objects 和其他应用中探索了所执行的报表及查询过程。这样，未来的 SAP 业务用户将对许多 SAP 最终用户生命中的一天有更好的感性认识。

对于技术用户，我们提供更深入的内容，并且已经完成了一些特别有益的工作。读者的反馈让我们得知，在 SAP Service Marketplace、Developer Network、Help Portal 和各种博客中寻找基本安装指南、重要技术信息等很困难。因此我们在技术细节说明的旁边加入了详细的"如何查找"材料。

我们还简单地介绍了 SAP 试用版本的安装，包括场内安装和云安装。有了"真正"的 SAP 系统，您就能更好地实时应用我们在这 24 章中一起探索的知识。我们还探索了 SAP 开发人员的世界，观察技术升级的准备，研究 SAP 实施项目管理的必要步骤。通过从多个不同视角介绍 SAP 技术，包括与 SAP 及云计算相关的最新透视，即使较有经验的技术读者也能在工作中感受到影响。

掌握了新的观点和知识，我们的读者将比以往更加高效。您将成为稀有的人才，有足够广博的知识理解大局，有足够的才能认识到面前仍有漫漫长路。但是仅依靠本书的知识，就能够很好地改变自己、您的职业生涯和未来。

本书涵盖的内容

本书涵盖理解 SAP 核心产品及组件所需的知识，这些产品及组件常常被简单（含糊）地统称为"SAP"。尽管这是一本入门书籍，但是它全面介绍了 SAP 的现状。作为 SAP 专业人士，本书的作者、贡献者和技术编辑们都确信，本书反映了真实的世界。

最新版本仍然以对 SAP 感兴趣的两大受众群体为目标：业务用户和 IT 专业人士。读者将会体会到，本书是围绕两组不同的技能和兴趣编排的。通过结合每个领域的概述和可行动步骤或者指南，我们相信，您将会发现这是目前为止最实用、最有教益的版本。

本书从基础知识开始，介绍 SAP 及其业务应用的相关术语、技术基础知识和项目实施考虑因素。由此开始，在新学知识的基础上认真地构建 SAP 应用程序及组件的复杂世界。本书的节奏设计事先提供稳固的基础，使您能够在掌握后面的章节中的更高级主题。这样，即使新手也应该能够快速理解 SAP 的规划、部署和使用。理解了这些，您还将感受到许多人在 SAP 项目和后续维护中所起的作用——高层领导、项目管理、业务应用、技术部署以及应用程序的业务用户一起在整个生命期中创建、使用和管理 SAP。

前几章确立了比过去几个版本更深厚的基础，带领读者快速理解，然后将重要的事实分解为以业务用户或者 IT 专业人士的目标领域。本书各章组织也更加清晰，对特定领域感兴趣的读者更容易找到最有趣的材料。和前一版本一样，每章的最后都有一个实际案例分析，使读者可以试验新学的知识。

本书的新内容

除了重要的结构变化及业务用户和 IT 专业人士的清晰定位之外，最新版本还包含了反映如下发展的新内容：

> ➢ SAP 最新的基于云产品和其他产品及并购，包括 Ariba、Concur、Fieldglass、hybris 和 SuccessFactors；

- ➢ HANA 策略，以及解释何时可从中获益的商业案例；
- ➢ SAP Simple Finance 融入 SAP 应用组合的场合；
- ➢ 更深入和广泛的技术平台细节；
- ➢ SAP ERP 经典报表功能之外的报表应用程序，包括 Business Objects Explorer、Crystal Reports、Xcelcius、Web Intelligence；
- ➢ 改进的真实 SAP 项目实施、迁移和升级指南；
- ➢ 超越传统的 CCMS，使用 SAP Solution Manager 处理系统管理和监控的方法；
- ➢ 与职业生涯发展相关的新思路和后续步骤。

为了帮助您了解商业机构日常如何使用 SAP，本书还包含了用于常见 SAP 业务场景的真实事务。其中几个场景很详细，其他则只是反应用户在 SAP CRM、ERP、PLM、SCM 和 SRM 系统中可能经常进行的工作。

本书的目标读者

本书是为 SAP 的新手和希望填补 SAP 知识缺陷的有经验用户而编写的。因为过去五年 SAP 应用程序发生了巨大的变化，即使最老练的 SAP 专业人士也能从第 3、5、6、8、13、14、18、19、20 和 21 章（以及第 4、7、10 章和第 16 章的相当一部分）中获益。

Sams 的所有人都希望您能喜欢这本书。更重要的是，我们希望这些材料能够满足您在周围世界中开始取得成功的需求。再次感谢您选择本书。

目 录

第 1 部分　SAP 简介

第 1 章　SAP 是什么 ························ 1
- 1.1　SAP 软件公司简介 ···················· 1
- 1.2　SAP 业务应用程序 ···················· 2
  - 1.2.1　SAP 组件、模块和事务 ········ 3
  - 1.2.2　跨应用业务流程 ················ 3
  - 1.2.3　SAP 行业解决方案 ············· 4
  - 1.2.4　点点相连 ······················· 5
- 1.3　SAP 集团概念 ························ 5
- 1.4　小结 ································· 6
- 1.5　案例分析 ····························· 6
  - 1.5.1　情境 ····························· 7
  - 1.5.2　问题 ····························· 7

第 2 章　SAP 业务基础知识 ··············· 8
- 2.1　业务架构和业务线路图 ············· 8
  - 2.1.1　业务架构 ······················· 9
  - 2.1.2　传统的公司业务关注点 ······· 9
- 2.2　SAP 的目的：运行业务 ············ 10
  - 2.2.1　管理业务风险 ················ 10
  - 2.2.2　业务敏捷性：放眼未来 ······ 11
  - 2.2.3　业务蓝图设计 ················ 11
  - 2.2.4　业务视角 ····················· 12
  - 2.2.5　SAP 如何为业务需求提供技术支持 ······················ 12
  - 2.2.6　与利益相关人紧密合作 ····· 12
- 2.3　其他视角：将业务需求映射到 SAP 应用程序中 ·············· 13
  - 2.3.1　功能视角 ····················· 13
  - 2.3.2　技术视角 ····················· 14
  - 2.3.3　项目实施视角 ················ 14
  - 2.3.4　4 种视角相互结合 ··········· 15
- 2.4　SAP 业务流程样例 ················· 15
  - 2.4.1　执行员工自助服务功能 ····· 15
  - 2.4.2　账册平衡 ····················· 16
  - 2.4.3　库存销售 ····················· 16
- 2.5　小结 ································ 17
- 2.6　案例分析 ···························· 17
  - 2.6.1　情境 ··························· 17
  - 2.6.2　问题 ··························· 18

第 3 章　SAP 技术基础知识 ·············· 19
- 3.1　SAP 技术 ···························· 19
  - 3.1.1　硬件基础知识 ················ 20
  - 3.1.2　服务器 ························ 20
  - 3.1.3　SAP 系统性能 ··············· 21
  - 3.1.4　SAPS：SAP 系统的"马力" ···· 22
- 3.2　SAP 的最佳平台是什么？ ········ 24
  - 3.2.1　两层系统与三层系统的对比 ··· 24
  - 3.2.2　"大铁箱"和刀片服务器的对比 ···························· 25
- 3.3　内存：快速而易失 ················ 26
- 3.4　存储系统：硬盘和其他磁盘 ····· 26
  - 3.4.1　存储网络 ····················· 26
  - 3.4.2　云存储 ························ 27
- 3.5　SAP 系统格局 ······················ 27

第1部分（续）

- 3.5.1 SAP 工作进程 ········ 28
- 3.5.2 OS 级 SAP 配置文件 ········ 29
- 3.6 SAP 数据库基础知识 ········ 29
  - 3.6.1 数据库基本知识 ········ 30
  - 3.6.2 表、索引和结构 ········ 30
  - 3.6.3 无风险迁移 ········ 31
- 3.7 未来的发展 ········ 31
- 3.8 小结 ········ 32
- 3.9 案例分析 ········ 32
  - 3.9.1 情境 ········ 32
  - 3.9.2 问题 ········ 32

第4章 SAP 项目基础知识 ········ 33

- 4.1 SAP 项目实施基本知识 ········ 33
- 4.2 实施 SAP 项目的首要步骤 ········ 34
- 4.3 SAP 项目生命期 ········ 35
  - 4.3.1 第1步：项目启动 ········ 35
  - 4.3.2 第2步：匹配与原型 ········ 36
  - 4.3.3 第3步：设计与构建 ········ 36
  - 4.3.4 第4步：系统集成测试 ········ 37
  - 4.3.5 第5步：业务验收测试 ········ 37
  - 4.3.6 第6步：生产接入准备 ········ 38
  - 4.3.7 运营稳定（运行） ········ 38
- 4.4 按照任务组织项目 ········ 39
- 4.5 按照角色组织项目 ········ 40
  - 4.5.1 领导角色 ········ 41
  - 4.5.2 业务或功能性角色 ········ 41
  - 4.5.3 技术角色 ········ 41
  - 4.5.4 常规支持角色 ········ 42
- 4.6 小结 ········ 42
- 4.7 案例分析 ········ 43
  - 4.7.1 情境 ········ 43
  - 4.7.2 问题 ········ 43

第2部分 SAP 应用程序与组件

第5章 SAP 应用程序与组件概述 ········ 44

- 5.1 实时的目标 ········ 44
  - 5.1.1 SAP NetWeaver ········ 45
  - 5.1.2 简化：再次实现实时 ········ 46
  - 5.1.3 升上云端 ········ 46
- 5.2 SAP 业务套件组件 ········ 47
  - 5.2.1 SAP 企业资源规划 ········ 47
  - 5.2.2 SAP 客户关系管理 ········ 48
  - 5.2.3 SAP 供应链管理 ········ 48
  - 5.2.4 SAP 供应商关系管理 ········ 49
- 5.3 SAP NetWeaver 组件 ········ 49
- 5.4 中小型企业 ········ 50
- 5.5 SAP Business One ········ 51
  - 5.5.1 B1 的实施 ········ 51
  - 5.5.2 B1 的功能与特性 ········ 51
  - 5.5.3 B1 的开发 ········ 52
- 5.6 SAP Business ByDesign ········ 52
  - 5.6.1 BBD 的实施与适应能力 ········ 52
  - 5.6.2 功能和特点 ········ 52
  - 5.6.3 BBD SaaS 方式的优势 ········ 53
  - 5.6.4 BBD 带来的挑战 ········ 53
- 5.7 SAP All-in-One ········ 53
  - 5.7.1 SAP All-in-One 的功能 ········ 53
  - 5.7.2 All-in-One 合作伙伴与解决方案中心 ········ 54
  - 5.7.3 All-in-One 的功能和特点 ········ 54
- 5.8 选择"最佳"的 SME 解决方案 ········ 55
  - 5.8.1 成本 ········ 55
  - 5.8.2 功能 ········ 56
  - 5.8.3 特点 ········ 56
  - 5.8.4 托管还是场内运行 ········ 56
  - 5.8.5 雇员人数 ········ 56
  - 5.8.6 业务流程复杂度 ········ 56
- 5.9 选择 SAP SME 解决方案优于 Business Suite ········ 56
- 5.10 小结 ········ 57
- 5.11 案例分析 ········ 57
  - 5.11.1 情境 ········ 57
  - 5.11.2 问题 ········ 57

第6章 SAP NetWeaver 与 HANA ········ 58

- 6.1 SAP 的基础 ········ 58
- 6.2 SAP NetWeaver 系列：6大部分 ········ 59
  - 6.2.1 基础管理 ········ 59
  - 6.2.2 中间件 ········ 59
  - 6.2.3 信息管理 ········ 60
  - 6.2.4 团队效率 ········ 61
  - 6.2.5 复合管理 ········ 61

6.2.6	业务流程管理	62
6.2.7	SAP 系统格局管理	62

6.3 整合 ··· 63
    6.3.1 从 SAPGUI 和 WebGUI 到
         Fiori 和 Lumira ····················· 63
    6.3.2 SAP 移动平台 ······················ 65
    6.3.3 HANA 云上的移动性：
         SMP3 与 HCPms 的对比 ········ 65
    6.3.4 SAP NetWeaver BW ············· 65

6.4 HANA 业务案例 ···················· 66
    6.4.1 思维的速度 ·························· 66
    6.4.2 ERP 的"边斗" ····················· 69

6.5 HANA 云服务产品 ·················· 71
    6.5.1 HANA 业务案例 ·················· 72

6.6 小结 ··· 73
6.7 案例分析 ·································· 73
    6.7.1 情境 ······································ 73
    6.7.2 问题 ······································ 73

第 7 章 SAP ERP 和业务套件 ······· 74
7.1 SAP ERP 业务情景 ················ 75
    7.1.1 SAP ERP 财务模块 ·············· 75
    7.1.2 SAP 制造 ····························· 78
    7.1.3 SAP ERP 运营 ····················· 78
    7.1.4 SAP ERP 企业服务 ·············· 79
    7.1.5 SAP ERP 人力资本管理 ······ 79
    7.1.6 SAP 客户关系管理 ··············· 81
    7.1.7 SAP 产品生命周期管理 ········ 82
    7.1.8 SAP 供应链管理 ·················· 83
    7.1.9 SAP 供应商关系管理 ··········· 84
    7.1.10 治理、风险与合规 ············· 85

7.2 小结 ··· 86
7.3 案例分析 ·································· 87
    7.3.1 情境 ······································ 87
    7.3.2 问题 ······································ 87

**第 8 章 云上的 SAP 和新 SAP 解决
方案** ·· 88
8.1 哪种类型的云 ·························· 88
8.2 SAP 的云计算之路 ·················· 91
    8.2.1 在云上运行的经典 SAP
         解决方案 ······························ 91
    8.2.2 HEC 与 HCP 的对比 ··········· 91

8.3 新获得的 SAP 解决方案 ········· 93
    8.3.1 SuccessFactors ······················ 93
    8.3.2 Ariba ···································· 94
    8.3.3 Fieldglass ····························· 96
    8.3.4 Concur ·································· 97
    8.3.5 hybris ··································· 98

8.4 小结 ··· 99
8.5 案例分析 ································ 100
    8.5.1 情境 ···································· 100
    8.5.2 问题 ···································· 100

第 3 部分　业务用户 SAP 基础知识

**第 9 章 从业务用户的视角看 SAP
的使用** ·· 101
9.1 SAP 部署之前：业务用户
    的角色 ···································· 101
    9.1.1 "排"长：功能业务专家 ······ 102
    9.1.2 功能配置专家 ···················· 103
    9.1.3 超级用户的角色 ················ 103

9.2 SAP 业务事务示例 ················ 104
    9.2.1 用 SAP 登录面板登录 ······· 104
    9.2.2 创建一个新的销售订单 ····· 105
    9.2.3 显示现有销售订单 ············ 106
    9.2.4 显示订单列表 ···················· 107
    9.2.5 更改外向交货单 ················ 107

9.3 小结 ······································· 108
9.4 案例分析 ································ 108
    9.4.1 情境 ···································· 108
    9.4.2 问题 ···································· 109

**第 10 章 SAP 传统及新用户界面
的使用** ·· 110
10.1 SAPGUI ······························ 110
    10.1.1 SAP 用户 ID 和会话 ······· 111
    10.1.2 使用 SAP 登录面板 ········ 111
    10.1.3 SAPGUI 会话基础知识 ··· 112
    10.1.4 结束会话并注销 ·············· 113
    10.1.5 SAPGUI 元素和其他
           基础知识 ·························· 113

10.2 SAPGUI 导航基础知识 ······ 114
    10.2.1 用菜单路径执行任务 ······ 114
    10.2.2 使用鼠标和键盘导航 ······ 114
    10.2.3 停止运行中的事务 ·········· 114
    10.2.4 理解和使用字段 ·············· 115
    10.2.5 使用改写和插入模式 ······ 115

10.2.6　显示输入字段的候选项……116
　　10.2.7　编辑输入字段中的数据……116
　　10.2.8　必填输入字段……117
　　10.2.9　SAPGUI 显示字段……117
10.3　SAPGUI 屏幕对象……118
　　10.3.1　SAP 树……118
　　10.3.2　单选按钮……118
　　10.3.3　对话框……118
　　10.3.4　表格控件……118
　　10.3.5　使用 Windows 剪贴板……119
10.4　其他传统界面……119
　　10.4.1　WebGUI 和 JavaGUI……119
　　10.4.2　SAP NetWeaver Business Client……120
10.5　SAP 的新用户界面和工具……120
　　10.5.1　SAP Fiori Launchpad……120
　　10.5.2　SAP Screen Personas……122
　　10.5.3　SAP Web IDE……122
　　10.5.4　SAP UI Theme Designer……123
　　10.5.5　SAPUI5 和其他用户界面框架……123
10.6　小结……123
10.7　案例分析……123
　　10.7.1　情境……123
　　10.7.2　问题……123

第 11 章　使用 SAP ERP 完成工作……125

11.1　4 种 SAP 业务情景……125
　　11.1.1　SAP ERP 财务……126
　　11.1.2　SAP ERP 运营……129
　　11.1.3　SAP ERP 人力资本管理……134
　　11.1.4　SAP ERP 企业服务……135
11.2　其他流行业务事务……136
　　11.2.1　跨应用组件模块……136
　　11.2.2　环境、健康和安全性模块……137
11.3　小结……138
11.4　案例分析……138
　　11.4.1　情境……138
　　11.4.2　问题……138

第 12 章　其他 SAP 业务套件应用的使用……139

12.1　使用 SAP SRM……139
12.2　使用 SAP CRM……140
12.3　使用 SAP SCM……141
12.4　使用 SAP PLM……143
12.5　小结……144
12.6　案例分析……144
　　12.6.1　情境……144
　　12.6.2　问题……144

第 13 章　使用 SAP 输出报表……145

13.1　SAP 报表用户类型……145
13.2　SAP Business Objects……147
　　13.2.1　SAP BO Explorer……147
　　13.2.2　SAP BO Crystal Reports……148
　　13.2.3　SAP BO Xcelcius Enterprise……148
　　13.2.4　SAP BO Web Intelligence……149
13.3　SAP NetWeaver BW 系列产品……149
　　13.3.1　SAP NetWeaver BWA……149
　　13.3.2　SAP HANA 驱动的 SAP BW……149
　　13.3.3　SAP Business Explorer……150
13.4　SAP ERP 运营报表工具……150
　　13.4.1　SAP Report Painter……150
　　13.4.2　ABAP 列表处理……150
13.5　传统 SAP 报表选项……151
　　13.5.1　结构图……151
　　13.5.2　执行信息系统……151
　　13.5.3　SAP 信息系统（报表树）……151
　　13.5.4　常规报表选择……151
　　13.5.5　最早的 SAP 报表工具……152
　　13.5.6　SAP 查询……155
　　13.5.7　InfoSet（Ad Hoc）查询……155
　　13.5.8　SAP QuickViewer……155
13.6　小结……156
13.7　案例分析……156
　　13.7.1　情境……156
　　13.7.2　问题……156

第 14 章　简化财务和办公室集成的使用……157

14.1　SAP 简单财务插件……157
　　14.1.1　旧的 ERP 世界……158
　　14.1.2　理想世界……158
　　14.1.3　sFin：混合方法……159
　　14.1.4　减少对账工作量……160
　　14.1.5　消除财务结账瓶颈……160

14.1.6 下一代用户体验·················161
14.1.7 以 sFin 为中心总账···········162
14.1.8 从业务套件到 sFin 插件······163
14.2 SAP 与桌面应用的集成··············163
   14.2.1 SAP Assistant·················163
14.3 使用%PC 下载数据·····················164
   14.3.1 导出 SAP 数据到
           Microsoft Excel···············164
   14.3.2 在 Microsoft Word 中
           创建 SAP 套用信函···········165
   14.3.3 在 Microsoft Access 中
           导入 SAP 数据·················167
14.3.4 Microsoft Access 报表向导·····167
14.3.5 集成 SAP 与 Microsoft
       SharePoint······················169
14.3.6 集成 Microsoft 目录服务
       与 SAP····························170
14.4 OpenText Archiving for SAP·····170
14.5 SAP 和 Adobe Forms················170
14.6 小结··171
14.7 案例分析······································171
   14.7.1 情境·······························171
   14.7.2 问题·······························172

第 4 部分　IT 专家所需的 SAP 知识

第 15 章　SAP 项目经理的视角············173
15.1 SAP 实施方法学·························173
15.2 ASAP 简介··································174
   15.2.1 阶段 1：项目准备············175
   15.2.2 阶段 2：业务蓝图············176
   15.2.3 阶段 3：实现···················176
   15.2.4 阶段 4：最终准备············177
   15.2.5 阶段 5：启用支持············177
   15.2.6 阶段 6：运营（运行）····177
15.3 SAP 项目领导·····························178
   15.3.1 执行指导委员会···············178
   15.3.2 项目发起人······················179
   15.3.3 SAP 计划或项目总监·······179
   15.3.4 项目管理办公室···············180
15.4 项目团队构成·······························181
   15.4.1 业务配置团队···················182
   15.4.2 开发和定制团队···············182
   15.4.3 集成团队··························183
   15.4.4 测试团队··························183
   15.4.5 数据团队··························183
   15.4.6 应用和平台安全团队·······183
   15.4.7 技术团队··························183
15.5 项目团队成员特性······················184
15.6 项目工具和其他方法学··············184
15.7 项目竣工······································185
15.8 小结··186
15.9 案例分析······································186
   15.9.1 情境·································186
   15.9.2 问题·································186

第 16 章　从技术专家的视角看 SAP·····187
16.1 转移重心：从业务到技术··········187
   16.1.1 安装主指南和 SAP Note····188
   16.1.2 搭建舞台：SAP 格局·······188
   16.1.3 理解 SAP 适型················188
   16.1.4 预测 SAP 系统负载··········189
16.2 理解 SAP Quicksizer··················191
16.3 超越 Quicksizer：基于计量
       的适型······································191
16.4 性能能否得到保证？··················193
16.5 理解 SAP 可用性························193
   16.5.1 如何定义可用性···············194
   16.5.2 需要多高的稳定性？·······194
   16.5.3 规划停机时间···················195
   16.5.4 考虑灾难恢复能力···········195
   16.5.5 发生灾难时需要多少
           资源？······························195
16.6 安全性考虑因素··························196
   16.6.1 加固 SAP 环境··················197
   16.6.2 别动运行中的系统？·······198
16.7 网络考虑因素······························199
16.8 运营考虑因素······························200
   16.8.1 SAP 基础团队人员配备····200
   16.8.2 运营与管理······················201
16.9 小结··201
16.10 案例分析····································202
   16.10.1 情境·······························202
   16.10.2 问题·······························202

第 17 章　SAP 开发人员的视角 … 203

17.1　编程工具 … 203
- 17.1.1　SAP 业务流程管理 … 204
- 17.1.2　SAP 移动应用开发平台 … 204
- 17.1.3　ABAP 和 SE80 … 204
- 17.1.4　Java 和 NWDS … 205
- 17.1.5　复合环境 … 205

17.2　开发人员和 SAP 方法学 … 206
17.3　配置和 SAP IMG … 208
17.4　IMG 的不同视图 … 209
- 17.4.1　SAP Reference IMG … 209
- 17.4.2　SAP Enterprise IMG … 209
- 17.4.3　SAP Project IMG … 209
- 17.4.4　SAP Upgrade Customizing IMG … 210
- 17.4.5　使用解决方案管理器进行集成 … 210

17.5　其他 IMG 基础知识 … 210
- 17.5.1　IMG 帮助 … 211
- 17.5.2　IMG 文档 … 211
- 17.5.3　状态信息 … 212
- 17.5.4　版本说明 … 213

17.6　小结 … 213
17.7　案例分析 … 214
- 17.7.1　情境 … 214
- 17.7.2　问题 … 214

第 18 章　SAP 安装与实施 … 215

18.1　初始步骤 … 215
- 18.1.1　SAP 安装准备 … 216
- 18.1.2　查找和下载安装指南 … 216
- 18.1.3　查找和下载 SAP 软件 … 217

18.2　基础设施准备 … 220
- 18.2.1　服务器 … 220
- 18.2.2　网络 … 221
- 18.2.3　操作系统 … 221
- 18.2.4　数据库服务器安装 … 221
- 18.2.5　SAP 软件安装 … 222
- 18.2.6　安装后的任务 … 222

18.3　安装 SAP 试用版 … 223
18.4　公共云平台上的 HANA … 224
- 18.4.1　HANA 数据库大小和时间限制 … 225
- 18.4.2　HANA 部署过程的 4 个步骤 … 225
- 18.4.3　访问新的 HANA 系统 … 227

18.5　SAP 云设施库 … 227
18.6　SAP 单点登录简介 … 228
- 18.6.1　用 SPNego 启动 SSO … 228
- 18.6.2　通过 SAML 启用 SSO … 229

18.7　小结 … 229
18.8　案例分析 … 229
- 18.8.1　情境 … 230
- 18.8.2　问题 … 230

第 19 章　SAP 与云 … 231

19.1　天气预报：多云 … 231
- 19.1.1　私有云 … 233
- 19.1.2　公共云 … 233
- 19.1.3　混合云 … 233

19.2　将 SAP 与云相结合 … 234
- 19.2.1　SAP Web 应用服务器 … 234
- 19.2.2　SAP 与 SaaS … 234
- 19.2.3　SAP 与 PaaS … 234
- 19.2.4　SAP 与 IaaS … 235
- 19.2.5　虚拟化不等于云计算 … 235

19.3　将 SAP 系统转移到云 … 235
19.4　SAP 即服务？ … 236
- 19.4.1　云中的非生产 SAP 系统 … 236
- 19.4.2　未来：云独步天下，Sun 无立锥之地 … 237
- 19.4.3　云过渡和退出策略 … 238

19.5　Monsoon 项目 … 238
- 19.5.1　DevOps … 239
- 19.5.2　开放源码 … 239
- 19.5.3　OpenStack … 239
- 19.5.4　OpenStack 的风险 … 240

19.6　集成 SAP SaaS 解决方案 … 240
- 19.6.1　SuccessFactors … 241
- 19.6.2　Ariba … 242
- 19.6.3　hybris … 243

19.7　小结 … 244
19.8　案例分析 … 244
- 19.8.1　情境 … 244
- 19.8.2　问题 … 244

第 20 章　SAP 系统管理 … 245

20.1　管理工具 … 245
- 20.1.1　计算中心管理系统 … 246

20.1.2 SAP 解决方案管理器……246
20.1.3 SolMan 技术监视……247
20.1.4 SAP 格局虚拟化管理器……249
20.1.5 使用数据库进行监视……250
20.1.6 Nagios……251
20.2 SAP 日常监视……251
20.2.1 系统状态……252
20.2.2 系统建议……252
20.2.3 配置有效性检查……253
20.2.4 解决方案管理器自助服务……253
20.3 小结……254
20.4 案例研究……254
20.4.1 情境……255
20.4.2 问题……255

第 21 章 SAP 增强、升级和其他补强措施……256

21.1 基础：修改 SAP……256
21.2 术语"增强"和"升级"……257
21.2.1 术语"增强"的解释……257
21.2.2 术语"升级"的解释……258
21.2.3 升级不是迁移……258
21.2.4 SAP OS/DB 迁移……259
21.2.5 在升级期间迁移到 SAP HANA……261
21.2.6 有关 SAP 升级的更多知识……261
21.3 高级项目规划……261
21.3.1 增强项目规划……261
21.3.2 SAP 升级项目规划……262
21.4 小结……263
21.5 案例分析……264
21.5.1 情境……264
21.5.2 问题……264

第 5 部分 SAP 职业生涯

第 22 章 业务用户的 SAP 职业生涯……265

22.1 业务工作的种类……265
22.2 第一步：经验、培训、交流和认证……266
22.2.1 近在眼前……267
22.2.2 SAP 公司……268
22.2.3 SAP 合作伙伴……269
22.2.4 SAP 客户……270
22.3 其他思路……270
22.3.1 业务和功能职位……271
22.3.2 功能项目和计划管理……271
22.3.3 功能培训人员和测试人员……271
22.4 为 SAP 业务生涯做好准备……272
22.4.1 近在眼前……272
22.4.2 利用现有的业务经验……272
22.4.3 专注于边缘业务……273
22.4.4 积累软实力……273
22.5 小结……276
22.6 案例分析……276
22.6.1 情境……276
22.6.2 问题……276

第 23 章 IT 专业人员的 SAP 职业生涯……277

23.1 SAP 及其合作伙伴和客户……277
23.1.1 SAP 公司……277
23.1.2 SAP 合作伙伴……278
23.1.3 SAP 客户……278
23.2 有哪些类型的机遇可供选择……278
23.2.1 技术职位……279
23.2.2 技术项目管理……279
23.2.3 技术培训人员……279
23.2.4 SAP 测试人员……280
23.3 为 SAP 职业生涯做准备……280
23.3.1 近在眼前……280
23.3.2 利用现有的技术经验……280
23.4 利用现有的技术专业能力……281
23.4.1 硬件和基础设施专家……281
23.4.2 平台管理员……281
23.4.3 开发人员和程序员……282
23.5 积累软实力……282
23.6 小结……283
23.7 案例分析……283
23.7.1 情境……283
23.7.2 问题……283

第 24 章 其他资源和结语……284

24.1 专业资源……284
24.1.1 SAP 的服务和支持资源……285
24.1.2 SAP 用户组……285
24.1.3 SAP Professional Journal……287
24.1.4 SAPinsider……287

24.1.5 InsiderPROFILES ··············· 287
24.1.6 传统和在线书籍 ················ 288
24.1.7 技术时讯 ··········· 288
24.2 互联网资源 ················ 289
　　24.2.1 SAP ITtoolbox ············ 289
　　24.2.2 SAP Fans ··············· 289
　　24.2.3 SAP FAQ ··············· 290
　　24.2.4 TechTarget 和 Search SAP.com ··············· 290
24.3 SAP 会议和活动 ············ 290
　　24.3.1 SAPPHIRE NOW ········· 290
　　24.3.2 SAP TechEd ············ 291
　　24.3.3 Managing Your SAP Projects 会议 ·············· 291
　　24.3.4 WIS 主办的其他研讨和会议 ················· 291
24.4 聘用和职业生涯机遇 ··········· 292
　　24.4.1 Softwarejobs.com ·········· 292
　　24.4.2 在 ITtoolbox 寻求职业生涯发展 ··············· 292
　　24.4.3 后起之秀 ··············· 292
24.5 小结 ······················ 293
24.6 案例研究 ··················· 293
　　24.6.1 情境 ·················· 293
　　24.6.2 问题 ·················· 293

附录 A 案例分析答案 ················ 294

第1章

SAP 是什么

在本章中您将学到：
- SAP 软件公司的历史
- SAP 业务应用程序和行业解决方案
- 组件、模块和事务
- SAP 集团概念
- 运行 SAP 的意义

在本章中，我们要介绍一下软件公司 SAP 及其简史，为之后的学习打下基础。然后，我们要了解一下 SAP 的应用传统以及它自己独有的一套缩略语。这样我们就可以用相同的"语言"相互沟通了。本章最后，我们还将概要介绍 SAP 当前的技术和应用。

1.1 SAP 软件公司简介

如果一本 SAP 入门图书没有介绍该公司是如何发展壮大为该领域领导企业的，那么这本书绝对是有所欠缺的。SAP 是一家德国公司，总部设在瓦尔多夫，是当今全球最大的企业应用程序提供商，同时也是规模最大的软件公司之一。尽管 SAP 与自己的竞争企业特点各异，但是在某些方面它们也有着一些相似之处。它们之中大多数都会提供企业级软件、业务智能和数据仓库解决方案、针对中小型企业的软件、Web 和应用程序开发平台、与计算机系统绑定在一起的集成软件、各种云计算技术等。

而且这些竞争企业也都可以帮助用户支持 SAP，例如 SAP 公司把 Oracle 作为自己最大的数据库提供商，Microsoft 也在数据中心和办公系统中提供了 SAP 最流行的操作系统。IBM 是 SAP 最大的咨询合作商，而 Microsoft 和 IBM 都提供业务智能解决方案供 SAP 应用程序使用。

SAP 大约 40 年前成立于德国的曼海姆，创立者是一群前 IBM 工程师，他们有一个共同的理想：开发一种能够把公司的各种业务功能结合在一起的软件包。这种创意旨在帮助公司用单一的集成系统替代 10~15 种不同的业务应用程序，如财务系统（执行账户支付和应收款项处理）、仓储应用、生产规划解决方案、工厂维护系统等。更妙的是，这些前 IMB 工程师希望自己创建的系统能够实现各种类型的商业和工业所能达到的最佳实践。在开发过程中，有人预测这种新软件包可以大大降低工作复杂度，为企业提供更具实时性的计算能力。1972 年，当用于数据处理的系统、应用和产品（Systems, Applications, and Products in Data Processing, SAP, 德语为 Systemanalyse und Programmentwicklung）出现时，这种预测变成了现实。而我们这些工作在 SAP 环境中的人长期以来形成了把 SAP 公司和他们的产品都简称为"SAP"的惯例，而不再使用原来那个冗长的名字了。

SAP 自诞生之日起就致力于改变世界，目前仍在朝着这个目标不懈努力。他们努力的结果也远远超出了最初的预想，公司领导者创造了一种多语种、多国家适用的平台，可以简单方便地进行改动，以满足新的业务过程标准和技术提出的要求。现在，有不下百万的企业用户正在使用 SAP 为自己遍布全球 120 多个国家、超过 15 万个客户工作着。而 SAP 的 5 万名雇员以及 2000 个实施和支持合作商也正热火朝天地忙于在使用 40 多种不同语言的 50 多个国家构建和实施软件。由于云计算的发展，这些 SAP 业务解决方案都运行在越来越多的计算平台上。

仅就最后一点来看，SAP 就已经彻底改变了当今业务应用的技术基础。尽管 SAP 不是第一个支持云计算的公司，但它彻底打破了 20 世纪 60 年代和 70 年代以来基于大型机技术模式独霸企业应用市场的局面。从一开始，SAP 就把自己的软件解决方案结构设计为可以运行在多种不同的硬件平台上、操作系统和数据库版本上。通过这种灵活性和开放性，SAP 同时也赋予自己的客户以灵活性和选择的余地。这种颠覆性的改革为企业业务软件的开发和交付带来了新的起点，同时也帮助 SAP 在 20 世纪 90 年代早期走到了 IT 和企业软件行业的前列。

20 世纪 90 年代在企业软件领域新崛起、广受欢迎的公司还包括 Baan、Oracle、PeopleSoft 和 JD Edwards。这之后不久，一些业内原来不甚知名的小公司也开始不断发展壮大，其中包括 Great Plains 和 Navision 等公司。尽管大型机应用仍然还很普遍，但对许多公司来说已经显得过于复杂和昂贵了，传统系统已如昨日黄花，企业软件行业走到了摆脱它们的十字路口。全世界各大公司中的 IT 部门都在摩拳擦掌，因为他们找到了能够更简单、便宜地支持不断涌现的标准化硬件平台的全能系统。

为之推波助澜的是新的企业软件公司还在数据库方面获得了推动力，新数据库提供商崛起了，包括 Oracle、Sybase、Informix 等，他们提供的取代旧大型机 IMS 和 DB2 的方案极富吸引力。新操作系统也不甘落后，可以帮助新数据库和应用构建低成本的关键任务计算平台。到 20 世纪 90 年代中期，当 SAP 开始支持 Microsoft Windows 操作系统和 SQL Server 数据库时（之后很快又实现了对 Linux 操作系统的支持），SAP 在企业软件市场上的主导地位已经非常稳固了——公司的创始人已经志得意满地实现了自己的初衷，创造出了能够运行在多种平台上、由各种各样的 IT 机构进行操作和维护的多国家、多语言业务解决方案。此时的 SAP 不仅发展成了价值数十亿美元的行业巨头，而且已经成功地改变了用户生产率和组织效率领域。

1.2　SAP 业务应用程序

从业务应用软件的角度看，SAP 几乎可以说是无所不能，而且适用于几乎各种类型的企业。SAP 应用软件的基本概念是专业化和集成化。SAP 系列产品和服务中的每个软件组件或应用程序都会有针对性地满足特定的需求，能够给日常的财务和资源管理（SAP 企业资源规划，简称 ERP）提供便利，处理产品生命周期规划要求（SAP 产品生命周期管理，简称 PLM），支持公司内部采购（SAP 供应商关系管理，简称 SRM），通过不同系统互连以缓解集成压力（SAP NetWeaver 流程集成，简称 SAP NetWeaver PI），实现客户关系管理（SAP 客户关系管理，简称 CRM）等。SAP 把所有这些产品分成了 SAP 业务套件（包括所有的业务应用程序）和 SAP NetWeaver（其中的组件是发挥 SAP 能力必不可少的，如门户产品、开发工具和业务智能工具等）两大部分，我们将会在本书的其他章节中对它们进行详细介绍，毫不夸张地说，SAP 的应用程序、组件和产品称得上是多不胜数，因此可以组合和定制出几乎适合各种业务的 SAP 解决方案。

1.2.1 SAP 组件、模块和事务

在开始深入学习之前，了解 SAP 组件、模块和事务的区别是非常重要的。SAP 使用的术语"组件"（component）与术语"业务应用"（business application）通用，在大多数情况下，后一术语使用时会简写为"应用"（application）。另外，SAP 模块（module）提供的是组件之内的具体功能。例如，财务模块、生产规划模块和物料管理模块，通过其名称就能知道其功能。这些独立的 SAP 模块组合起来形成了 SAP ERP 组件。在一个具体的模块内，可以对公司的业务流程进行配置和组合。

业务流程也称为业务情景（business scenario）。业务流程的一个好例子是"订单到现金"流程。它包含了许多不同的事务，从在系统中书面提交销售订单到管理采购申请和采购订单，从"拣选"存货到销售、进行交付、为客户订单开具发票，不一而足。每项事务都可看作是业务流程的一个环节（环节 1、环节 2 等）。如果所有事务都按正确的顺序执行完毕，就可以完成"订单到现金"这样的业务流程了。很多情况下，这些事务都隶属于同一模块。而在某些情况下，业务流程可能需要运行多个不同模块中的事务，甚至可能是多个不同组件中的事务（见图 1.1）。

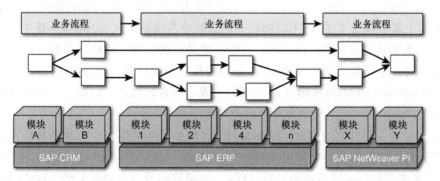

图 1.1
SAP 组件由模块构成，模块则由用于执行高级业务流程甚至更高级的巨型流程的事务构成

1.2.2 跨应用业务流程

SAP 的事务可以组合使用，因此在实际应用中可以构建涵盖广泛、功能丰富的平台来执行业务。这就是说，公司使用 SAP 可以更透彻地了解自己的销售、供应链和生产趋势，并且

可以通过向不同方向扩展业务流程以新的方式顺应或控制这种趋势，从而实现利润和收益最大化。仍以"订单到现金"流程为例进行一下说明，它从本质上说是一个"后台"记账流程。通过结合使用多种 SAP 应用程序，公司可以创建一个能力更强大的扩展版。"订单到现金"流程，这种流程称为跨应用流程、巨型流程或扩展业务流程。

通过这种方式，我们的"订单到现金"流程的功能可以获得极大的增强。例如，我们可以通过 SAP 的企业门户对流程进行初始化，允许公司内的大量用户甚至合作商或供应商能够使用简单的浏览器访问公司的 SAP 系统。进入系统后，这些用户就可以"直达"SAP ERP 进行实际下单了。通过在业务流程层面上实施的业务逻辑规则，可以将控制权交给 SAP CRM 应用程序，以确定具体用户的购买偏好和购买历史。首先，CRM 的业务逻辑规则可以通过某种特定的方式指导或影响业务流程，这就有可能帮助销售人员说服客户增加订购数量或者提高订单的毛利率。然后，公司可以对 SAP 的供应链管理（SCM）系统进行评估，从而改进供应链规划流程，发掘出订单潜力，在整个系统上实现最高的利润，并在许多不同客户需求和公司对物料、人员和其他资源的取用上寻求平衡。此后，可以查询 SAP NetWeaver Business Warehouse（业务仓库），找出与该客户在特定地区或特定时间段内的信用历史、财务条款、销售模式相关的历史数据。在对这些详细信息进行分析之后，扩展业务流程可以把控制权转交给 SAP 的 Crystal 报表解决方案来创建公司内部报表。同时，公司可以使用 SAP ERP 或 SAP NetWeaver 门户推动和跟踪拣选流程、订单执行和运输过程，以及最终的收账流程，从而完成整个业务流程。

1.2.3　SAP 行业解决方案

除了能够实现种类丰富、功能各异的业务流程，SAP 还以能够在自己的软件中反映出行业的最佳实践而著称。用户公司可以采用 SAP 提供的最佳实践，而不需要去创造自己的工作惯例，更事半功倍、行之有效地为自己的客户、委托人以及利益相关人提供服务。这就是 SAP 一直以来获得巨大成功的重要原因：SAP 对各个不同的行业都了如指掌，它要做的是使这些行业中的公司不仅仅采用 SAP 软件，同时还能够采纳行业的最佳实践。

SAP 的行业解决方案过去（现在也松散地）分成三大领域：制造业、服务业以及金融/公共服务领域。实际上其中包含了 25 组不同的行业，如航空及国防、汽车、银行、化工、消费产品、医疗保健、高等教育与研究、高科技、保险、媒体、轧制品、采矿、公共部门、零售、电信、公用事业等。这些分组又代表着 40 个不同的具体行业。要获得完整的行业清单，您可以访问 http://go.sap.com/solution.html 了解完整的列表，或者只需在自己最喜爱的搜索引擎上搜索"SAP industry solutions"（SAP 行业解决方案）即可。

这些行业解决方案有一个共同的优点，就是它们可以简单地"安装"到 SAP 的其他产品上。例如，石油和天然气行业解决方案可以安装到 SAP ERP 之上，使 ERP 能快速地配置原有 SAP ERP 解决方案中并非标准的石油和天然气行业。如果我们没有石油和天然气行业解决方案，每个行业客户都必须向某人付费，以创建、配置、测试和部署具体的功能。我们将会学到，这种定制的开发很昂贵，而维护往往更贵。而且，如果有一天需要升级 SAP ERP，这种定制不仅使事情复杂化，往往还需要在升级系统中重新开发。

1.2.4 点点相连

正如前文所述，诸如 SAP ERP 这样的应用程序由许多不同的模块构成。各个模块的功能专门用于处理一种特定的业务功能（这些功能又包括了许多具体的业务事务）。单独看来，每个模块都用于管理一个特定部门负责的业务领域或功能领域。例如，在提高信用额度之前，公司的应收账款分组可能会使用 SAP ERP 的财务模块运行一项业务事务，以检查客户的信用信息和按时支付历史。与之相似，运输部门会定期运行物料管理模块的业务事务，来检查特定仓库的存货情况。其他部门可能会负责管理支付、地产、销售预测、预算编制等。总之，公司内各个部门可以使用覆盖整个公司的 SAP 系统相互协作，完成公司业务。而公司可以从部门间的协调一致上获益，同时使公司管理层能够获得做出战略性决策，使企业保持健康发展所需的洞察力。

您是否看到了一条主线？SAP 产品的设计目的是满足业务需求，无论软件大小，都要使它们满足良好运行业务的业务需求。SAP 的软件产品共同构成了一幅"宏大的图景"，它能够把遍布全球的人员、资源和流程联系起来人尽其责、物尽其用地成功完成业务。SAP 及其业务应用程序竞争对手——Oracle、Microsoft、Sage Group、NetSuite、IBM、Epicor、Infor Global Solutions、Workday、salesforce.com 等——都在努力地发展这种能力，力求把各种独立功能都编织到一张大网中去。注意，SAP、Oracle 和 Microsoft 在大部分企业应用软件领域都拥有很大的市场份额和知名度，而 Saga Group、Epicor、Infor 和 NetSuite 则紧追不舍。

1.3 SAP 集团概念

在讨论实际运行 SAP 的意义之前，我们还需要再考察一个概念。在 SAP 的世界里，集团（client）具有特殊的意义。从根本上说，集团是每个 SAP 系统内自足的业务实体或单位；可以使用 Web 浏览器或 SAP 的任意一个专门的用户界面（称作 SAPGUI）登录 SAP 集团，从而进入和使用系统。每套系统——SAP ERP、CRM、SCM 等——都有自己独一无二的集团。因此，当今的机构通常拥有多种生产集团（每个 SAP 组件一个生产集团）。而且，每个组件还都可以包含多个非生产集团。这些集团用于示范目的和业务功能的开发与测试，这些功能将来会加入到生产集团里去，并转交给公司的最终用户供其使用。

每个集团都有自己独立的一套基本记录和"表格"（相关内容我们会在第 3 章进行详细说明）。领会这一点的最佳方式是考虑一下实际生活中 ExxonMobil、General Motors、Honeywell 等大公司的情况。比如在这些跨国机构内部通常都包括了三四个甚至十多个公司和业务机构。每种 SAP 集团可以专供各个不同的业务机构使用，大型公司的一个 SAP 组件（如 ERP）之内就可能会拥有两个甚至三个生产集团。比如，一家公司可能会根据各个业务分组（雪佛兰、凯迪拉克、GMC）来组织集团，也可能根据地区（美洲、欧洲、亚洲）来划分集团结构。通过这种方式，雪佛兰业务用户可以登录雪佛兰集团来完成自己的工作，而凯迪拉克的业务用户可以登录到同一个 SAP 系统的 Caddy 集团上继续自己的工作。

最终，有多个集团可能是一件好事。例如，雪佛兰的集团可能仅为雪佛兰业务单位使用的业务流程、语言和货币进行专门的配置。当这些流程需要更改时，不需要和其他业务单位协调，这节约了时间，为雪佛兰业务单位提供了额外的敏捷性。而不同集团所代表的每家公司的财务和其他状况很容易汇总，作为一个整体，跨国机构可以方便地报告跨越下属各公司的财务状态、库存水平等。

拥有多个集团也可能代表着许多额外的工作或者重复工作。部署不同的业务流程和工作方法，意味着选择以不同法律或者业务实体经营的跨国组织缺乏标准化。必须为每个集团部署培训系统。最终用户无法无缝地在业务单位之间调动，担任新工作时需要花费时间了解业务的执行方式。数据的细节也会随时改变，造成一辆车的同一个零件在不同的集团可能有多个不同的编号和描述。

这些方面的权衡都是可控的，都是在特定时点、为特定组织开发合适的业务解决方案的一部分。不管集团的数量有多少，好消息是，在 SAP 中，很容易保持集团独立和记住所要访问的集团。当您需要登录到 SAP 时，可以选择自己想要登录到的特定集团。每种集团都分配了一个独一无二的三位数的代码，您需要知道此代码并在登录时输入。因此区分使用不同业务线、不同地理位置或者不同测试目的的集团并不难。注意，SAP 安全性措施将阻止你登录到未授权的集团中；要访问特定的集团，必须有一个用户 ID 和对应的权限设置。

例如，在 SAP 系统中开发新功能的程序员可以登录到集团 100 进行编程工作，还可以在另一系统中登录集团 200，检查和测试新的业务逻辑规则，此外还能在第三个系统中进入集团 500 检查新培训系统，在那里，他的代码可以用于教授其他人学习如何使用 SAP。同理，一个终端用户可以登录生产系统中的集团 300 进行自己的日常工作，偶尔可以登录测试系统的集团 200，以检查自己要求为生产活动开发的新功能的状态。

记住：集团（Client，同时有"客户"等含义）这一术语广义上可以指代多种事物，包括单独的 PC 或者工作站。但是基于我们的目的，本书中按 SAP 的使用方式使用"集团"一词，即用它描述 SAP 系统中逻辑上的离散或者独立的业务实体，而不用该术语描述 PC 或工作站。

1.4 小结

本章中，我们带您初涉 SAP 的世界。您了解到了 SAP 的历史，一些具体的业务应用，以及 SAP 领域中常见的技术术语。归根结底，请牢记 SAP 的真正工作要由其组件和应用程序来完成，这与技术几乎没有关系，而主要是公司如何具体配置自己业务流程的问题。各行各业业务流程的配置可谓大相径庭。幸运的是，SAP 提供了丰富的行业解决方案，可以帮助用户公司实现行业的最佳业务实践。另外还需注意的是，业务流程实际上是各种独立的 SAP 业务事务的结合体，其目的是完成实际的业务工作。事务与具体的模块息息相关，而业务流程可能由多个模块的事务构成。交叉应用或巨型业务流程中的事务更是会横跨多个模块，甚至多个 SAP 组件。现在我们可以进入第 2 章了解 SAP 幕后的核心业务原理了。但是在此之前，我们还是首先要看一下下面的案例分析。

1.5 案例分析

此案例分析将带您回顾一下本章内容，用于帮助您复习学到的知识，并把它们联系起来，让您能够在实际应用它们之前考虑周密。可以在附录 A 中找到与此案例分析相关的问题答案。

1.5.1 情境

MNC 公司（简称 MNC）是一家大型跨国采矿、轧制和制造公司，业务遍及 20 个国家，其客户遍布全球。虽然 MNC 是根据许多实际使用 SAP 的公司虚构的，但它面临的问题却与当今机构如出一辙。现实中的财务透明度问题，供应链缺乏透明度，对最近全球销量下降和错失市场商机的担忧都成为了 MNC 执行董事会无法忽视的问题，它需要用一种单一而高集成度的业务应用程序来取代现有的 30 个传统业务程序。董事会特别关注业务单位的敏捷性以及公司在处理多语言、多币种业务方面的要求，也听说了有关高成本定制的恐怖故事，对 SAP 是否构建了相关的行业解决方案充满好奇。最后，面对着分布在 500 个办事处和 20 个国家的 10 万个使用 Microsoft Windows 系统的用户，董事会非常关心如何能够让所有人员使用单一应用程序的问题。董事会成员还必须更加清晰地理解 SAP 的集团概念。通过引导董事会考虑以下问题，您的任务就是帮助 MNC 领导层了解 SAP 解决当前最紧急问题的能力。

1.5.2 问题

1. 除 SAP 之外，MNC 还可以考虑对哪些企业软件公司进行调研？
2. 董事会第一次接触 SAP 时对哪些组件和产品最感兴趣？
3. SAP 提供的哪些行业解决方案能够在 MNC 上产生奇效？
4. 考虑到 MNC 的雇员规模庞大（因此潜在的 SAP 终端用户数量众多），可能面对哪些挑战？SAP 软件如何提供帮助？
5. 考虑到董事会对业务单位敏捷性的兴趣，SAP 集团概念的应用可能带来什么好处？
6. SAP 会在语言和货币支持方面出问题吗？

第 2 章

SAP 业务基础知识

在本章中您将学到：
- SAP 业务线路图
- 业务架构和蓝图设计
- 将业务需求映射到 SAP 应用程序中
- 处理业务需求的 4 种视角
- SAP 技术如何为业务需求提供支持
- SAP 技术如何实现业务情景的样例

尽管 SAP 可以提供大量的应用程序和底层技术来满足公司的业务需求，但首先需要深入理解这些需求和业务要求，才能将其映射到软件应用程序中去。而揭示、定义和体现公司的经营目标，并将其转化为应用程序策略正是业务分析（或称"业务架构"）的核心内容。创建线路图可以在这一过程中为企业指明方向。在本章中，我们要了解业务架构的基本知识，并开发一份业务线路图。您将亲眼目睹业务需求是如何把机构的目标及其人员与 SAP 及其他业务应用程序联系起来的，他们最终将使用这些应用程序经营业务。

2.1 业务架构和业务线路图

在我们探讨 SAP 的应用程序和技术之前，需要首先从整体上了解一下建立业务架构的目的和重要性，特别是要对业务线路图进行一下说明。业务架构是一种高度抽象的表达方式，其中公司的经营目标被分解成了各种必要的业务功能。在对这些业务要求有了充分的理解之后，就可以把它们转变为一套基本的业务流程（或工作流程）了，而这些业务流程反过来又可以与 SAP 和其他应用程序能够提供的更多具体业务功能相结合（如创建采购订单或管理招聘过程）。

2.1.1 业务架构

有时候业务架构可以高度概括地描述为何人、何事、何处、何时这样的问题，而业务线路图是一种工具，用于将这些梳理成一个逻辑流程。它可以把使用 SAP 或 SAP 的数据和报表的最终用户与能够提供数据和报表的业务应用程序相关联。在首次实施过程中，业务线路图可以帮助机构避免偏离设计目标，而在 SAP 已经安装、启用之后，与业务线路图相似的工具和流程也可以帮助机构根据业务执行需求对 SAP 进行必要的改动。

就像建筑施工不能没有图纸一样，没有设计合理的业务线路图，公司就不可能实现自己的远景目标，也不能满足日常业务需求。业务线路图可以提取战略目标和业务架构的精髓，用来描述公司的业务需求、业务功能，以及提供这些功能的应用程序。从另一个角度看，线路图显示了业务功能是如何最终交付并满足公司的业务需求、实现其远景目标的（见图 2.1）。其间，业务线路图首先要找出与业务操作相关的技术，然后将业务问题整合成一个 SAP 派生技术能够实现的业务解决方案。这样一来，SAP 的应用程序和底层技术就简单地表示成了业务达到线路图终点所使用的工具。

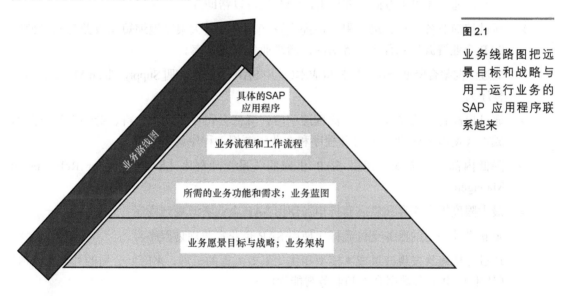

图 2.1 业务线路图把远景目标和战略与用于运行业务的 SAP 应用程序联系起来

2.1.2 传统的公司业务关注点

公司业务一般会提供货物和服务。有许多类型的业务以利润、股票价值等方式为公司及其所有人创造价值。而另外一些实体，如非盈利公司或慈善机构也要通过业务实现服务社会的目的，例如哺育饥饿的儿童、照顾贫困人群等。尽管目的不同，但如果不能补充成本损耗，那这种业务无疑就是失败的。

业务架构的核心，即真正的业务，是业务的工作内容（销售或提供什么东西）。汽车公司会销售汽车、石化公司要出售汽油，而慈善机构会为弱势群体提供物品和服务。尽管如此，公司提供服务的效果如何却完全是另一回事。从财务到销售、营销、供应链/物流、产品生命周期管理、支付等，影响业务执行的因素来自方方面面。所有这些方面的问题都可以简单归结成两条：利润（销售）最大化和支出（成本）最小化，下面我们就对它们进行讨论。

2.2　SAP 的目的：运行业务

　　SAP 应用程序最终是用来运行业务的，但是仔细观察就会发现 SAP 对财务基础的影响。如果 SAP 业务解决方案实施得很好，就可以帮助机构提高总收入（top-line revenue）和降低净支出（bottom-line expense）。例如，从盈利的角度看，SAP 可以在以下方面提供帮助：

- 发现和管理新市场（使用 SAP 客户关系管理（CRM）、业务数据仓库（Business Warehouse）和业务智能程序［Business Intelligence］）。
- 在产品和服务商方面进行创新，以迎合新市场的需求（使用 SAP 复合应用程序［Composite Application］、产品生命周期管理［Product Lifecycle Management］和客户关系管理程序）。
- 改善公司与现有客户关系，从而提高销售量，建立更稳固的销售联系，或获得更大的市场份额（使用 SAP 客户关系管理、业务智能和企业资源规划程序）。
- 同理，通过在以下方面发挥作用，SAP 还可以帮助降低成本。
- 通过精简业务流程、最大限度地提高资产效率、最大限度地缩短无收益时间（使用 SAP 企业资源规划程序）等措施，增进业务运营效率。
- 通过纵向整合降低公司的原材料成本（使用 SAP 供应链管理［Supply Chain Management］程序）。
- 通过提高管理可见性和业务流程透明度，降低公司在货品、物料、劳动力等方面的成本（使用 SAP 供应链管理程序和企业资源规划程序）。
- 降低内部运营成本（使用 SAP 供应商关系管理程序［SAP Supplier Relationship Management］）。
- 最大限度提高库存和供应商折扣（使用 SAP 企业资源规划程序）。
- 重新设计公司的服务交付流程（使用 SAP 企业资源规划程序）。
- 通过更快速地发现改进成本模型和优化低效流程的机遇，来降低公司的"改变成本"（使用 SAP 业务数据仓库和业务智能程序）。
- 改进公司管理、交付、优化、跟踪和提高产品和服务质量（或用于推动产品和服务的业务流程）的方式（使用 SAP 企业资源规划程序）。

　　在提高销量的同时又能降低成本的公司必然可以比竞争对手取得更大的商业成功，而能够更好地管理改变风险的公司甚至更有希望能够在激烈的竞争中拔得头筹。

2.2.1　管理业务风险

　　每项业务改变都可能带来轻微的紊乱甚至重大失误。为了尽量避免此类失误（来自错误的判断、领导、产品营销、销售策略、合作关系、联合方式等）带来负面影响，睿智的机构需要主动发现、管理和化解风险。这适用于各种旨在提高收益或降低风险的改变措施。

应急预案的重要性不言而喻。实施 SAP 所造成的影响深入而复杂，这也是 SAP 项目可能无法及时、按照预算完成或者无法从一开始就实现预期价值的部分原因。这种复杂的活动要求组织制定方案 B、方案 C（甚至更多应急预案）作为后备方案。了解可能对方案 A 进行的改动并为之未雨绸缪常常成为成功实施业务解决方案的关键，否则 SAP 也可能从一开始就无法产生所承诺的变革成果。出于这种对部署的担忧情绪，要成功地开发和执行它就需要在业务架构，特别是在 SAP 业务线路图方面多加入一层考虑，那就是：业务敏捷性（将在后面讲到）。

2.2.2 业务敏捷性：放眼未来

业务敏捷性是指公司能够对产品、服务、供应链、销售策略、技术引擎等进行调整从而满足客户需求的能力。敏捷性并不事关当下，而是与未知的将来息息相关，灵活敏捷的机构能够更迅速地弥合当下的能力限制与未来的能力需求之间的差距，从而战胜竞争对手。因此，一份设计合理的业务线路图必须能够反映出业务敏捷性，使机构工作能够更高效快速、灵活有效。同时这些要求也应该反映在 SAP 应用程序和技术的功能上。

提高业务灵活性可谓说易行难，改变就意味着要摆脱一直以来习以为常的惯性，而摆脱惯性就意味着要改变员工和机构的工作方式和处理业务的流程。但是人们有着巨大的固守现状的思维倾向，就像许多公司在艰难的改变过程中发现的，固守现状并非公司的经营之道。实际上，实施 SAP 经常被看作是打破现状、彻底改变工作方式，对业务流程重新进行优化、划分和处理的一种有效途径。优化是其中的关键，因为最终决策的精简将使机构能够实现：

- 更好、更快的 CRM 系统；
- 更高效、低成本的供货链管理系统；
- 提高管理透明度，符合法规要求；
- 降低处理风险的相对成本，获得更好的效果；
- 可计量的业务投资回报（ROI）。

只有有了设计合理的业务实施线路图才有望提高收益或降低成本，改变公司的面貌，但是最重要的是接下来的一步。如果把业务架构和战略看作是我们所在大楼的地基，那么实际的 SAP 业务流程开发过程（SAP 把它称为"业务蓝图设计"）可以看作是大楼的框架。

2.2.3 业务蓝图设计

要设计业务流程蓝图，必须首先确定公司希望达到的业务流程效果，找出当前状态与这种理想状态之间的差异，决定如何应用 SAP 模板，明确对这些模板的定制需求，并对之进行优先排序，然后锁定完成这些目标所必须涉及的工作范围。现在该考虑组织问题和机构的原始目标了（还要根据实际业务情况对这些目标进行修订）。总之，设计业务蓝图是线路图初步开发工作的高潮。

SAP 在其加速 SAP 项目实施的方法论（ASAP）中重点突出了蓝图设计规程，设计蓝图之前有多项与项目准备相关的任务要完成。蓝图设计完成时，每个 SAP 应用程序都应该已经具体配置完成了,把预想的业务流程变成了实实在在可用的工作流程,它们由各种专门为客户量身定制的业务事务构成。这个 ASAP 阶段称为实现阶段,项目的大多数时间和预算都用在这个阶段。(对功能性、集成性的多次迭代以及其他类型的测试要消耗大量的时间、人力和其他资源。)实现阶段完成后,需要最终准备、现场支持以及 SAP 运行后现场支持来最终圆满完成整个 ASAP 项目生命周期。SAP 项目生命期、ASAP 和项目管理方法学的其他问题将在第 4 章和第 15 章进行更详细的讨论。

2.2.4 业务视角

如前所述,开发出一种行之有效的业务视角是解决业务问题或者迎合业务需求的第一步,也是关键的一步。业务视角要阐明的是为什么需要解决特定的问题,或者为什么要去寻找机遇的问题。

为一家公司开发独特的业务视角要求处理好以下方面的问题:

- ➢ 找出与业务相关的利益相关人;
- ➢ 坚持长期贯彻策略;
- ➢ 短期业务目标;
- ➢ 核心竞争力;
- ➢ 非核心竞争力(合作、联合开发或者外包某些服务的机遇);
- ➢ 采购和其他资源策略(其他策略和关系随时可能如何变化);
- ➢ 实现 SAP 全球化和本地化(例如强调在实现全球一致性和汇总财务报表之间切换的场合,以及本地用户群体的货币和语言要求的解决)。

在这个层次上与业务关系最紧密的利益相关人是那些涉身于战略调整和执行与公司生存息息相关的实际业务流程或工作流程的人。因此,必须保证企业执行官和其他董事局成员以及功能性部门的经理和团队主管、业务分析师和其他业务线领导都能参与到业务视角的开发和沟通中来。

2.2.5 SAP 如何为业务需求提供技术支持

有了业务视角为我们提供支持,就可以处理设计业务蓝图后面的几项工作了,诸如开发底层架构和设计 IT 平台这样的问题都需要我们去考虑和完成。通过这种方式,我们可以把业务线路图与预期的业务目标实际结合起来,灵活敏捷地对不断变化的市场、新业务需求、增强治理等问题做出响应——所有这些问题都需要在灵活的技术平台上进行处理。技术基础知识将在第 3 章进行详细讨论,该章的知识将为在第 16 章中详细学习开发技术线路图创造条件。

2.2.6 与利益相关人紧密合作

如果不能深入了解各种利益相关人以及他们的独特观点,就不可能构建好业务线路图。因此,为保险起见,应该给这些利益相关人发表意见的机会。一般来说,利益相关人是受机构的问题和隐忧影响最大的人，因此他们对拟议的解决方案的某些方面会表现出极大的兴趣。他们可能代表着整个公司（例如董事会），也可能只是代表着某个专门团队或者功能部门（如IT、财务团队或者销售和营销团队）中的几个人。

通过直接邀请利益相关人参与项目，并从一开始就提炼出他们最关注的问题，以及在整个实施过程中与他们积极合作，SAP 项目资助人和 SAP 项目经理可以更有效地设计和成功实施项目。通过这种方式，由于有了正确的人选从一开始就参与其中并发表真知灼见，项目就更有可能解决所提出的问题。

如何让利益相关人参与项目没有一定之规。常见的合作方式包括请他们参加项目启动动员会和定期的后续会议，参加具体功能研讨会，以及召开总结会和项目进度会议。定期给利益相关人发送邮件对项目方案、范围、资源等方面变化进行说明的方式也值得提倡。经常沟通通常要比花很多时间提供进展情况更为有效。

使利益相关人能够在某种程度上访问用于跟踪和维护所有业务、功能、项目管理，以及进行技术决策、解决问题、联系信息等细节所使用的数据库也非常重要。由于项目的充分透明，以及让利益相关人感觉获得了认可和"知情权"，项目团队将更有希望构筑和保持成功执行和完成实施 SAP 这样复杂项目所必不可少的认同感。

在我们总结对业务蓝图设计的讨论之际，您无疑已经注意到了业务蓝图设计是多么严格地从业务视角来审视 SAP 的。但是，这只是实施 SAP 的四个重要方面中的一个，其他三个重要方面是功能、技术和项目实施，我们将在后面几页内容中对这些视角进行详细介绍。

2.3 其他视角：将业务需求映射到 SAP 应用程序中

由于参与实施、使用和支持 SAP 的利益相关人类型各异，单一视角永远不可能获得每一个人的共鸣。几乎不可能有人能拥有如此广泛丰富的经验，能够掌控整个 SAP 实施以及其他复杂业务解决方案的复杂度。因此，长期以来的经验证明，从其他视角审视如何开发、管理和改进业务解决方案绝对是大有裨益的。从这种观点看，功能、技术和项目实施角度都是行之有效的视角。对于 IT 利益相关人来说，从业务、功能要求和项目的角度审视业务解决方案有助于弥补他们的知识空白。正如下面将要讨论的那样，通过这种方式，分别从功能角度和更深化的技术角度观察问题之后，再换成端到端的项目实施角度，这就几乎使所有利益相关人都能一窥业务解决方案的全貌了。

2.3.1 功能视角

功能视角是熟悉业务运行方式的人最容易掌握的视角，而对于功能专家之外的人来说又是最难掌握的。这种视角解决的是解决方案的周边环境问题——不是方式、时机或者工具的问题，而是单纯的内容问题。它要回答的问题是"一个业务流程具体要做什么？"

也就是说，功能视角用于处理以下问题。

> 以分步的方式描述或沟通工作的流程（业务流程的工作步骤）。功能视角提出这样的问题：对于执行业务流程、实现特定的最终状态来说哪些工作步骤是必不可少的？

- 描述业务流程展示出的属性和特质。因此，功能视角力求发现每个业务流程反映出的特性和属性，以及反映出它们的程度。
- 在不考虑技术问题和 SAP 问题的情况下独立处理这些工作流程和特性问题，恰当的功能透视甚至不会提及 SAP，因为它与应用程序提供商提供的特定解决方案根本不相关。

不难想到，持有这种视角的重要利益相关人是最终用户，他们的日常工作就是执行业务流程。业务流程设计师、同类业务的主管以及其他与解决方案所体现的功能有牵连的人也都是重要的利益相关人。

2.3.2 技术视角

技术视角处理的是解决方案各个部分的平衡问题。它帮助功能视角主体从技术角度了解业务解决方案是如何通过技术实现的。重要的考虑因素包括以下几方面。

- 关注系统的关键维度，识别并确定系统提供性能、可用性、可伸缩性、安全性、敏捷性、可管理性等业务所需特性的方式。
- 描述解决方案中业务应用方面的所有组件和其他 SAP 组件、数据与相关的依赖关系、接口要求、底层技术架构，以及所有实现前述功能视角目标所必需的底层关系和集成要点。
- 尽可能地提供一个与技术不相关的视角，观察技术如何帮助实现功能透视。

技术视角利益相关人主要包括企业和技术构架设计师、解决方案开发人员和程序员、基础设施和其他方面的技术专家，以及其他侧重技术的供应商、销售商和合作伙伴。业务工程师也会发现这种视角非常有用。

2.3.3 项目实施视角

项目实施视角很容易理解，它回答的问题是解决方案用什么来建构、需要多长时间，以及利用哪些资源。这种实施视角需要考虑以下方面的问题。

- 描述和详细制定部署方案，因此需要收集机构和第三方资源、时间期限、约束限制（业务、功能和技术等）等。
- 描述用以实现公司战略目标和战术功能需求的 SAP 产品和组件，以及这些需求得到充分开发和满足的程度。

一般来说，实施视角利益相关人包括项目经理和协调员、技术专家、开发人员/程序员、测试人员、业务流程负责人、高管人员、业务主管、超级用户等。

设计阶段我们经常遇到的一大诱惑就是倾向于以特定学科领域或专业知识领域来限定具体的视角。显而易见，业务和功能视角可能集中于业务关注点，而技术视角可能会被看作是"IT"工作，实施视角一般被看作"项目管理"工作。但这些狭隘的偏见应该予以避免，并且应该牢记 SAP 的成功实施取决于公司及其合作伙伴的通力合作。应该打破偏见壁垒、构建跨领域的团队，并且让所有团队都能在整个实施过程中发表独特的见解。

2.3.4　4 种视角相互结合

本章中描述的这 4 种视角结合在一起形成了业务解决方案的目的（什么原因）、功能（什么内容）、技术基础（什么方式）以及实施细节（用什么实现）。把一个解决方案分解成这些视角使公司能够打破业务和技术界限而进行良好的沟通。

但是您可能会注意到，本章并没有对具体的 SAP 产品和组件进行介绍。这是因为在确定具体的 ERP 解决方案之前，应该先开发出稳定的业务线路图。根据特定的软件提供商（包括 SAP）提供的解决方案来规划线路图是本末倒置，没有任何意义。首先查明业务需求，然后才能确定 SAP 和其他提供商如何在应用解决方案空间内最大限度地处理好这些需求。在后面的章节中，我们将讨论从概念性的线路图过渡到公司实施方案、技术平台和功能业务解决方案所不可缺少的 SAP 具体细节。

2.4　SAP 业务流程样例

为了让您了解为什么公司要花费这么多时间和金钱，投入这么多人力引进 SAP，本节介绍几种常用的业务流程。在每个情景中，您将看到公司的最终用户如何在日常工作中使用 SAP 应用运行公司的业务。更多细节参见第 11 章。

2.4.1　执行员工自助服务功能

最常见的业务情景包括员工查看和更改自己的个人记录。SAP NetWeaver Portal 提供了一个称作 iViews 的特殊视图，使员工可以轻松地创建、显示和更改自己的个人记录（假定他们已经得到了权限）。例如，员工可以更改家庭地址或者电话号码，或者在改变职务之后更新联系信息。另外，她可能对薪水何时存入感到好奇，或者在管理层人事变动之后查看更新后的组织结构图。这类自助业务事务过去是由专门的人力资源代表完成的，为了降低成本和授权用户，现在 SAP 的员工自助服务功能（ESS）已经包含了这些功能。ESS 流程可能包含如下内容。

1. 登录到 SAP NetWeaver Portal 的欢迎页面。
2. 选择 Working Time（工作时间）选项，然后选择 Record Working Time（记录工作时间）。
3. 选择 Leave Request（休假申请）。
4. 检查休假申请的概况。
5. 选择 Personal Information（个人信息）选项，然后选择 Personal Data（个人数据）。
6. 查看记录上的家庭地址。
7. 选择 Bank Information（银行信息）选项。
8. 选择 Benefits and Payment（福利与报酬），然后选择 Paycheck Inquiry（薪水查询）。
9. 退出门户。

这类事务很典型，SAP 企业门户-员工（EP-ESS）自助服务基准测试也使用相同的事务。

2.4.2 账册平衡

SAP ERP 起源于将核心制造、配送和仓储功能结合为单一的总体财务系统的需求。公司雇用的会计和其他财务分析人员使用这一功能完成公司账单支付、账册平衡等工作。财务和会计功能中历史最悠久、最实用的 SAP 业务情景之一是显示、记账和最终平衡财务凭证。

SAP 财务会计基准测试很好地说明了这一过程。

1. 使用 SAPGUI 登录到 SAP ERP 的主屏幕。
2. 调用 Post Document（记账凭证）。
3. 创建一个客户项。
4. 创建一个总账（GL）账目。
5. 选择 Post（记账）选项。
6. 调用 Display Document（显示凭证）。
7. 输入之前记账的凭证编号。
8. 双击文档的第一行。
9. 调用 Customer Line Item Display（客户行项目显示）。

输入相关数据，选择 Execute（执行），然后执行如下操作。

1. 选择第一行。
2. 调用 Post Incoming Payments（收款记账）。
3. 输入表头数据。
4. 选择 Process Open Items（处理未清项）。
5. 在结果列表中选择一项。
6. 滚动到最后。
7. 选择最后一项。
8. 取消选中的所有项目。
9. 选择 Post（记账）。

在凭证记账之后，会计或者财务分析师可以对不同的总账进行类似的处理，或者支持公司的另一个业务单位。由于 SAP 历史悠久，对财务和会计有着很深的理解，新的 SAP 财务用户往往很喜欢 SAP ERP 中的新功能。

2.4.3 库存销售

和本章概述的其他两种业务情景一样，库存销售业务流程也很常见。顺便提一句，最流行的 SAP 基准测试——SAP 销售与分销（SD）基准测试正是模拟这一业务情景。这一情景通常由公司的销售团队成员执行，例如内部销售代表。销售代表可以直接通过传统 SAPGUI 胖客户端使用 SAP ERP，或者利用 Web 浏览器访问 SAP NetWeaver Portal 或者 Microsoft SharePoint 网站。基本的库存销售流程包括 6 个事务。

1. 运行 VA01 创建一个有 5 个行项目的订单。
2. 运行 VL01N 为前面创建的订单创建交付项。
3. 使用 VA03 显示订单。
4. 更改交付项，然后用 VL02N 进行"发货过账"。
5. 使用 VA05 列出某个销售对象的最后 40 个订单。
6. 用 VF01 创建订单的发票。

使用 SAP 进行日常工作的其他例子参见第 11 章和第 12 章。与此同时，通过上面的业务情景样例的简介，我们已经为目前所学习到的内容提供了一些必要的背景知识。

2.5 小结

本章中概述的概念可以让您为开发高水平的业务线路图做好准备。如果您对 SAP 的应用程序和技术有更深入的理解，就能真正地把公司的业务目标和需求与 SAP 的应用程序实际结合起来，从而为设计出量身定制的 SAP 解决方案创造良好的条件。但是在实现这种结合之前，必须要找出业务战略和切实的业务需求，并对其进行优先排序，就其进行良好的沟通。这包括了与提高收益、降低成本、管理改革风险相关的目标和要求。本章中我们还讨论了实现业务敏捷性的重要性，它是公司对自身进行转型以适应业务驱动力变化和经营实际变化的能力。最后，我们对审视业务问题时可能采取的 4 种高层次的视角进行了考察：业务视角、功能视角、技术视角以及项目实施视角。

2.6 案例分析

请考虑以下与开发 SAP 业务线路图相关的案例分析及问题。您可以在附录 A 中找到与此案例分析相关的问题答案。

2.6.1 情境

通过与自己的竞争对手进行对比，MNC 发现自己在多个领域都严重落后。MNC 的客户基础重复购买率较低，表现出的产品忠实度也更低，而维持相似客户竞争力消耗的成本更高。此外，对于 MNC 的商品来说，商业前景明显越来越有利于直销模式。MNC 有机会通过提高能力超越竞争对于，这看似合情合理，因此董事会受到了前所未有的激励，要去尝试企业资源规划（ERP）实施方案。适逢其时，您被选中参加找出重要启动切入点的工作。请使用您在本章中学到的知识回答以下问题。

2.6.2 问题

1. 鉴于这个 ERP 项目正处于初期阶段，且具有试验性质，能否肯定 SAP 将会被选中？
2. 为了帮助团队整合，您建议重新检查 MNC 已经部分完成的业务线路图。在这张线路图中您希望考察哪 4 个高层次的领域？
3. 对于 MNC 客户重复购买率低的问题，哪些商业原则最为合适？
4. 该工作应该从哪 4 种视角和观点进行探讨？
5. 哪种视角处理的是业务解决方案环境的问题？
6. 技术视角具体处理的是哪些问题？

第 3 章

SAP 技术基础知识

在本章中您将学到：
- ➢ SAP 系统硬件平台
- ➢ 技术性能与成熟度
- ➢ 服务器与存储基础知识
- ➢ 操作系统重要考虑因素
- ➢ 数据库基础知识
- ➢ 传统和现代基础设施提供商

经过前面章节的学习，我们已经对 SAP 的基本概念和使用 SAP 运行业务的意义有所了解了，现在我们要花一些时间讨论一下更深层的基本技术。本节我们将考察几个常用的与基础设施相关的技术术语，粗略地了解一下支持任何 SAP 应用程序都必不可少的 3 种核心技术：硬件、操作系统和数据库。本章最后将概述 SAP 推出的新"简化"概念。即使您有着深厚的技术背景，本章的内容也仍然值得您花些时间进行了解。

3.1 SAP 技术

在第 2 章中，我们已经对业务架构的概念有所涉及。现在，让我们把注意力转向技术架构。业务架构涉及的是逻辑业务流程和工作流程，而技术架构涉及的是用于支持业务流程的底层技术，它用与提供商无关的方式描述了需要整合起来实现某些工作的技术。从我们教学的角度看，硬件、操作系统、数据库和与具体应用相关的技术结合在 起构成了业务应用的实现基础。当建构在这一基础之上的是 SAP 时，我们把该层面上的技术整合称为"SAP 基础"。

我们通常更普遍地把这种技术"堆栈"称为 SAP 计算平台、解决方案堆栈，或技术堆栈。

这些意义相同的术语表述的都是将多层技术结合起来，共同构成 SAP 系统的基础。与建设房屋相似，SAP 的底层技术就像房屋的地基。如果地基构建不能坚如磐石，那么 SAP 系统也就无力抵抗暴风骤雨，满足多变的业务需求、实现用户（SAP 最终用户社区）的预期。

我们可以对技术架构的概念进行扩展，把更多内容包含进来，而不仅仅是 SAP 的基础技术。诸如笔记本电脑、平板电脑、智能手机以及传统的 PC 和打印机等客户端设备在技术架构中的角色十分重要。网络架构的重要性也同样无须赘言，它要把所有设备连接起来——需要无线热点、路由器，甚至旧式的调制解调器，我们"前端"的客户端设备才能够与"后端"的应用连接起来。这些前端技术都将在后面的小节中有所涉及。而现在，让我们把注意力集中到 SAP 之下的核心功能上，从服务器和磁盘开始学习吧。

3.1.1 硬件基础知识

尽管云计算和虚拟化前景广阔，业务流程仍然需要某种设备才能执行。这就是硬件仍然是 SAP 系统中最基本组件的原因。硬件由服务器（行业级计算机）、存储系统（从内部磁盘阵列到基于云的虚拟存储空间，种类多样）和网络设备（如结构互联设备、交换机和路由器）构成。所有这些硬件必须协同工作才能构成高效的 SAP 基础架构。如果技术架构设计不正确，或者只是简单地把一些硬件堆积起来搭建成架构，就会造成薄弱的链路或者潜在的故障点，从而导致问题接连不断。因此，合理的硬件架构和设计（SAP 所谓的术语"适型"[sizing]）绝对是至关重要的。

所有的主流硬件提供商都出售规格各异、适合各种类型 SAP 应用需求的系统。根据声誉和认可度选择硬件合作伙伴不失为一个很好的开始。思科、惠普、IBM 以及 Dell 和 Oracle 都是知名的物理硬件提供商，您尽可以选购他们的设备、安装到机架上，搭建起自己的数据中心。但是没有什么东西是永远不变的，今天采购硬件平台的方式与几年前相比已经大不相同。举例来说，Flexpod、vBlock 或 VersaStack[①]等融合基础设施已经"准备就绪"，而 Amazon、Microsoft、Virtustream、T-Systems、Freudenberg-IT 等供应商甚至 SAP 自身都为 SAP 应用程序提供基础设施即服务（IaaS）能力。许多其他 IaaS 云提供商[②]也加入了这一队伍，使本已十分复杂的技术架构方法和实践更加令人眼花缭乱。

我们将在第 19 章讨论 IaaS 和其他云交付方式。而现在，请牢记任何拟议的硬件解决方案，无论提供商是谁，都需要根据 SAP 设计的风险状况，并最终根据 SAP 反映出的工作负载种类进行相互对比检查。毕竟，并不是所有的云都成熟到了可以支持任务关键型 SAP 工作负载的地步，同时，也不是所有的 SAP 工作负载对业务运行来说都必不可少。

3.1.2 服务器

由于 CPU 能力已经大大提高，服务器硬件在单一 SAP 系统总拥有成本（TCO）中所占比重已经明显下降。但是，由于公司部署的 SAP 解决方案数量日益增加，以及 SAP 内存装置的推出，整个 SAP 系统中的服务器数量随着单位成本的缩减而增加。

---

① 结合思科服务器和网络以及 NetApp、EMC 或者 IBM 存储设备的集成平台。——原注
② 参见 http://global.sap.com/community/ebook/2012_Partner_Guide/partner-list.html#。——原注

根据规格和配置不同，在整个系统格局中 SAP 认证[①]服务器的投资可能从几千美元到数百万美元不等（还不包括之后的日常维护费用，这笔费用也非常可观）。另一方面，根据云提供商不同，在云中租用相同的服务器计算能力所需成本也大不相同，从具备短时存储能力、每小时收费 99 美分的单一 VM 到具备生产级别 SAP HANA 实例所需的持久存储及备份能力、每小时收费数百美元的专用实例，不一而足。实际上，成本变成了"计时付费"（pay-as-you-go）的形式，从一次性的资本投资（CAPEX）变成了重复性的运行支出（OPEX）。对"斤斤计较"的人来说，尽管"总运营成本"可能高于传统的 TCO，但是这种变化仍颇具吸引力。不过，云虽然看上去很经济，但根据工作负载规模和时长（天、月、年），传统系统可能好于云方案。

服务器和其他 SAP 架构的成本会发生明显的变化，但是各个公司用于计算哪种方式最为适用的财务方法各有不同。但是，如何确定必要的硬件规模，比较声称拥有"最佳 SAP 服务器"的不同硬件供应商和云提供商呢？为了解答这个问题，我们必须首先澄清 SAP 系统的性能和成熟度的含义。

3.1.3 SAP 系统性能

从业务的角度看，SAP 性能本质上由系统响应时间决定，因为系统响应期间，用户无法继续业务流程。因此，短的响应时间是 SAP 系统的终极目标。平均响应时间小于 1 秒通常被认为是"好"的，而更长的通常被认为是对工作流程的干扰。

从用户的立场看，响应时间是用户按下 Enter 键到系统响应显示在屏幕上之间需要等待的时间。从数据中心或者云提供商的角度看，响应时间是处理请求到达应用程序服务器到应用服务器将响应发送到网络之间的平均时间。因此，互联网传输时间和终端设备上的处理必须加以考虑[②]。

每个事务都有最小响应时间。这个值只有在系统"热身"之后才能达到——也就是说，在缓冲区填满时。所以，不要期望在重启之后 SAP 系统能达到最高性能。

从技术角度看，SAP 性能取决于可用资源与当前事务负载的比率。即使平均系统负载相对低，随机分布的用户活动有时会暂时性地造成 100%的 CPU 占用率，从而导致等待时间。但是，这些等待时间很短，用户很少注意到。图 3.1 显示了一个例子，在一个系统上某些时点测得的 CPU 负载，平均 CPU 负载仅为 50%。

用户数量越大，同时按下 Enter 键的可能性就越大。图 3.2 显示了平均 CPU 负载约为 70%的情况。

图中，100%的峰值形成了小的"高原"，结果是有些用户必须等待较长时间，才能得到 SAP 系统的响应。

图 3.3 中，尽管平均 CPU 负载仅为 80%，但是 100%的"高原"已经变得很宽阔，在较长时段内出现令人不满的响应时间——以及不满的用户——可能难以避免。

---

① Windows 系统参见 http://www.saponwin.com/pub/hardware.asp?l=vendor&sl=41&i=41&la=en，Linux 系统参见 http://scn.sap.com/docs/DOC-8760 and http://scn.sap.com/docs/DOC-55015。——原注

② CCMS 事务 DINOGUI 显示服务器上对话步骤的执行时间。DIALOG 还包含网络到 SAPGUI 的运行时间。——原注

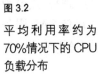

图 3.1 平均利用率 50%情况下的 CPU 负载分布示例

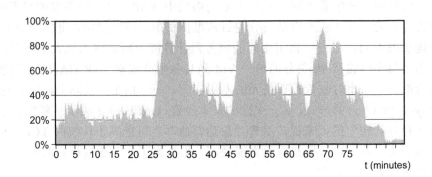

图 3.2 平均利用率约为 70%情况下的 CPU 负载分布

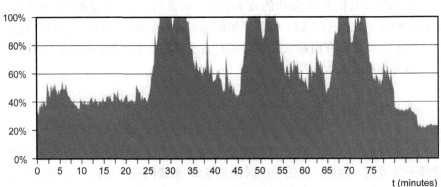

图 3.3 平均利用率约为 80%时的 CPU 负载分布情况

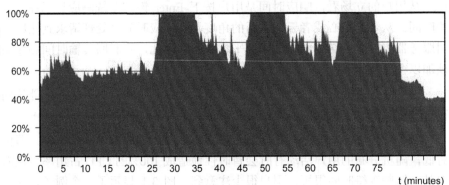

但是,如何将测量或者预计的事务负载转换为一种真正的工具,建立服务器负载和性能模型?最常见的方法或者流程称作"适型"(sizing)。

数十年来,SAP Quicksizer[①]已经成为久经考验的工具,能够确保负载峰值不会持续处于 100%的水平上。为了避免供应商锁定,Quicksizer 将事务负载转换为独立于 CPU 类型、计算机技术和制造商的计量单位。

3.1.4 SAPS:SAP 系统的"马力"

内存和磁盘空间可以 TB 为单位,但 SAP 必须开发自己的系统吞吐率计量单位:SAP 应

---

① 参见 service.sap.com/quicksizing,注意,访问该工具需要 SAP 超级用户凭据。——原注

用程序性能标准（SAPS）。与事务处理委员会（TPC）提供更一般性的 tpmC 性能定级相似，SAPS 计量单位基于 SAP 企业资源处理（ERP）的销售和分销（SD）模块，是目前最流行的 SAP 基准。

100 个 SAPS 定义为每小时处理 2000 份端到端订单，这相当于 6000 个用户交互步骤（界面变化）或者 2400 个 SD 事务。

SAPS 可以视为 SAP 系统的"马力"。可以这么说，SAPS 之于 SAP SD 模块的实际使用量，相当于"马力"之于真正的马。

SAPS 定义的一个好处是它与发行版本无关，不管使用哪个版本的应用程序，100 个 SAPS 总是等于每小时处理 2000 个订单。这造成了一种自相矛盾的情况：虽然每个新版本都提供更多的功能，但是只要不对自定义参数、函数的使用量做额外的更改，从 R/3 3/1 到 ERP 6.6 版本，1000 个用户的系统"消耗"的 SAPS 数量不变。

但是，在 3.1 版本中能够支持 1000 个用户的硬件，在 ERP 6.6 中所能支持的用户还不到 100 个，因为复杂功能消耗的 CPU 能力明显更多。

> **注意：驴子和麻袋** *By the Way*
>
> 刚才描述的情况可以比作农民家的驴子必须运送一只 50 加仑（1 加仑=4.405 升）的麻袋。如果农民在麻袋中装满干草，驴子跑得很快。但是，过了一阵子，农民进行了"版本更改"——装进了密度更大的谷子。麻袋的容量仍然是 50 加仑，但是重得多了，驴子的脚步明显减慢。农民在自己的地里找到了金子和其他矿产之后，又将麻袋的内容改成了矿石，可怜的老驴只能爬行了。不过，IT 部门从这个故事里得到的启发是，由于技术的发展，与先辈相比，现在的驴子（服务器）已经比大象还要强壮了。
>
> 客户利用 SAP 版本更改的机会，将 SAP 系统从传统平台移到私有或者公共云时，只需告诉云提供商他们在旧平台上所需的 SAPS 数量。聪明的云提供商就能确定合适的规模，选择合适的云基础设施。

将服务器的 SAPS 得分印在机箱上，或者在文件中记录 SAPS 数，是聪明的做法。遗憾的是，这种好习惯往往在 RFP 之战尘埃落定之后便被抛之脑后。在这种情况下，你必须从硬件供应商测量并由 SAP 发表的基准测试数据[①]中得出它们（记住，应用程序定制和其他更改当然会影响特定解决方案实际需要的 SAPS）。

应该意识到，这些基准测试数字是来自经验丰富的测试专家经过数周或者数月的调整之后得到的配置。还要知道，没有一个硬件供应商有时间、预算和其他资源，在运行各种支持数据库的完整服务器组合上进行基准测试。

但是，数据库在 SD 基准测试中引起的服务器负载低于 10%，而 SAP 应用程序实例造成的 CPU 负载超过了 90%。所以，即使某个特定数据库可能提供 10% 的 ERP 性能提升，在二层结构的基准测试中，也只能带来 1% 的 SAPS 数值提升。所以，所有数据库解决方案——如果调整得足够好——在 SAP ERP 解决方案上得出的基准测试结果几乎完全相同。

---

① 参见 sap.com/solutions/benchmark/sd2tier.epx。——原注

任何规则都有例外。对于 SAP 的内存数据库 HANA 来说，SAPS 的数值毫无意义，因为服务器硬件由内存占用决定，这也决定了所需的 CPU 数量。SAP 只认证具有固定 CPU/内存比率的服务器。在本书编写时，对于 Intel 的"Haswell" CPU，带有 4 个 CPU 的服务器用于分析应用程序时支持 1.5TB 内存，对于事务性应用程序则为 3TB。

对于作为装置（Appliance）运行的 HANA 来说，SAP 只支持某些企业级的 Intel E7 CPU，较便宜的 Intel CPU 在"定制化数据中心集成"下支持。对于开发系统而言，局限于 2 个 CPU、没有性能保证的 E5 HANA 系统已经"足够好了"。

3.2 SAP 的最佳平台是什么？

从 SAP 创立起，关于哪些平台和架构代表着 SAP 应用程序最佳技术一直存在争论。40 年之前，大型主机是 SAP R/2 的唯一平台；10 年后，UNIX 实现了 R/3 的开发。此后，Windows 和 Linux 也证明自己能够作为 SAP 的合格平台。如果我们将"成熟度"定义为可伸缩性、稳定性、可用性和其他架构属性的总和，每个平台实际上都遵循类似的成熟度路径（参见图 3.4）。

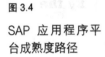

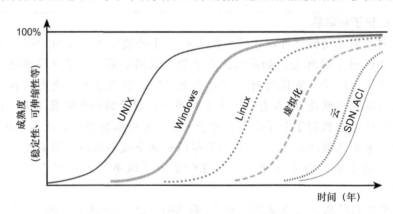

和操作系统一样，CPU 技术也在发展。在"安腾"（Itanium）系列处理器中，UNIX CPU 的可靠性特征融入到了 Intel E7 x86 CPU 的设计之中。今天，世界上大部分 SAP 系统都运行于 x86 架构，其中大部分采用了 Intel 技术——在本书编写期间，大约有 55% 采用 Windows 系统，15% 使用 Linux 系统。而且，SAP 代码通常只在 x86 上开发。

实践经验已经说明，x86 服务器对于最大规模、最关键的 SAP 系统来说也是"足够好"的，尽管专用 CPU 架构和操作系统有着无可争辩的好处，但是在这一事实面前也不得不被逐步淘汰。

讨论服务器供应商的优势时，还有一个重要方面不应该被遗忘：它们的 SAP 能力中心里有经验的专家能够在系统出现问题时提供建议和咨询，以及必不可少的根源分析。但是，这些专家可不便宜。

3.2.1 两层系统与三层系统的对比

一般来说，实现 SAP 服务器基础设施有两种选项。

➢ **两层系统**：SAP 应用程序和数据库层共享相同的服务器和操作系统，表示层在 PC、笔记本电脑或者移动设备上。

> **三层系统**：SAP 应用程序和数据库在同一数据中心网络中的不同服务器上，表示层在客户端机器或者移动设备上。

两种选项中，哪一种是成本效益最高的架构？显然，较少的服务器和操作系统示例需要的采购、管理和维护成本更低。但是，由于单一服务器不能提供足够的资源，过去没有太多的选择。对于较大的系统，资源必须分布到一台数据库服务器和多台应用服务器上。

由于服务器性能的巨大改进，这个问题已经不再重要。今天，单台刀片服务器就能轻松地作为"中心系统"，为 20000 名以上的 SAP 用户同时运行应用程序和数据库层提供足够的处理能力，如果产品顾问们仍然声称必须使用专用的数据库服务器，那只能说明他们还没有跟上时代。

但是，选择专用数据库服务器仍有一个理由，不过其本质是财务上的理由，而非技术原因。在从数据库供应商那里购买数据库许可证时，服务器上的 CPU 插槽或者核心数量决定了许可证的费用。大部分数据库供应商没有区分中心系统上用于数据库的 CPU 核心数和用于 SAP 业务处理的核心数。因此，供应商不仅对两层设置中数据库使用的 20%~40%的核心收费，还对 SAP 应用层使用的核心收费。在这种情况下，在专用服务器上运行 SAP 数据库，使得数据库许可证仅计算该服务器上的核心是有意义的做法，合并统一服务器上的多个数据库以取得杠杆效应就更有意义了。如果数据库许可证是作为 SAP 许可证的一部分采购的，系统利用的核心数不会影响这一费用。SAP 许可证主要与用户数（有时还有内存数量）相关，很少与 CPU 挂钩。所以，中心系统不会影响许可证费，而具有在数据库和应用程序之间自动平衡 CPU 资源的技术优势，而且，数据库和 SAP 应用程序之间的数据交换是进程间通信，不需要通过网络。

3.2.2 "大铁箱"和刀片服务器的对比

一般来说，SAP 性能的巨大改进主要与 CPU 时钟频率的提高相关。但是，编译器和 I/O 架构的改进也能补充更高时钟速度带来的好处。目前主流的 x86 CPU 能够提供与高时钟频率专用 RISC CPU 相同或者更高的每线程 SAPS 数值。因为 SAP 进程大部分是单线程的，这直接影响了最终用户的体验。

如图 3.5 所示，当今的商用 2 插槽和 4 插槽刀片服务器的 SAPS 得分超过了几年之前更大型服务器的得分。因此，"大铁箱"的技术需求对于大部分 SAP 实现来说已经过时了。

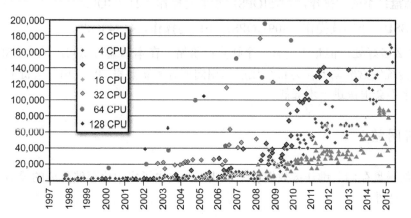

图 3.5

注意每种服务器的 SAPS 基础测试数值是如何逐年增加的

3.3 内存：快速而易失

正如 IT 的老话所说，你永远都不会有"太多"的内存。这条格言在 HANA 内存数据库推出之后达到了顶点，这种数据库很容易消耗掉数以 TB 计的主存。使用 HANA 时，内存成为服务器架构的新前沿，对于内存大小和速度都是如此。

遗憾的是，主存本身是易失性的，在电源中断时其内容立即丢失。为了避免这种情况，所有 SAP 认证的数据库都在 SSD、闪存或者磁盘等非易失性存储设备中写入日志文件。

默认情况下，SAP HANA 每 5 分钟将所有变化的内存页面写入非易失性存储。为了避免这种保存时显示"沙漏"，SAP 规定每秒 10 万次 I/O 吞吐能力为 HANA 的一种关键性能指标（KPI）。为了达到这种极高的吞吐率，可以使用 SSD 或者闪存设备。因为这种设备仍然很昂贵，大部分供应商优化其基于磁盘的存储阵列，作为持久化层的高成本效益替代方案。

3.4 存储系统：硬盘和其他磁盘

过去，数据中心基础设施的最大成本驱动因素之一是 SAP 系统需要的磁盘空间。由于单独磁盘的容量相对小，即使中等规模的 SAP 系统也需要许多个"主轴"才能满足其磁盘空间要求。但是，并行工作的所有磁盘主轴也保证了必要的吞吐能力。

和 SAPS 数值一样，磁盘容量的发展几乎也遵循 CPU 的"摩尔定理"。遗憾的是，由于磁盘的物理 I/O 受限于机械参数（旋转速度和读/写磁头的定位时间），磁盘随机 I/O 吞吐能力没有相应的改进。

有讽刺意味的是，先进压缩技术的发展已经使数据库明显缩小，但是 I/O 需求却没有以相同的速度缩小。这造成了一个令人遗憾的悖论：今天，磁盘子系统需要更多的磁盘驱动器，才能保证必要的吞吐能力，而这超出了必要容量的需求。

使用非易失性闪存的固态盘（SSD）相比机电式的硬盘驱动器（HDD）有显著的优势。硬盘的机械特性造成了寻道时间的延迟，而在 SSD 中数据的物理位置与寻找时间毫不相干。最重要的是，SSD 技术提供了高得多的 I/O 性能。

- **硬盘驱动器**：小的读操作，180 IOPS；小的写操作，280 IOPS。
- **闪存式固态盘**：小的读操作，1075 IOPS；小的写操作，2100 IOPS。
- **DRAM 式 SSD**：小的读操作，4091 IOPS；小的写操作，4184 IOPS。

尽管 SSD 有这么多好处，但是还是有一个缺点：价格。在本书编写期间，使用 SSD 的 HANA 系统比使用传统硬盘驱动器作为持久化层的相同配置系统要贵 70%。由于关键制造过程的专利保护，成本不会很快进一步降低。

3.4.1 存储网络

使用服务器内部磁盘存储关键任务数据有一个缺点：失去了集中化存储阵列的灵活性、虚拟化能力和高可用特性。

存储区域网络（SAN）仍然是最可靠、性能最好的服务器与存储子系统连接方法。网络附加存储（NAS）系统也已经证明了在 SAP 上的应用优势。

从私有及公共云中典型的资源池化角度看，两种解决方案都有必须在数据库服务器上安装附加接口卡的缺点。SAN 使用 HBA，NAS 可能需要附加的网卡以避免 SAP 速度下降。

思科的统一计算系统（Unified Computing System，UCS）等技术用融合网络适配器（CNA）合并了 SAN 和 LAN 基础设施。CNA 同时作为光纤通道 HBA 和以太网网卡，与统一交换机匹配。在这种方式下，任何服务器都可以在任何时候用一个 FC 存储服务器部署为数据库。UCS 的直接好处是至少将接线和网络组件减少一半。不需要冗余的成对 NIC 和 FC HBA，只需要一对 CNA 就可以了。另一个好处没有那么明显——较少的组件生成的热量更少。而且，减少任何组件都有助于减少设备故障和管理开销。

3.4.2　云存储

为 SAP 提供存储空间的最新方式是基于云的磁盘空间提供方式。Amazon、Microsoft 和 Rackspace 等提供商都在出售虚拟化存储空间，价格大概为每 GB 几美分。尽管以任何标准衡量这都很便宜，但云存储面临的最大挑战是：和提供商数据中心的内部网络相比，用于访问存储的互联网连接带宽更小、延迟更大。如果决定采用"云优先"策略，从同一云提供商采购服务器和存储资源是明智的选择。

3.5　SAP 系统格局

SAP 系统指的是由单一系统标识符（SID）标识的一组实例。例如，名为 PRD 的 SAP 企业资源规划（ERP）生产系统包含一个数据库、一组核心服务以及 1～100 个应用服务器（2～10 个最为常见，这取决于需要支持的工作负载和每个物理服务器的能力）。类似地，可以配置另一组 SAP 实例和一个数据库实例，以创建一个 SAP CRM 生产系统。

> **注意：实例与进程**
>
> 在 SAP 环境中，实例是一个自给单元，包含自己的进程和内存、配置文件和可执行文件。实例写入自己的跟踪文件，可以自主启动和停止。具有多个实例的 SAP 系统可以分布到多台计算机上运行。但是，也可以方便地在一台服务器上安装和执行一个或多个 SAP 系统的多个实例。

由于显而易见的原因，SAP 系统架构与运营的焦点是为业务用户提供完成其工作的必要功能的生产系统。但是，SAP 建议部署额外的非生产性系统，确保每个关键任务业务解决方案的稳定运营。这包括如下系统。

- 用于定制、参数化和实施客户特定开发的开发系统（DEV）。
- 在生产系统实施之前，用于验证客户开发、SAP 更新、数据库和操作系统补丁的质量保证（QA）系统。

因此，只有在生产系统上执行经过测试的操作系统、数据库和应用程序代码版本，才能确保稳定、可靠和性能最优的运营。每个系统都有自己的一组数据库和应用程序实例。因而，它们是完全独立的系统，通过 SAP 传输管理系统（Transport Management System，TMS）耦合。

较大的企业部署更多的安装，用于培训、集成、预演和预生产目的，或者用于测试新流程的所谓"沙箱"系统。

大部分此类系统的规模都相对小，因为用户和事务数量通常很有限。不过，QA 系统应该与生产系统规模相当，才能够实现有意义的压力测试[1]。

利用后面描述的无状态计算架构和服务配置文件，相同资源也很容易作为技术沙箱使用，在必要时作为生产系统的故障切换基础设施。

培训和沙箱系统不保存敏感数据，因此，即使 QA 和生产系统托管于私有云中，它们也很容易部署在公共云中。开发系统部署在公共云中时，必须使用特殊配置，以通过广域网连接到 SAP 传输管理系统[2]。

UNIX 和 Linux 操作系统在/usr/sap 目录中保存 SAP 二进制文件、日志文件、配置文件和程序库。Windows 将 SAP 文件保存在 x:\usr\sap 中。在 UNIX 和 Linux 系统中，/sapmnt 以 NFS（网络文件系统）挂载点的形式装载，/usr/sap/<SID>是一个本地文件系统。在 Windows 中，x:\usr\sap 目录共享为 SAPMNT，可以\\servername\sapmnt 的形式访问。对于在单一操作系统安装上托管多个 SAP 实例的 Windows 服务器，所有 SAP 实例必须安装在同一个 SAPMNT 目录下，只能有一个 SAPMNT 共享。

SAPOSCOL 是一个可选服务，但是我们高度推荐使用，它运行 OS 收集器，使 SAP 能够收集 OS 相关的性能和其他统计数字，如 CPU 利用率、内存利用率、磁盘 I/O 活动等。另外，操作系统上的每个 SAP 实例存在一个 Windows 服务 SAPService<SID>（其中<SID>是 SAP 实例的系统标识符）。这个服务由 sapstartsrv.exe 启动，调用 SAP 启动配置文件，该文件告诉系统如何启动 SAP。只有 SAP 完全启动并正常运行，最终用户才能连接到它，完成自己的工作。

3.5.1 SAP 工作进程

SAP 使用 OS 来运行 8 种工作进程，如表 3.1 所示。您有时候会发现它们被统称为 DVEBMSG。其中，"D"表示对话框工作流程；"V"表示更新工作流程（通过 V1、V2 优先级、指定版本来区分）；"E"表示队列；"B"为后台或批处理任务；"M"为消息服务；"S"用于表示假脱机打印；"G"代表 SAP 网关。每个 SAP 实例的实例配置文件描述了每种流程中有多少个会随着系统一起启动（实例配置文件是一种存放在系统上的简单的文本文件，我们将在"OS 级 SAP 配置文件"一节中对其进行讨论）。您执行特殊的操作系统工具或者通过使用 SAP 自己的事务 SM50 和 SM66，查看操作系统运行了哪些工作进程。我们可能有些操之过急了，但了解 SAP 工作进程状态的能力很重要：除了显示系统的工作负荷，根据每种工作流程的工作内容，它还可以实时地显示实例和整个系统的状态。SM50 只能显示单个应用服务器的工作流程，而 SM66 可以全局性地审视整个 SAP 系统上运行的每个活动工作流程的状态。

---

[1] 参见 George Anderson 所著的《mySAP Toolbag》。——原注
[2] 参见《SAP on AWE Operations Guide》v1.5 的第 21 页（aws.amazon.com/sap）。——原注

表 3.1　　　　　　　　　　　　　　　　SAP 工作进程

工作进程分类	描述
对话框	D:前台处理实时信息
后台	B:后台处理长期运行的进程、报表和批处理任务
同步更新	V1:立即更新数据库
异步更新	V2:处理优先级低于 V1（即在时间允许时）的数据库更新
队列	E:管理数据库锁定功能
消息	M:管理应用服务器之间的通信
假脱机打印	S:管理打印任务（假脱机打印）
网关	G:与其他 SAP 系统和非 SAP 系统通信

3.5.2　OS 级 SAP 配置文件

每种 SAP 实例都包含 3 种配置文件：默认配置文件、启动配置文件和实例配置文件。配置文件是文本文件，由 SAP 数据库导入并进行维护，用于启动和运行实例。默认配置文件包含了特定 SAP 系统中所有 SAP 实例的公共信息。例如，生产系统可能会包含一个数据库、核心实例和 6 台应用服务器，而所有这些实例都使用一个相同的默认配置文件。启动配置文件可以调用可执行程序启动 SAP，在这方面每个实例也都基本相似。最后，实例配置文件包含了每个实例的具体信息。在包含两个应用服务器的实例配置文件中，可以定义一组批处理工作流程（例如，创建批处理服务器）。其他具体实例的详细信息可能会包含具体的内存配置参数、缓存设置等。使用 SAP 事务 RZ10 可以修改和维护所有这些配置文件，并可以访问一个包含了所有可用配置文件参数的简表。

3.6　SAP 数据库基础知识

掌握了硬件和操作系统的知识细节之后，现在我们可以把注意力转到在下层支持 SAP 业务应用的数据库，了解它所承担的角色。在选择数据库时，还应像选择硬件平台和 OS 时一样慎重挑选。鉴于平台和 SAP 版本限制，您可能只有一两种数据库可选（这就突显了把 SAP 基础设施作为一个整体计算平台加以考虑的重要性）。主流的数据库 SAP 均能支持，包括 Microsoft SQL Server（最终将可以搭配 SQL Azure 使用）、IBM DB2 和 Oracle 数据库产品（包括"真正应用集群"[RAC]）。自收购 Sybase 之后，SAP 还随 HANA 提供 ASE 和 IQ 数据库。许多客户为 SAP 宣布停止 MaxDB（前 SAPDB）的进一步开发而感到惋惜，这种数据库以较低的许可证费用和更轻松的管理而著称。

Microsoft SQL Server 只能运行在基于 Windows 的操作系统上。Oracle、ASE 和 IQ 支持 Windows、Linux 和所有主流 UNIX 操作系统。DB2 支持上述所有平台，而且可以在 IBM 的传统大型机系统上运行。

大多数部署 SAP 的 IT 部门都会根据他们当前支持的平台以及自己对各种平台的经验和熟悉程度来选择数据库提供商和数据库版本。但是这可能是在犯一个代价高昂的错误，因为大量由数据库管理员（DBA）来完成的传统工作在 SAP 环境中根本就没有必要。这就是说，

SAP 会把大量管理和维护底层数据库的复杂工作"剥离"掉。

3.6.1 数据库基本知识

无论选择哪种数据库，像 SAP 这样的企业应用归根结底都是由程序和这些程序创建和使用的数据构成的，而数据库要做的就是将这些数据以一种有意义的方式组织起来，使程序能够快捷方便地访问和查找它们，从而完成需要这些数据才能完成的有用工作，例如运行财务报表或创建销售订单。对于大多数 SAP 组件来说（如 ERP），程序和数据会存放在同一个数据库中。

各种组件一般都需要有自己的数据库（尽管有少数例外）。例如，由 SAP ERP、SAP NetWeaver 企业门户（Enterprise Portal，EP）和 SAP hybris 构成的"生产环境"包含有 3 个不同的生产数据库。

在每个 SAP 系统中，数据库都担当着重要的角色，因为 SAP 组件和应用程序使用的所有数据都存放在数据库里。最简形式的数据库由表、列（称为字段）和行（称为记录或数据）构成。数据库的基本结构与 Microsoft Excel 这样的电子表格的概念十分相似，其中用列（字段）存放一行一行的记录（数据）。数据库与电子表格最大的区别只是数据库可以包含多张（同时也是极大的）表，而这些表通过关系相互关联。因此，数据库可以被看作一种复杂度更高而且极其有用的电子表格。

3.6.2 表、索引和结构

SAP 数据库可以包含千千万万个存储着信息的表。有些产品，如 ERP，可以包含 40000 多张表，而复杂度稍弱的系统，如 SAP NetWeaver Process Integration（PI）包含的表可能不到 10000 张。请注意，在大多数 SAP 系统中，10%的表容纳了 90%的数据，因此，某些表的体积会变得硕大无比而且变化无常，而另一些则较小，相对静态。所有这些表都是通过既定关系相互绑定在一起的。而正是这套相互连接的表创建了所谓的关系数据库管理系统（RDBMS）。

除了容纳原始数据，数据库还会存储索引，索引用于提高检索数据的速度。对索引的最佳描述是一个内容表，或者把它看作缩减成了几个关键字段的一个数据库表的副本。这种缩减版副本中的数据根据一些预定义标准进行存储，以便能够快速访问数据。并非所有副本表的字段都会进入索引，而索引会包含一个指针，指向实际表的相关记录，可能会让您大吃一惊的是，索引的体积大约会占到整个 SAP 数据库体积的 50%！

SAP 还使用另一种被称为透明表的概念，它是一种只在运行时包含数据的 SAP 数据表。当 ABAP/4 数据字典中的表被激活时，系统会自动创建一个透明表。这种透明表与您在 ABAP/4 数据字典中的数据库表同名。它的每个字段也都与相应的数据库字段同名，但是字段的顺序可能会不同。字段顺序变化使新字段可以插入到表中，而不必对其进行转换，从而能够加快运行时刻的数据访问速度。

最后，对数据结构有所了解也非常重要，您只需记住数据结构是一组逻辑上有隶属关系的内部字段即可，数据结构要在 SAP ABAP/4 数据字典中激活和定义，它们只是临时包含数据（在程序执行过程中）。数据结构与数据库表的区别主要有以下 3 方面：

➤ 结构不包含或反映相关的 ABAP/4 数据字典表；

➤ 结构不包含主键；

➤ 结构没有任何技术特征，例如类、大小、范畴或缓冲规格等。

3.6.3 无风险迁移

只要不改变操作系统和数据库，SAP 系统很容易从一个供应商服务器平台转移到另一个。SAP 在同一个数据库中保存自己的可执行文件和配置文件，以及业务数据。所以，对于 SAP 所称的"同质迁移"，您只需从旧服务器卸下卷，在新系统上挂载并启动即可。即使混合使用不同的操作系统也是可行的，但是有些情况需要更复杂的系统设置工作。

不过，更改操作系统或者数据库需要的工作量更大。好消息是，这种"异构迁移"不会改变业务进程，因为它们是以 ABAP 或者 Java 编码的，这两种语言都是与平台无关的。经典 SAP 解决方案中唯一与平台有关的部分是所谓的"内核"或者"基础"——执行 ABAP 和 Java 的运行时库。所以，改变 SAP 应用服务器的操作系统只需要下载和安装正确的 SAP 内核即可。

然而，更改数据库就是另一回事了，因为代码和数据的构造方式是与平台相关的，必须将源数据库完全导出到扁平文件，在更改操作系统、数据库或者两者均更换时导入到目标平台。

过去，这种迁移是一个重大项目，因为可能因为缺乏经验而招致宕机时间延长和某些风险。在当今强大的服务器和存储阵列支持下，导入和导出几个 TB 的数据只不过造成几个小时的宕机时间，而不是以前的数天。今天，单一生产实例的迁移项目在大部分情况下可在两周内完成，即使数百个 SAP 系统组成的系统格局，也可以在几个月的项目时间内迁移完毕，这要归功于有经验的顾问们，他们能够在无风险条件下执行 RISC 迁移。

3.7 未来的发展

30 多年来，传统的 Oracle、SQL 和 DB2 数据库概念发展与 SAP 系统对性能、可伸缩性和稳定性的需求保持一致。在下一章中将概述几种创新的架构概念，SAP HANA 从根本上改变了游戏规则。例如，面向数据列的索引随着 HANA 的出现而几乎成为过时的东西，使数据库的空间占用下降了 30%～40%。HANA 还配备了先进的压缩技术，例如，SAP 自己的 ERP 生产系统在 DB2 上占用 7.1TB 空间，迁移到 HANA 之后仅占 1.8TB。

为了理解这些新技术，必须知道在 ERP 数据库的 40000 个表（前面已经提及）中，大部分是所谓的"聚合表"（Aggregate），用于存储预先计算的总和和平均值，以提高重复计算的系统性能。利用 HANA 实时计算这些总和及平均值的功能，如果相应地改写 SAP 解决方案的代码，"聚合表"就可以废弃了。删除聚合不仅进一步压缩了数据库，还显著简化了数据结构。

第一种简化的 SAP 业务进程称作"智能财务"，已经用于 SAP 自己的 sERP 实现，这种进程通过废弃所有聚合表和索引，进一步将数据库空间占用从 1.8TB 缩小到 0.5TB。

根据预期，简化的数据库结构可以将所有简化 SAP 业务解决方案的数据存储在单个 HANA 数据库上，使整个系统的实时性提高，同时消除了 SAP 应用程序之间的数据复制。

但是，SAP 需要花费一段时间重新编写所有应用程序的代码，实现上述简化。SAP 已经宣布，在 2025 年之前支持所有"经典"SAP 解决方案（及数据库）。

3.8 小结

本章内容覆盖了 SAP 基础架构的重要组件：硬件、操作系统和数据库。除了为 SAP 搭建基本架构或计算平台的传统方法，我们还考察了用服务方式提供这种基本架构的新方法。我们讨论了如何挑选合作伙伴和提供商，并与他们紧密合作，为 SAP 构建性能良好的计算平台。

3.9 案例分析

请阅读本章案例，并利用刚刚学到的硬件、操作系统和数据方面的知识分析和处理下面的问题。您可以在附录 A 中找到与此案例分析相关的问题答案。

3.9.1 情境

您的雇主 MNC 公司在 Microsoft Windows 和 SQL Server 系统上运行着最新版的 SAP 应用。最近 MNC 收购了 Archaic 制造公司（AMI），这是 MNC 的一大竞争对手，它也分别在运行着 Oracle 和 DB2 数据库的 UNIX 和大型机平台上运行着最新版的 SAP 应用程序。AMI 的数据库按照任何标准都可以称得上是"巨型"的。MNC 希望根据自己的 IT 成本削减策略，将两个公司之间相似的系统进行整合，以及寻求更快的业务分析，并询问关于 HANA 的细节。最后，MNC 还需要理解 HANA 如何提供其他优势。

作为团队中的一名技术架构设计师，您已经找出了 4 种备选方案。第一种方案是一切保持原样，由每个团队支持各自的系统；第二种方案是该团队把所有的硬件和其他设备都整合到单一的公共数据中心；第三种方案是对计算平台进行标准化；第四种方案是团队购买某种采用云技术的策略。假定您拥有必要的途径、资源和时间实现其中任意一种方案，请回答以下问题。

3.9.2 问题

1. 请找出第一种方案"一切保持原样"的主要优点。
2. 试列举"一切保持原样"的几种缺点和问题。
3. 如何证明第二种方案"把现有资产整合到唯一的公共数据库中"的优势？
4. 请列举对计算平台进行标准化的若干优点。
5. 如果 AMI 的生产格局包括 SAP ERP、CRM 和 PLM，而且它们每个都包含 4 个实例，则 AMI 目前支持着多少个生产系统？
6. 团队如何考虑使用 HANA 为 MNC 取得优势？HANA 的主要劣势是什么？

第 4 章

SAP 项目基础知识

在本章中您将学到：
- SAP 项目实施基本知识
- 实施之前预先规划首要步骤
- 关键项目任务和角色
- SAP 实现资源与时限
- SAP 项目生命期

如果您是刚刚接触 SAP，那么即使了解 SAP 背后的业务和技术基础知识，仍然可能对 SAP 安装运行的规划不甚了解。本章我们将会完成基本概念的学习，描述 SAP 项目及大部分必需的工作。

4.1 SAP 项目实施基本知识

如果有人告诉您他们的公司正忙着实施 SAP，请一定要问清楚他到底意指何事。该公司究竟在部署什么？是 SAP 企业资源规划（ERP）、SAP 供应链管理（SCM），还是客户关系管理（CRM）应用程序？另一个 SAP 业务套件（Business Suite）还是 NetWeaver 应用程序？您可能还记得我们在第 1 章谈到的，全球有许多公司都实施了 SAP ERP，但是还在不断添加新的 SAP 应用程序和功能。同时，该公司可能打算部署业务对象（Business Object）、SuccessFactors、Ariba、Fieldglass 或者 SAP HANA。与此同时，其他公司正在扩展 SAP，包含第三方应用程序（如 Microsoft Dynamics CRM 和 AX，后者是另一种 ERP 软件包，更适合于某些行业、地理位置或者商业环境）。

即使不知道具体部署了哪些 SAP 产品，只要理解实施的业务功能，也可能猜出应用程序。一旦理解了功能性及其范围，您就可以转向考虑项目的管理方式了。如何识别业务需求？如何弥补SAP现成解决方案中的不足？项目将花费多长时间，涉及哪些人员？虽然SAP的各种软件产品及目的各不相同，但SAP实施项目都需要大量的准备和项目管理工作，才能将各项功能组合起来。

为了获得成功，最重要而直接的问题就是要让所有利益相关者和必要的主题专家（SME）统一思想、一致行动。这需要把项目所涉及的公司高管、业务单位领导、功能和技术专家、最终用户、机构的IT部门和项目管理办公室、外部咨询和集成合作伙伴以及其他许多人员都动员起来推动项目顺利前行。如果这些利益相关者和SME没有很好地统一协调（见图4.1），项目就永远无法启动，无法在SAP移交给最终用户使用时（我们将这一特殊的日子称作"上线日"）取得成功。

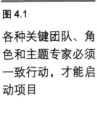

图4.1

各种关键团队、角色和主题专家必须一致行动，才能启动项目

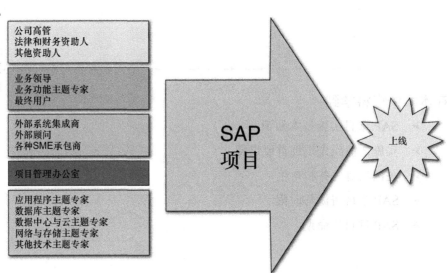

4.2 实施SAP项目的首要步骤

在SAP项目开始之前，需要投入大量时间和精力理解公司（或者组织）是否需要SAP。毕竟，SAP及其企业软件方面的竞争产品都是昂贵和高风险的。SAP项目消耗大量的时间、人员以及其他资源，将它们投入到其他方面可能更好。

最好将大部分初期工作描述为严格评估、验证和预先规划。实施SAP项目的首要步骤往往包含以下各项。

> 识别组织的"痛点"，包括当前业务问题，以及做出某种改变之后可能解决的业务机会丧失问题。
> 文档和组织业务流程，以及这些流程中成为组织"痛点"根源的问题。
> 确定软件系统实施是不是流程中的问题（以及组织要害问题）的最佳补救措施。
> 为新软件系统的实施创建一个"业务案例"（优点、缺点、大致成本、时限、风险等）。
> 考虑组织适应新软件系统（即新的工作方式）的能力。
> 根据组织的"痛点"评估软件供应商的具体应用和解决方案，考虑不同的软件供应商。

> 为每个软件供应商开发一个匹配/差距分析，描述解决方案在不做更改的情况下与公司现状的契合度和解决"痛点"的能力（匹配程度），以及解决方案需要定制的程度（差距）。
> 根据现有产品匹配度、需要为组织开发或者定制的最少"差距"数量、SAP 公司帮助组织浏览采用其软件系统所需更改的能力、SAP 在您所处行业或者地区的口碑、估算项目总成本（初始采购成本、实施成本和持续软件维护成本）、潜在风险及缓解或者控制的能力等选择软件供应商（假定 SAP 是最佳的选择）。
> 按照业务功能、技术基础、与其他业务用系统通信所需接口、培训和更改管理，规划实施工作。

现在您肯定已经意识到，这些预先规划和验证工作需要数月才能完成。这样的工作本身就是一个项目，也只有真正地像对待项目那样进行管理，才能做出最好的选择。一旦决定实施 SAP，就应该已经为下面讨论的 SAP 项目实施生命期做好了准备。

4.3　SAP 项目生命期

实施 SAP 的生命期方法有助于阐明与加速 SAP（ASAP）方法的蓝图制定阶段（在第 2 章中简略介绍过，后面的第 15 章还将详细说明）相关的粗略阶段或者任务。SAP 项目生命期可以分为如下 7 个阶段或者步骤，每个都涉及不同的角色与任务（见图 4.2）。

1. 项目启动。
2. 匹配与原型。
3. 设计与构建。
4. 系统集成测试。
5. 业务验收测试。
6. 接入准备。
7. 稳定。

从总体工作量来说，理解第 2～5 步最为重要。这些步骤花费了项目的大部分时间和预算，每步的可交付成果或者输出都作为下一步骤的输入，每一步还与特定的目标相关。图 4.2 中展示了 SAP 项目生命期的一个时间轴示例。

4.3.1　第 1 步：项目启动

从项目驱动、规划和总体策略来说，项目启动阶段是 SAP 项目的开端——决定项目的人员配备、执行、管理和评估方式。这涉及与 ASAP 第 1 阶段类似的几项如下任务。

> 确定目标和范围。
> 设计实施团队并为之配备人员。
> 培训团队。
> 确立控制和其他项目管理流程。

> 项目正式开始。

此阶段的输出包括发布定义的工作范围（项目范围）、填写团队的资源登记表、协调业务单位及其对应的超级用户、确定可计量的成功标准、创建用于原型的初始业务模板。

图4.2
SAP 项目生命期提供了简单的项目7步视图

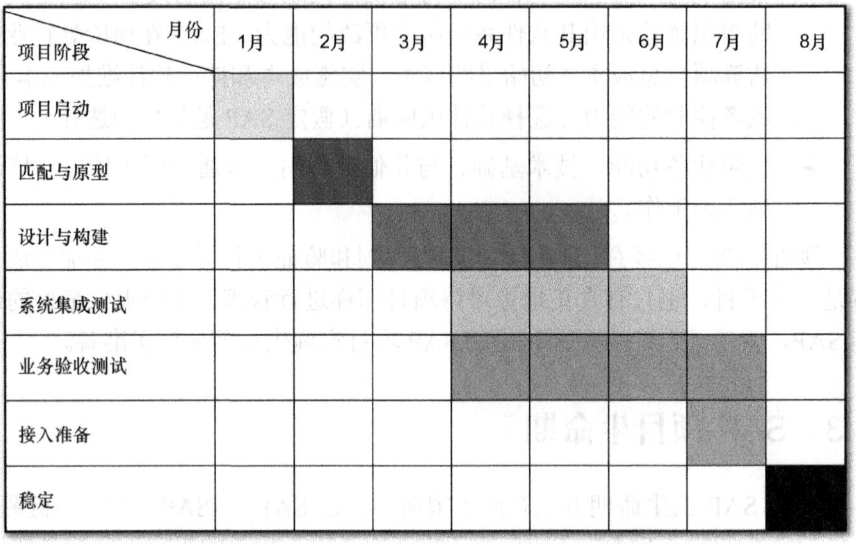

项目阶段 \ 月份	1月	2月	3月	4月	5月	6月	7月	8月
项目启动								
匹配与原型								
设计与构建								
系统集成测试								
业务验收测试								
接入准备								
稳定								

4.3.2 第2步：匹配与原型

在原型化工作中，功能专家和其他主管人员与超级用户及 SAP 组件专家一起评估 SAP 的解决方案。通过这一活动，每个功能团队制作一个尽管有限，但是可以正常工作的业务特定 SAP 解决方案的原型。与原型相关的任务包括如下各项。

> 开发和共享完整的一组业务情景。
> 将公司的独特业务流程及工作流程映射到所采用的 SAP 解决方案。
> 识别 SAP 能力与组织业务需求之间的差距（进行匹配/差距分析）。
> 进行初始集成测试（也称初步调试）。

这些原型活动的输出包括一致同意的业务情景完整列表、工作流程与 SAP 功能和解决方案集的映射文档、必要业务功能与预期业务功能的差距列表以及一组说明提议的解决方案是否步入正轨的集成测试结果。

4.3.3 第3步：设计与构建

在 SAP 项目生命期的第3步中，从技术和业务视角概述 SAP 系统符合公司业务需求所需的新功能。

从技术角度看，负责设计与构建的团队要完成如下工作。

> 进行以所有开发项目范围及设计为重点的评审。
> 记录并完成满足公司业务需求所需的所有功能配置和编程工作。

从业务视角出发，设计与构建团队执行许多如下任务。
- 使新建或者更新后的业务流程与主管人员的预期保持一致。
- 培训不同 SAP 工作流程和业务流程的超级用户。
- 发布工作流程和业务流程的标准操作规程。

第 3 步的输出主要包括反映技术解决方案范围及设计的文档、标准操作规程和与培训超级用户及以后培训业务最终用户社区相关的完整流程。

4.3.4 第 4 步：系统集成测试

系统集成测试（SIT）论证系统能够支持业务需求。这种大规模的任务需要详细的进度安排。单元和功能测试之后是使用所有必要的基本数据和参考数据进行的测试（必要时还有模拟交易数据）。

一旦单独功能得到证明，整个业务流程就被交织在一起进行测试，以系统集成测试告终。最后的输出包括部署能够支持新的 SAP 衍生业务流程的"试运行系统"。

4.3.5 第 5 步：业务验收测试

业务验收测试论证新配置的 SAP 系统能够支持公司的业务需求，是 SIT 和用户验收测试的延伸，包括下列 3 项。
- 用户验收签核。
- 最终用户培训签核。
- 标准操作规程签核。

根据项目的范围，有许多不同类型的业务验收测试。但是，在大部分 SAP 项目中有如下 4 种类型最为常见。

- **单元/功能测试**：验证业务流程或者功能性事务的每个步骤，确保其操作与预期相同。
- **系统集成测试（SIT）**：包括排查业务流程中的所有步骤，验证整个业务流程按照预期工作，然后将测试提高一个等级，确定某个业务小组或者整个网站的工作正常。这方面的例子包括测试从订单下单到采购、运输、交付和最终记账的整个"销售—现金"业务流程。
- **用户验收测试**：这类测试比系统集成测试更详尽，因为它包含了所有现实世界和假设分析的测试用例。与 SIT 的情况不同，用户验收测试不由业务配置人员进行（就像 SIT 那样），而是由主管人员与超级用户推动大部分工作。这种测试可能包括从不同网站订购一组产品，采用不同付款条件，对全世界的不同配送中心提出运输要求——就像真实用户可能会做的那样。
- **负载（或者压力）测试**：这类测试（其中一种形式也称作容量测试）是确保业务流程正常地与其他业务流程一起运行所必须的——所有流程都在成百上千（不管是否真实）的 SAP 最终用户同时完成自身工作所造成的负载下运行，就像生产环境中的情况一样。这将验证系统在大负载下是否具备伸缩性，或者在何种负载条件下，系统不再能够正常响应（称作冒烟测试）。可以想象，负载测试对于负责确保 SAP 应用程序正常表现的技术和业务团队特别实用。

必须小心地管理费时的原型工作，如果没有明确的工作范围和细致管理的步调，价格昂贵的顾问团队和公司内部资源很快就会被可能没有任何成果的原型工作所消耗。必须认真地将这种活动与工作范围协调一致，并严密管理。

业务验收测试的输出包括验证所有用户确实经过培训，为新系统的工作做好了准备，新系统及其业务流程符合意图（也就是说，它们的工作状态符合最初提出的工作范围的描述，包括后续更改申请对系统的影响），所有业务测试案例和其他真实情景已经测试并由公司签核。

4.3.6　第 6 步：生产接入准备

和其他阶段一样，生产接入需要准备。一旦所有前期活动已经签核，应该进行一系列面向业务和技术的检查。只有所有问题都已解决或者确定无关紧要，系统才能接入上线。下面是几个这类的检查点。

- 所有配置和开发更改都完整地"传输"，在开发环境中初始化、在质量保证（QA）/测试环境中测试，并在签核之后从开发环境直接传输到生产系统。
- 主数据完整性检查，确保所有主数据最新、一致、经过公司的验证并提交（如配置和开发更改时，主数据也要传输到整个 SAP 系统格局中）。
- 事务数据从遗留系统和其他系统迁移到 SAP 系统格局，使 SAP 最终用户有能力观察最近的 SAP 前事务（在旧系统已经退役、新系统上线不久时，如果需要验证账目或者运输状态，这些数据就很有用）。
- 压力/负载测试，确保系统在数百或者数千用户的负载下具有良好的伸缩性。
- SAP 早期预警（Early Watch）报告，要求 SAP 或者当地的 SAP 认可合作伙伴连接到 SAP 系统，运行一系列旨在验证稳定性、可用性和表现的技术检查。

在生产接入准备中，SAP 支持团队还必须开发和发布一个 SAP 生产支持计划。这种全面的计划提供了一个框架，定义问题的捕捉、升级和管理方式，性能监控方式，监控业务流程以确保性能符合事先确定的服务水平协议的方法等。生产支持计划还包括一个应急计划——公司在出现严重错误、系统崩溃或者关键功能故障导致严重业务中断时的备份计划。该阶段的输出多种多样，通常反映了上面列出的项目。

正如新系统开发中的开发与配置方面，传输也会消耗 SAP 实施期间的大量时间。不要低估人力的需求，更不要说功能顾问、"排"长、超级用户以及其他人员之间必要的时间安排与协调。这些工作比你想象得还要多，在系统上线之后，情况只会更糟。

4.3.7　运营稳定（运行）

第 7 步指的是系统上线之后进行的工作，因此从时长上讲，这是最长的步骤或者阶段（历经数年，直到 SAP 系统最终退役和更换）。这个阶段可以很好地映射到 ASAP 的第 6 阶段：

运行（也称作"运行 SAP"）。在这段时期，团队忙于多个战线，仅仅对最终用户社区及对应的业务小组的初始支持就会消耗许多资源。其他团队成员则忙于规划前几波更改（上线时未能及时完成的新功能可能在此时推出）。开发人员继续开发、传输和测试更改及修复缺陷，而公司的项目管理办公室发布其结论和所得到的经验教训，按照项目成功标准进行计量和报告，获得所有输出和其他可交付成果的签核，并结束项目。还有其他一些人则专注于改进用于监控和管理系统的工具——从 SAP 技术堆栈的最低层到应用程序、集成点和运行业务所必需的附加产品。

运营稳定阶段的输出包括完成和发布所有项目文档、发布所有最终用户和技术团队培训材料、将运营支持移交给对应的上线后团队、完成所有项目结算、资源状态及其他沟通机制，包括项目的经验教训总结。

4.4 按照任务组织项目

假定您的项目规划工具和流程已经就绪，业务解决方案的蓝图已经确定并达成一致，下一步是组织完成项目大部分工作（称作"实现"）的团队。组织的方法多种多样，但是首先了解执行大型软件项目的步骤、任务和角色是很重要的。为了保持工作的条理，SAP 项目团队可以建立一个 Microsoft SharePoint 团队站点，或者如下的文件服务器目录结构。

- **01 售前**：包括客户和各个系统集成商（SI）发布的初始请求建议书（RFP）以及其他人对 RFP 的回复、合同、预期、经过讨论的初步计划（销售什么）、与解决方案论证或者概念验证（POC）相关的信息、承诺、初步概要时间表、客户识别的初步差距等。

- **02 沟通**：利益相关者之间的沟通方式和其他材料的共享方式、合同列表、电子邮件分发列表、网站和其他沟通工具、时间表、经过沟通的初始成功标准、沟通的预期和规范，以及解释项目沟通方式的其他材料。

- **03 项目管理**：详细的项目计划、资源计划、人员配备模型、任务列表、典型 PMO 信息以及关于合作伙伴、ISV 和其他对项目有帮助的人的信息。

- **04 计划管理**：包括战略性材料与决策、利益相关者管理的执行方法、特定于行政领导人员的沟通计划、指导委员会会议纪要、计划的变化以及每周、月度状态报告。

- **05 蓝图与分析**：包括各个 SAP 应用程序功能模块的早期决策和支持原理，以及项目执行过程中决定的更改（详细配置和定制需求包含在对应的领域中）。

- **06 配置**：包括标准配置规则（不是定制，而是系统上执行的"开箱即用"配置）、匹配/差距细节、解决方案概要设计、详细设计、配置标准、配置工作手册（反映与 BPA 的会谈，论证、承诺的内容）、最终解决方案配置（包括权衡、附加程序/范围蔓延以及被推后到计划中上线后系统更新的功能）、必要的生产系统规格/所做更改、与批处理及报表相关的技术细节，以及与正在开发的 SAP 行业解决方案（IS）相关的信息/附属品。

- **07 定制**：和 06 配置相同，但是焦点是差距（这里的差距与定制类似），包括定制标准、更改管理策略及工具（开发过程管理方式）、功能性系统文档（按照功能领域组织，如 FI、MM、PM、工资、SCM）、技术系统文档（同样按照功能领域组织，但是反映的是与软件功能需求的提供相关的技术细节）、发行说明、决策及权衡，如果 IS 的定制多于核心 SAP 解决方案，也可以在此跟踪其开发过程。

- **08 测试**：类似于"质量"，包括与总体项目测试策略、集成测试、QA 测试、接口测试、性能测试、压力测试相关的材料，以及与培训相关的测试事项。
- **09 缺陷**：包括跟踪测试发现的 SAP 系统缺陷所必需的策略、工具、解决过程和提升方法。因此，这包括了配置、定制、数据问题等，所有内容都组合成一个"篮子"，方便跟踪和状态更新。只是定制很少的最小型项目人工跟踪缺陷，大部分 SAP 项目需要专门的系统跟踪和解决此类问题。
- **10 技术团队**：包括一组多样化的材料，反应整个 SAP 解决方案堆栈（从 SAP 应用程序本身到项目的托管或者数据中心策略）。服务器、操作系统和磁盘需求、网络详情、SAP 系统格局设计、附加程序、云和场内决策与资源、集成详情、系统管理策略及细节以及所有传统技术性 SAP 应用（以前称为 SAP Basis）细节都包含在内。
- **11 数据**：包括项目的遗留数据转换及迁移策略、主数据和参考数据策略与流程、遗留系统列表及其数据源和联系人/BPA、转换要求和流程、新系统数据上传模板、数据问题及解决方案跟踪、上线准备方法（完整数据，然后是遗留系统的增量更新）、可能自动化的场合、接入时间/计划等。
- **12 安全性**：包括项目安全策略，用户和角色如何管理，应用程序、基础设施和物理安全性考虑因素，所做出的决策。
- **13 访问策略**：与系统访问方式和某些决策理由（fat、web、Citrix、SharePoint 的使用、移动应用等）相关的材料。
- **14 培训**：包括培训计划、手册、用户指南和主要聚焦于系统最终用户的其他材料。
- **15 接入与上线**：包括迁移策略和计划、详细的接入检查列表，包含继续/停止规则，以及上线前后计量及监控的特定成功标准和 KPI 的有关细节。
- **16 上线后**：包括在系统移交给最终用户之后，实现卓越运营的计划、检查列表和其他材料。

上述列表并不全面，但是应该能够帮助您认识到 SAP 项目固有的复杂性和挑战，以及它所包含的大量任务。下一步，我们将根据人们在 SAP 项目中的角色看待他们。

4.5 按照角色组织项目

开发、运营和维护 SAP 环境通常需要多种多样的角色。从人员编制的视角看，实际配备的人数可能明显少于角色的数量（也就是说，一个人可能承担多个角色）。SAP 的复杂度和环境的规模本身是关键因素，承担这些角色的人员技能和经验水平也很重要。例如，功能专家可能拥有多个功能模块的知识，技术专家可能拥有多个技术领域的知识。

另一方面，单个技术专家可能无法处理与某些高度复杂的功能模块相关的所有工作或者工作密集型的技术任务。例如，运营团队通常由 4 人（或更多）组成，开发团队需要扩大到一定的规模，才能专心地进行上线后的维护活动。

在 SAP 环境中，项目角色分为领导角色、业务或者功能性角色、技术角色和常规支持角色，下面将详细介绍。

4.5.1 领导角色

不少领导角色对于 SAP 的整个生命期很重要，其中包括下面这些领导角色。

- **SAP 业务发起人/主管**：从业务实现视角，就 SAP 整体解决方案向公司负责；作为负责系统整体能力、性能、可恢复性和业务运营的主要角色；最终负责系统范围的业务和 IT 治理，包括监管与审计依从性。
- **SAP 项目负责人**：从战略或者全局视角管理项目，主要关注利益相关者管理、沟通、风险/问题管理、高管关系、合同细节，以及组织业务目标和环境下总体项目的成功。
- **SAP 项目经理**：从战术视角负责项目，管理时间、调度、范围、质量、风险、人员和其他资源。SAP 项目经理的任务、关注领域和职责详见第 15 章。
- **SAP 团队经理**：负责上线后的 SAP 环境；协调新业务需求的分析；协调功能性和技术角色之间的协作；协调当地和合作伙伴资源。

4.5.2 业务或功能性角色

功能性角色负责执行与 SAP 环境功能性运营和维护相关的业务功能性任务。这包含如下的角色和技能。

- **SAP 功能架构师或业务分析师**：负责 SAP 跨模块集成解决方案与相应功能及业务流程的协调；验证业务需求及其实现方法；在特定 SAP 模块功能上有丰富的知识，可能包括 ISV 和其他合作伙伴模块/功能；精通 SAP 的某个特定领域/模块/业务流程；负责描述具体业务流程，作为 SAP SME 功能领域专业能力的一部分；与测试经理和开发领导人紧密合作，澄清关于特定业务流程的问题。
- **SAP 测试经理**：负责测试流程，包括协调测试流程、合并测试案例和协调不同级别的集成测试与用户验收测试（UAT）；还要分析测试结果，向团队传达结果和建议。
- **SAP 更改管理或"发行"经理**：协调应用程序更改、验证系统业务需求和新业务需求的优先顺序、定义发行周期和每个应用程序的补丁管理策略。
- **SAP 功能支持工程师**：处理与功能相关的 SAP 支持案例和支持要求；在上线后分类和诊断问题、调研解决方案、解决问题、沟通问题解决方案；拥有特定 SAP 模块和相关业务流程功能方面的丰富知识。

还有其他的一些功能性角色，将在后续的章节中详细介绍。

4.5.3 技术角色

许多技术角色负责执行与 SAP 环境技术平台及基础设施部署、运营及维护相关的技术任务。关键角色如下。

- **SAP 技术架构师**：准备和进行基础设施分析、适型和设计；设计及执行技术部署和管理方法；设计和部署集成组件；开发生命期内的技术维护策略。
- **SAP 数据库管理员**：执行数据库（Oracle、Microsoft SQL Server、SAP Sybase）管理和维护任务；监控数据库性能、大小和增长。
- **SAP 开发领导人（每个功能领域一名）**：负责开发策略和 ABAP 及 Java 代码质量；协调开发工作团队；评估新的热修复；开发工作项目、缺陷修复和回归修复；调试应用程序代码。
- **SAP 管理员**：添加新用户、部署热修复、部署 SAP 实例等；进行 SAP 范围内的基础设施监控管理；监控应用程序可用性、接口、性能和错误情况。
- **SAP 数据中心运营人员和系统管理领导人**：从持续运营的视角负责整个基础设施和设备环境；执行备份和其他例行计算机运营及管理任务；监控硬件、操作系统、数据库计算环境，与其他 SAP 解决方案底层系统接口。
- **SAP 技术支持工程师**：在上线后处理与技术相关的支持要求、分类和诊断问题、调研解决方案；解决问题并沟通解决方案；拥有 SAP 解决方案堆栈的丰富技术知识。

最后，还有许多角色对 SAP 的部署与管理至关重要，其中一些将在下一节中讨论。

4.5.4 常规支持角色

除了技术和功能性角色之外，还有一些必要的附加支持角色，包括下面这些。

- **SAP 组织更改管理领导人**：协调组织更改管理沟通；协调和沟通技术与功能更改；帮助计量和确认 SAP 的采用、新业务流程以及最终用户社区的新工作方式。
- **SAP 安全性/审计领导人**：测试和监控 SAP 安全性实施与维护计划，维护和实施安全策略及规程，确保与经过验证的最佳实践保持一致，保证基于角色的职责分离；定期审计角色，确保其职责分离与经过证明的最佳实践保持一致；作为业务与技术团队的安全联络人；与业务人员协作理解需求，管理基于角色的安全性；审核安全日志；为依从性服务，支持外部和内部审计，通过提升到高级管理层，为异常现象提供解决的手段。
- **SAP 业务持续性/灾难恢复（DR）领导人**：负责与业务领域及 IT 领导人合作，创建、测试和维护 DR 及业务持续性计划；负责 SAP DR Crash Kit 的维护；控制风险及运营冲击，制定备用计划以恢复关键业务操作；在应用及 IT 基础设施灾难规划方面具有专业知识；具备从单故障点视角识别可用性及可恢复性问题、评估复杂 ERP 环境的技能。

当然，SAP 的规划、部署和运营还需要许多其他角色，上述角色列表只是为了让您一睹 SAP 项目的复杂性和机遇。

4.6 小结

在本章中，我们简要学习了规划和运行 SAP 项目的意义，包括一些基本项目任务、资源和角色，我们还从项目及业务用户的视角介绍了 SAP 项目生命期。这些基础知识为本书剩下的许多章节做好了准备。

4.7 案例分析

请考虑以下案例和问题。您可以在附录 A 中找到与此案例分析相关的问题答案。

4.7.1 情境

凭借在其他公司实施 SAP 的经历、行业经验，以及与 MNC 公司人员的广泛接触，您毫无悬念地获得了 MNC 新 ERP IT 项目主管的职位。您很清楚，行政管理团队已经决定要实施 SAP 的 ERP 和供应链应用程序，但是这些决定还没有公布，蓝图的设计刚刚开始。您上任的第一天就在大会议室里与自己的新团队开见面会，并且做了工作报告，有几个团队成员向您提出了以下问题。

4.7.2 问题

1. 我们使用 SAP 做什么工作？
2. 蓝图设计完毕后，您如何组建团队进入实现阶段？
3. 有几个业务科室的副总很好奇您是使用浏览器访问系统还是用某种带有胖客户端的东西来访问，您将如何回答？
4. 另外一名团队成员询问 SAP 项目生命期，希望理解其结构，您如何用最简单的方式解释？
5. 您的一名高级项目经理强烈认为蓝图设计阶段会耗费项目大部分的时间和预算，您对此做何反应？
6. 大会结束后，一名雇员与您一起乘电梯离开：他向您询问自己的财务工作是否会受到影响。

第 5 章

SAP 应用程序与组件概述

在本章中您将学到：
- SAP 解决方案的过去、现在和未来
- SAP 核心业务套件
- SAP NetWeaver 组件的重要角色
- 中小型企业解决方案
- 如何为您的业务挑选合适的解决方案

SAP 业务套件（Business Suite）、NetWeaver 和越来越多的 SAP 云解决方案为一些全球最知名的大型企业提供了预定义的业务流程。不仅如此，SAP 还为自己能够为 30000 多个中小型企业（SME）客户，提供 3 种不同的解决方案和多种装置（Appliance）及数据库服务而倍感自豪。即使对于专家来说，应付基于不同技术的大量组件，以及不断变化的 3~4 个字母组成的缩略语，也是很困难的。理解未来最需要的是对过去的认识，本章从 SAP 产品组合的简短概述和 SAP 实现真正实施的业务解决方案的路线图入手。本章的另一半内容则介绍中小型企业的解决方案。

5.1 实时的目标

1972 年，当 Hasso Plattner、Dietmar Hopp、Hans-Werner Hector、Klaus Tschira 和 Claus Wellenreuthe 创立数据处理系统、应用和产品公司（SAP）时，他们的愿望是为业务流程开发标准软件。第 1 代版本是在穿孔纸带上实现的，这些产品最终成长为一个集成业务系统，称作 R/3。

使用单一数据库，在统一的应用程序中涵盖整个公司的业务流程具有巨大的优势，所有用户可以在同一时刻访问任何事务的结果。这种实时（Real Time）特性就是 R/3 中"R"的含义。例如，每当资金和货物进出公司，就会实时地在公司的账册上反映出来，这一功能是之前的商业应用程序所无法匹敌的，而这只是开始。

图 5.1 展示了 SAP 如何随着时间的推移，为 SAP 补充更多的功能，包括以下解决方案：数据分析（业务数据仓库［Business Warehouse，BW］）、生产规划（高级规划优化器［Advanced Planner and Optimizer，APO］）、销售管理（销售力量自动化［Sales Force Automation，SFA］）、系统管理（计算中心管理系统［Computing Center Management System，CCMS］）等。随着互联网的出现，SAP 产品组合中又加入了互联网事务服务器（Internet Transaction Server，ITS）和基于互联网的销售（在线商店，Online-Store）和采购（企业对企业，B2B）解决方案。

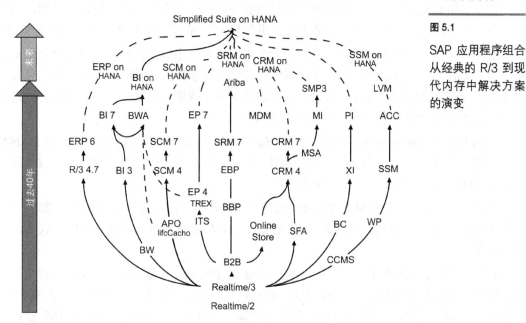

图 5.1
SAP 应用程序组合从经典的 R/3 到现代内存中解决方案的演变

采购解决方案后来经过增强，成为企业对企业采购（Business to Business Procurement，BBP），并通过业务连接器（Business Connector，BC）实现了与第三方系统的基于互联网的通信。SFA 发展为客户关系管理（CRM）、APO 变成供应链管理（SCM）、BBP 演变成企业采购员应用系统（Enterprise Buyer Professional，EBP）和之后的供应商关系管理（SRM），BC 演变为交换基础设施（Exchange Infrastructure，XI）和之后的流程集成（PI），CCMS 则演化为 SAP 解决方案管理器（SAP Solution Manager，SSM 或者 SolMan）。

5.1.1 SAP NetWeaver

利用 SAP NetWeaver 组件，SAP 扩展了产品组合，增加了 SAP 企业门户（Enterprise Portal，EP）、移动基础设施（Mobile Infrastructure，MI）、主数据管理（Master Data Management，MDM）和 NetWeaver 管理器（NWA）。XI 更名为流程集成（PI），BW 更名为业务智能（BI）并移入 NetWeaver 产品组合中。多种其他解决方案被组合到 SAP 业务套件中。最后，SAP 传统的 ERP 产品 R/3 Enterprise 被更名为企业核心组件（Enterprise Core Component，ECC）。

为了实现随即分析，SAP 组合了为 APO 开发的 Live-Cache 内存技术和 TREX 索引引擎，称作 BW 加速器（BWA）解决方案。它本质上是 BI 解决方案的高性能"边斗"。

因为早期平台的性能所限，无法在同一系统上同时运行事务和报表功能，专用的数据分析解决方案成为必需品。虽然这些为特定业务流程进行优化的解决方案取得了巨大的成功，但集成实时系统的概念仍然遭到破坏,因为每个解决方案都需要自己的数据库实例才能达到应有的性能。不同系统中生成的数据必须复制和合并。因为数据抽取对事务系统的响应时间有负面影响,复制通常在夜间进行,结果是,所有报表都只能反映"昨天的真相"。

5.1.2 简化:再次实现实时

在 R/2 和 R/3 的时代里,SAP 的目标是为业务创建一个实时平台。但是在早期,"实时"是一个很主观的说法,类似于不需要事务"批量处理"、在用户群体下班之后的时间处理。

最终,实时事务成为了人们习以为常的东西,所有大型软件供应商都以实时业务系统为豪。但是实时不意味着即时,而越来越多的业务情景要求接近即时的响应。高性能分析装置(HANA)是波茨坦大学 Hasso Plattner 学院的科学研究成果,这是一种混合型内存数据库,旨在替换 SAP 业务应用程序使用的传统数据库。

2010 年在 Sapphire 发布 HANA 期间,Hasso Plattner 介绍了他的愿景:使 SAP HANA 成为 SAP 整个企业软件产品组合的公用数据库。在这一概念中,不同的软件解决方案保持独立,但是共享同一个高性能数据库(HDB)。

今天,统一数据库仍然只是个愿景,因为不同解决方案的数据表结构相互不兼容。因此,任何 SAP 解决方案仍然需要自己的 HANA 实例(BW on HANA、ERP on HANA、CRM on HANA 等)。

在 2014 年的 SAPPHIRE NOW 会议上,Hasso Plattner 透露,SAP 正在简化解决方案的数据结构,用运行于 HANA 的特殊算法(存储过程)彻底替代聚合表和索引。这种"简化"不仅将 SAP 解决方案中的数据表数量从数千个减少到几百个,而且使不同的 SAP 解决方案的数据表结构能够再次实现兼容。

为新的简化 ERP 选择的名称是 S/4 HANA。S 是"简单"(Simple)的缩写,4 表示第 4 代。本书编写期间,S/4 HANA 从简单财务开始,然后是简单物流(很快将推出)和 ERP 的其余组件。SAP 宣布,S/4 HANA 将抛弃使用聚合表的定制代码,其代码将检测对不再可用的表的访问,自动将其重定位到等价的 HANA 视图。

上述做法还有一种受欢迎的副作用,事务和分析数据的统一数据存储将摒弃目前单一 SAP 应用程序中不同数据库实例之间的复制需求,明显减小公司的物理存储占用总量。

随着未来几年更多基于同一组精简数据库表的简化 SAP 解决方案的投放,用单一数据库存储所有业务流程的目标即将完成,和 40 多年前一样,业务流程数据又可以供所有应用程序和用户同时访问了。

5.1.3 升上云端

收购了人才管理公司 SuccessFactors 之后,SAP 增加了第一个"仅云端"解决方案。后来,又增添了用于企业对企业采购的 Ariba、管理租用劳动力以及非正式员工的 Fieldglass 以及差旅管理的 Concur。这些软件即服务(SaaS)解决方案从定义上是"仅云端"的,利用了和传统 SAP 架构截然不同的技术。但是,它们必须与场内或者公共云中实现的"经典"SAP

解决方案连接和集成。因此，我们在第 8 章中将对这些 SAP 云解决方案与需要集成的 SAP 业务解决方案一同讨论。

5.2 SAP 业务套件组件

毫无疑问，各种公司最熟悉的是 SAP 以业务套件组件形式出售的各种产品。SAP 业务套件（Business Suite）可以视为企业的办公软件包，提供了企业中任何部门使用的数千种现成业务流程。多年来，大型机构一直部署着这些解决方案，今天这些解决方案已经成了 SAP 的代名词，其中包括以下组件。

- SAP 企业资源规划组件（ERP）。
- SAP 客户关系管理组件（CRM）。
- SAP 产品生命周期管理组件（PLM）。
- SAP 供应链管理组件（SCM）。
- SAP 供应商关系管理组件（SRM）。

我们下面将逐个对它们进行探讨。如需更进一步的了解，请参考第 7 章。

5.2.1 SAP 企业资源规划

由于历史悠久，ERP 仍然是部署得最多的 SAP 解决方案。ERP 处理的是每个企业最基本的业务流程：财务会计、生产和人力资源。换言之，和其他功能一起，SAP ERP 确保订单能够被接受、履行、跟踪和支付。

SAP ERP 是一组软件，由 SAP ECC 和 SAP NetWeaver 组成。从技术上说，ECC 是著名的 SAP R/3 的最新版本。业务流程逻辑被分割为企业核心（Enterprise Core）和增强包（Enhancement Packages），这样更新造成的干扰较小。在 SAP ERP 解决方案之下，是如下基本的业务功能。

- **SAP ERP 财务系统**——包括财务会计、会计核算、控制、财务部门和公司财务管理、房地产管理等。内置的萨班斯·奥克斯利法案和巴塞尔 II/III 合规检查功能使公司可以实现透明的财务报表和公司管理体系（这是安然公司和其他过往财务舞弊事件给业界带来的麻烦而又无可避免的后遗症）。
- **SAP ERP 运营程序**——包括采购和物流执行、产品开发和制造以及销售和服务。这些解决方案为协作业务解决方案领域引入了销售、仓储、采购、运输和配送功能，把物流管理提高到了新的高度。
- **SAP ERP 人力资本管理程序（HCM）**——提供工资、时间管理、遣散、激励、法定报表和成本规划功能。SAP HCM 还提供招聘、在线学习和员工自助服务等解决方案。
- **SAP ERP 公司服务程序**——它把许多核心服务合并成一个完整服务包，包括项目和产品组合管理，环境、健康和安全（EH&S）管理，旅行管理，质量管理等。
- **SAP ERP 分析程序**——具有强大的分析功能，把财务、运营和基于劳动力的分析和报表熔于一炉。

正如第 4 章中提到的那样，SAP 还提供了 25 个以上行业专用的普遍解决方案，涵盖了从航天及国防到零售配送等各行各业。这些行业解决方案由经过修改及扩展的 SAP ERP 标准组件组成。

5.2.2 SAP 客户关系管理

SAP CRM 也是许多客户安装中可见的组件之一，为与客户的互动（如营销、销售、服务和支持事务）提供处理功能。SAP CRM 聚焦于客户和效益的增进，在过去几年中越来越受到欢迎，在 SAP 的业务增长中居功至伟。

从技术上讲，SAP CRM 是 R/3 的继承者之一，为了满足当今的销售、服务和营销要求，已经变得相当复杂。例如，SAP 互联网销售（Intenet Sales）方案包括基本的 SAP CRM 系统，以及 SAP 互联网定价与配置（Internet Pricing and Configurator，IPC）、SAP 电子支付（SAP Biller Direct）、目录系统、SAP 知识提供者（SAP Knowledge Provider，KPro）和一个固定购物篮系统。SAP 收购 Hybris[①]之后，又增加了多渠道电子商务和产品内容管理（PCM）软件。

5.2.3 SAP 供应链管理

大部分制造和配送货物的企业都实现了 SAP 供应链管理（SCM）以合理化其供应链。SCM 使公司能够通过优化生产调度增加利益相关者的价值，最小化库存成本，并避免因为库存不足而造成危害客户满意度的风险。

SCM 的核心组件是 SAP 高级计划与优化器（Advanced Planner and Optimizer，APO），该组件包含如下能力。

- 需求规划（Demand Planning，DP）：按照历史数据进行需求预测。
- 供应网络规划（SNP）：在可用运输生产能力基础上提供跨厂订单分配。
- 生产规划-精细调度（PP-DS）。
- 运输规划-车辆调度（TP-VS）。
- 供应商管理库存（VMI）。
- 可承诺量（Availability-to-Promise，ATP）：提供按照跨厂材料库存、生产、仓储和运输能力以及成本等进行的多层级可用性检查

上述这些业务流程都需要用大量的特性化组合进行复杂的优化，要求极快的数据访问，硬盘不可能实现这一目标。为此，SAP 开发了基于 MaxDB（过去称作 SAPDB）的第 1 代内存数据库 liveCache。通过与特殊的面向对象技术的结合，内存数据库的概念显著加速了 APO 中在算法上十分复杂的数据密集、运行时间密集的功能。

SAP SCM 的其他组件如下。

- SAP 事件管理，提供了管理规划与现实间偏差的功能。
- SAP 库存协作中心，提供了对跨企业供应商管理库存（SMI）或者供货商管理库存（VMI）集成的支持。

---

① 参见 http://www.hybris.com/en/。——原注

> SAP 自动 ID 基础设施（AII）提供 RFID 扫描仪与 SAP SCM 的连接性，可能生成极高的 I/O 负载。

5.2.4　SAP 供应商关系管理

SAP SRM（供应商关系管理组件）是 SAP 的一款值得称道的解决方案产品，用于管理公司内部日常运行所需物品和服务的采购与支持。与 SAP CRM 管理公司和其客户之间关系相似，SAP SRM 可以帮助优化和管理公司与其供应商之间的关系。作为 SAP 的又一款成熟产品，SRM 可以与 ERP 实现无缝集成，提高产品买家与零部件提供商之间协作的水准。同时，它还可以简化招标过程。SRM 还可以绑定到 SAP SCM 上，实现与公司供应链的紧密集成，并可对其进行扩展。通过对 Ariba 的收购，SAP 为外部订单和付款处理以及采购与支付分析增加了一种完全基于云的 SaaS 解决方案。许多客户采用混合模式，将场内 SAP SRM 系统与 Ariba 结合起来使用。

5.3　SAP NetWeaver 组件

在某种程度上，可以将 SAP NetWeaver 视为企业的操作系统。和 Microsoft Windows 一样，NetWeaver 提供一个用户界面，以及数据的存储、搜索和读取手段，SAP NetWeaver 的各个组件统一了不同核心业务系统的用户界面，负责这些系统之间的通信。

正如 Windows 为 Outlook、Word、Excel 和 PowerPoint 提供运行时库一样，NetWeaver 为业务套件提供了基础。但是，许多特殊的产品也归入 NetWeaver 的名下。作为一个伞形术语，NetWeaver 涵盖的内容在过去几年中已经变得很多，以至于 SAP 将这组应用程序、实用程序和工具组织为下列 6 个领域（或者主题）。

> **基础管理**：包括 SAP NetWeaver 应用服务器（业务套件的平台）、身份管理（用于用户身份识别和系统访问）、SAP 解决方案管理器（Solution Manager）和 SAP 格局虚拟化管理（Landscape Virtualization Management）（管理 SAP 的实施以及整个生命周期中的运行）。

> **中间件**：包括 SAP NetWeaver 流程集成（Process Integration，用于把 SAP 与非 SAP 的应用程序和数据源集成起来）、合作伙伴适配器（用于简化整个业务网络上复杂的系统连接），以及各种行业标准协议的支持（对于支持业务到业务的连接是必不可少的）。

> **信息管理**：包括 SAP NetWeaver 主数据管理（Master Data Management，用于管理和同步公司数据）、SAP NetWeaver 业务信息仓库和仓库加速程序（SAP NetWeaver Business Warehouse and Warehouse Accelerator，SAP 的长期数据仓库和搜索解决方案），以及 SAP 信息生命周期管理（Information Lifecycle Management，用于按照法规要求高效管理传统的 SAP 系统）。

> **团队生产力**：包括用户体验工具和应用程序，如 SAP NetWeaver Portal（提供基于角色的 SAP 应用程序 Web 访问功能）、SAP NetWeaver Mobile（用于移动用户访问系统），以及 SAP NetWeaver Enterprise Search（SAP 的信息网关）。

- **复合工具**：包括使用 SAP NetWeaver 复合环境（Composition Enviroment）、SAP NetWeaver 开发工作室（Developer Studio，用于开发更复杂的业务应用程序），以及 SAP NetWeaver 可视化设计器（Visual Composer，用于快速进行基于模型的业务流程开发，无须编码）开发、监视和管理业务流程的工具。
- **业务流程管理**：由 SAP NetWeaver 复合环境（Composition Enviroment）的一个子集构成，包括 SAP NetWeaver 业务流程管理（Business Process Management，用于模拟和运行业务流程）和 SAP NetWeaver Business 业务规则管理（Rules Management，用于建立和管理描述业务流程的业务规则）。

其中多种 NetWeaver 组件、工具和实用程序将在第 6 章进行进一步的介绍。

5.4 中小型企业

正如您在本章中已经学到的，SAP 可以提供数量众多的大型企业业务软件解决方案，以及许多能够对这些解决方案进行扩展、管理和优化的工具。但是众所周知，除了大型企业之外，市场上更多的是中小型企业。这些规模更小的实体有着截然不同的业务需求，在用来照管业务的应用程序和工具方面也没有那么充足的资金支持。出于对这些差异的考虑，SAP 向 SME 市场推出了 3 种不同的解决方案：SAP Business One、SAP Business ByDesign 和 SAP Business All-in-One（也简称为 SAP All-in-One）。表 5.1 对这 3 种解决方案的差别进行了简要的对比。

表 5.1　　SAP SME 解决方案之间的对比

SAP SME 解决方案	Business One	Business ByDesign	SAP All-in-One
简要描述	一种单一集成的应用程序，用于管理基本 SME 流程	管理基本 SME 流程的基于 SaaS 的集成应用程序	单一系统上的 SAP 主要业务套件解决方案的一个子集
公司雇员/用户数量	最多 100 人	100～500 人	最多 2500 人
可用国家	40 个国家	仅限美国、英国、德国、法国、印度和中国	50 个国家
实施的类型和方法	场内	由 SAP 托管	场内或托管
实施时间	2～8 周	4～8 周	8～16 周
事务量	低	中	高
行业解决方案	一些	少数几个	许多

虽然 SAP、Oracle 和 Microsoft 等软件巨头统治着 ERP 市场，但是还有许多开源[①]ERP 可选方案。ERP 系统选择方法可以在维基百科上找到[②]。但是，根据 Gartner 的调查，开源 ERP 市场份额在 2018 年及以后可能在 5%左右徘徊[③]。

多年来 SAP 一直公开表示，他们希望客户的增长主要来自 SME 市场。2007 年，SAP 制定了到 2010 年赢得 10 万个客户的目标，而能够实现这一目标的关键就是 SME 领域。到 2010

---

① 参见 http://www.enterpriseappstoday.com/erp/10-open-source-erp-options.html。——原注
② 参见 http://en.wikipedia.org/wiki/ERP_system_selection_methodology。——原注
③ Gartner, "Predicts 2014:The Rise of the Postmodern ERP and Enterprise Applications World," 2013 年 12 月 5 日：https://www.gartner.com/doc/2633315。——原注

年时，SAP 实际上已经超越了这一目标，客户数达到 105000 个。到本书编写时，SAP 的客户增加到将近 15 万。SME 市场（以及积极的并购战略）也确实在他们的成功中起到了举足轻重的作用。下面，我们要详细考察一下实现这一里程碑式目标的 3 种企业解决方案。

5.5 SAP Business One

Business One 的开发构思是在单一系统中满足小企业的基本财务、制造、仓储与客户关系管理需求。SAP Businss One 是专为员工不超过 100 人，分支办事处或独立子公司在 5 个左右的小型公司设计的。SAP Business One 也可作为跨国公司分支机构的解决方案，因为它可以方便地与公司总部的 SAP 业务解决方案套件进行链接（跨国公司经常采用这种方式）。

Business One 的价格较为低廉，可以通过 SAP 遍布全球的认证业务合作伙伴交付给客户。另一个重要卖点是，该解决方案的实施时间相对较短。实际上，Business One 的实施时间一般只需数周。由于所需时间短，因此更容易快速估算出实施成本，从而把对企业造成的业务断裂和不良影响降到最低。

5.5.1 B1 的实施

由于用户数相对少，Business One 可以和数据库一起在单一 Windows 服务器上实施。B1 的设计很容易定制而无须费时的技术培训，它假定企业不需要第 3 章中描述的开发或者质量保证系统。系统和功能上的变化直接在生产系统上实施。

利用 Microsoft SQL Server 或者 IBM DB2 Universal Database Express，数据库许可证成本低于 SAP 的企业级产品。

多个云提供商提供每月付费的 Business One 服务[①]。

5.5.2 B1 的功能与特性

与能力更强大的 SAP ERP 解决方案相似，Business One 支持运营任何规模企业所需的如下关键业务流程。

- ➢ 财务管理。
- ➢ 仓库管理。
- ➢ 采购。
- ➢ 库存。
- ➢ 制造。
- ➢ 银行业务。
- ➢ 客户关系。

而且，Business One 可以实现简单的电子商务解决方案，组织可以在网上开展商品的营销与销售，同时提供与财务、库存和运输信息的集成。

---

① 例如，SingTel 在 VCE 基础设施上实现其 PowerOn 云。——原注

在提供服务的国家内，B1 提供本地化服务和用于简单创建报表的拖放-关联特性。与 Micrsoft Outlook 的集成支持通过异常警报和业务流程进行管理。

因为所有数据都保存在单一数据库中，B1 为所有业务信息提供几乎即时的访问——这是 SAP 在基于 HANA 的简化方案中承诺的那种"真正实时"业务。

由于 Business One 是一套功能完备的集成系统，因此无须再集成其他系统（尽管也可以这样做）。这种全覆盖特性使它可以同时为用户节省维持多套系统时所需的集成成本和维护成本。

5.5.3 B1 的开发

Business One 是 2002 年从 TopManage 收购的，其代码或者架构未与经典 SAP 应用程序共用。因此，开发不同于传统的 SAP ERP 环境。B1 有自己的软件开发工具包（SDK）。SDK 包含 3 个应用程序编程接口（API）：用户界面 API、数据接口 API 和 Java 连接器。此外，SAP 合作伙伴已经开发了 430 个行业专用解决方案和其他解决方案，可以很方便地扩展 B1 的用途。

5.6 SAP Business ByDesign

SAP Business ByDesign (BBD) 是 SAP 基于 SaaS 的集成式 SME 业务管理软件，其代码是从头编写的，利用了最新的概念，与其他 SAP 解决方案毫无共同之处。BBD 包括了预先配置好的用于管理财务、客户关系、人力资源、项目、采购和供应链的最佳实践。

BBD 由 SAP 专门托管，所以客户无须担心硬件和软件的维护、数据库备份或者更新及修复的实施，但是当本地法律要求将数据保留在本国时会成为一个问题。

BBD 是专为雇员在 100～500 人的中型企业设计的，支持多地点独立子公司运行。在本书编写时，BBD 客户每月向 SAP 支付 149 美元/用户的费用（用户数最少为 25 个，自助用户的定价较低）。和其他基于 SaaS 的解决方案类似，BBD 的收费结构基于按需付费概念，很容易随时添加用户。

SAP 并没有将 ByDesign 作为 Business One 或者 Business All-in-One 的竞争者，其意图是为寻求避免投资业务软件所需基础设施及支持人员的客户提供一种解决方案。

5.6.1 BBD 的实施与适应能力

BBD 的主要目标之一是方便的配置。非技术用户可以使用可视化建模工具和 Web 服务构建业务流程。其底层技术包括 NetWeaver 复合环境（Composition Environment，CE）、企业服务库（Enterprise Services Repository）和 Enterprise SOA，这些工具都使用户可以 DIY 方式在 BBD 上实现快速建模、测试和配置。部署了 BBD 的公司不必请 SAP 合作伙伴或咨询公司帮助进行实施。相反，BBD 的用户自己就可以使用附带的工具修改其业务流程。

5.6.2 功能和特点

如果说 DIY 方式有缺点的话，那就是 BBD 的可定制程度。例如，就连按照国家或者邮政编码过滤客户这样的简单功能也不存在。

该产品能够支持中等复杂程度的业务流程。目前的功能最适用于以下行业领域的公司：汽车、消费产品、高科技、工业机械和组件、制造、机床产品、专业服务，以及批发分销。BBD 内置了服务和支持以及业务分析功能。对于在行业纵深上需要深度专业化功能（或者深度可定制解决方案）的公司来说，他们就需要另请高明了。

5.6.3　BBD SaaS 方式的优势

Business ByDesign 仅由 SAP 在其数据中心内托管。除了提供底层硬件和软件，SAP 还负责备份、为基础设施安装补丁、健康检查与更新，所以，您不需要维护 BBD 的技术人员。但是，您仍然需要业务流程专家，以实施解决方案，使公司能够适应预配置业务流程的功能。

5.6.4　BBD 带来的挑战

SAP 为了 BBD 的成功投入了大量时间与金钱。但是，尽管 Business ByDesign 有着诸多的优点，但也有若干障碍，导致它的采用率相对较低。首先，初始代码的一些稳定性问题使 SAP 的竞争对手有机会攻击其执行能力，以及它对最终实现基于 SaaS 的解决方案的各项承诺的兑现能力。其次，BBD 从本质上说不能享受 SAP 合作伙伴为 Business One 或 Business All-in-One 提供的专业化解决方案开发机会。由于没有机会实现额外的价值，SAP 合作伙伴没有向 SME 销售 Business ByDesign 的动力。而且，有经验的实施咨询人员也很少。

最后，BBD 采用者还要面对一些缺失"漂亮细节"的功能的挑战。举个例子，您可能将一位客户联系人标记为"离开公司"甚至"死亡"，但是这种标签对于邮件列表毫无效果。因此，您必须完全删除这类联系人（并接受所有通信历史丢失的事实）或者接受任何营销邮件都发送到不再属于客户的联系人的事实。

5.7　SAP All-in-One

SAP All-in-One 本质上是运行于单一实例中的 SAP ERP、BI、CRM 和 SCM 轻量级子集，设计用于满足拥有 100～2500 个雇员的公司或者大型企业分支机构的需求。

SAP All-in-One 建构在 SAP NetWeaver 平台上，专门设计用于满足中型企业的需求。这就意味着中型企业可获得企业用户在 SAP ERP 上得到的好处，但是，功能被精简为特定行业的核心业务流程。

和最佳实践相结合，这种方法的实施更快、更可预测，从而节约了成本。最后，All-in-One 可以提供一种直观的使用体验，这很大一部分要归功于使用了新的 SAP NetWeaver 业务客户端。在经过证明的 SAP 技术基础上，All-in-One 可以虚拟化，很好地与 IaaS 云服务融合。

5.7.1　SAP All-in-One 的功能

如果您现在回顾一下本章开始时讲到的 SME 解决方案目标，就会发现 All-in-One 是多么的符合中小型企业机构的需求。All-in-One 解决方案包括分析、规划、采购、库存管理、恒产、销售、财务和控制、人力资源管理等核心业务流程，以及许多需要现场工作的特定行业业务流程。

此外，All-in-One 还包含账户与联系人管理、活动管理、流水线绩效管理、营销活动管理和市场划分等 CRM 功能。这些解决方案通过来自 SAP 的预配置最佳实践启用和交付，还可以通过合作伙伴的解决方案进一步扩展。

All-in-One 还可以提高业务的监管和报告能力。由于能够与 Microsoft Excel 紧密集成，SAP 还可以访问 Excel 中的定制分析报表——用户可以在其中通过熟悉的 Excel 功能和工具操纵、显示和分析自己的数据。这就不再需要从其他系统中抽取报表，或者集成异类系统以便获得整个业务的全景图了。而且由于 All-in-One 支持监管依从性（包括根据国家和行业选定的法规［包括美国的萨班斯-奥克斯利法案］来编制文件和报表），因此，公司可以轻松地实现业务透明度。

5.7.2 All-in-One 合作伙伴与解决方案中心

SAP All-in-One 可以从 1000 家合作伙伴组成的生态系统上获益。SAP 合作伙伴可以开发和交付能够满足行业具体需求的解决方案，这些解决方案利用了合作伙伴的行业特殊技能，SAP 把它们称为"micro-vertical"（微纵深）解决方案。您可以明显地发现，哪些解决方案交付了适合于您所在行业的功能和流程。其中一些 All-in-One 解决方案如下。

- 汽车——72 种由认证合作伙伴开发的方案。
- 化工——58 种由认证合作伙伴开发的方案。
- 消费类产品——83 种由认证合作伙伴开发的方案。
- 专业服务——47 种由认证合作伙伴开发的方案。

在 All-in-One 中，合作伙伴再次担当了重要角色。除了开发解决方案，合作伙伴还提供实施和支持服务以及专业的定制建议。当地的 SAP 解决方案中心可以提供部署工具和方法论为合作伙伴提供支持，还可以帮助编制详细的业务流程文件，从而加快实施速度。

5.7.3 All-in-One 的功能和特点

为了争夺中端市场，与 SAP 业务套件相比，All-in-One 的设计在使用、配置和管理上都更加简单。Business All-in-One 的一个重要特点是可以预测拥有成本，这是从可预测的实施时间和成本开始的。在实施阶段采用 SAP 最佳实践可以简化 Business All-in-One 的配置过程，从而使实施时间更具可预测性。这是因为 SAP 最佳实践可以为创建行业特有的业务流程和运行方式提供方便。SAP 最佳实践促进了经过检验的行业特有业务流程及运营，您不用从头开始构建业务流程。

SAP 已经根据 35 年来全世界客户在超过 25 个行业中的实施情况建立了一个最佳实践库。您可以利用他们从实际工作中获得的经验教训实施有据可查、预先配置好的业务情境（在许多情况下是专门针对您的行业的）。依据文件包括终端用户培训指南和配置指南。

此外，Business All-in-One 还可以通过合作伙伴解决方案扩展。最后请牢记一点，Business All-in-One 从本质上说就是 SAP ERP，它可以用相同的方式进行定制，适应快速变化的业务需求——这是中型企业的关键需求。

SAP Business All-in-One 构建在 SAP NetWeaver 平台上，与 SAP 业务套件使用的平台相同。NetWeaver 基于工业标准协议，可以把 Business All-in-One 和第三方产品集成起来。（它同时也为 SAP 解决方案提供了集成平台。）除了支持开发基于企业服务架构（SOA）的应用程序，NetWeaver 还提供了 Java 开发环境，并可以支持在 Microsoft.NET 和 IBM WebSphere 环境中开发的应用程序。

因规模增长而不适用 All-in-One 的公司可以轻松地迁移到 SAP 业务套件，因为两者使用的技术平台完全相同。从 Business One 或者 Business-by-Design 中迁移时，就不得不从头开始。

5.8 选择"最佳"的 SME 解决方案

所谓"最佳"解决方案取决于多种因素，包括成本、所需的功能、特点、对现场或托管解决方案的偏好、业务规模以及需要配置的业务流程的复杂程度等。SAP 可以有的放矢地提供各种有针对性的产品，正如下面详述的，每种产品针对的目标因素都不尽相同。

5.8.1 成本

显而易见，成本可能是决策过程中最重要的因素，因此关键是确定真正的成本。购买软件许可证的初始成本往往是任何业务软件总拥有成本中相对小的一部分，因为列表价的折扣可以协商。

至于"大型"的 SAP 业务套件解决方案，到目前为止，SAP SME 解决方案初始成本的最大一部分与实施咨询服务相关，随后是相应的用户培训。即使没有雇用外部专家，采用 DIY 方式，仍然需要完成一些任务（内部资源的时间也不是免费的），这些工作如下所示。

> 配置系统交付的标准业务流程，以适应公司的需求。
> 从传统系统导入数据。（不要低估数据清理的工作量！）
> 集成到现有系统格局——从打印队列的设置，到整合到母公司的中心 SAP 业务信息仓库。
> 最终用户培训，这往往被遗忘，因为组织假定系统很直观，用户不需要培训。但是即使是最直观的用户界面，也要求用户理解业务流程。由于 SME 解决方案的功能经过了精简，以适应现有业务流程的解决方案，用户必须适应不习惯使用的流程。实践经验表明，如果用户在面对新业务流程时没有经过合适的培训，效率将明显下降。

必须适应特殊需求的业务流程越少，数据的导入越清晰，系统需要的接口越少，从而降低了实施成本。试图雇用实践经验较少、更便宜的顾问人员来降低成本，可能会造成工作中必须对其进行培训，使顾问服务的工时加长。不管解决方案是在场内托管还是在云中托管，这一原则都适用。

除了初始费用之外，实际上业务解决方案生命期内的持续成本才是最大的一部分。这些持续"运营"成本如下所示。

> **软件维护费**：年度维护费甚至高于初始许可证成本。例如 SAP Business Suite 和 NetWeaver 的客户支付列表价 22%的维护费，而且很少有折扣。

➢ **SAP 软件、数据库、操作系统、虚拟化软件、硬件等的管理及技术维护（补丁与更新）**：虽然存在操作系统、虚拟化软件和硬件的管理及补丁解决方案，可使数千台服务器的管理如同一台一样简便，但是 SAP 和数据库的管理、补丁和更新仍然必须在每个系统上单独进行。

5.8.2 功能

SAP 及其竞争对手提供的各种解决方案在功能上都存在着明显的差别。这里的关键是要找到一种符合业务需求的解决方案，在大部分情况下，编写和维护额外的代码以提供缺失的业务流程，都远比购买一个"更大型"的解决方案、为该功能提供现成支持更昂贵。

5.8.3 特点

有许多特点可以让应用程序更简单易用。如果两种相互竞争的解决方案提供的功能大致相同，那么特点更适用于您业务的解决方案可能就是最佳选择。

5.8.4 托管还是场内运行

最主要的考虑因素之一是企业是希望自己在场内运营解决方案，还是希望把它托管给 SAP 或合作伙伴。Business ByDesign 是一种托管解决方案，而对于 Business One 和 Business All-in-One，可选择在场内运行，或者采用 Singtel、Freudenberg-IT 和 All-in-One 等擅长 SMB 解决方案的提供商的托管解决方案。

5.8.5 雇员人数

在每种解决方案适用的企业规模方面 SAP 已经确立了相关准则。Business One 的适用对象一般雇员少于 100 人，这也与使用的底层技术有一部分的关系。Business One 设计运行在单个服务器上，因此底层计算平台就在某种程度上限制了它的适用范围。Business ByDesign 的目标是雇员 100～500 人的中型公司，SAP 要求至少要注册 25 名用户。高端的 Business All-in-One 适用于雇员人数为 100～2500 人的公司。

5.8.6 业务流程复杂度

业务流程复杂度与软件的可定制程度有关。SAP Business All-in-One 的可定制程度很高。它基于 SAP ERP，运行在 NetWeaver 平台上。另一方面，Business One 设计用于业务流程相对简单明了的小型公司。重要的是要记住 SAP 合作伙伴为具体的行业构建了相应的解决方案，因此可能已经有针对您具体的行业和业务的解决方案包了。

5.9 选择 SAP SME 解决方案优于 Business Suite

另一种描述 SAP SME 产品的方式是把它们与 SAP 的 Business Suite（业务套件）进行比较。中小型企业一般不会选择实施 SAP Business Suite，原因很多，比如以下各项。

- SAP Business Suite 相关的许可证成本更高。
- SAP Business Suite 的复杂度更高，它会直接提升实施所必需的咨询和专业服务成本。
- 缺少必要的专业 IT 人员来维护和支撑 SAP Business Suite 的复杂度。
- 不能接受实施 SAP Business Suite 所需的时间长度。
- 不能接受实施成本更高、更复杂耗时的 SAP Business Suite 所带来的各种风险。
- 缺少培训最终用户使用更全面、功能更丰富的 SAP Business Suite 解决方案所需的时间和资金。

5.10 小结

本章，我们研究了 SAP 大公司业务套件及 NetWeaver 组件的全貌。最后，我们对 SAP 的 3 个中小型企业解决方案进行了对比，并把它们与 SAP Business Suite 也进行了对比。

5.11 案例分析

请考虑以下案例，并回答之后的问题。您可以在附录 A 中找到与此案例分析相关的问题答案。

5.11.1 情境

MNC 有许多子公司，其中有多家可以归为中小型企业。所有这些子公司都要向 MNC 公司汇总自己的财务情况，而且其中几个还有自己特殊的业务要求。MNC 正巧刚刚新收购了一家公司，将把它作为子公司运营。这家新的子公司运行着多个业务软件包，它们可能适合或不适合于 MNC 的 SAP ERP 系统以及其他旗舰级业务套件系统。您的工作就是解答 MNC 公司 IT 人员的问题，尝试为他们从 SAP 丰富多样的业务应用程序中选择"合适"的解决方案。

5.11.2 问题

1. 如果该子公司的业务流程相当复杂而且用户超过 1000 人，那么哪种 SAP 解决方案最合适？

2. 如果该子公司的业务流程并不复杂，并且需要在两到三周内完全部署好系统，则哪种解决方案最为理想？

3. 如果该子公司的员工大约为 250 人，希望部署由自己的业务用户定制的系统，则哪种 SAP 解决方案是最佳选择？

4. 如果该子公司的雇员有 2500 人，而且明年还有可能翻倍，则哪种 SAP 解决方案最合适？

5. 新子公司的 CEO 不太情愿实施业务解决方案，因为该公司没有合适的基础设施，也没有合适的人员来维护它，您会建议采用哪种 SAP 解决方案？

第 6 章

SAP NetWeaver 与 HANA

在本章中您将学到：
- SAP NetWeaver 概述
- SAP NetWeaver 的战略优势
- 使用标准件设计一个 NetWeaver 系统
- 思考的速度
- 为什么（以及何时）HANA 会这么快
- HANA 的实施

本章仔细研究 SAP 的 NetWeaver 和 HANA，包括单独使用它们的方法，以及结合两者创建和支持 SAP 业务应用环境的方法。

6.1 SAP 的基础

SAP NetWeaver 为 SAP 的大部分产品及应用提供了技术基，和建筑的基础一样，这些组件提供了构建 SAP 业务解决方案的水平基础。此外，SAP NetWeaver 组件和工具提供了联系各个应用程序所需的纵向支持，将 SAP 扩展到移动设备，并为业务分析及报表提供方便。

SAP HANA 不仅为新业务流程提供基于极快的即时分析的技术，而且为将所有 SAP 解决方案简化和统一为真正的实时环境提供了基础。

在 2004 年 SAP NetWeaver 出现之前，SAP 技术堆栈的一大部分已经用于指代 SAP 计算平台了。我们通常把这个堆栈简称为 SAP 基础层（Basis layer）。尽管那时候看上去相当复杂，但按照今天的标准看，这个堆栈实际上还是很简单的。SAP 按照客户/服务器模式实施，代码采用高级业务应用编程语言（ABAP）编写，各种系统可以由税费计算、传真系统、打印解决方案等加以扩展。

今天，许多人仍然使用"基础"一词，但是诞生了 SAP R/3，相对简单的客户/服务器时代已经一去不复返，我们所面对的是后客户/服务器时代的复杂度、内存数据库以及云间通信。"基础"已经成长为一个家族，但是它们的后代并非单打独斗，我们将把它们当成一个整体进行管理和维护。

6.2 SAP NetWeaver 系列：6 大部分

SAP NetWeaver 为 Business Suite 提供了基础。但是，许多具体的产品也都采用了 NetWeaver 商标。NetWeaver 系列在过去几年内已经显得过于庞大，以至于 SAP 把这套应用程序、实用程序、工具的集合分成了如下 6 大部分（有时候称为领域或主题）。

- 基础管理（Foundation management）。
- 中间件（Middleware）。
- 团队效率（Team productivity）。
- 复合管理（Composition）。
- 业务流程管理（Business process management）。
- 信息管理（Information management）。

6.2.1 基础管理

基础管理的概念同时涉及了作为 SAP CRM 和 ERP 等应用程序运行基础的 NetWeaver 统一平台，以及对确保成功实施 SAP 极为有用的两种其他产品。这些应用程序和工具包括如下各项。

- **SAP NetWeaver 应用服务器（Application Server）**：SAP Business Suite 的基本平台，一种用于业务转型的开放、可靠、可扩展和可伸缩的平台。
- **SAP NetWeaver 身份管理（Identity Management）**：用于管理用户身份和企业范围内的跨系统访问。
- **SAP 解决方案管理器（Solution Manager，SolMan）**：SAP 普遍使用的工具，用于管理 SAP 的实施和运行。SolMan 包括实施和升级指南、更改控制管理和测试、根源分析、解决方案实时监视、服务等级管理、集中管理的途径，以及 IT 和应用支持。

6.2.2 中间件

中间件传统上是把不同的系统连接起来，使它们能够共享数据和支持跨应用程序业务流程。SAP 的中间件解决方案称为 SAP NetWeaver 流程集成（Process Integration）或 PI（前身是 SAP Exchange Infrastructure）。尽管不是市场上能力最强或者效率最高的中间件，但它可以把 SAP 的各种应用程序有效地集成起来。

虽然效率稍差一些，但 SAP NetWeaver PI 也可以把非 SAP 应用程序和数据源与您的 SAP 系统绑定到一起。这种集成通常需要第三方适配器，PI 自己的多种适配器也很丰富，它们分为几种"风格"。适配器在技术和具体协议方面各不相同,其中包括以下几种。

- **IDOC**:标准 SAP 交换文件格式。
- **RFC**:标准 SAP 功能调用。
- **File/FTP**:包括 FTP 服务器的本地和远程文件系统。
- **HTTP(S)**:使用 Web 协议的服务器。
- **SOAP**:Web 服务。
- **JMS**:消息发送服务。
- **JDBC**:关系数据库。
- **SMTP/POP3/IMAP**:电子邮件服务器。
- **EDIFACT/ANSI X.12**:用于电子数据交换,即 EDI。
- **IBM 3270/5250**:基于屏幕的大型机/中型系统访问。

多年以来,人们为企业资源规划、客户关系管理、业务对业务连接、供应链管理等系统开发了许多针对应用的适配器。支持 SAP 的适配器包括 Ariba、Baan、BroadVision、IBM 著名的 CICS、Clarify、i2、IBM IMS/TM、JD Edwards World 和 OneWorld、Lawson、Lotus Notes、Manugistics、Microsoft Dynamics CRM、PeopleSoft、Siebel、Vantive 等。

此外,SAP NetWeaver PI 还支持特定行业的企业对企业(B2B)适配器,如下所示。

- **HL7**:医疗数据交换标准。
- **UCCnet 和 Transora**:消费类产品数据交换标准。
- **SWIFT**:金融事务。
- **CIDX**:化工流程集成。
- **RosettaNet**:高科技流程集成。

汽车、化工、消费产品、报纸、制药、零售和高科技行业还存在其他的 EDI 标准。最后,SAP 的中间件能力扩展为技术标准。SAP NetWeaver 支持多种不同的技术与标准,如下所示。

- Java。
- Microsoft .NET 互操作性。
- IBM WebSphere 互操作性。
- Web 服务。

鉴于中间件的目的是在源系统之间移动和共享数据,让我们仔细观察 SAP 是如何将数据转换为信息的。

6.2.3 信息管理

信息管理过程的目的是让合适的决策人在恰当的时间获得正确的信息,从而提高决策速度。SAP 为实现这一目标提供了如下 3 种工具。

- **SAP NetWeaver 主数据管理**（Master Data Management）：支持客户数据集成，能够实现全球数据同步和支出分析，简化产品内容管理，并可以帮助公司对并购和收购过程中的数据需求进行整理分类。
- **SAP NetWeaver 业务信息仓库**（Business Warehouse，BW）：SAP 的长期可升级企业数据仓库。
- **SAP 信息生命周期管理**（Information Lifecycle Management）：使公司可以高效地满足与管理传统的 SAP 数据访问、存储和保持相关的法律法规强制要求。（是的，在盘桓良久之后，现在 SAP 也已经加入传统系统提供商的队伍了。）

在效率方面，SAP NetWeaver 还包括一个专门用于提升团队效率的领域，下面将对它进行讨论。

6.2.4 团队效率

SAP 的团队效率概念下包括旨在帮助个人更有智慧地工作、帮助团队更高效合作的**用户体验**（UX）工具以及应用程序。

- **SAP NetWeaver 门户**（Portal）：利用其直观的 Web 界面和基于角色的机构视图实现更高效的协作和知识共享。尽管称不上是功能最丰富的门户，但许多公司现在都几乎仅使用 SAP 的门户程序，为用户们提供具备单点登录（SSO）能力的个性化多 SAP 解决方案访问。
- **SAP NetWeaver 企业搜索**（Enterprise Search，ES）：NetWeaver ES 利用文本检索与信息提取（TREX）引擎搜索文档（涵盖了从简单文件到 Microsoft Word 或者 PowerPoint 等类型），并索引保存在 Lotus Notes、Microsoft Exchange 或 Documentum 中的文件。除了搜索这些无结构数据之外，TREX 也可以索引和聚合结构化业务数据，这使它成为了 HANA 的一个关键组件。

所有这些 SAP NetWeaver 应用程序和产品都可以扩展，并可以通过 SAP 的复合工具获得更强大的能力，下面我们就对复合工具进行讨论。

6.2.5 复合管理

SAP NetWeaver 复合（Composition）包含用于开发、监视和管理横跨多种应用程序和技术的业务流程的工具。我们前面已经谈到过多种 SAP 针对其他领域的准开发工具了。在复合领域方面，SAP 推出了如下 3 种用于把应用程序"复合"（这里指的是连接）起来支持各种业务情境的工具集。

- **SAP NetWeaver 复合环境**（Composition Environment，CE）：这是一种 Java 开发环境，意在快速高效地运行复合应用程序。要全面讲解 SAP NetWeaver CE 需要整整一本书。一言以蔽之，CE 能力强大、功能繁多，在设计、实施和运行复合应用程序时相当有用。

- **SAP NetWeaver 开发工作室（Developer Studio）**：一种基于 Eclipse 的开放源码工具，用于开发基于 Java 2 企业版（J2ee）的多层业务应用程序。与 SAP NetWeaver CE 一般用于连接系统不同，Developer Studio 用于创建基于 Java 和 Web 服务的全功能系统。
- **SAP NetWeaver 可视化设计器（Visual Composer）**：用于创建基于拖放技术的特殊"自由式"用户界面。因此，无须编码工作，Visual Composer 采用了模型驱动式设计，无须手动编码。这种使用方便性使该工具成为了许多追求快速创建有效（即使功能有限制）的用户界面的企业主的最爱。最受欢迎的开发模式之一是专门为 SAP NetWeaver 企业门户（Enterprise Portal）开发的 iView。iView 可以把一个"页面"上的一批数据汇总到一起，向任意方向升级，并且可用作反映特定业务流程状态的仪表盘等。

专门的开发模式要涉及创建和管理业务流程。SAP 把它定义为第 6 个，也就是最后一个 SAP NetWeaver 领域，如下所述。

6.2.6 业务流程管理

SAP NetWeaver 业务流程管理（Business Process Management，BPM）可以看作 SAP NetWeaver 复合环境的一个子集。BPM 使您可以根据公共流程模型对机构的业务流程进行建模、执行和监视。在对流程环节进行组合和定义之后，您就可以建立业务规则和例外规则了。然后，您可以使用工业标准业务流程建模标记法对流程进行建模、测试，并执行自己的流程模型，然后按照需要设置用户界面或者交互形式。通过 BPM，还可以监视这些流程，从而有机会提高它们的速度和效率。这些功能是通过以下 3 种工具来实现的。

- **流程设计器（Process Composer）**：架构师和开发人员用它创建和测试业务流程模型。与项目计划或流程图相似，每个业务流程模型都要通过一套专门的步骤来发挥作用，其中要定义好规则和例外情况。
- **流程服务器（Process Server）**：用于实际执行流程模型。该工具简单易用，捆绑在 SAP NetWeaver 复合环境（Composition Environment）里。
- **流程工作台（Process Desk）**：供流程用户访问，以执行具体的 BP（业务流程）环节。

6.2.7 SAP 系统格局管理

SAP 提供了管理 SAP 系统格局的工具。SAP 解决方案管理器（SSM）是 SAP 的中央系统管理系统，它提供了从格局内单独 SAP 软件实例中收集的深入、详细的统计数字。此外，通过要求客户在每台服务器上安装的所谓 SAPOSCOL 代理，收集了一些关于服务器平台的基本统计数字。SSM 还有助于生成安装 SAP 实例所需的安装密钥。系统格局目录（System Landscape Directory，SLD）、SAP 中心用户管理（Central User Administration，CUA）和 SAP NetWeaver 格局虚拟化管理（Landscape Virtualization Management，LVM）是 SSM 的补充。

LVM 实现了 SAP 系统在可用硬件资源上的拖放。这一功能通过在外部存储设备上挂载 LUN 实现，将 SAP 系统的所有数据、代码和配置文件保存在一台服务器上。LVM 还能部署虚拟机，支持 SAP 实例在物理及虚拟机之间的重定位。

非生产系统可以"进入休眠"——关闭并按需唤醒,以节约能源,如果工作负载超过了预先定义的限值,可以启动更多的应用服务器实例。但是,很明显,SAP 系统及其数据库仍然必须以"传统方式"安装。和 SSM 一样,LVM 的基本功能不需要许可证费用。

LVM 还可以利用企业存储供应商提供的各种克隆功能,自动生成 SAP 测试、培训和 QA 实例。这一功能包含必要的前后处理步骤,需要额外的许可证费用。

和前身适应性计算控制器(Adaptive Computing Controller,ACC)一样,LVM 依赖运行于操作系统之上的代理收集机器的状态和性能,与虚拟化管理器和存储阵列接口,以执行自身的任务。SAP 主机代理(Host Agent)可以从 SAP 服务市场下载,存储代理由存储供应商提供。

6.3 整合

我们已经介绍了 SAP NetWeaver 的历史与各个组件,下面要简单介绍真正的 SAP 实施。在各个公司寻求通过 SAP NetWeaver 技术应对新的业务挑战时,它们必须收集需求,以确定所需的解决方案类型。SAP 为系统管理员和技术顾问提供了 SAP Netweaver 主指南(Master Guide),帮助他们实施自己的 SAP NetWeaver 系统。这一指南可以从 SAP 服务市场上找到:https://websmp106.sap-ag.de/(参见图 6.1),或者在登录之后通过 https://websmp105.sap-ag.de/~apidb/011000358700000896802012E.pdf 访问。注意,这些文档只能由具有有效 SAP 用户 ID 的用户访问。

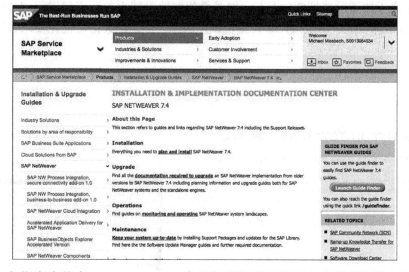

图 6.1
SAP NetWeaver 7.4 主指南,具有有效 SAP 用户 ID 的 SAP 服务市场用户可以在线访问

主指南为整个 SAP NetWeaver 实施周期提供了常用参考资料,是 NetWeaver 新手的宝贵资源。

6.3.1 从 SAPGUI 和 WebGUI 到 Fiori 和 Lumira

除了必须在最终用户工作站上安装的经典用户界面 SAPGUI 和基于浏览器的 WebGUI 之外,SAP 还推出了新的专属用户界面工具包 UI5。

在这一工具包的基础上,SAP Fiori 添加了一组小应用,以访问常用的 SAP 软件功能(见图 6.2)。本质上,这替代了 SAPGUI、业务浏览器(Business Explorer)、BusinessObjects 和其他界面。和 SAPGUI 一样,Fiori 包含在 SAP 应用程序的许可证内。从 http://scn.sap.com/docs/OC-55614 可以下载 Fiori 的概要介绍。

图 6.2

SAP Fiori 启动面板
(SAP 提供)

Lumira 是一种自助工具,其受众群体比传统的数据挖掘工具更广泛。它的特征是用于分析的交互性图表与地图(见图 6.3)。Lumira 不是传统的 BI 工具,而被归入一个新的类别"信息发现",适用于尚不知道所要搜索的目标,但是希望能够对较大的数据集进行切片的用户。可以下载 SAP Lumira 桌面标准版的 30 天免费试用版本,但是,数据可视化要求特殊的许可证[①]。

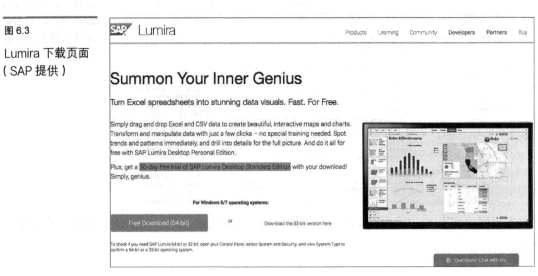

图 6.3

Lumira 下载页面
(SAP 提供)

---

① 参见 http://saplumira.com/download/。——原注

6.3.2 SAP 移动平台

运行于桌面（SAPGUI，WebBrowser，SAP Fiori 上）的所有 SAP 应用及 SAP Mobile Documents（移动文档）均可运行于所有流行的移动平台及形式，包括平板电脑、智能手机和基于 SMS 的应用。SAP 和合作伙伴预先构建的应用可以在 SAP Store 中找到[①]。这些应用程序中，有些甚至可与 SAP 自己的解决方案相媲美。

SAP 已经将收购的多个移动解决方案合并为 SAP 移动平台（Mobile Platform）3.0（SMP 3）[②]，作为移动应用程序开发平台（MADP）。这个平台由 Sybase 无线平台（Sybase Unwired Platform，SUP）、Agentry（收购自 SYCLO）、Mobiliser（通过 Sybase 365）组成。SMP3 提供一个 Java 网关和基于 Java 的 SAP 流程集成（PI）版本，用于不同系统的数据集成。

SMP3 提供身份验证、连接性和管理服务。企业移动管理（EMM）套件 SAP Mobile Secure（移动安全）包含 SAP Afaria 提供的移动设备管理（MDM）、SAP Enterprise store 提供的移动应用管理、Mocana 提供的用于应用包装的 SAP Mobile App Protection、用于移动内容管理的 SAP 移动文档（Mobile Documents），以及内建于 SAP Afaria 和 Tangoe 等合作伙伴提供的电信费用管理功能。

机器对机器（M2M）平台处理 M2M 数据的聚合、分析和其上的解决方案。SMP3 还提供移动消息传送（SMS、USSD、MMS），连接到全世界的 980 多个移动运营商。

SMP3 是后端无关的，客户可以与 SAP 和非 SAP 后端数据库及系统接口。SMP3 为 SAP 后端做了优化，但是有数百个部署于 IBM Maximo 和其他供应商系统。

6.3.3 HANA 云上的移动性：SMP3 与 HCPms 的对比

SAP HANA 云平台移动服务（HCPms）将代替 SMP3 企业版的云版本（常称作 SMP Cloud），作为 SAP 的平台即服务产品。它在 SAP HANA 云平台基础上，以真正移动即服务（MaaS）的形式运行，客户不需要担心升级、备份、补丁和可伸缩性。SAP 将负责这些工作。

SMP 3.0 和 HCPms 的源代码基线进行了合并，两个产品之间有许多共用代码，因此表现也相同。所以，场内的 SMP 3.0 客户可以从下一次升级时在 HCPms 上开发的功能中获益。后台有一些不同之处，但是两个应用程序可以由一个移动 SDK 粘合起来。

6.3.4 SAP NetWeaver BW

作为 SAP 经典的 R/3 解决方案的第一个姐妹产品，SAP 业务信息仓库（Business Information Warehouse，BW）是 ERP 之外最广泛使用的 SAP 解决方案。因为早期平台的性能使得在同一服务器上同时运行事务和报表功能难以实现，专用的数据仓库成为必需品（使用 SAP 支持报表的方法参见第 13 章）。

---

① 参见 See store.sap.com/mobile. ——原注

② 参见 global.sap.com/campaigns/digitalhub-mobile-platform/index.html. ——原注

此外，专用于企业不同部门的 SAP 业务套件解决方案不断增殖，使得合并所有单独系统的事务性数据、用于报表分析成为必要。但是，从 ERP 中分离 BW 功能产生了从源系统提取、转换和加载（ETL）数据到 BW 的需求。这种批量处理在源系统上造成了很高的负载，以至于通常只能在夜间进行，避免对日常运营中的用户响应时间造成负面影响。因此，从 BW 得出的任何报表总是基于"昨日的真相"。

与所有数据记录保存为标准化形式以保持一致性的在线事务处理（OLTP）系统相反，BW 是一种在线分析处理（OLAP）系统，以特殊的数据结构为基础，这种结构被称作多维信息立方体（InfoCube）。

粗略地讲，信息立方体中的一维对应一个经典的报表。除了源数据之外，它还提供关键数字，如总和及平均值。这些数字在数据加载之后直接计算，因此在用户查询时立即可用。这样，预定义的 BW 报表在业务线经理从仪表盘调用之后几秒之内就能显示。

6.4 HANA 业务案例

如前所述，SAP BW 系统完全能够满足企业每日、每周和每月循环报表以及季度或年度结算的要求。但是，多维信息立方体的设计是费时的任务，需要专门的技能和经验。例如，一类新报表提交给管理层可能需要花费数周时间。

接到董事会成员或者高级主管的电话，要求在 10 分钟内得到假设分析的统计数据，对于 IT 经理来说是个噩梦。为了解决这个问题，SAP 以 Hasso Plattner 学院（HPI）[1]的科学研究[2]为基础开发了 HANA。SAP 结合了 TREX、MaxDB[3]和 P*TIME[4]技术，实现了和人的思维速度相当的实时业务。有些信息来源声称研究所得到的 HANA 一词源自"Hasso's New Architecture"（Hasso 的新架构）的缩写[5]。

6.4.1 思维的速度

对于简单的刺激，人类的平均反应速度是 220 毫秒[6]。但是，平均认知响应时间为 384 毫秒，因为理解和综合需要时间。认知响应时间随着语境的复杂度而增加到 550～750 毫秒的范围，这被认定为思维的速度。经过一些练习，响应时间会变得更短。

任何长于思维时隙的时间都被视为等待时间，导致用户的心绪无意识地转向其他主题。心绪离任务越远，等待期之后重新聚焦到主题上所需的时间也就越长。这种任务之间的语境切换对人类的大脑来说极其容易引起疲劳。在思维速度范围内的响应时间使用户可以聚焦于一个主题，更有效率和创意，因为这样会避免令人疲劳的语境切换。

---

[1] 由 Hasso Plattner 捐献给波兹坦大学。——原注
[2] Jan Schaffner、Anja Bog、Jens Krüger 和 Alexander Zeier 撰写的《用于运营报告的混合型行-列 OLTP 数据库架构》。——原注
[3] 也称为 ADABAS-D 和 SAPDB，1997 年从 Software AG 购得。——原注
[4] 参见 http://www.vldb.org/conf/2004/IND2P2.PDF。——原注
[5] 《经理人杂志》2012 年 9 月号；Vishal Sikka 2008 年 10 月的博客：http://vishalsikka.blogspot.com/。——原注
[6] D. R. Laming 所著《Information Theory of Choice-Reaction Times》。——原注

1. 最相关答案与完整答案的对比

当代 Web 搜索引擎流行的部分原因与它们魔法般地以思维的速度交付结果有关。答案立即出现在屏幕上,甚至在用户完成问题的输入之前就已经出现。为什么这样的魔法没有发生在企业业务应用上?答案是,企业应用和 Web 冲浪在结果的完整性上有不同的要求。Web 搜索第一页上显示的响应仅代表与查询最为相关的结果。

相反,合法的业务报表必须在结果中反映所有相关数据。Web 搜索只需要在经过索引的数据集中筛选,而业务应用必须扫描完整的数据集,除了处理复杂的聚合操作之外,还要保证完整性。

Google、必应或者百度等搜索引擎的速度令人震惊,因为搜索的结果只需要对普通用户足够好即可。然而,任何税务机构都必须完整浏览每个账号才能接受付款。因此,必须有比"仅在内存中"更高级的技术,才能以思维的速度得出业务级系统的完整答案。

2. 内存中技术:毫不费事?

考虑到访问计算机内存中的数据比访问磁盘上存储的数据快几个数量级,"内存中计算"的概念似乎显而易见。SAP 在 10 多年前就遵循这一方法,利用 APO liveCache,MaxDB 完全在主存中运行。使用内存中技术的其他 SAP 解决方案包括业务信息仓库加速器(Business Warehouse Accelerator,BWA)、CRM 分段和企业搜索。

由于微芯片制造技术的进步,今天,企业可以负担得起大量的主存。简单地增大主存,直至可以容纳应用程序的整个数据集,似乎是一种简单直接的策略。

由于 SAP 业务应用使用的大部分数据库大小范围为 1~3TB,考虑到最新数据库系统的高级压缩功能,在数据库内存缓冲区中保存完整数据集应该很容易。但是,这样的方法仍然不足以实现即时分析的必要性能。为了使业务用户能够在一眨眼的时间里从原始数据中提取有用信息,不仅要深入理解数据在主存中的组织方式,还要理解在 CPU 和中间缓存中的组织方式。

3. 内存比 CPU 缓存慢

尽管主存的速度数倍于磁盘,但是仍然不像处理器那么快。在本书编著的时候,典型的内存运行始终速度为 0.8~1.6GHz,而典型的 x86 服务器 CPU 达到 4.0GHz(峰值)。因此,最新的 CPU 设计部署了不同的缓存级别,以减小重复访问同一块数据的延迟。为了从主存加载一个数值,该数值必须通过中间缓存复制,直到核心中的一个寄存器。访问主存所消耗的 CPU 周期数约为访问 1 级缓存的 80 倍。

缓存的级别越低,速度越快,但是容量减小。第 3 级缓存的容量最大为 45MB(Intel Haswell CPU),运行的速度略低于 CPU 时钟速度的一半。2 级和 1 级缓存运行在和核心相同的时钟速度下,但是 2 级缓存只能存储 256KB 数据,1 级缓存只能存储 64KB 数据。

在理想的世界里,处理器请求的所有数据总是可以从 1 级缓存访问。但是,在现实世界里,会发生"缓存未命中",必要的数据目前没有在某一级的缓存中。每次缓存未命中都会降低处理速度,浪费资源。

最糟糕的情况是"完全未命中"——请求的数据必须从主存中加载。所以,如果交付的是错误的数据,再快的数据传输也无济于事。因此,数据结构必须加以优化,最大限度地提高下一计算步骤必需的所有数据在同一缓存线的可能性。

4. 行方向与列方向的对比

为了解决上面描述的问题，数据库表布局必须进行优化，最大限度地降低缓存未命中的概率。那么，最优的数据库表布局是怎么样的？每当讨论数据库结构时，我们假定数据从逻辑上保存在一个二维表中，就像电子表格那样。

但是，在现实世界中，表示数据的所有位和字节都是以"串"的形式保存和传输的。因此，可以两种方式将数据表转换成"串"：可以一行接着一行排列，也可以一列接着一列排列。第一种选择称作"行方向"，第二种称为"列方向"。

5. 行方向的用例：OLTP

大部分用于业务应用的数据库都以行方向保存数据，其理由很充分。这样，属于同一业务事务的大部分数据（例如订单号、购买商品的客户邮政编码、订购商品的编号、订购件数、单价、总价）保存在相邻的内存块中。

数据的行方向组织增加了属于单一业务事务的所有数据在同一缓存线中找到的可能性，从而减少缓存未命中的次数。几十年来，面向行的数据库即使在基于磁盘的存储上也实现了秒级以下的响应时间，这一事实说明了该布局概念非常适合于OLTP系统。

6. 列方向的用例：OLAP

遗憾的是，行方向存储不适合于报表。大部分报表不需要单一业务事务的完整数据集，举个例子，各个销售领域的收益计算只需要零件编号、平均购买数量、每个订单的总额和邮政编码。

和典型的业务流程相反，典型分析工作中的特定查询只对表中的少数属性感兴趣。对于OLAP系统来说，在只有一小部分数据真正用到的时候，将所有行加载到缓存中明显不是最优的方法，即使数据库完全在内存中运行也是如此。

组织数据表，使同一列数据保存在邻近的内存块中，就有可能仅将必需的列移入缓存，同时忽略数据表的其余内容。这样，缓存只需要保存处理请求所需的数据，显著降低了主内存到CPU、CPU之间以及整个缓存层次中的数据流量。最大限度地提高在1级缓存中找到必要数据的可能性，将明显加快处理速度，最小化响应时间。

对企业信息仓库应用数据库访问的分析以及实践经验说明，SAP IQ（前Sybase IQ）等面向列的解决方案是OLAP系统很好的选择。这些系统的明显劣势是，在基于行的事务上性能低下。因此，适合于业务事务的系统不适合于报表，反之亦然。

许多年来，对这种两难境地的唯一应对方法是部署两组应用程序，使用为OLAP或者OLAP优化的数据库。这不仅使保存的数据量加倍，而且硬件和运营成本也随之增加，还需要在不同系统之间同步数据。

7. 秘密武器：一个盖板下的两个引擎

为了在一个系统中兼具两者之长，同时支持分析和事务工作负载，HANA通过两种专用的数据库引擎，结合了两种不同类型的数据库架构。

> TREX：用于面向列的分析操作。

> P*TIME：用于面向行的事务性操作[①]。

对于每个单独的数据表，必须在创建时选择最合适的引擎。为了得到混合数据库的最佳性能，访问模式必须提前知晓。因此，必须分析典型查询的缓存未命中行为，它和查询的权重一起，用于确定最优布局——行方向或者列方向。如果有必要，可以在以后改变布局。

两个数据库引擎都可以通过 SQL（JDBC/ODBC）、MDX（ODBO）和 BICS（SQL DBC）接口访问。HANA 还提供了一个业务函数库，允许直接在数据库上执行应用逻辑，避免不必要地将数据移到外部应用服务器。HANA 专用的一种 SQL 脚本语言可以调用这些命令。

8. 压缩

为了减少对宝贵的主存的需求，最大限度地减少数据在内存和缓存之间的移动，采用了先进的数据压缩技术。压缩率主要取决于源数据中属性的数量。无歧义的属性数量越大，压缩率越低，对于已经压缩的数据，压缩技术几乎毫无效果。操作系统和数据库也需要一些内存才能运行[②]。

6.4.2 ERP 的"边斗"

显然，内存的价格已经下降了不少，但是对于大量内存，需要很大规模的服务器。根据 SAP 的原则，内存占用大于 3TB 的外扩式 HANA（SoH），超出了本书编写时商品化 4 插槽服务器的容量。市场上可以找到更大的服务器，但是价格显著高于常见的 2 插槽和 4 插槽主流架构。而且，云服务提供商很少提供这样的"大铁箱子"。

对于 SoH 系统，SAP 提供了一种扩充设置，只在 HANA 数据库中保存快速即时报表所需的数据，其他所有数据都保存在 SAP ASE（前 Sybase ASE）等传统 OLTP 数据库中。

对于分析系统，新版 HANA 有能力在 HANA 中保存"热数据"，在 SAP IQ（前 Sybase IQ）中保存"温数据"，在 Hadoop 中保存较少使用的数据。两种架构都能够将 HANA 在物理尺寸和总拥有成本（TCO）上的占用保持在较小的限度。

1. 真正的实时，还是"昨日的真相"？

正如本章前面所讨论的，SAP BW 等传统数据集市的障碍之一是，从源系统提取数据必须在夜间完成，以避免白天对业务系统运营的负面影响。因此，此类 BW 生成的报表只能反映"昨日的真相"。

SAP HANA 支持一种复制方法，在源 ERP 系统检测到源数据库变化时"触发"，实时将这些变化复制到 HANA 数据库。但是，终极目标是实现单一 HANA 数据库作为企业中所有 SAP 应用的单一事实来源。这样，任何事务的结果都可以实时分析。

[①] 例如，Microsoft SQL Server 2014 添加一个列存储来解决这个问题。一个 SAP IS-retail 客户利用这一特性，将查询性能提高了 5 倍，数据库大小从 2.124TB 减小到 0.892TB。——原注

[②] SAPnote 1872170 描述了从现有 SAP 安装中提取数据大小的工具，SAPnote 1793345 描述了一个用于"绿地安装"的公式：HANA 内存=（（数据库大小/2）×1.2）+50GB。——原注

2. 易失性和持久化数据存储

主存很快，但是本质上是易失性的，在电力中断时所有内容立即丢失（正如任何作家在文本处理器挂起而必须重启时所看到的那样）。

为了避免这种影响，HANA 必须将所有数据保存在 SSD、闪存或者磁盘等非易失性存储设备上。因此，SAP 实现了一个 MaxDB 影子服务器，提供了两个数据库引擎共享的持久化层。

3. 保存点和日志

HANA 主存分为许多"页面"。默认情况下，更改的页面每 5 分钟作为一个保存点异步写入非易失性存储设备。此外，数据库日志同步捕捉所有事务引起的更改，确保所有已提交事务的永久性。

在电源故障或者维护关闭之后，HANA 数据库可以和其他基于磁盘的数据库一样重启。首先，从最后一个保存点恢复数据库页面，然后应用数据库日志，以恢复保存点之后发生的更改（前滚）。

4. 持久性

为了在几分钟内恢复数据库，保证保存点期间的高性能，SAP 为使用内部存储的扩展装置规定了每秒 10 万次 I/O 操作的吞吐率，并为使用外部存储的大型外扩 HANA 规定了对应的数字。

要达到这种极高的吞吐率，可以使用 SSD 或者闪存设备，但是，因为这类设备仍然比传统磁盘更昂贵，大部分供应商提供基于磁盘的存储阵列作为高成本效益的替代方案。采用成熟的磁盘阵列技术还能够在高可用性（HA）和灾难恢复（DR）情景下利用经过证明的数据复制技术。

5. HANA Studio

HANA Studio 包含基于 Eclipse 的数据建模和管理工具，以及一组其他应用程序连接到 HANA 数据库所需的库。客户还可以使用 HANA Studio 维护 HANA 数据库并为其打上补丁，HANA 软件更新管理器（Software Update Manager，SUM）能够从 SAP 服务市场自动下载和安装软件更新，HANA Studio 和客户端库通常安装在客户端 PC 或者服务器上。

6. HANA 的交付

正如第 3 章中的论述（参见图 3.4），任何新技术都需要一些时间才能稳定成熟。HANA 的早期采用者曾经遭遇过一段艰难的时期（就像 Windows NT 的早期），有时需要每周发行两次补丁，才能缓解不稳定甚至数据丢失的状况。为了将支持问题保持在可控范围内，SAP 试图将 HANA 限制在经过验证的软硬件组合上，至少将平台造成的麻烦限制在最低，这些组合是由 SAP 认证硬件合作伙伴提供的，如思科、戴尔、富士通、日立、HP、华为、联想、NEC、SGI 和 VCE——上面带有"高性能分析装置"（High-Performance Analytic Appliance）标志。

硬件合作伙伴负责更正硬件组件、操作系统、驱动程序、文件系统等物料清单，因为它们必须在交运之前安装和配置 HANA 装置。"装置"（Appliance）一词通常表示客户在移交之后无须完全负责 HANA 系统的维护、补丁和更新。但是，在 HANA 系统中，客户必须自行负责补丁和更新。

7. 定制数据中心集成

客户喜欢装置模式，假定系统一旦交付运行，就不需要进一步的补丁和维护（或者假定 SAP 或者硬件供应商负责这项工作）。客户一旦意识到自己必须像其他应用程序一样维护 HANA，装置模式本身禁止利用现有数据中心基础设施资源和标准的事实就变成了重大的障碍。

为了应对客户和云服务提供商使 HANA 与其标准数据中心架构集成的需求，SAP 提供了定制数据中心集成（Tailored Datacenter Integration，TDI），作为装置模式的一个选项。

HANA TDI 范式可以在如下条件下，在共享基础设施上运营不同客户（多租户）的多个 HANA 实例（多 SID）：

- 只支持 HANA 认证服务器[①]；
- 只支持 HANA 认证存储设备[②]；
- 只有 HANA 认证安装人员可以进行安装。

TDI 的唯一潜在缺点是 SAP 希望客户负责所有不同组件的协同工作。但是，遵循有案可查的最佳实践和经过验证的设计、在 TDI 实施上有相同支持水平的供应商能够缓解这一问题。

但是，利用现有企业存储是个挑战，因为 HANA 对 I/O 的要求极高，仅仅"剩余"几个 TB 是不够的。而且，有些存储阵列中"读"操作优先于"写"操作，这会造成 HANA（主要生成写操作）与主要生成读操作的数据库混合使用时性能较低。

在某些存储阵列上，可以通过 HANA 分配专用引擎及磁盘避免上述问题。其他阵列则没有这个问题，因为它们将写操作的优先权设置为高于读操作。

6.5 HANA 云服务产品

SAP 和各个云服务提供商提供多种云选项。

- HANA 企业云（HANA Enterprise Cloud，HEC）虽然采用了这样的名称，但是并不是一个云服务，而是经典的 HANA 托管服务。对于某些解决方案，SAP 提供了订阅定价，作为持续可用的永久许可证的替代方案。
- HANA 云平台（HANA Cloud Platform，HCP）[③]的目标是开发项目，为每月订阅提供基于 HANA 的应用服务。该平台的规模范围为 1GB 到大约 1TB，可从 SAP 服务目录门户订购。图 6.4 展示了本书编写时的起始价格，对于 1TB 的 HANA 平台版本和高级应用服务，每月订阅费用为 87737 美元。
- SAP HANA 基础设施服务允许拥有 HANA 许可证的客户利用 HCP 基础设施。系统规模范围为 64GB～1TB RAM。
- 合作伙伴云（partner Cloud）由 HANA 驱动，可以在相同的基础设施上运行应用服务器甚至非 SAP 解决方案。在本书编写期间，SAP 有 35 个认证合作伙伴，包括

---

① 参见 http://scn.sap.com/docs/DOC-52522。——原注
② 参见 http://scn.sap.com/docs/DOC-48516。——原注
③ 参见 http://hcp.sap.com/platform.html。——原注

Virtustream、T-Systems、Telstra、Suncore、Secure-24、NNIT、MKI 和新加坡电信等大型服务提供商，Accenture、Atos、CSC、Deloitte 和 CapGemini 等咨询公司，以及 Freudenberg IT、Ciber、Finance-IT、OEDIV、Gisa 和 Novis 等专业提供商。

从技术上讲，所有 HANA 云服务产品都基于 TDI 模型。

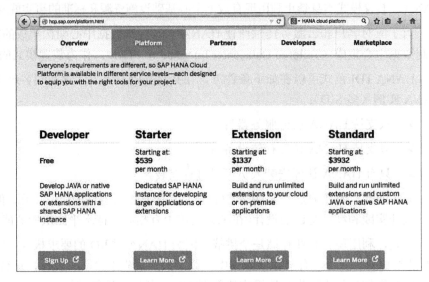

图 6.4 HANA 云平台订阅页面（SAP 提供）

6.5.1 HANA 业务案例

虽然我们已经介绍了 HANA 的许多技术细节，但是还需要回答一个重要的问题：HANA 的业务案例是什么？也就是说，HANA 在何时何地有意义？毫无疑问，HANA 实现的统一、简化 SAP 格局的目标对于 IT 部门是有说服力的。但是，HANA 许可证和必要的技术基础设施仍然远比运行在传统数据库上的 SAP 系统更昂贵。全世界的业务用户无疑都喜欢更快的报表和快速地深入理解业务。但是提供比平常快 100 倍的报表，能够帮助公司取得 100 倍的成功吗？何时这一假设能够成立？何时 HANA 会成为一项糟糕的投资？

要回答这个问题，必须应用一些创新的思维——尤其是要打破 IT 部门的藩篱。本书的作者之一曾在一家宠物食品零售商那里支持了一个概念验证（PoC）活动。表 6.1 展示了这一 PoC 活动中 HANA 实现的巨大改进。

表 6.1　　　　　　　　　　HANA 实现的典型 BW 查询加速

步骤	DB2	HANA	HANA 优化查询	对现有查询的加速	在优化查询上的加速
前端查询调用	4 分钟	2.8 分钟	20 秒	最多 1.5 倍（+150%）	最多 10 倍（+900%）
前端浏览	6 分钟	30 秒	1 秒	最多 5 倍（+500%）	最多 20 倍（+2000%）
后端数据更新	9 小时		3 小时		最多 3 倍（+200%）
后端数据激活	1.8 小时		10 分钟		最多 10.8 倍（+980%）

业务线经理们以前在等待报表时要去卫生间、吸上一根烟、和同事们聊天，而现在只要几秒钟就能得到报表，这要归功于 HANA。但是，如果 HANA 几秒钟就能输出报表，经理仍然去卫生间、吸烟、和同事聊天，那么，部署 HANA 就没有任何价值！

实际上，这家公司实施 HANA 是为了解决所有零售商店的最大痛点之一：客户用货架上的所有狗食罐头填满了购物车，留下了一个缺口，想象一下下一个寻找同一个品牌狗食的客户的反应。感谢 HANA，这家零售商的缺货情况现在可以通过每个产品和每家商店的实时销售点（POS）数据分析发现。

另一个例子是机场或者大卖场中人们的行动分析。机场或者卖场可以将 HANA 与思科位置服务结合，利用现有的 Wi-Fi 访问点测出携带智能手机的任何客户的位置，实时分析这些信息，这种应用有助于发现拥塞、通过附近商店提供的特殊折扣信息改进客户购物体验，商店可以分析流量模式以提高其收益。其他例子还很多，SAP 设计思路研讨会有助于发现好的想法。

6.6 小结

从开发伊始，SAP NetWeaver 的目标就是要缩短集成异类应用程序所需的时间，以及实施相关的部署和开发所需的时间，并且最大限度地减少解决方案就位后日常所需的支持和维护工作。为了实现实时分析，SAP 在这一策略中加入了 HANA，以增加整个企业的业务敏捷性。现在，我们已经为学习第 7 章和第 8 章打下了坚实的基础。

6.7 案例分析

请考虑这个 SAP 案例，并回答之后的问题。您可以在附录 A 中找到与此案例分析相关的问题答案。

6.7.1 情境

MNC 最近升级了自己的 SAP BusinessWarehouse 系统，现在公司希望发挥 BW 新功能的优势——也可能使用 HANA。MNC 公司内部有大量的财务和采购报表运行着，最终用户可以通过 BW Business Explorer（一个 BW 插件）访问它们。MCN 的采购部希望这些报表几乎能够立即得到，同时也可以通过传统的电子邮件信息广播方式获得这些报表。MNC 的最终用户已经要求 SAP 技术团队解答以下问题，来协助设计和实施所需的新 BW 功能。您是受邀满足采购部要求的 SAP 技术团队的成员之一，请根据本章学到的知识，回答以下问题。

6.7.2 问题

1. 实施这种 NetWeaver 新功能 MNC（包括 HANA）可以获得哪些战略优势？
2. 在 6 个 NetWeaver 组件领域中，哪两个领域注重开发？
3. 有哪些信息源和指南可以用来协助规划和实施新 SAP BW 系统的信息广播？
4. BI 情境与 BW 情境有区别吗？
5. 如何使用 SAP NetWeaver Process Integration，把 SAP BW 与仍在使用化工 EDI 标准的传统系统连接起来？

第 7 章

SAP ERP 和业务套件

在本章中您将学到:
- SAP 业务套件的主要组件
- 深入了解 4 种核心 SAP ERP 情景(解决方案)
- 人力资本管理必备知识
- CRM、SCM、SRM 和 PLM 擅长的领域
- SAP GRC 和 GTM 简介

从本质上说,SAP ERP 和 SAP 业务套件的其他组件都是各类公司雇员日常工作中使用的业务流程。SAP 企业资源规划(Enterprise Resource Planning,ERP)由一系列的模块和子模块构成,这些模块可以提供各种各样的关键业务功能,包括财务相关任务、物流、人力资源管理、客户服务、质量管理功能等,我们将在本章了解它们。正如我们在第 5 章中所讨论的,SAP 业务套件的解决方案大部分是由经典的 R/3 系统衍生而来的,提供任何企业中主要业务营运部门特有的业务流程。原则上,您仍然可以仅依靠 ERP 的部署运营一个公司,但是一旦销售部门的需求超越了基本销售与分销解决方案,就需要考虑 SAP CRM。一个专业管理的采购部门很快就需要 SAP SRM,如果您的公司不仅是生产一些很简单的产品,而是运营着复杂的生产流程,就需要 PLM 和 SCM。最后,为了确保整个组织遵循全球市场的不同规则和法律,还需要添加 GRC。在本章中,我们将介绍所有这些解决方案。

> **By the Way**
>
> **注意:在线事务处理(OLTP)**
>
> 除了 SCM 和 PLM 之外,SAP 业务套件的各个解决方案都是在线事务处理(OLTP)系统,它们的业务流程由使用系统运营业务的许多在线(实时)用户同时执行。OLTP 用户可以运行业务事务完成下订单、预定、修改物料和仓库申请、删除无效的账目条目,或者修改雇员记录以表明哪些员工离开公司等工作。

> 从本质上说，这些都是琐碎的"小"事务，但是众多用户的小事务汇集起来就使 OLTP 系统经常成为最沉重的负荷，以及经营企业时重要的业务应用程序了。

7.1 SAP ERP 业务情景

SAP ERP 从 R/3 发展而来，包含 SAP ECC，这两者同义。ECC 是 ERP Central Component（ERP 中心组件）的缩写，但是您可能会在不同的网站、博客、白皮书和其他文献中看到 ERP Core Component（ERP 核心组件）、Enterprise Core Component（企业核心组件）等不正确的用法。SAP ERP 以第 6 章中讨论的 NetWeaver 为基础，支持开放互联网以及 Microsoft .NET 和 J2EE 互操作性。通过接受面向服务的架构、利用基于 Web 的计算平台，SAP ERP 实现了比其前身更好的业务敏捷性。

如图 7.1 所示，人们熟知的提供基本 ERP 业务流程的 R/3 模块在 SAP ERP 中已经被分成 4 组主要业务情景（解决方案）：

- SAP ERP 财务（Financials）；
- SAP ERP 运营（Operations）；
- SAP ERP 人力资本管理（Human Capital Management）；
- SAP ERP 企业服务（Corporate Services）。

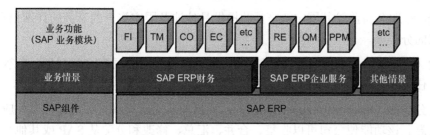

图 7.1 SAP ERP 组件可以用于创建不同的业务方案，每个方案由 SAP 业务模块组成

请注意，R/3 和 ECC 的核心业务模块在本质上并无二致，只是从每个模块的组织和具体配置上能够区分出 R/3 是所谓的垂直部署方式，而 SAP ERP 的部署方式相对而言更横向，范围也更宽。您可以访问 www.sap.com/solutions/business-suite/erp 了解详细信息。

原则上，不同模块的部署是可选的。例如，如果公司引入 SAP 是为了负责财务会计、控制和金库管理，它们可能使用现有的物流服务、人力资本管理等功能。在这种情况下，必须建立一个集成项目，采用第 6 章中概述的技术和工具，连接 SAP 和预先存在的系统。

但是，由于 SAP ERP 的集成异常紧密，因此几乎不可能始终只侧重一个模块。为什么呢？因为业务流程不时需要访问一些业务规则、主数据，以及单一模块之外的客户数据，使用 SAP ERP 的公司可能会发现，把各种基本信息都囊括到 SAP ERP 中实际上要比构建和一直维持其他系统的接口更简单、更便宜。

7.1.1 SAP ERP 财务模块

毫无疑问，财务模块（Financials）是 ERP 的核心，解决核心的财务问题，如：

- 财务和管理会计；
- 企业控制；
- 金库管理；
- 财务供应链管理；

每个功能对应一个模块，下面将更详细地讨论它们。

1. 财务和管理会计

财务和管理会计模块使任何规模的公司能够在一个囊括了多家公司、多种语言、多个国家、多种货币和多种会计科目的国际框架内集中管理财会数据。SAP ERP 符合 GAAP（公认会计原则）和 IAS（国际会计标准）等国际会计标准，可以帮助满足许多国家当地的法律要求，充分反映出萨班斯-奥克斯利法案、欧洲市场以及货币统一化等因素引起的法律和会计业务变化。财务和管理会计模块包含以下组件。

- 总账会计（General ledger accounting）：确保 SAP 系统处理的会计数据满足开展业务的国家的法律要求。
- 应付账款（Accounts payable）：记录和管理提供商会计数据。
- 应收账款（Accounts receivable）：通过一系列专门用于管理未结项目的工具管理客户会计数据，确保销售的产品或服务得到支付。
- 资产会计：帮助公司监管其固定资产，并提供具体涉及固定资产的事务的详细信息，用作总账的分类账。
- 资金管理（Funds management）：复制公司预算结构用于公司资金的规划、监视和管理，其任务包括编制收入和支出预算、资金移动监视以及发现预算超支隐患。
- 特殊用途分类账（Special purpose ledger）：根据业务需求详细具体地提供多种应用的汇总信息。该功能使公司可以收集、合并、汇总、修改和分配从 SAP 或其他系统获得的实际数据和规划数据。

应付账款和应收账款分类账与总账以及销售和分销模块的不同组件集成在一起。其他模块中执行相关的流程时，应付账款和应收账款事务也会自动一并执行。

2. 控制

控制模块提供如下必要功能。

- 间接成本控制（Overhead cost controlling）：侧重公司间接成本的监视和分配，提供了公司规划和分配所需的各种功能。控制模块中的功能支持多种成本控制方法，可以自由地决定哪些功能和方法最适用于自己的领域。
- 基于活动的成本核算（Activity-based costing）：由于能够在间接成本资源上进行分摊，因此您能够把机构间接成本分摊到产品、客户、销售渠道和其他领域，并能对不同的产品进行更实用的盈利能力分析。
- 产品成本控制（Product cost controlling）：引入实时成本控制机制（能够管理产品、对象和实际核算方案），确定由产品制造或提供服务产生的成本。

- **盈利能力分析**：分析特定机构或细分市场（可以按产品、客户、订单或这几种因素相结合进行组织搭配）的盈利能力。

3. 企业控制

尽管名称如此，SAP 的企业控制模块并不是用于大型企业的不同控制类型，而是成本会计的扩展。该模块分为如下组件。

- **业务规划和预算编制**：包括了高层企业规划功能，能够随机应变地展示出具体客户方案及其相互关系。这还需要考虑损益表、资产负债表和现金流策略之间的相互联系。
- **合并**：使公司能够使用数据条目格式输入财务报表数据，创建符合法律及公司管理报表要求的合并报表。
- **收益中心会计**：分析内部部门或收益中心（收益中心是一个面向管理的组织部门，主要负责内部控制）的盈利能力。

4. 金库管理

金库管理模块可以提供控制流动性管理、风险管理和评估以及头寸管理所需的功能。它包括以下组件。

- **金库管理**（Treasury management）：通过财务会计模块的后台处理能力，为公司的财务交易管理和头寸管理提供支持。它还可以提供一个多用途报告平台，用于检查财务头寸和交易。
- **现金管理**（Cash management）：识别及时支付和监管资金流入流出所需的最优现金流动方式。
- **市场风险管理**（Market risk management）：量化潜在的金融市场波动对公司金融资产的影响。现金管理程序包与金库管理包结合使用，可以帮助控制市场风险、分析利率和货币风险、模拟投资组合以及进行市价估值等。
- **基金管理**（Funds management）：帮助建立不同的预算版本，实现滚动编制预算。它与雇员自助在线差旅登记功能紧密集成，可以跟踪预估和实际成本。

5. 财务供应链管理

当今企业对提高供应链效率的重视程度已经提高到了前所未有的高度，因此 SAP 一直在不断优化功能，以便企业能够从财务上精简、优化供应链也就丝毫不足为奇了。财务供应链管理（FCSM）模块可以为以下方面提供支持。

- 信贷额度管理和控制。
- 信贷规则自动化和决策支持。
- 收款、现金和纠纷管理。
- 电子账单出示和支付。
- 资金和风险管理。

您可能已经注意到了，某些解决方案和模块的功能中有相当大的一部分是重叠的。尽管可能会让人感到混乱，但这种灵活性正是 SAP 最重要的长处之一——通过这种方式可以定制业务解决方案，使之可以创建创新性的业务流程，从而满足各种公司的财务和执行领导团队提出的绝大多数需求。但是，您应该始终注意到，定制和添加自编代码会增加复杂度，使系统更加难以维护，最终提高管理成本。如果业务线经理希望实施自定义流程，聪明的企业领导人和开发团队将会询问，这种特殊更改是否能使企业更有竞争力。进行这种更改可能是明智的，否则的话，采用 SAP 解决方案默认提供的行业标准流程可能会更明智。

7.1.2 SAP 制造

SAP ERP 提供了多种解决方案，通过提高工作流程效率、业务敏捷性和精简业务运行方式帮助公司实现卓越运营。除了基本的物流解决方案外，还包含了涉及公司采购、工厂维护、销售和分销、制造、物料管理、仓储、工程设计和建设的所有流程。SAP 制造和 SAP ERP 运营（已经过时，但仍在使用的术语）包括以下解决方案。

- **采购和物流执行**：使最终用户可以管理端到端的采购和物流业务流程，并优化物料的实际流动过程。
- **产品开发和制造**：从生产规划到制造、车间集成、产品开发等。
- **销售和服务**：从实际销售到管理服务交付，以及支付佣金和其他销售激励活动所需的各种流程。

SAP 制造把公司的制造流程与其他业务功能连接了起来，包括物流、财务、环保和安全（EHS）需求等。公司还可以使用它内置的精益西格玛（Lean Sigma）和六西格玛（Six Sigma）管理制造运行情况，这些功能都可以帮助建立和提升竞争优势。

SAP 制造使分散制造和流程制造公司能够更好地实施规划、安排进度、重新设定程序以及监视制造流程，从而提高产出，扩大收益。这还应当辅以合作伙伴与供应商的协调配合、异常管理、积极采用精益西格玛和六西格玛、符合 EHS 要求的措施——而 SAP 制造可以为所有这些工作提供支持。通过坚持不懈的改进，SAP 希望能够为管理部门和车间部门同时提供查看和优化实时运行的能力。

7.1.3 SAP ERP 运营

ERP 运营仍然是主流功能，大部分核心功能来自于 R/3，包含如下模块。

- **销售与分销（SD）**：为企业配备必要的机制，以销售和交付产品及服务。SD 最终用户可以在任何时候访问关于产品、营销策略、销售拜访、定价和销售机会的数据，促进销售和营销活动。
- **生产规划（PP）**：方便生产规划、执行，以及从创建真实、一致的规划数字到生产订单规划、重复制造或者看板生产控制处理等环节的控制。看板是根据生产和采购中的运营链条控制生产和材料流程的一种规程。
- **物料管理（MM）**：简化公司原材料消耗的日常管理，包括库存管理、仓库管理、采购、发货单校验、材料规划和采购信息系统。

➢ **工厂维护（PM）**：使用不同策略管理预防性维护，包括基于风险的维护和全面生产性维护，以及订单、设备和技术对象的维护。

7.1.4　SAP ERP 企业服务

最后一个 SAP ERP 业务解决方案——企业服务，帮助公司简化内部生命期流程。企业服务的模块包括：

➢ **质量管理（QM）**：协助进行检验与质量控制规划，管理必要的质量通告、认证以及测试设备，前瞻性地管理产品生命期。

➢ **项目和项目组合管理（源项目管理【PM】）**：专注于项目内部依赖性网络的管理（包括跟踪和管理预算，规划进度和其他基于资源的关键绩效指标）。

➢ **不动产管理**：管理从产权获取到建筑施工、报告、维护和出让的整个房地产资产生命周期。

➢ **企业资产管理**：处理设计、构建、经营和弃用等各阶段的问题。

➢ **差旅管理**：处理差旅请求，以管理规划、预订变更、费用和专用报表/分析。

7.1.5　SAP ERP 人力资本管理

SAP 添加了一组健全的集成、不言自明的"人才管理"功能，将 R/3 的人力资源（HR）模块扩展为人力资本管理（Human Capital Management，HCM）。

这些 HCM 服务中，有许多实际上分为两个宽泛的焦点领域，SAP 仍然倾向于将其作为产品的名称：人事管理（Personnel Administration，PA）和人力规划及发展（Personnel Planning and Development，PD）。每个领域处理公司 HR 职能的不同方面；两者的集成创造了顺畅的 HR 机制，与公司的其他业务流程集成时，可以为企业带来竞争优势。

HCM 的 PA 模块管理着工资单、员工福利登记与管理，以及报酬等功能。除了人事管理，SAP 的人才管理模块还可以帮助招聘人员与经理监管从发出招聘广告和进行招聘，到入职、雇员培训和挽留的整个聘用过程的各个阶段。它还可以提供整个公司的人力资本（员工）概况，使公司可以查看和管理掌握着特殊技能、承担着某些工作和职位的员工的职业生涯信息。基本的解决方案如下所示。

➢ **企业薪酬管理**：实施公司薪金支付、升职、工资调整以及奖金方案政策。该解决方案管理的功能包括工资管理、工作评估、工资审查、工资调查结果、制定和管理薪酬预算方案，以及薪酬政策管理。

➢ **E-Recruiting**：帮助公司管理员工招聘流程。招聘从出现职位空缺开始，到广告宣传和了解申请人潜力，以通知申请人结果和聘用最佳候选人结束。

➢ **时间管理（Time management）**：提供一种记录和评估员工工作时间的灵活方式，并可对缺勤进行管理。公司可以基于日历给出自己的时间结构，以反映不断变化的情况。可以使用弹性工时、多班次工作以及正常班时间表来规划工作、休息时间表，或管理例外情况、缺勤和节假日安排。

> **工资单（Payroll）**：用于高效准确地计算雇员的工作报酬，无论他们的工作时间表、工作日程、语言或货币情况如何。工资单功能还可以处理变化多样的报表需求，以及时有变化的联邦、州或当地机构的合规要求。

此外，SAP 还提供能够更合理地管理员工和传统 HR 功能的工具，包括机构管理和员工规划。其中几个工具如下所示。

> **组织管理（Organizational Management）**：帮助实施整个人力资源结构的战略规划。通过使用它提供的灵活工具开发拟议的情境，您可以控制过去、现在和未来的公司结构。使用 SAP 中的基本组织对象，部门、工作、职位、任务以及工作中心都可以用作搭建公司结构的基本标准件。

> **SAP 企业学习（SAP Enterprise Learning）**：帮助公司协调和管理公司内的培训和相似活动，而且它还包括了对执行、确认和管理成本分摊，以及公司活动记账的规划功能。

> **SAP 学习解决方案（SAP Learning Solution）**：提供包含专用学习管理软件的学习门户，也是编写测验、通过可定制分类管理内容及在整个企业中进行协作的工具。

几乎所有 SAP 解决方案都有一个亮点，那就是它们反应了许多不同国家的语言、货币和监管要求。劳动力流程管理（Workforce Process Management，WPM）捆绑了特定国家的 HR 主题，包括时间输入格式、工资单、员工福利、法律报告和组织报告，以满足当地法规或者国家代码要求。

> **By the Way**
>
> **注意：SAP 维护中的免费法律补丁**
>
> 原则上，HCM 可以作为 ERP 内的一个模块运行，但是，许多客户将 HCM 部署在专用系统上。原因是仅与 HR 有关的法律补丁在专用 HR 系统上实施更简便，不会在更大的 ERP 系统上造成麻烦。SAP 在标准维护合同框架内交付这些法律补丁，是 SAP 最大的好处和与众不同的地方之一。
>
> 只要想象一下这样的情况：部署来自于不提供法律补丁的供应商的财务或者 HR 软件，每当这些公司开展业务的某个国家政府颁发新法律法规时（与公司或者员工的税收、加班工资等有关），这些公司就必须修改代码，自行测试解决方案。在某些情况下，软件包甚至无法跟上新法规的要求。
>
> 例如，德国法律最近关于每日差旅补助计算的修改在某家美国大型公司使用的 Oracle 应用程序中无法实现。经过几个月的代码改写尝试，唯一的解决方法是为德国雇员使用一个 Excel 电子表格计算其每日花费，然后人工将结果输入系统，过了一年多之后，计算规则才能够适应新法律。

SAP HCM 还通过报表和分析功能扩增了一个共享服务中心。自助服务功能包含或者支持许多角色和公司需求，如下所示。

> **员工自助服务（ESS）**：使员工能够维护个人数据、登记差旅、申请休假等。

> **经理自助服务（MSS）**：为领导层提供一个机制，管理预算、薪酬计划和损益表，对雇员记录进行分类和关键词搜索，执行年度员工评审流程，以及集中、快速地处理其他管理问题。

> **劳动力部署**：为项目团队而设计，根据项目创建团队，并根据时间和任务等条件对各团队成员的能力和可用性进行跟踪。

SAP 在收购 SuccessFactors 之后，为人才管理增加了第一个"基于云"的解决方案。

之后，SAP 又增添了用于管理租用劳动力和非正式员工的 Fieldglass 以及用于差旅管理的 Concur。这些云解决方案和其他一些解决方案将在第 8 章中讨论。

7.1.6 SAP 客户关系管理

从技术上讲，客户关系管理（CRM）是 R/3 的早期衍生物，为客户相关流程提供端到端的支持。SAP CRM 还扩增了典型的后端功能，如订单履行、运输、发票和应收账款。它还包含和实现了企业范围内的客户情报——特定于公司客户及其需求的商业情报。这种速度上的加快改善了每个客户的盈利水平，同时有助于应对企业的战略性优先目标。

CRM 流程通常围绕特定业务单位或者组织实体的需求构建。扩增 CRM 新客户支持功能的关键业务情景如下所示。

> **营销支持**：包括营销资源管理、营销活动管理、促销管理、细分市场管理、线索/前景管理和营销分析。

> **销售支持**：提供地域、账户和联系人管理，以及线索与机会管理。销售规划和预测有助于识别和管理销售前景。通过报价与订单管理、产品配置、合同管理、激励与佣金管理、时间与差旅管理和销售分析，销售团队能够拥有取悦客户所需的信息，同时有希望增加销售量和利润，减少所有工作的成本。

> **服务支持**：协助进行售后服务，包括现场服务、互联网服务、服务营销与销售以及服务/合同管理。客户从改进的保修与索赔管理和有效的渠道服务及返厂维修服务中获益。服务团队则从服务分析得到的情报中获益，该团队由此最大限度地增加每个客户的利润。

> **Web 渠道支持**：将互联网转换成服务渠道（或者销售与营销渠道），高效地将业务与客户联系在一起，从而增加销售量，降低交易成本。

> **互动中心（IC）管理支持**：补充和武装公司的现场销售力量。这一功能支持营销、销售和服务活动，如电话营销、电话销售、客户服务、电子服务和互动中心分析。

> **合作伙伴渠道管理**：为合作伙伴招募、合作伙伴管理、沟通、渠道营销、渠道预测、协作销售、合作伙伴订单管理、渠道服务和分析提供流程。

> **业务沟通管理**：提供跨越多个位置和不同通信媒体（包括语言、文本消息、电子邮件等）的联系人管理。

> **实时报价管理**：使用 SAP 的高级实时分析决策引擎，帮助实时管理复杂的营销报价。这一功能还优化了跨越不同客户互动渠道的决策流程，使公司能够快速、明智地改善其客户关系。

SAP CRM 还包含了多种附加的行业特定功能，如下所示。

- **租赁实体**：提供端到端的租赁管理，涵盖了从为新贷款寻找融资机会到重新处置现有租约和终止租约的整个过程。
- **消费产品行业**：提供客户推广，包括品牌管理、活动规划、需求规划、预算、项目执行和促销评估。
- **媒体类行业**：管理知识产权（IP）及相关的版税。
- **公共部门**：提供成分服务以及税收/收益管理等功能。
- **制药行业**：支持药品商业化的各个阶段。
- **制造类行业**：提供精益批次管理功能。

SAP CRM 可能变得很复杂。例如，呼叫中心解决方案——客户互动中心（Customer Interaction Center，CIC）依赖于 PBX 的对应接口。较短的响应时间对 CIC 实施至关重要，因为长的等待时间很容易促使客户离开。

网店更为复杂。除了基本的 SAP CRM 系统之外，SAP 互联网销售（Internet Sales）解决方案还包含 SAP 互联网定价与配置器（Internet Pricing and Configurator，PC）、SAP Biller Direct、目录系统、SAP 知识提供程序（Knowledge Provider，KPro）、永久性购物篮等。最后，SAP 最近收购了 hybris，在软件组合中增加了一个多渠道电子商务和产品内容管理（PCM）软件解决方案。

7.1.7 SAP 产品生命周期管理

SAP 产品生命周期管理（Product Lifecycle Management，PLM）可以帮助企业快速开发和交付产品，处理各种变化管理问题（从设计到工程实施、生产过程等），售后服务以及售后维护需求。

PLM 的主要焦点是产品开发，但是该解决方案还涵盖了工厂维护、质量保证、危险品管理、劳动卫生与安全以及环境保护等方面。

尽管 SAP PLM 是一个独立的解决方案，但是它本身不是一个 SAP 系统，而是使用了 SAP ERP、SAP CRM、SAP SCM 和其他组件功能的一个组合。因此，PLM 通常是简单地作为 SAP ECC 的一个附加程序安装，而不需要自己的基础设施。SAP 知识仓库（Knowledge Warehouse，KW）可用于存储和分发大文件，如扫描文件、CAD 图形、视频文件等。

PLM 还作为新产品开发与推介（New Product Development and Introduction，NPDI）协作工具的基础。公司使用 NPDI 将人与信息联系在一起，有效地将销售、规划、生产、采购、维护、内部服务提供商和其他组织相互连接。SAP PLM 的业务优势很多，例如，可以部署 SAP PLM 实现如下目标。

- 优化产品开发流程，同时确保与内部质量指标、行业标准和监管要求相容。
- 降低新产品规划和部署的总成本。
- 计量和评估不同产品线的各种面向产品项目的进展。
- 利用 PLM 的模块化方法进行产品开发与试生产，在整个产品生命周期中不断演化，逐步满足产品需求。

- 通过使用简单、高效的基于角色的企业门户访问，最大化团队效率。
- 更好、更快地做出业务决策，利用跨越产品生命周期的强大分析功能（产品组合管理、质量、职业健康与安全、维护管理等）。

您可以使用 PLM 实现协作产品开发、设计和相关项目及质量管理。在寻求满足环境、健康和安全需求的方案时，可以引入合作伙伴，可以通过整个 SAP 业务套件（从 CRM 和 SCM 到 SAP ERP 等）扩展 PLM，获得整个企业的透明度。SAP PLM 可以更快、更有利可图的方式推动新产品从开发和设计阶段进入制造阶段，最终交到客户手中，从而帮助您获得比其他方式更好的利润以及更高的周转率。

7.1.8 SAP 供应链管理

一般来说，供应链由 3 部分组成：供应、制造和分销。供应链的供应部分专注于制造所需的原材料，制造将原材料转化为最终产品。供应链的分销部分专注于通过分销商网络、仓库和销售点转移最终产品。战略分析和供应链协作使企业能够监视和优化扩展的供应链，跨越组织内外的多个参与者。

SAP 供应链管理（SCM）提供了大量的业务情景，但是只包含少数几个技术组件。SAP 高级规划和优化器（APO）是 SCM 的核心组件，包含如下模块。

- APO 需求规划（Demand Planning，DP）：在历史数据基础上预测未来的需求。可以创建不同模型模拟供应与需求余额以影响盈利、最小化仓库周转等。
- 供应网络规划（Supply Network Planning，SNP）：在可用运输与生产能力基础上优化跨厂订单分布。生产规划-详细调度（Production Planning–Detailed Scheduling，PP-DS）和供应商管理库存（Vendor Managed Inventor，VMI）模块补充了本模块的功能。
- 可承诺量（Availability-to-Promise，ATP）：提供多级可用性检查，可以根据材料库存、生产、仓库与运输能力、跨厂成本等进行。
- 生产规划（PP）：创建生产时间表，平衡并反映供应计划和同时间点的制造能力。
- 采购计划：为平衡原材料与其他资源和产品需求建立模型并开发不同的计划，生成经过深思熟虑的供应计划。
- 运输规划——车辆调度（Transportation Planning–Vehicle Scheduling，TP-VS）：优化运输和搬运流程。
- 供应链主控室（Supply Chain Cockpit，SCC）：分析公司特定的供应链要素，以地图、列表或者一些基于表格/图形的格式显示结果。

> **注意：liveCache：SAP 的第一个内存数据库**
> 上面描述的所有供应链流程要求对大量的特性组合进行复杂的优化，这就需要极快的数据访问速度，传统硬盘无法实现。因此，SAP 开发了最早的内存数据库之一 liveCache。和特殊的面向对象技术相结合，这种内存中计算的概念从算法上显著地加速了高度复杂、数据密集、运

行时间密集的 APO 功能。从 SCM 7.12 开始，外部 liveCache 可以移植到与 SAP HANA 集成的 liveCache 中，这样，SCM 系统中的 liveCache 就变成了 SAP HANA 数据库的一部分。

SAP SCM 的其他组件包括下面这些。

- SAP 事件管理（Event Management，EM）：提供管理规划与现实偏差的功能。
- SAP 库存协作中心（Inventory Collaboration Hub）：支持供应商管理库存（SMI）或者供货商管理库存（VMI）的跨企业集成。
- SAP 自动 ID 基础设施（Auto-ID Infrastructure，AII）：提供 RFID 扫描仪与 SAP SCM 的连接性，可能产生极高的 I/O 负载。
- SAP 对象事件存储库（Object Event Repository，OER）：和 SAP 自动 ID 基础设施的多个本地实例共同实施，采用产品跟踪与身份验证（Product Tracking & Authentication，PTA）记录唯一标识对象，如电子产品编码（EPC），将其信息发送给 AII。OER 还具备为在其存储库中维护的数据生成报表（业务情报）的能力。

7.1.9 SAP 供应商关系管理

供应商关系管理（Supplier Relationship Management，SRM）是用于采购部门的 SAP 组件，涵盖了从下订单到付款的整个过程。正如 SAP CRM 管理公司与客户之间的关系，SAP SRM 帮助优化和管理公司与其供应商的关系，灵活的批准规程和跟踪功能确保开销得到监视和控制。

作为 SAP 的又一个较为成熟的产品，SRM 无缝地与 PLM 集成，实现产品购买者与零件供应商之间的高度协作，投标过程也得到了合理化。这些功能都会影响 SAP ERP，因为财务和物流数据在两个系统之间更新及共享。SRM 还和 SAP SCM 紧密相连，扩展和实现了公司供应链的紧密集成。

SRM 的核心组件是 SAP 企业采购员应用系统（Enterprise Buyer Professional，EBP），该系统得到了一个目录服务器的强化。可选组件包括 SAP 内容集成器（Content Integrator）、SAP 在线投标引擎、SAP 供应商自助服务（Supplier Self-Services，SUS）和用于在线投标的 SAP 现场拍卖 Web 展示服务器（Live Auction Cockpit Web Presentation Server，LAC WPS）。

SRM 在业务上的好处与采购、合同生命期管理和费用绩效管理有关。

- 按需采购，鼓励或支持可持续性的成本节约，全方位了解供应商，提高公司间合作的灵活性，快速把供应品转换为价值。
- 通过加快请求付款（RFP）到收款的过程和在线批准缩短周转时间。
- 通过自动创建合同和合作功能缩短签订合同时间。
- 通过提高合同可见性和了解程度持续发掘节约和增收潜力。
- 通过简化、过程自动化、低成本集成、避免不正当采买，降低过程成本。

SAP SRM 可以通过如下功能支持战略性采购。

- 有效管理相关合同，全面满足各种合同条款等。
- 创建、管理内部采购目录。
- 分析每个供应商的绩效，管理供应商选择过程。
- 提供电子投标工具。
- 汇总整个企业的特殊材料及服务需求。
- 通过全球费用可见性，分析费用模式。

SRM 用户可从与 SAP PLM 的紧密集成中得到如下好处。

- 简化工程文档以及其他在优化产品质量、制造过程等工作中有用的材料的访问。
- 提高 ERP 后台数据的透明度，如物料管理流程、财务单据以及物料清单（BOM，Bills Of Materials）。
- SAP PLM 用户还可以从 PLM 与 SRM 的采购能力紧密集成上获益。

最后，SAP SRM 通过改进与如下人员的协作，简化了采购流程。

- **产品开发人员**：可以在贸易合作伙伴和自己的采购团队之间共享数据，实现更快的产品开发周期。
- **供应商**：让供应商访问您的库存和补充数据，使他们能够帮助您维护必需的最低库存水平。

通过使用 SRM 的各种功能，公司可以真正地优化、集成和自动化采购流程，将其转化为日常工作流的一部分。这有助于避免错过对业务开展必不可少的供应商。

云上的采购

通过对 Ariba 的收购，SAP 为外部订单和支付处理、采购和费用分析增加了一个完全基于云的 SaaS 解决方案。Ariba 提供了一个成员超过 150 万的供应商网络，每两分钟，就有一家新公司加入这一网络。

即使产品无法在网络上的合作伙伴目录中找到，也可以配置 Ariba 搜索 eBay 等网站，使用一定的条件，仅考虑可以立即购买到该产品、得到客户高度好评的供应商。

许多客户将场内的 SAP SRM 系统与 Ariba 相结合，形成一种混合模型。在这种情况下，Ariba 必须集成到传统的 SAP 应用堆栈和现有的应用程序工作流程中。

公司需要获得的其他"动产"是商务旅行和非正式工作人员。Concur 支持商业旅行登记，Fieldglass 用于管理租用劳动力。

所有采购订单都必须在记账和进货部门工作流中处理，所以这个 SaaS 解决方案的所有部分都必须集成到 SAP ERP 记账系统，以便正确地支付和记账。不应低估更改现有应用逻辑以淘汰旧系统，用新的基于云的系统替代所需的工作量。

7.1.10 治理、风险与合规

SAP 治理、风险与合规（GRC）使企业能够确保整个组织严格遵循萨班斯-奥克斯利法案（SOX）等法规，并可以接受相关机构的审计。作为 GRC 的一部分，全球贸易系统（Global Trade

System，GTS）确保该公司不会向某些黑名单上的国家出口。此外，环境、健康与安全（EH&S）系统管理行业健康与安全和环境保护所需的文件，如材料安全性数据表和废弃物清单。访问控制（Access Control，原 Virsa Compliance Calibrator）支持职责分离审计。

利用集成的 SAP ERP 后端，SAP 提供了应对各种监管实体和内控要求所需的可见性和透明度。因为 SAP GRC 为最终用户提供了发现重大风险和分析风险-回报平衡的工具，实施这一产品所需的时间和费用很快可以从成本节省中收回。SAP GRC 在业务上的好处如下。

> **实现严格审查的风险/回报分析的均衡组合**：通过 GRC 的透明度、可见性和全公司范围的联系，决策者可以根据风险和回报概率做出明智的决策。
> **增进利益相关者价值**：获得经久不衰的商标信誉、提高市场价值、降低资本成本、简化人员招聘、提高员工留存率。
> **降低提供治理、风险与合规管理的成本**：提高业务绩效和财务可预测性。SAP GTC 为行政领导团队提供对经营数据的信心，以及快速解决问题的方法。
> **组织可持续性**：尽管管理不善的 GRC 会有一些风险，但是它仍能带来这方面的好处，尤其是在法律和市场方面。

所有这些好处最终归结为更高的业务敏捷性、竞争差异和品牌维护及公司持续方面的优势。

实际上，GRC 不应再被看作是一个可选的服务，而是在受到不正当业务和业务实践污染的全球市场中开展业务的一个必备部件。

全球贸易服务

SAP GRC 的 SAP 全球贸易服务（GTS）组件，也是一个 SAP ERP Financials 解决方案，并进一步成为一个合格的 SAP 企业服务解决方案和全球供应链引擎。GTS 使跨国公司能够使用全球范围的贸易流程，与不同体制的政府联系及沟通。这样，SAP GRC GTS 使公司能够完成如下目标。

> 符合国际监管要求。
> 集成跨越财务、供应链、人力资本管理业务流程的全公司范围贸易合规工作，管理全球贸易。
> 促进和加快不同国家海关组织的进出口流程。
> 与合作伙伴（保险公司、装卸公司等）共享跨境贸易相关信息，提高供应链透明度。

SAP GRC GTS 使公司能够缓解全球业务相关的财务和其他风险。通过确保与国际贸易协定的相容性，SAP GRC GTS 客户可以优化供应链，降低生产停顿时间，消除昂贵的罚金。一言以蔽之，SAP GRC GTS 使公司能够以更加一致、更有利可图的方式，跨越国境开展业务。

7.2 小结

本章介绍了 SAP R/3 的一些背景知识，以及它是如何演变成今天众所周知的 SAP ERP 的。SAP ERP 包括了多个高等级的解决方案，包括财务、运营、人力资本管理（HCM）及其各种解决方案，以及企业服务。然后，我们通过讨论具体的功能解决方案以及支撑每种 SAP ERP 解决方案的模块，进一步深入介绍了这些核心解决方案。

可以想象，本章中讨论的 SAP 业务解决方案的复杂度远没有完全反映出来。确实，覆盖范围更广的 SAP 业务套件中的每个 SAP 组件本身都是复杂的 SAP 实施项目。从本章获得的技能和知识可以使您对每个解决方案所提供的业务优势有广泛的理解。

7.3 案例分析

请考虑这个 SAP ERP 案例，并回答之后的问题。您可以在附录 A 中找到与此案例分析相关的问题答案。

7.3.1 情境

MNC 正在实施 SAP HCM 和多项 SAP ERP 物流解决方案。作为开发团队的一员，您被要求回答 MNC 业务利益相关者们提出的一些问题。

7.3.2 问题

1. SAP ERP HCM 这个缩写代表什么，为什么这个解决方案对当今的企业吸引力这么大？
2. 工厂维护模块由哪几个组件构成？
3. SAP ERP 运营（SAP ERP Operations）要处理的是哪种业务解决方案？
4. 为什么 SAP ERP 的业务解决方案、模块和业务流程之间有那么多功能重叠？
5. 要获得最强大而且目的性很强的一套 SAP ERP 分析功能，MNC 应该考虑实施什么？
6. SAP CRM 中的哪些功能扩展了支持新客户的能力？
7. 一家企业能够像购买 SAP 业务套件的 5 大组件（如 SAP CRM 或 SRM）之一那样购买 SAP 制造吗？
8. SRM 用户可以从 SAP SRM 与 PLM 紧密集成上获益吗？
9. 哪种业务套件组件或产品最为成熟？
10. 供应链的 3 大主要部分是什么？

第 8 章

云上的 SAP 和新 SAP 解决方案

在本章中您将学到：
- 不同风格的 SAP 云服务
- SAP 的云计算之路
- 在云上运行经典的 SAP 解决方案
- HEC 与 HPC 的对比
- 新 SAP 解决方案：SuccessFactors、Ariba、Fieldglass、Concur 和 hybris

尽管从 R/3 到 HANA 都秉承着自主开发的优良传统，但是 SAP 从不羞于收购其他公司，以扩展其应用程序组合，利用新技术。过去的例子包括 Business Objects、Kiefer & Veittinger 以及 Sybase 的数据库技术。

在本书编著时，维基百科列出了 SAP 的 59 次收购，最近的一次是 Concur Technologies。在这些收购中，多种基于云的软件即服务（SaaS）已经在市场上获得了成功。利用 HANA 企业云（HEC）和 HANA 云平台（HCP），SAP 还在产品组合中添加了平台即服务（PaaS）和托管服务。在本章中，我们提供这些解决方案、融入整个产品的情况、使用方法和所提供价值的总体概述。

对于业务读者，在场内（公司内部的数据中心）或者云中运行 SAP 没有差别，因此可以跳过本章的前半部分，直接跳到描述 SAP 新解决方案的 8.3 节。

8.1 哪种类型的云

关于云的讨论总是包含各种含混的缩写词。很明显，每个供应商都根据自己的产品组合定义云。

美国国家标准与技术学会的云定义[①]很宽泛，对理解云选项没有太多帮助。为了理解与 SAP 相关的选项，观察一下市场上提供的其他服务很有益处。

有助于理解云概念的一个例子是为家庭晚宴配送披萨。我们大部分人都知道，得到披萨有多种选择，从自制到外出用餐，此外还有许多介于两者之间的选项，如图 8.1 所示。

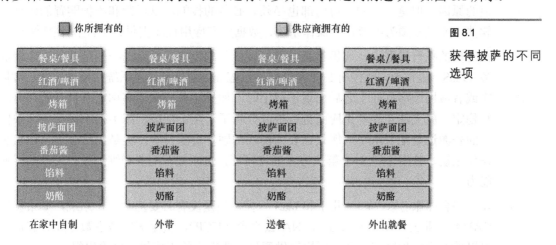

图 8.1 获得披萨的不同选项

区分不同模型（云服务和披萨）的是您能够控制的必要基础设施、用品和服务以及"撒手不管"的部分之间的比较。

> 在传统的自制披萨工作中，您（或者您的奶奶）可以控制从面粉到番茄等所有成分的质量，拥有所有厨房设备和餐具。

> 如果您用的是冰冻披萨，就将准备面团、番茄酱和馅料等麻烦的工作外包了，但是必须依赖您所喜欢的品牌所提供材料的风味及质量。此外，并不是所有馅料和奶酪的组合都可以得到，您无法从一家供应商选择奶酪，而从另一家选择馅料。厨房和餐具仍然在您的控制之中（包括以后的清洁）。

> 如果选择送餐，就没有必要使用自己的烤箱，但是冰冻奶酪的一些限制仍然适用：不能为原材料选择不同的供应商，您要依赖送餐服务的能力以保证披萨仍然是热的，但是仍然可以选择自己喜欢的红酒和餐具（也仍然必须在餐后清洁）。

> 如果您决定和家人一起到披萨店用餐，所要操心的就是预定座位、从菜单上选择和付款，不需要进行食物的准备或者清洗。缺点是，您不得不接受菜单上的菜品限制，在黄金时间还要忍受更长的等待时间才能入座用餐（这在 IT 术语中称作"超额订购"）。

至于 SAP 解决方案和交付它们所需的 IT 服务，区分物理基础设施（网络、存储或者服务器）和软件基础设施（虚拟化解决方案、操作系统、数据库和应用程序）十分重要，它们的实际所有权由许可证和维护合同表示（见图 8.2）。

和披萨的例子一样，与 SAP 相关的不同云产品可以按照以服务形式交付 SAP 所需的各个层次的所有权分类。

> 在传统的场内模型中，您拥有、管理和维护整个基础设施。利用最新的私有云虚拟化及编排技术，提供和公共云一样的灵活性。您可以选择相互竞争的不同硬件供应

---

① 参见 http://csrc.nist.gov/publications/PubsSPs.html#800-145。——原注

商的产品组合，能够得到它们的 SAP 能力中心在适型和架构优化上的顶尖能力——这些售前服务的价值相当于数百小时的咨询服务，而且是免费的。鉴于迁移到另一个平台不再是什么大不了的事情，您可以在遇到麻烦的时候声称要转移到另一个供应商，以此引起供应商的注意，迫使它们进行根源分析，证明基础设施不是引起麻烦的原因。但是，您的公司内部也必须有必备的技能，以运营和维护购置的硬件和软件，而且必须为虚拟化、操作系统、数据库和应用程序支付许可证和维护费用。

> 在经典的托管模型中，您仍然可以选择硬件基础设施，如果选择的是基础设施即服务（IaaS）提供商，就没有必要接洽硬件供应商。缺点是，当系统在操作系统、数据库或者应用程序打补丁之后出现不稳定时，如果服务提供商声称它所负责的部分运行稳定，就无法让硬件供应商进行根源分析了。至于性能，您不得不接受条文中同意的资源过量配置水平。您只需要为消耗的硬件资源付费，但是仍然必须自己负责操作系统、数据库和 SAP 解决方案的许可证，也必须有配置和维护这一部分的专业能力。

> 使用平台即服务（PaaS）几乎和 IaaS 一样，但是没有必要担心操作系统，如果使用 HANA 企业云（HEC）或者 HANA 云平台（HCP），甚至无须考虑数据库。您仍然可以控制应用程序许可证，更换提供商只需要很小的工作量，风险也很小。

> 如果您决定使用真正的软件即服务（SaaS）产品，或者将经典 SAP 解决方案的许可证转换为 SAP 云许可证，就可以摆脱对整个基础设施堆栈的责任，集中利用解决方案为业务提供的功能。但是，您只能购买服务菜单上有的业务流程，大部分情况下，自定义限制在将用户界面改为企业设计。在某种程度上，可以说使用 SaaS 无须 IT 技能。但是，和所有其他云服务一样，您仍然需要内部专业技能或者外部顾问，才能集成不同应用程序，培训用户使用所提供的服务。

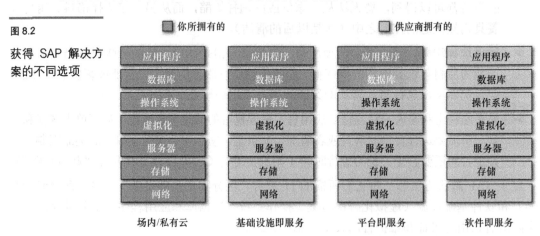

图 8.2 获得 SAP 解决方案的不同选项

在关于云的一片鼓噪之中，值得一提的可能是最常见的挑战，安全是最容易想起来的主要担忧。由于《爱国者法案》的影响，许多非美国公司将其敏感数据保留在国境之内。但是，补丁管理等细节可能令人头疼，特别是混合方案中，某个供应商的补丁周期可能未与客户协调，造成额外的停机时间（安全方面的深入讨论参见我们的《SAP on the Cloud》一书[①]）。

---

① Missbach 等人著的《SAP on the Cloud》，柏林：Springer，2015。——原注

8.2 SAP 的云计算之路

SAP 客户不喜欢变化——理由很充分。毕竟，关键任务软件是一项保守的工作，SAP 是保守型公司的缩影。但是即使是像 SAP 这样的公司最终也要跟上新潮流（如云计算），以保持主流地位及竞争力。

过去，SAP 一直将焦点放在内部开发解决方案上，并从外部购买解决方案和技术加以补充。除了少数例外情况，这些解决方案都紧密地与产品组合和标准技术集成。在任何情况下，客户都可以选择在场内运行这些解决方案，或者由 SAP 认证提供商托管。

从 2004 年在面向服务架构（SOA）上的努力（称作"维也纳项目"）以来，SAP 已经走过了漫长的道路。SAP 在云计算上的第二次尝试是 2006 年发行的 Business by Design。随着 2011 年收购 SuccessFactors、2012 年收购 Ariba，SAP 向市场和客户发出了一个信号，它的方向是按需软件和云计算。今天，SAP 走的是双重道路。

- 支持从 Amazon、Azure 和在运行自身关键任务业务应用（包括 HEC 和 HCP）上有真实经验的认证服务提供商的 IaaS 和 PaaS 产品上部署业务套件及 NetWeaver。
- 收购现有的 SaaS 解决方案以补充业务套件，包括 Ariba、SucessFactors、Fieldglass 和 Concur。

考虑到 SAP 云战略的大量变化和革新，本节提供的只是 SAP 目前关注的方案的简要介绍。

8.2.1 在云上运行的经典 SAP 解决方案

原则上，第 6 章和第 7 章中讨论的经典 SAP 业务套件和 NetWeaver 解决方案都可以在 IaaS 和 PaaS 产品上实施。

在本书编著时，SAP 已经认证了 220 个托管合作伙伴、105 个云合作伙伴和 35 个 HANA 合作伙伴，其中包括 Virtustream、T-Systems、Telstra、Suncore、Secure-24、NNIT、MKI 和新加坡电信等大型服务提供商，Accenture、Atos、CSC、CapGemini、Deloitte 和 IBM 等咨询公司，以及 Freudenberg IT、Ciber、Finance-IT、OEDIV、Gisa 和 Novis 等专业供应商[①]。

SAP 自己的托管组织于 2009 年出售给了 T-Systems 和 Freudenberg IT。SAP 自身不拥有或者运营 Hana 企业云，但是从 Softlayer 和 IBM 公司收购了服务。

提供 SAP 解决方案的云提供商中，最突出的是 Amazon 和 Azure，但是它们不能提供 IaaS 之外的产品。在许多企业中，将关键任务生产系统部署在场内或者经典的全服务托管提供商，同时利用云产品部署临时用于开发、测试或者培训的非生产系统，是一种通行的做法。

如果您是用户，就不会发现 SAP 业务套件和 NetWeaver 解决方案的运营方式有何不同，所有业务流程在场内或者云中的表现应该是完全相同的，用户界面看上去也应该完全相同。

8.2.2 HEC 与 HCP 的对比

由于 HANA 的要求相当特殊，SAP 为其提供了云选项（各个云服务提供商也有自己的

---

① SAP 认证外包运营合作伙伴的完整列表，参见 http://global.sap.com/community/ebook/2012_Partner_Guide/partner-list.html。——原注

选项）。

> **HANA 企业云（HEC）**：尽管名称如此，HEC 并不是一个云服务，而是经典的 HANA 托管服务。SAP 仅从纸面上销售该服务，基础设施实际上由 Softlayer 托管。对于某些解决方案，SAP 提供订阅定价，作为持续可用的固定许可证的替代方案。

> **HANA 云平台（HCP）**[①]：HCP 是真正基于订阅的 IaaS 产品，目标是开发项目，以及为每月订阅提供基于 HANA 的应用服务。可以从 SAP 服务目录门户购买 1GB～1TB 大小的产品。

这两种云服务都要求客户购买自己的 HANA 许可证。SAP 最近宣布，它将把许可证模式更改为随用随付模式，但是价格将从每年收取列表价 22%的"维护费"提高到 50%。

从技术上讲，所有 HANA 云服务都基于所谓的定制数据中心集成（TDI）模型，可以共享服务器、存储和网络资源。

另外，SAP HANA 应用服务为 HANA 实例提供了移动、协作、安全、系统管理等服务——所有服务都可以从 SAP 服务目录门户订购（见图 8.3）[②]。

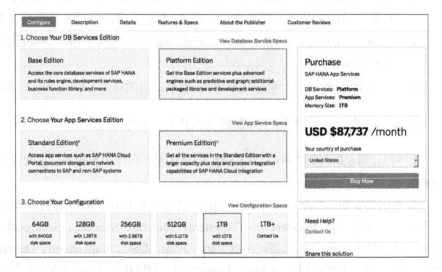

图 8.3 SAP 服务目录门户上的 HANA 应用服务订阅页面[③]

正如第 6 章中所讨论的，HANA 云服务产品对于小的开发环境提供了非常吸引人的价格。随着功能和选项的增多，价格明显提高，如图 8.3 所示。即使采用每月交费订阅方式，也需要年度合同。注意，系统配给可能需要花费 48 个小时。

> **By the Way**
>
> **注意**：AWS 和 Azure 上的 SAP
>
> IT 专业人士将会重视第 19 章中提供的关于如何在 AWS 和 Azure 上运行 SAP 的更深入技术和项目管理指南（我们还加入了对 SAP 云装置库和 Monsoon 项目的介绍）。

---

① 参见 http://hcp.sap.com/platform.html。——原注
② 参见 http://marketplace.saphana.com/hcp。——原注
③ 参见 http://marketplace.saphana.com/p/1808。——原注

8.3 新获得的 SAP 解决方案

我们已经讨论了 SAP 的云计算之路,接下来将按照顺序介绍一些 SAP SE 最近的收购。除了少数例外,这些被收购的公司都提供"仅云端"的 SaaS 解决方案。

这里讨论的被收购的公司都采用了和经典 SAP 架构在平台、代码和用户界面上毫无共同点的技术。对于必须将这些解决方案集成到现有软件环境的 IT 部门而言是个挑战,对于最终用户来说,这也是一个挑战,因为他们不仅要适应新的界面观感,还要适应不同的命名约定以及业务流程概念。除了这些解决方案由 SAP 拥有及提供之外,唯一的共同点就是 HANA。这些解决方案要么已经使用了 HANA 平台,要么将在不远的将来转移到 HANA 上。

8.3.1 SuccessFactors

对大部分公司来说,劳动力支出占到运营费用的 60%,是最大的单一投资项目。SAP 于 2010 年收购了 SucessFactors,在 SAP 的云资产中增加了人才管理专业能力和人力资源管理(HCM)。

SuccessFactors 的 HCM 解决方案基于目标管理(MBO)原则,承诺用户不需要了解 HR 的行话就能够使用系统。但是,用户界面与 SAP 的标准 UI 有很大的不同(见图 8.4 和 8.5)。

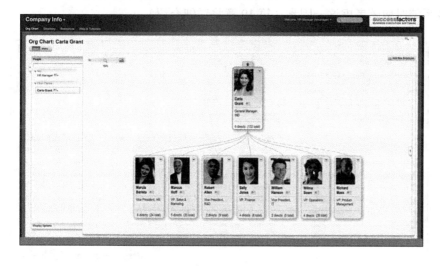

图 8.4
SucessFactors 员工中心内建组织结构图示例(SAP 提供)

SuccessFactors HCM 套件包含如下模块。

- ➢ 员工中心(**Employee Central**):核心 HR 自助服务和人才管理解决方案。
- ➢ 招聘(**Recruiting**):帮助吸引、接洽和选择应聘者并计量结果。
- ➢ 上岗(**Onboarding**):指导招聘经理,改善员工的工作满意度、人员生产力和首年留存率。
- ➢ 绩效与目标(**Performance & Goals**):沟通策略、创建有意义的各项目标、简化绩效评价流程、实现有意义的反馈。
- ➢ 薪酬(**Compensation**):支持公司根据成果和目标评级支付薪酬。

- **接任与发展**（Succession & Development）：实现员工更换规划。
- **学习**（Learning）：实现有教师指导的正式课程和社会化在线培训的完整学习管理解决方案（LMS），包含一个内容即服务（CaaS）解决方案。
- **劳动力规划**（Workforce Planning）：提供劳动力信息和基准测试，预测业务决策的效果。
- **劳动力分析与报告**（Workforce Analytics & Reporting）：提交量化分析。
- SAP 在 SuccessFactors 产品组合中加入的"Jam"（专属社会化网络工具，结合了协作和内容创建）。

2013 年 12 月，SuccessFactors 的人才管理解决方案已经有了 4000 多个客户，用户达到 2500 万人，学习管理系统的客户超过 600 个，用户为 1150 万人。员工中心有 1500 万用户，分布在 3500 家公司中。

与工资单功能的集成

尽管 SuccessFactors 的薪酬管理（见图 8.5）解决方案提供了管理员工薪酬所需的所有功能，但实际支付仍然必须由 SAP HCM 的工资单组件（ERP 核心系统的一部分）或者另一个第三方记账系统处理。

两个系统之间的同步总是一项复杂的活动，在评估 Successfactors 的薪酬管理和 SAP ERP 内建的 HCM 集成系统时应该考虑这一因素（第 19 章将详细介绍）。

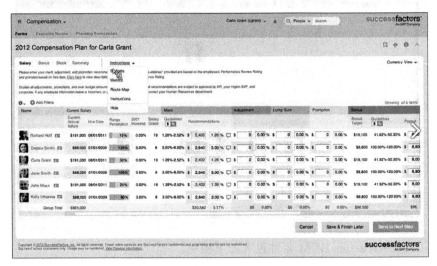

图 8.5 SuccessFactors 薪酬管理示例（SAP 提供）

8.3.2 Ariba

从 R/3 的早期版本（甚至 R/2）起，采购流程就是 SAP ERP 解决方案中不可分割的一部分，涵盖了从下达订单到付款的整个过程。为了满足采购部门的特殊要求，SAP 很快拆分出一个专用的解决方案，实现了采购者和销售方之间的端到端采购联系。

为了更好地理解解决方案的名称如何从企业对企业采购演变为 SAP 企业采购者应用系

统（Enterprise Buyer Professional，EBP），再变为供应商关系管理（SRM）——通过目录服务器、在线投标引擎等予以加强，可以参阅第 5 章，特别是图 5.1。但是，与每个业务合作伙伴的联系必须单独协商建立。

SAP 采用的方法是关注各个客户采购部门的需求，与此相反，Ariba 成功地为供应商建立了一个集中交易平台。

Ariba 创立于 1996 年，是最早利用互联网实现采购流程的创业公司之一，2012 年被 SAP 收购，该公司提供完全基于云的 SaaS 解决方案，用于外部订单和支付处理，以及采购和费用分析。然而，73 万 Ariba 客户从投资中得到的最大好处是拥有超过 75 万家供应商的业务网络，Ariba 声称，每两分钟就有一家公司加入其网络。

即使在这一巨型网络中的合作伙伴目录上无法找到某个产品，也可以配置 Ariba，仅考虑可立即购买产品、具有高客户评级的供应商作为条件搜索其他网站（如 eBay）。

Ariba 解决方案可以订阅或者按需提供，因此不需要安装或者维护任何软件。最终用户需要的就是一个浏览器。不管您是要购买（见图 8.6）还是销售（见图 8.7），都可以通过 Ariba Discovery，完成一个简单的循序渐进流程①。只要单击 Register Now 就可以获得一个账户，申请一个演示版本，这一步是免费的，只需要花费几分钟。

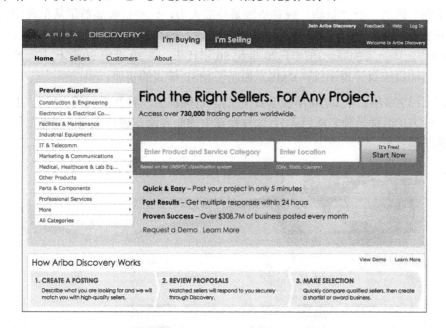

图 8.6

采购者使用的 Ariba Discovery 门户（Ariba 提供）

对于标准的销售商，根据入账交易规模收取入账费用：1000 美元以下免费；1000～50000 美元收取 19 美元；50000～10000 美元收取 49 美元；10000～100000 美元收取 119 美元，超过 100000 美元收取 149 美元。升级到 Advantage 或者 Advantage Plus 版本可以免费交易，并带来其他的市场机会。

因为所有采购订单必须在记账和进货部门中处理，Ariba 必须集成到 SAP ERP 系统，以确保所有采购品正确记账。

---

① 参见 https://service.ariba.com/Discovery.aw。——原注

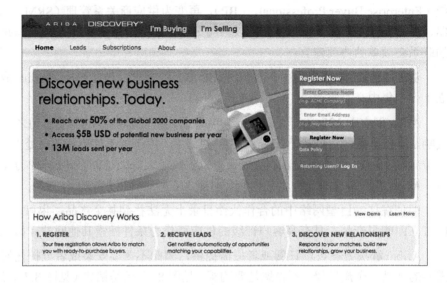

图 8.7 Ariba Discovery 供货商门户（Ariba 提供）

8.3.3 Fieldglass

公司需要"采购"的另一类"货物"或者资源是外部人力，这些资源涵盖了从单独的自由职业者或者非正式员工到能够支持整个工厂的租用劳动力的范围。采用托管服务提供商（MSP）以监视场内非正式员工的概念出现于 20 世纪 80 年代末，在 20 世纪 90 年代中期蓬勃发展。与此同时，自动供应商管理系统（VMS）加速了 MSP 模式的实现。

Fieldglass 创立于 1999 年，于 2014 年被 SAP 收购，它提供了一种基于云的 VMS，用于管理临时的非员工劳力（也就是独立承包人）。这种管理中的业务流程包括获取、创建工作说明书、项目管理和薪酬管理。

图 8.8 展示了项目经理用于为开发任务选择合适技能集的各种招聘公告模板。

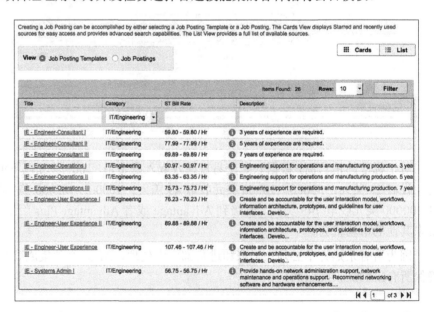

图 8.8 Fieldglass 招聘公告模板（Cisco 提供）

图 8.9 展示了 Fieldglass 管理仪表盘,从雇佣流程到时间表以及预算报告、员工审核的所有活动以结构化工作流的形式提供。

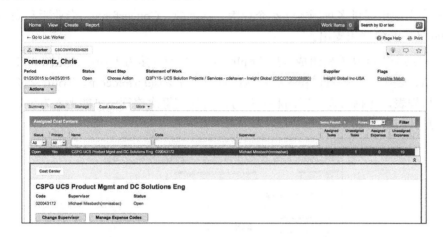

图 8.9
Fieldglass 管理仪表盘（Cisco 提供）

2014 年初，Fieldglass 有大约 250 个客户，其中许多客户都是相当大型或者复杂的公司。SAP 预期，这一业务将随着各大公司持续减少传统劳动力，采用新的人力资源模式而增长。

8.3.4 Concur

差旅和招待费用是有些公司的第二大可控成本——仅次于薪酬。许多高收入的专家必须花很多时间组织其差旅，收集所有差旅发票以供报销。

Concur 的基本思路是将企业差旅登记与费用跟踪集成，这样员工就不需要在多个系统中多次输入相同的数据。来自航空公司、车辆租赁公司、旅馆和饭店的电子发票被自动捕捉，转为费用项目，免去了填写差旅报告的麻烦，并且显著提高了准确率。如果国家税法允许，出差人员只需用智能手机拍下火车票、出租车票或者酒店账单的照片，附加到支出上即可。除了其他好处之外，这一过程可以避免在旅途中处理大量纸张，减少了温室气体排放。

图 8.10 说明了 Concur 费用报告流程。差旅与费用应用程序直接从航空公司、旅馆、饭店和租车公司捕捉交易记录，将其转换为费用输入项目（左）。出差人员也可以在费用报表中添加发票的照片（中）。最后一步是将完成的报表递交给经理进行审批（右）。

图 8.10
用 Concur 差旅与费用应用程序生成差旅报表
（Concur 提供）

Concur 差旅与支出应用支持多种语言和货币，货币兑换率和综合汽车旅程津贴自动计算，许多国家的税率也是如此。Concur 还提供 SAP 业务解决方案和其他 ERP 系统的接口。

Concur 差旅与支出应用提供多种版本（小企业版、标准版、Concurforce、专业版和高级版），每年处理 500 亿美元的费用支出。

此外，Concur 提供个人移动差旅组成程序 TripIt，目前有 500 多万人使用（见图 8.11）。用户只需将所有旅馆、航班、汽车租赁和饭店确认邮件发往 plans@tripit.com，TripIt 就会将它们转换为详细的日程表，包括日期、时间和确认号。另外，每次旅行还可能加入方位、地图、天气和其他信息并集中显示。

图 8.11

TripIt 的用户界面
（Concur 提供）

和 Ariba 一样，Concur 提供 30 天免费试用①，帮助潜在用户熟悉该解决方案的界面风格。

SAP 于 2014 年 12 月完成了对 Concur 的收购。虽然 SAP 将通过当前的合同条款，对目前使用 SAP Cloud for Travel and Expense 的客户提供支持，但是 Concur 的解决方案将成为客户下一步的选择。

8.3.5 hybris

SAP 一般倾向于收购已经确立的云解决方案，但是 hybris 是一个有趣的例外，它是一个经典的场内软件，可以 IaaS 云服务的形式安装。hybris 于 1997 年在瑞典创立，2014 年被 SAP 收购，该公司提供一套多渠道及产品内容管理（PCM）软件，是 SAP 经典 CRM 解决方案的补充。

多渠道零售考虑当今消费者可能选择的各种购物渠道。精通数码技术的消费者们在进入商店时已经深知产品的特性和价格，他们希望商店的员工知道得比自己多。购买行为可能在商店中发生，但是调查研究通过其他通信渠道进行，包括在线目录、电视、移动应用和 Amazon 及 eBay 等在线商店。为了赢得在线消费者，从实体店到电话购物企业的所有购物渠道都必须使用关于产品、价格、宣传推广等的相同信息。

许多零售商还必须为不同目标受众及语言准备多种目录。hybris 支持多级目录层次结构，子目录可以继承父目录的设置。另外，多渠道零售解决方案实现消费者特定服务、购买模式分析、社会化网络亲和性、网站访问、忠诚度项目等——这些都显著增加了解决方案的复杂度。

---

① 参见 https://www.concur.com/en-us/free-trial?icid=en_us_trialtesttop。——原注

1. hyris 商务套件

hybris 商务套件（Commerce Suite）提供管理产品内容、商务运营和渠道（包括移动、在线和实体店）的单一系统。图 8.12 展示了 hybris 的目录管理功能。

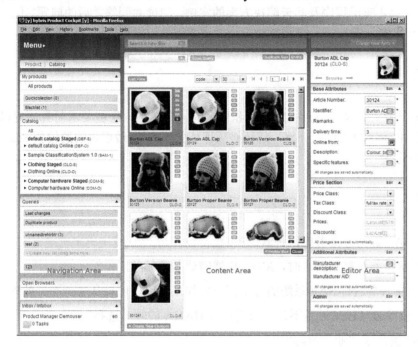

图 8.12
hybris 产品主控室管理产品信息和目录（hybris 提供）[1]

2. 云端的 hybris

目前，hybris 可以简单的 IaaS 方法使用云。根据一篇博客中的说法，SAP 提供 HANA 上的 hybris 免费运行，在本书编著期间，使用的是 HANA 云平台开发人员试用版本[2]。但是，您不应该期望通过相对慢速的 open-db-tunnel 命令能够得到和 HANA 云数据库相同的性能，该 HANA 实例是共享的。

8.4 小结

SAP 在过去 15 年中花费了大量的时间和金钱将自己从纯粹的场内软件公司转换为一家产品组合中有相当一部分按需软件的公司。

在 8.1 节中，我们讨论了 SAP 可用的不同风格云服务，使用披萨作为例子，将它们与经典的场内和托管模式进行比较。我们描述了 SAP 的云之路和经典 SAP 解决方案运行在云端时给用户带来的观感，我们还简短地介绍了 HANA 企业云和 HANA 云平台。

在 8.2 节中，我们描述了 SAP 从本书上一个版本依赖收购的新解决方案的功能：Success Factors、Ariba、Fieldglass、Concur 和 hybris。这些解决方案中大部分专门从云端以 SaaS 方

---

① 参见 http://www.lewiswire.com/de/lewiswire/Hybris/Hybris-Suite-40-Neue-Architektur-undmodernste-Technologie-legen-die-Mess latte-fr-E-Commerce-und-Master-Data-Management-Anwendungen-hher/n/5278。——原注

② 参见 http://scn.sap.com/community/developer-center/cloud-platform/blog/2013/12/14/run-Hybrison-hana-cloud-database。——原注

式交付。将这些新解决方案集成到经典 SAP 系统格局中的技术细节在第 19 章中提供。

8.5 案例分析

请考虑本章有关 SAP 应用程序及其云解决方案的案例，阅读并回答之后的问题。您可以在附录 A 中找到与此案例分析相关的问题答案。

8.5.1 情境

和许多其他公司一样，MNC 将云视为采购和平台的一个选项。您被要求研究如何以最优方式在 MNC 的 SAP 系统中利用云计算。您还必须评估关于 SAP 最近收购的较新 SaaS 和其他解决方案相关的问题。

8.5.2 问题

1. 可以为经典 SAP 解决方案考虑何种云服务？
2. 将经典 SAP 解决方案移到云端时，MNC 仍然需要负责哪些工作？
3. MNC 能否只在云端运行 SAP 系统的各个部分？如果可以，应该从哪一个开始？
4. SAP HANA 企业云（HEC）是不是在云端运行 HANA 的唯一选择？
5. SucessFactors 提供哪些业务流程？
6. Ariba 如何补充 SAP SRM？
7. Fieldglass 支持哪种类型的采购？
8. Concur 如何增进费用报表的准确度？
9. 哪个部门从 hybris 得到的益处最多？

第 9 章

从业务用户的视角看 SAP 的使用

在本章中您将学到：
- SAP 业务用户的角色
- SAP 超级用户的特殊角色
- SAP 访问方法概述
- 使用 SAP 的经典应用程序意味着什么
- 如何运行多种简单的 ERP 事务

SAP 提供了当今市场上最实用、最受欢迎的业务应用。这些解决方案的实施需要丰富的技术知识和项目管理诀窍。但是，使用 SAP 完成工作的业务专家最终只关心如何使用 SAP 应用完成其业务工作。在本章的学习中，我们在介绍一些业务实施基础知识之后，将介绍使用一些 SAP 最常用的用户界面和应用程序意味着什么。在后续的章节中，我们还将介绍更多用户界面和 SAP 应用程序特有的细节。

> **注意：SAP 应用程序就像雪花**
> 本书第 3 部分在很短的时间里介绍了许多基础设施。遗憾的是，您所阅读和看到的大部分内容无法完美地转换到您自己的 SAP 系统中。为什么？因为公司的特定配置和定制，没有两个 SAP 应用程序是完全相同的。就像雪花各不相同一样，SAP 生态系统的所有特定应用程序实施也各不相同。因此，我们将聚焦于一些最通用的业务情景和大型业务流程，希望 80% 的内容是实用的，这样足以帮助您走完这一旅程。

By the Way

9.1 SAP 部署之前：业务用户的角色

在业务专家或者另一位 SAP 最终用户访问 SAP 应用程序进行工作之前，应用程序及其用户界面需要规划、设计、实施、测试和部署以供使用。换句话讲，公司的业务需求必须转换为可以用 SAP 应用程序执行的业务流程,将公司业务需求转换为用于配置 SAP 应用程序和一组业务流程的功能规格说明的工作由特殊的业务专家团队负责。这些业务专家包括"排"长、配置专家、超级用户、有经验的业务用户等。最终,这些人和负责技术及项目管理的同事一起,使 SAP 应用程序能够运营公司的业务。

这些业务专家中,许多是公司内部人员,他们在使用终将为 SAP 所替代的传统系统运营业务上有多年的经验。这些内部专家中有些最后会升级为"SAP 超级用户"——将在本章后面详细介绍。其他业务专家来自组织外部,专门帮助实施 SAP。他们是具有丰富业务领域经验的"枪手"(顾问)。在 SAP 咨询业界,他们也被称作功能业务专家或者业务领域领导人、业务流程分析师,或者"排"长。其中许多人过去曾是 SAP 业务应用用户,现在使用来之不易的经验帮助实施 SAP 解决方案,时时将同行们的业务需求牢记在心。下面将概述他们的角色。

9.1.1 "排"长:功能业务专家

在 SAP 和其他企业应用实施中,"排"(row)这一术语指的是功能业务领域。一般情况下,SAP 实施会涉及 5 到 20 个排,因此,有来自核心功能团队的同样多的"排"长一起参与 SAP 实施。排长是与公司的超级用户一起,将业务需求转换为功能规格说明的功能业务专家,通常分为两组:功能排长和主排长。

例如,一位特定的功能排长可能关注 SAP ERP 的物料管理模块,另一位功能排长可能负责财务和控制功能,还有一位则负责资本管理功能。在任何情况下,这些排长都是功能专家——其他人希望从他们那里得到专业的指导,另一方面,主数据排长主要负责 SAP 项目实施中所用的数据。数据包含公司独有的材料或者产品编号,分配给产品的仓库编号、员工记录、供应商记录、为工厂和仓储位置指定的名称、客户主数据等。功能和主数据排长之间的其他差别具体如下。

> 功能排长负责交付总体解决方案,包括组成所在"排"所用系统的工作流程。在着手工作时,功能排长帮助确保最终用户场地和用户体验需求得到解决。这可能包括验证台式机和便携机的配置符合 SAP 用户界面的最低要求,其他用户体验或者"易用性"问题得到解决,最重要的是,业务功能确实按照要求交付。功能排长还要向场地负责人推介采用及更改管理功能并帮助推进,组织中更改实施的好坏直接与采用这些更改的好坏相关。

> 主数据排长也和最终用户及领导团队协作,但是角度不同。他们负责主数据,包括数据清理和合理化工作。这意味着遍历数据以删除与业务不再相关的数据,合并数据(这样,不管在哪个场地,相同的产品编码或者识别号都分配给相同的零件或者组件),开发一个分类方法,帮助将所有数据归结到同一的伞形结构下。主数据排长还协助进行工作流程开发与部署,帮助功能团队,理解根据与所处理数据相关的场地、工厂或者公司编号更改业务流程的方式(例如,为特定场地创建一个销售订单可能要求对为其他场地创建销售订单时不需要的主数据或者参考数据进行特殊的运送和处理)。主数据排长还能够帮助最终用户培训,创建业务流程和数据所需的文档。

尽管功能和主数据排长曝光度很高,但大部分工作是由另一个专家团队完成的,这些专家是功能配置专家,他们当中许多人为主集成商工作,转包给实施 SAP 的公司。其他专家则是公司自己的专家,下面将做讨论。

9.1.2 功能配置专家

除了上述的专家之外,还有一些重要人员,他们本身是项目团队的客户,但又在项目中承担了重要角色。他们在公司内部起着与主集成商的配置专家相似的作用,这些雇员和其他公司内部代表可以帮助确保主集成商实现业务蓝图中描述的目标,他们会参与制定和检验业务蓝图,一般会达到与集成商相应人员共同实现配置功能的工作深度。他们还在验收测试过程中承担了重要角色,承担 SAP 组件业务联络工作,并经常从业务或者偶尔从 IT 的角度提供专业意见。

这些公司内部的功能专家举足轻重,但是一个人掌握足够的知识,足以单独完成与特定功能领域(如财务、后勤,以及人力资源/资本管理等领域)相关的所有业务流程的设计和实施的情况也很少见。因此,公司内部的功能专家需要相互之间紧密合作,还要与外部相应专家以及与承担各种角色的其他重要专家(超级用户)有良好的配合。

9.1.3 超级用户的角色

在每个功能业务领域或"排"中,都会有业务超级用户存在,超级用户也经常被称为公司内部的业务专家,比如,在需要了解公司需要处理的应付账款的复杂细节时,会计部的 Narumol 可能就是"应收账款女皇"。如果她态度端正、具有影响力,在公司内部有良好的业务关系网,那么就可以胜任超级用户的工作。

在 SAP 的实施过程中,超级用户的作用不容小视。作为高级团队成员,超级用户一定是自己业务领域中的专家,他们可以帮助规划有哪些 SAP 系统业务流程需要完成,SAP 输入界面的外观应该如何设计等。

- 他们参与技术团队的工作,帮助定义和审核实施的技术解决方案应该如何解决公司的业务问题。
- 他们可以帮助功能专家设计和细化业务流程,领导业务蓝图的绘制,审核和批准发现的方案漏洞,安排有可能实施的变更的优先顺序。
- 他们是公司如何利用和部署全球标准,以及把相关的文件保存在哪里、如何保存等方面的专家。
- 他们为"真正"的顾问提供内部顾问支持,指导实施团队理解业务是如何正确执行的。
- 他们为现场的业务组或部门提供实时支持,在遇到与其业务领域相关的棘手的最终问题需要解决或澄清时,他们经常被当作唯一可以求助的人。

作为既对现场或部门的工作习惯了如指掌,又对正规的业务流程胸有成竹的专家,超级用户的积极参与即便不是在整个项目周期中每时每刻都必不可少,至少也在项目实施的大部分时间里都不可或缺。他们要与自己的团队通力合作赢得大家对 SAP 的认可,从功能和性能的角度帮助对系统进行测试和检验,协助对最终用户进行培训,并帮助确保项目文件准确完备。超级用户不仅要掌握必要的业务知识和专业技能帮助实现合理变更,还必须在引入、权衡和有望实施处理功能领域工作的新方法时保持开放的心态。在实施 SAP 时,超级用户不应抱有"得过且过"的态度。

在 SAP 实施行将结束时,您可能会以为超级用户已经不再重要,应该回到他们自己原来的工作中去了(当然是使用新系统来完成工作),但是实际情况远非如此。在实施结束时,超级用户已经对自己的功能领域是如何嵌入和集成到公司更大的业务框架中的熟谙于心了,他们的价值更远胜昔日。这时的超级用户已经变成 SAP 功能专家了,把业务和 SAP 技能相结合,在系统启用后很长一段时间里,这些超级用户都将被视为绝对的专家。而系统启用后企业面临的最大问题可能就是如何留住自己的这些超级用户了,已经有许多这样的人才加入之前几个月或几年间紧密合作的系统集成商和其他咨询组织。

9.2 SAP 业务事务示例

在第 2 章中,我们概述了 3 种常用的 SAP 业务流程——最终用户在工作中每天都要执行的业务流程。下面将介绍几种组成上述流程和其他业务流程的单独事务。我们还加入了屏幕截图,在进一步为最终用户使用 SAP 做好准备时提供更高的清晰度。

9.2.1 用 SAP 登录面板登录

为了使用传统的 SAP 用户界面(称作 SAPGUI,在第 10 章中将更详细地介绍),必须登录。大部分业务用户启动 SAP 登录面板,然后选择连接和使用特定的 SAP 应用程序,以访问传统的 SAP ERP 和其他 SAP 业务条件应用。在图 9.1 中,我们选择了 CCC Production SAP 实例,这是财务职员、仓库专员、仓库工作者或者销售经理每天都要登录的系统。

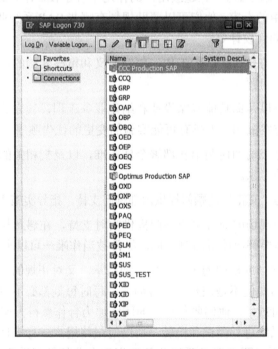

图 9.1

使用 SAP 登录面板选择所要连接与使用的 SAP 系统

记住,虽然 SAPGUI 已经出现多年,仍然是 SAP 用户界面之王,但是强大的访问替代方案正在不断涌现。有些替代方案以 Web 界面的形式模拟 SAPGUI 的观感,其他方案则提供更强大的定制和简化能力,还有一些则为移动和其他设备类型做了优化。详见第 10 章。

9.2.2 创建一个新的销售订单

假定您是销售部的内部销售代表,需要创建一个销售订单,一旦登录到 SAP ERP,就可以从 SAP Easy Access 主界面运行/nVA01 事务(就像在 SAP 角色培训中学到的那样),以创建销售订单(见图 9.2)。

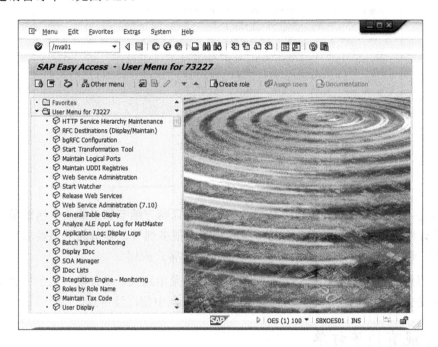

图 9.2

从 Easy Access 主界面运行/nva01

这会将您带到 Create Sales Order(创建销售订单)界面(见图 9.3)。现在,您需要提供初始订单类型和其他创建新订单所需的数据。接下来,必须完成一个更详细的界面(见图 9.4)。注意,这个界面上以蓝色文本显示的字段是必填字段,光标自动定位在第一个此类字段上。在本例中,必须输入售达方和运达方。

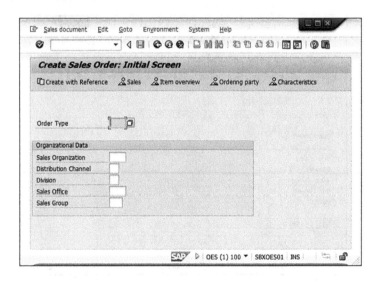

图 9.3

输入完成新销售订单界面的必要数据

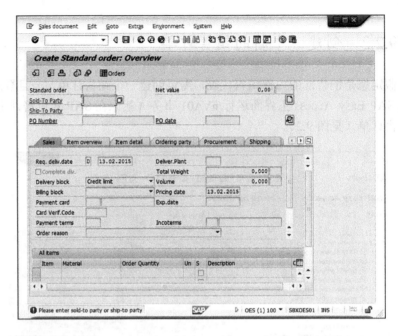

图 9.4
输入完成销售订单的其他必要数据

其他许多项目也可能必须完成，包括货品概要和细节、订购方细节和采购及运送细节。有些客户创建销售订单所需的细节很少，而另一些客户要求很多细节，细节的不同要求反映了定制和业务规则，使某个 SAP 客户的应用程序不同于其他客户应用。

提供所有必要信息之后，必须单击 Save 按钮、按照某个菜单路径、或者按下某个快捷键组合，保存工作并提交订单。同样，这些方法在您的 SAP 培训中都已经讲过。

9.2.3 显示现有销售订单

假定您已经完成了新销售订单的创建，现在老板要求您查找现有订单，找出一位最好的客户。她对付款条件特别感兴趣。当您登录到 SAP ERP 后，可以运行 VA03 事务调出显示销售订单屏幕初始界面（见图 9.5）。

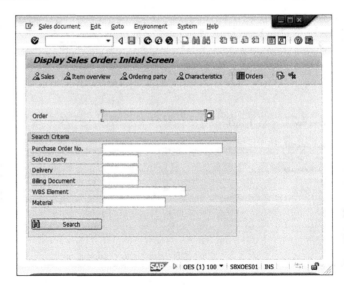

图 9.5
运行 VA03 显示现有销售订单

输入有效销售订单号,就可以显示订单的详情。例如,在屏幕的中间,可以查看与此订单相关的付款条件(见图9.6)。

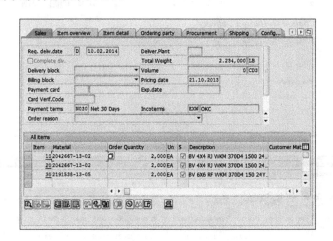

图9.6

注意订单的付款条件和其他细节

9.2.4　显示订单列表

身为内部销售代表,您不仅要努力向新客户销售公司的产品与服务,还要担负管理现有客户的任务。运行 VA05 事务可以列出为您的一位客户(也就是您的一个售达方)创建的任意数量订单,如图 9.7 所示。

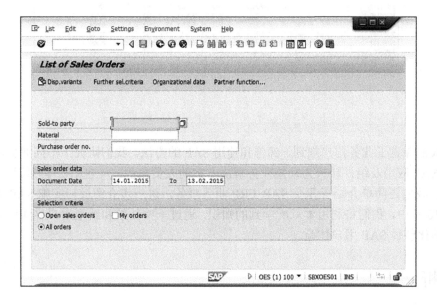

图9.7

运行 VA05 事务显示订单列表

9.2.5　更改外向交货单

为了完成这一业务情景,我们假定您被要求更改某个客户的交付日期。运行事务 VL02N(见图 9.8)并输入外向交货单号。如果不知道具体的编号,可以输入一个数值范围,SAP 将显示一个列表供您检查(见图 9.9)。

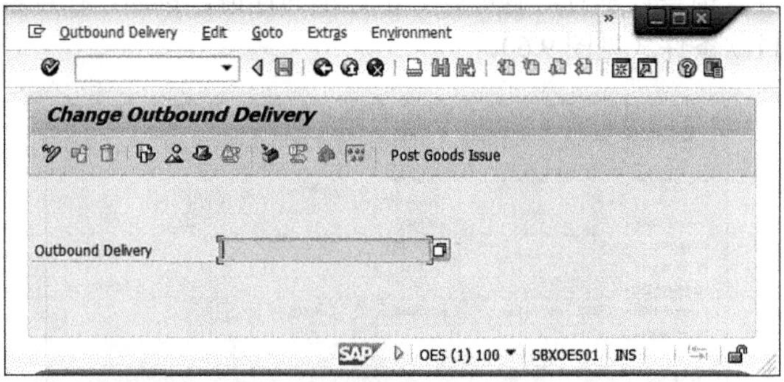

图9.8

运行VL02N事务更改外向交货单细节

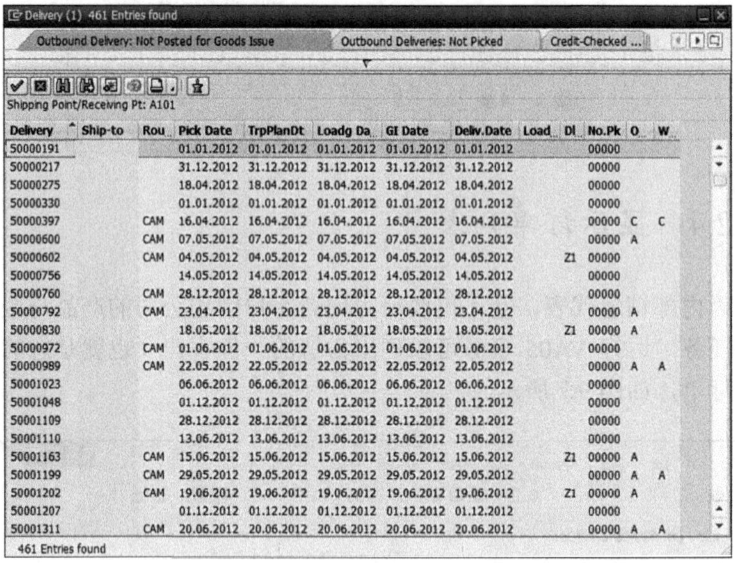

Delivery	Ship-to	Rou	Pick Date	TrpPlanDt	Loadg Da	GI Date	Deliv.Date	Load	Dl	No.Pk	O	W
50000191			01.01.2012	01.01.2012	01.01.2012	01.01.2012	01.01.2012			00000		
50000217			31.12.2012	31.12.2012	31.12.2012	31.12.2012	31.12.2012			00000		
50000275			18.04.2012	18.04.2012	18.04.2012	18.04.2012	18.04.2012			00000		
50000330			01.01.2012	01.01.2012	01.01.2012	01.01.2012	01.01.2012			00000		
50000397		CAM	16.04.2012	16.04.2012	16.04.2012	16.04.2012	16.04.2012			00000	C	C
50000600		CAM	07.05.2012	07.05.2012	07.05.2012	07.05.2012	07.05.2012			00000	A	
50000602		CAM	04.05.2012	04.05.2012	04.05.2012	04.05.2012	04.05.2012		Z1	00000		
50000756			14.05.2012	14.05.2012	14.05.2012	14.05.2012	14.05.2012			00000		
50000760		CAM	28.12.2012	28.12.2012	28.12.2012	28.12.2012	28.12.2012			00000		
50000792		CAM	23.04.2012	23.04.2012	23.04.2012	23.04.2012	23.04.2012			00000	A	
50000830			18.05.2012	18.05.2012	18.05.2012	18.05.2012	18.05.2012		Z1	00000	A	
50000972		CAM	01.06.2012	01.06.2012	01.06.2012	01.06.2012	01.06.2012			00000		
50000989		CAM	22.05.2012	22.05.2012	22.05.2012	22.05.2012	22.05.2012			00000	A	A
50001023			06.06.2012	06.06.2012	06.06.2012	06.06.2012	06.06.2012			00000		
50001048			01.12.2012	01.12.2012	01.12.2012	01.12.2012	01.12.2012			00000		
50001109			28.12.2012	28.12.2012	28.12.2012	28.12.2012	28.12.2012			00000		
50001110			13.06.2012	13.06.2012	13.06.2012	13.06.2012	13.06.2012			00000		
50001163		CAM	15.06.2012	15.06.2012	15.06.2012	15.06.2012	15.06.2012		Z1	00000	A	
50001199		CAM	29.05.2012	29.05.2012	29.05.2012	29.05.2012	29.05.2012			00000	A	A
50001202		CAM	19.06.2012	19.06.2012	19.06.2012	19.06.2012	19.06.2012		Z1	00000	A	
50001207			01.12.2012	01.12.2012	01.12.2012	01.12.2012	01.12.2012			00000		
50001311		CAM	20.06.2012	20.06.2012	20.06.2012	20.06.2012	20.06.2012			00000	A	A

图9.9

当您没有具体数据时，可以显示完整列表

9.3 小结

在本章中，我们探索了业务用户规划、部署和使用SAP的方法。我们研究了不同业务用户和其他负责将SAP应用及组件转换为功能业务解决方案的人员角色——包括“排”长和超级用户、专家等。我们还简单介绍了几个SAP ERP业务事务，进一步介绍最初实施SAP的原因所在。在第10章中，我们将利用本章所学到的知识，通过一些传统和新型用户界面访问SAP，定制甚至简化整体SAP用户体验。

9.4 案例分析

研究如下案例，它反映出业务用户不仅对使用多种不同SAP应用感兴趣，还能够帮助实施这些SAP解决方案。您可以在附录A中找到与此案例相关问题的答案。

9.4.1 情境

MNC需要最高级、最有经验的业务用户参与，帮助公司理解现行业务流程和实际业务需求。这些人应该在很久以前就被打上标签，但是您刚刚负责在 MNC 分布于多个场所的业务团队中识别未来的超级用户。每个业务场所代表着不同的 MNC 业务组或者职能。您还负责评估风险，向 MNC 的行政领导团队提供最新情况。

9.4.2 问题

1．由于您较晚才开始识别和利用公司超级用户所拥有的知识，当前开发 SAP 业务解决方案有何相关的风险？

2．解释 MNC 超级用户如何帮助 SAP 主集成商的功能专家完成其工作。

3．在公司超级用户的方面，MNC 管理团队在系统上线之后面对的最大挑战是什么？

4．尽管超级用户在 SAP 实施中起到重要的作用，但是谁负责将公司的业务需求转换为用于配置 SAP 的功能规格呢？

第 10 章

SAP 传统及新用户界面的使用

在本章中您将学到：
- 如何登录和退出传统的 SAPGUI
- 会话管理和工具栏
- SAP 界面元素和对象
- SAP 界面上的输入数据提示
- SAP 界面对象
- SAP 新用户界面：Fiori Launchpad、Screen Personas 等

在本章中，我们将介绍一些可用于访问 SAP 应用的用户界面。首先，我们将学习经典的 SAPGUI，包括如何登录 SAP 业务套件应用，以及 SAP 界面上各种界面元素和对象的使用。我们将介绍 SAP 界面的基本元素，以及管理多个用户会话的方法，然后讨论 SAP 基于 Web 的用户界面。最后，我们研究 SAP 最新的用户界面和其他最新的访问工具和方法。阅读完本章，您将对 SAP 应用程序的访问方法、何时需要特定的界面以及哪些工具或者框架可能胜过 SAP 的传统访问方法有广泛的了解。

10.1 SAPGUI

SAP 提供访问其应用程序的多种工具和用户界面。访问 SAP 业务套件组件最经典的方法是通过 SAPGUI，SAPGUI 必须实现安装在台式机或者笔记本上，才能用它来访问 SAP 应用。SAPGUI 是进入 SAP 应用的窗口，它是 SAP 的图形用户界面（GUI）。SAP 将这一软件称为 SAP 解决方案的表示层。

SAPGUI for Microsoft Windows 是当今 SAP 系统最流行的用户界面，这一界面也被称为 WinGUI 或者"胖客户端"，其能力最强大，但是也会吞噬 PC 或者便携机上的大量磁盘空间。它需要相当大的内存才能顺畅运行，另一个 SAP 用户界面——Java GUI for SAP——也是一

个胖客户端，为非 Microsoft 前端客户机（如运行 Linux 和 Unix 的计算机）提供了访问 SAP 业务套件应用的能力。

安装 SAPGUI 后，仍然需要做相当多的工作，才能真正连接和使用 SAP 应用，下面将进行讨论。

> **注意：SAPGUI：后台工作**
>
> SAPGUI 连接到 SAP 中央实例（SAP "可执行文件"或者 "二进制程序"运行的位置），然后连接到 SAP 应用服务器（托管应用逻辑的服务器），后者与保存所有程序、数据等的后端 SAP 数据库通信。不管您的物理位置在哪里，只要有真实的 SAP 凭据（一个登录 ID、密码和用于登录的客户端）和与 SAP 系统的连接网络，就可以从世界上的任何一个地方访问 SAP。关键是连接到 SAP 中央实例的能力。

10.1.1 SAP 用户 ID 和会话

每个 SAP 用户都分配了一个用户名或者用户 ID（但是您可能会发现，有时工厂、仓库或者分销机构的多位工作人员共享一个 SAP 用户 ID——从审计角度看，这是很不好的做法）。您的 SAP 安全管理员在创建 ID 时设置初始密码，在第一次登录时强制更改，这样，您的用户 ID 即使对于系统管理员和其他担负安全性维护的人员来说也是保密的。

每次通过 SAPGUI 用户界面连接 SAP 时，就会启动一次用户会话。SAP 会话意味着您已经启动了 SAPGUI，建立了与特定 SAP 系统的连接——也就是说，您已经成功连接了。您可以用多个 SAP 组件（如 SAP ERP、CRM 等）启动多个会话，也可以在一个系统上开启多个会话。例如，如果您正在执行一个运行时间很长的报表功能，希望实时处理未结订单、读取财务报表或者同时查看仓储情况，这种做法就很实用。启动多个会话的能力使您能够多任务工作。默认情况下，可以同时打开最多 6 个会话，但是聪明的 SAP 系统管理员可能会增大默认值。

打开 SAPGUI 并连接到 SAP，您就已经为工作做好了准备。但是先让我们后退一步，SAP 提供了一个帮助用户连接到多个系统的工具——SAP 登录面板（Logon Pad），下面将做介绍。

10.1.2 使用 SAP 登录面板

需要经常访问多个 SAP 组件（如同时访问 SAP ERP、SAP CRM，偶尔还要访问 SAP PLM）的最终用户应该使用 SAP 登录面板。通过这个简单的工具程序（需要在台式机或者笔记本电脑上安装），可以快速登录不同的经典 SAP 系统。

配置 SAP 登录面板时可以手动输入访问所需的具体数据（见图 10.1），也可以请 SAP 系统管理员把预先配置好的 SAP 服务器列表复制到您的笔记本电脑、台式电脑或者其他 SAP 访问设备上。

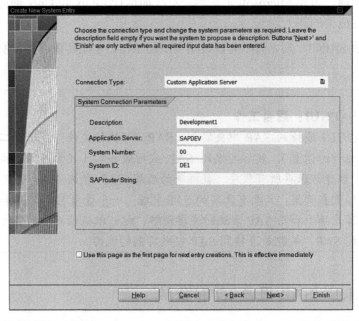

图 10.1
提供连接到 SAP 业务套件组件的必要信息，配置 SAP 登录面板

右键单击 SAP 系统的描述然后选择 Properties（属性），可以修改 SAP 登录面板中已有的条目，更新连接到系统所需的 SAP 应用服务器信息。这些信息也可以从 SAP 管理员那里得到，包含了 SAP 应用服务器主机名或者 TCP/IP 地址、系统 ID（SID，唯一的 3 字符标识符）以及两位的系统编号。SID 和系统编号由 SAP 管理员分配。将描述改为有意义的字符（如"SAP ERP 生产系统"），然后单击 OK 结束。

如果是首次连接到 SAP，那么您看到的下一个界面就是 SAP 登录界面。在当前这个界面上，我们需要提供集团编号、您的用户 ID，以及分配给您的内部密码。输入完毕后请单击左上角的检查标志，或按键盘上的回车键继续。在此之前，还可能需要输入一个两位的语言标志符。您的系统可能配置为默认使用组织的标准语言（如 EN——表示英语）。如果组织需要多语言支持，正确的语言已经在系统中安装和设置，可以在语言框中指定两位的语言代码。需要的特定语言代码应与管理员或者业务领导核实。

10.1.3　SAPGUI 会话基础知识

记住，每次通过 SAPGUI 用户界面连接 SAP 时，就会启动一次用户会话。前面已经介绍过，您可以启动多个会话，SAPGUI 底部的状态条上会显示出当前会话的数量。由于每次会话都要使用系统资源，因此公司一般会限制您和同事能够创建的会话的数量。另外，公司还可能会鼓励 SAP 用户群体把自己的会话数限制在一到两个，但是除了默认的 6 个会话之外，并没有真正设定限值。

您可以在任何时候，从系统的几乎任何一个界面上创建会话，创建新会话时，已经打开的会话中的数据不会丢失。创建新会话的方法是选择 System（系统）→Create Session（创建会话）。此时，计算机就打开了两个会话。如果您想确定当前处于哪一个会话，检查屏幕右下角的状态条。

10.1.4 结束会话并注销

在一段会话使用完毕后主动关闭它是一个非常好的习惯，每个会话都会占用系统资源，因此会影响 SAP 系统响应您和同事请求的速度。在结束会话前，请保存希望保留的数据。因为在结束会话时，如果您正在执行一项事务，系统就不会提示您保存数据，所以这一点很重要。

结束会话的方式与创建会话相似，您可以使用菜单路径 System→End Session（结束会话），或者用快捷键/O 结束会话。您还可以从 Overview of Sessions（会话总览）对话框中选择关闭某个对话，方法是选择它后单击 End Session（结束会话）按钮。现在就来尝试一下吧。

假定您在工作中打开了多段 SAPGUI 会话，请单击选择第 2 段会话，然后单击 End Session 按钮结束它。开始时好像看不到什么变化，但这段会话确实被关闭了。要验证这一点，请在命令区输入事务码/O 返回 Overview of Sessions 对话框。事务 1 和事务 3 还在列表中，但事务 2 已经没有了。请用同样的方式结束会话 3，只保留会话 1 打开。

要终止 SAP 会话或连接，可以从主菜单上选择 System→Logoff（退出），或在 SAPGUI 窗口的右上角选择 Windows 的 X 图标，还可以在 SAPGUI 命令区输入/nex，并按回车键。SAP 会弹出一个提示窗口，确认 SAP 连接已关闭。

10.1.5 SAPGUI 元素和其他基础知识

尽管历史悠久，但 SAPGUI for Windows 仍然是最常用的 SAP 用户界面，它不总是很漂亮，但是确实有效。SAPGUI 窗口的顶部是一个标题栏，它描述了当前显示窗口的界面（或事务）。

标题栏的下方是菜单栏，包含了所有可用的菜单选项，每个界面上的菜单栏均不相同，它们与您当前处理的 SAP 事务或功能模块相匹配。菜单栏上的最后两项是 System（系统）和 Help（帮助），所有 SAP 界面上都会有这两项内容，其包含的子菜单选项也相同。

标准工具栏上有多个有用的按钮，这些按钮可以用来保存工作、打印、寻找界面中的文本、创建新会话等。总的来看，SAPGUI 和现代浏览器很相似。图 10.2 展示了 SAPGUI 标题栏、菜单栏和标准工具栏的按钮。

另一个有用的工具栏——应用程序工具栏在标准工具栏的下方。该工具栏是特定于界面的，随显示的界面或者处理事务的不同而变化。例如，如果是在 Finance（财务）模块的 Create Rental Agreement（创建租赁协议）界面上，则应用程序工具栏会包含使您能够从 SAP 复制或检索主数据的按钮。但是如果是在 ABAP/4 Workbench Initial Editor（工作台初始编辑器）界面上，则应用工具栏会包含 Dictionary（数据字典）、Repository Browser（库浏览器）和 Screen Painter（界面绘图器）的相应按钮。

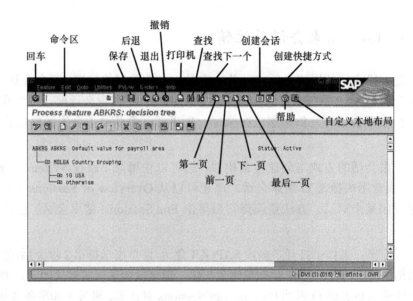

图 10.2
SAPGUI 标题栏标准元素

10.2 SAPGUI 导航基础知识

要执行与工作相关的任务，就需要了解如何在 SAP 系统中使用导航。例如，销售人员需要知道如何输入销售订单，并检查现有订单的状态。可以使用菜单路径和事务代码来调用事务，结合使用菜单栏、工具栏以及鼠标和键盘可以完成事务并保存数据。

10.2.1 用菜单路径执行任务

首次使用 SAP 时，您可能会使用 SAP 菜单导航进入自己工作或职责所需执行的事务。使用 SAP 用户菜单（或 Easy Access 菜单），可以从 SAP 的各种功能、区域或任务中导航到各个事务。通过菜单，还可以方便地深入具体业务的应用事务和其他功能，而无须记住各种事务代码。

10.2.2 使用鼠标和键盘导航

启动一项事务后，可以使用 SAP 菜单栏以及标准和应用程序工具栏导航到所需的界面来完成任务，要从 SAP 菜单栏选择菜单项，单击一下菜单就可以看到该菜单下的各种选项了，包含附加对象列表（子菜单）的菜单项会带有一个箭头。

您还可以使用键盘选择菜单栏。要使用键盘从 SAP 菜单栏上选择项目，可以按 F10（激活菜单栏），然后使用键盘上的箭头按键选择和显示菜单。用箭头键高亮选择一个功能，然后按回车键使用该功能。

10.2.3 停止运行中的事务

您可能偶尔需要停止一项"在途"事务——比如发现意外启动了错误的业务事务，或者不小心开始没有时间完成的长期批处理工作时。停止事务最简单的方法就是单击 SAPGUI 左上角的一个小图标（见图10.3），然后选择Stop Transaction（停止事务）。

图10.3

单击左上角的图标，立即停止一项在途事务

10.2.4 理解和使用字段

通过前面的学习，您应该已经对SAP业务事务有了一个大致的了解了，现在让我们来了解一下如何与SAP界面交互，从而真正地使用SAP应用程序。这要先从SAP界面本身的概念开始。界面是您运行（或调用）一项事务后在SAPGUI内看到的视觉内容，大多数事务只需要一个界面来输入、显示或操作数据，而有些复杂的交易可能会需要多个界面。

向SAP界面上的各种数据输入字段输入并保存数据时，实际上是在SAP数据库内创建了一条记录。例如，在SAP ERP 6.0应用程序里，使用命令域可以导航到事务代码/nFF7A。这个事务代码会带您进入财会模块的Cash Management and Forecast（现金管理和预测）界面，那里有许多数据输入字段等待财务人员来完成。

SAP系统的大多数界面都包含有向SAP系统输入数据的字段，这种字段通常被称为**输入字段**。输入字段在长度（在里面输入键盘字符的个数）上各不相同，且输入字段周围的矩形框的长度表明了可以在该字段中输入的最长有效数据项的长度。这种简单的限制可能对不熟悉这种数据字段用处的用户有所帮助。

当把光标移动到空输入字段中时，光标会出现在字段的起始处。因为有这个光标，该特殊字段被称为活动字段。了解这一点也对最终用户有所帮助。请注意，字段只能容纳适合自己矩形框长度的数据。输入完毕后，直到按键盘的Tab键，光标才会从这个输入字段移动到下一个字段，您也可以按回车键来检查自己的输入，或者单击另一个输入字段。

10.2.5 使用改写和插入模式

在计算机键盘右上区域都有一个Insert键，就在Delete键的上方。使用Insert键可以在两种书写模式之间进行切换。在Insert（插入）模式下，可以把数据插入到现有字段中，而不会覆盖现有数据。在Overwrite（改写）模式下，输入则会覆盖字段中的现有数据。SAP的默认模式是改写模式。

只需看一下界面的右下角就可以知道 SAP 系统目前使用的是哪种设置。您可以在系统时钟左侧的框内看到代表改写模式的缩写 OVR 或者代表插入模式的缩写 INS。具体使用哪种模式取决于用户的个人偏好。但是请注意，每次创建新会话时，除非进行修改，否则有效的模式都是改写模式。

10.2.6 显示输入字段的候选项

有些字段的内容十分明确，它们只接受数据库中（由系统开发人员或通过其他事务）定义为该字段有效项的几个输入。如果不确定哪种输入有效，可以单击 Possible Entries（候选项）按钮从列表中选择有效输入项。

任何在最右侧包含右箭头的字段都带有候选项功能。咱们来尝试一下，使用事务代码 /NFK10 进入 Vendor：Initial Screen Balances Display（供货商：初始界面余额显示）界面。该界面上包含了 3 个输入字段。使用 Tab 键可以在 3 个字段间切换。您会看到在字段间进行切换时，只有当相应字段激活时，才会显示 Possible Entries 下拉箭头。您还会发现 Fiscal Year（财年）字段上没有 Possible Entries 下拉箭头。使用 Tab 键回到 Company Code（公司代码）字段。用鼠标单击 Possible Entries 箭头（打开 Possible Entries 窗口时，Possible Entries Help 按钮下拉箭头会消失）。本例中，在选择了 Company Code 字段的 Possible Entries 箭头之后，您会得到一个候选项列表，它们都是该字段可接受的有效输入项。要从候选项列表中选择条目，可以双击它或者使用鼠标高亮选中然后单击绿色的对勾按钮，列表随后消失，而选择的值会出现在 Company Code 字段中。

请尝试一下输入一个 Possible Entries Help 未列出的值，看看会出现什么情况。将光标返回到 Company Code 字段，输入缩写词，然后按下回车键。

状态栏上会出现一条报警或错误信息。这种错误或警告信息会阻止您进入其他界面，直到问题纠正为止。

并非所有字段都带有候选项列表。在把光标移动到该输入字段之前无法确定其是否带有候选项列表。而且有些包含 Possible Entries Help 的字段即使在该字段激活时也不会使用下拉列表箭头。在这些情况下，按键盘的 F4 键可在有 Possible Entries Help 的 SAP 字段中把它们显示出来。

有时候 SAP 系统会把最近一次输入的值保存到输入字段的"记忆"中。即使在把它改为新值时，旧值也还会被保留。要清除 SAP 的输入框记忆，请按感叹号键"！"并按回车键，这样就可以清除输入字段内的记忆了。

10.2.7 编辑输入字段中的数据

假设在 Company Code 字段中的输入无效，则需要回到该字段纠正输入。请把光标移动到 Company Code 框，然后选择 Company Code 字段的 Possible Entries Help 下拉箭头。从下拉列表中选择备选项，然后单击绿色的对勾。现在无效项已经换成有效输入了。按回车键，SAP 会检查您的输入，确认它是否合格以便删除状态栏上的警告信息。

10.2.8 必填输入字段

在某些 SAP 界面上,有些字段必须输入数据才能继续进行后面的工作,它们被称为必填字段。在早期的 SAP 中这种字段会带有一个问号"?",而现在这些必填字段会包含一个复选框。

必填字段对业务流程逻辑很重要。例如,如果员工的姓名或者编号没有输入,就不可能编辑员工的地址。因此,姓名和编号可能是必填字段。同样,采购订单号或者交付日期也可能是必填字段。

一般来说,如果一个界面不带复选框,您就可以进入下一界面而无须在该字段输入任何数据。但是,有些带有必填字段的界面并不用这种方式进行标记。例如,当您在一个可选字段中输入数据,而该字段又与必填字段有关联时就会发生这种情况。

不过,不必担心,如果没完成界面上的所有必填字段就尝试进入其他界面,SAP 系统会在 SAPGUI 界面的状态栏上显示一条错误信息。同时,您会看到光标返回到需要输入数据的第一个必填字段中,可以在输入数据之后继续。

SAP 提供了字段级校验,以确保您的输入数据"干净"。界面上的所有输入字段都输入完毕之后,可以使用回车键或 SAP 工具栏上的绿色对勾检查自己输入的有效性。如果输入均有效,系统会进入任务的下一个界面。如果系统检查输入时发现有错误——例如输入格式错误,它会在状态栏上显示一条报错信息,同时把光标返回到需要纠正的字段。

完成工作之后,必须保存。Save(保存)按钮出现在 SAPGUI 界面顶部的标准工具栏上,外观像一个打开的文件夹。当工作使用的事务包含多个界面时,系统会临时存储已经输入的数据。完成所有业务事务相关的必要界面设置后,可以单击 Save 按钮永久保存数据。Save 按钮会把数据(或数据改动)发送给数据库,这些数据可能会在数据库里进行处理。

10.2.9 SAPGUI 显示字段

另一种 SAP 字段是显示字段。这种类型的字段不是用于输入数据的,而只用来显示数据。显示字段总是带有灰色的背景,表示该字段不能修改。

显示字段一般用于指示根据某些系统配置或由于之前的业务流程步骤而设置的值,字段往往会根据后台配置赋值。例如,如果要向人力资本管理模块添加一位雇员,则新雇佣界面上就会有一个显示雇员状态为有效的显示字段。这个值是由系统赋值、显示的,用户无法修改。

有些 SAP 字段预先配置为只用于显示,您也可以通过自定义系统把某些特殊字段修改为显示字段。这样一来,用户就不能修改其中的数据了(无论是意外还是故意修改)。

同样,系统管理员运行系统维护流程时,他们的界面上经常会包含存储有当前日期的日期字段。这些也是显示字段。系统不允许修改这些字段中的值,因为在大许多情况下系统都会用这些值进行错误纠正处理。仍以人力资本管理模块为例,如果雇佣了一名新雇员,而又能修改他的雇用日期,那么新雇员的假期和其他福利就有可能会算错。

10.3 SAPGUI 屏幕对象

本节将讨论 SAP 界面上的各种对象。无论使用哪种 SAP 组件模块，各种 SAP 界面上一般都会出现几种相同类型的界面对象。

SAP 组件本身的设计和组织是非常有逻辑性的，用户可以方便地在整个系统内导航。SAP 系统的风格与当今市场上其他流行的应用程序（如 Microsoft Office 系列产品）都非常不同。SAP 中经常缺少友好的图片、格式精细的文本，外观设计也很难说是精美的。SAP 中的大多数界面都采用了标签格式或树状结构设计，用户可以用"下钻"方式在这种设计中导航。

10.3.1 SAP 树

您很快就会习惯使用 SAP 树在 SAP 系统中导航。SAP 菜单就是 SAP 树的一个例子，采用逻辑化设计的 SAP 环境以基本的树结构为中心。SAP 树与 Windows 资源管理器中的结构相似，树结构的设计便于您在其中"下钻"，可以从深层（树枝）直到端点（树叶）。使用 SAP 树导航需要选择箭头符号来展开或收起树，分别用于查看较多或者较少的选择项。旧版的 SAP 分别使用加减号来展开和收起结构树。

10.3.2 单选按钮

如果多种选项中只能选择一个，那么您就会看到一组单选按钮而不是复选框。一组单选按钮只允许从中选择一个。这就是说，不能在一组单选按钮中选中多个选项。

圆圈中带有标记，表明该单选按钮已选中，空圆圈表明单选按钮没有选中（见图 10.13）。例如，在人力资本管理模块中设置雇员的性别时就可以使用单选按钮，可以选择一种性别，而不能两者都选中。

10.3.3 对话框

"对话框"是用于描述一个能够为您提供信息的弹出窗口，有时候这种窗口也被称为信息窗口。在两种情况下界面上会出现对话框。
 ➢ 在继续工作前系统需要了解更多信息。
 ➢ 系统需要反馈信息，如有关当前任务的消息或具体信息等。

例如，当退出 SAP 时界面上会出现一个对话框。如果选择界面左上角的 SAP 图标，然后单击 Close 按钮，就会弹出一个对话框，确认是否确实希望退出系统。

10.3.4 表格控件

SAP 界面上最后一种常用对象是表格控件，表格控件以类似于 Microsoft Excel 工作表的格式显示数据，最常用于显示或输入单一结构的数据行。在 SAP 之外使用这些表格可能很困难,其中包括了多种高级概念,它们与剪贴板相关,我们下面对其进行介绍。

10.3.5 使用 Windows 剪贴板

您可以把 SAP 字段的内容(有时候是整个 SAP 界面的内容)转移到剪贴板上。一旦转移到了剪贴板上,数据就可以粘贴到其他 SAP 字段里,或粘贴到 Microsoft Word 或 Excel 里面了。

要移动字段中的数据,可以先高亮选中文本,然后在键盘上按 Ctrl+X,将光标移到文本所在位置,按 Ctrl+V 组合键进行移动。Cut(剪切,或 Move [移动])命令通常用于输入字段。要复制字段中的数据,可以先高亮选中文本,然后按 Ctrl+C,将光标移到目标位置,然后按 Ctrl+V 组合键。转移后剪贴板中仍然会保留数据,直到再次使用 Cut 或 Copy 把新文本移动或复制到剪切板。

但是,如果数据是"不可选择"的,无法方便地复制和粘贴到另一个应用程序,该怎么办?SAP 界面上的某些数据是无法用鼠标和之前介绍过的方式选择的。举一个例子,返回 SAP 主窗口,使用事务代码/nSE11 进入 SAP Data Dictionary(数据字典)初始界面。把光标放到 Object Name 字段内,然后按 F1 键启动字段特定帮助(如果您没有进入事务代码/nSE11 的权限,请把光标放到任意 SAP 字段中,然后从键盘按 F1 键)。系统会弹出一个窗口,显示所选择字段的详细定义和技术信息。

尝试用鼠标选择此界面上的文字,您会发现无法选中数据。在这种情况下,需要使用键盘组合键进行选择。用鼠标在该界面上任意点击一下,然后用 Ctrl+Y 组合键把鼠标箭头变成十字光标。用该光标选择所需的文字,然后就可以像之前一样操作了:用 Ctrl+C 组合键复制文字,用 Ctrl+V 组合键粘贴文字。

10.4 其他传统界面

从 1996 年起,SAP 就成为了互联网驱动的系统,因此提供一些基于浏览器的访问方法也就不足为奇了。但是,和更现代化的访问方法相比,这些旧方法被视为"传统"的访问方法,其中包括下面介绍的 WebGUI、JavaGUI 和 NetWeaver Business Client。

10.4.1 WebGUI 和 JavaGUI

SAPGUI 实际上是一个用户界面家族。历史上,默认的用户界面是 SAPGUI for Windows,但是还有 SAPGUI for HTML(也称为 WebGUI),以及另一个用 Java 编写的 GUI——JavaGUI。

在过去 10 年中,通过 Web 浏览器访问以代替 SAPGUI 胖客户端(称其为"胖"是因为需要在台式机或者笔记本电脑上安装一个很大的软件)变得十分流行。Web 浏览器访问曾经被认为是运行性能较差的台式机或者笔记本电脑的用户使用的手段。但是,现在定期进行 SAPGUI 维护(包括补丁、升级和其他在任何软件维护中都要完成的工作)的思路已经不再吸引人,尤其是在涉及的台式机和笔记本电脑成百上千的情况下。更重要的是,Web 浏览器无所不在,PC、智能手机、平板电脑等都能够利用它。

SAPGUI for HTML 运行于 Windows、Linux 和 Mac OS 平台，除了 Web 浏览器之外，不需要软件安装，对大部分用户都适用。说实话，从网络带宽的角度看，它的性能不及 SAPGUI for Windows，重要的是要知道，WebGUI 仍然不如胖客户端高效，但是部署后不用再管的能力使 SAPGUI for HTML 成为 IT 部门的最爱，它很容易使用，而且容易维护。

在本书编著时，WebGUI 最常用的浏览器仍然是 Microsoft Internet Explorer（IE）。对于基于 Windows 的客户端设备，IE 工作得很好。在真实世界中，它被测试和使用的次数多于其他浏览器，因此可以从更高的渗透率和易用性中得益。

如果您的组织不运行 Windows，或者对运行 WebGUI 这样的基于 Web 的用户界面不感兴趣，可以尝试 SAPGUI for Java。有趣的是，JavaGUI 在 Windows 上运行时的表现和在 Mac OS X、IBM AIX 和许多 Linux 版本（openSUSE、Fedora、Ubuntu 等）上一样好。

> **By the Way**
>
> **注意：移动设备上的 WebGUI 替代品**
>
> 虽然 WebGUI 可以在许多平台上工作（包括移动设备），但是软件公司 Synactive 还是为 Apple iOS 和安卓系统（以及许多其他手持和 RF 移动设备）开发了一个 SAP 访问工具 GuiXT。GuiXT 可以用于业务套件和 NetWeaver 组件，使开发人员能够快速地为小屏幕设备定制 SAP 事务（例如，这很适合于 SAP 最终用户只需要执行简单或者重复性任务的情况）。

10.4.2 SAP NetWeaver Business Client

用于 Windows 平台的 SAP NetWeaver Business Client（NWBC）在数年前推出，它针对的是需要强大而熟悉的基于 SAPGUI 传统事务，但是又想利用 Web Dynpro ABAP 技术提供的新功能的最终用户。NWBC 提供了比纯桌面（SAPGUI for Windows）和 Web（SAPGUI for HTML）客户端更好的用户体验，提供了对工作列表、侧面板和登陆页面等提高效率的用户界面的支持，以及易于自定义和个性化的能力。由于 NWBC 提供基于角色的访问、低带宽要求以及对多个 SAP 系统单点登录的支持，因此成为有"超级用户"需求的偶然访问用户的好选择。

10.5 SAP 的新用户界面和工具

SAPGUI 系列仍然是最流行的界面，但是 SAP 已经投资和收购了一些技术，使应用程序更加易用。在下面几个小节里，我们将探索 SAP Fiori Launchpad、SAP Screen Personas、SAP Web IDE、SAP UI Theme Designer 和 SAPUI5 及相关框架。

10.5.1 SAP Fiori Launchpad

SAP Fiori Launchpad 是为了简化基于角色用户（具有由角色或者所承担工作定义的特定需求的用户）使用而开发的，它快速、直观且几乎无所不在。Fiori 围绕 HTML 5 构建，提供对 ERP、HCM 和 SCM 等 SAP 基本应用以及许多 SAP 新开发或者收购的解决方案（包括 Simple

Finance、HANA、Ariba、SuccessFactors、Business Objects 等）的访问，在 PC、平板电脑或者智能手机上的使用方法和外观相同。这种一致的用户体验帮助 SAP 最终用户在不同办公室、通勤途中、家中和回到办公室时都能够有熟悉的工作环境，保持高效率。

SAP 公司将 SAP Fiori Launchpad 称作"聚合"UI，最终用户可以集中、简化和个性化用户任务，使其生活更加轻松。每个 Fiori 用户可以将其单独的启动面板组织为不同的分类，再进一步将这些分类组织为文件夹，所有这些组织结构和用户体验在台式机、移动设备和其他设备或者平台之间保持一致。用户还可以组合非 SAP 内容（这对于跨越多个应用的业务流程很重要——例如销售和采购流程、供应链流程或者人力资源管理流程，这些流程需要使用非 SAP 和 SAP 应用）。SAP Fiori 特别擅长于在一瞥之中展示关键绩效指标（KPI），如图 10.4 所示。

图 10.4
SAP Fiori 允许用户快速聚合任务和显示关键绩效指标

SAP 公司可能比用户更热切地希望转移到 Fiori。为什么？因为多年以来 SAP 一直没有直观的用户界面，这意味着使用 SAP 的公司在历史上不得不花费大量时间和金钱进行用户培训，努力说服用户习惯于使用 SAP，并帮助他们的组织采用 SAP 作为关键任务软件平台。

因此，SAP 宣布 Fiori 将"包含"在 SAP 软件当中也就不足为奇了——该公司希望用户开始尝试使用 Fiori。当然"包含"和"免费"不是一回事。SAP Fiori Launchpad 用户仍然需要 SAP 用户许可证，因为典型的 SAP 客户中具有 SAP 用户许可证的员工不足 30%，SAP 公司当然乐于推动更多的许可证费用。

Fiori 之所以重要还有另一个原因：它是 SAP 增加用户许可证数量的策略，也是推动 HANA 进一步采用的策略。SAP 公司无须将 HANA 作为 SAP 应用的首选数据库"推"给用户，而是可以利用 Fiori 将 HANA "拉"进更多的 SAP 现有客户账户中。

除了 SAP Fiori Launchpad，SAP 还提供了多个其他用户界面工具，用户可以用来修改现有 UI、开发新界面。这些工具包括 SAP Screen Personas、SAP Web IDE、SAP UI Theme Designer

和 SAP Floorplan Manager。SAP Screen Personas 提供的功能可能是最具吸引力的，因此接下来将详细介绍，其他 UI 工具将在后面简单概述。

10.5.2 SAP Screen Personas

SAP Fiori 在移动和传统 PC 设备上提供一致的观感，SAP Screen Personas 则让用户和 IT 部门改善传统 SAPGUI 的易用性和观感。创建新界面还是修改现有新界面，是 SAP Fiori 与 SAP Screen Personas 的主要差别。

根据 SAP 公司的说法，SAP Screen Personas 通过个性化提供更高的效率。SAP Screen Personas 很容易使用，采用了拖放功能以个性化（通常也简化）传统 SAPGUI 界面。

最终用户可以修改自己的 SAPGUI 界面，删除不需要的功能以清理和简化自己的工作。他们可以将来自多个界面或者选项卡的内容组合成一个界面，也可以将项目转化为更简单的下拉菜单，自动化重复的键盘组合，在更新后的 SAPGUI 上添加外部 HTML 内容。最后，客户的 IT 部门可以轻松地为 SAP 用户体验应用主题元素（背景图像、颜色、标志等），以创建更迷人的界面。图 10.5 展示了 SAP Screen Personas 的强大能力。

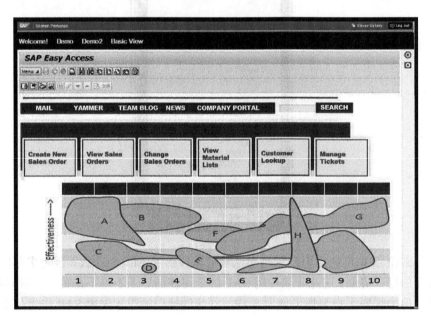

图 10.5
在这个简单的 SAP Screen Personas 自定义中，用户包含了多个关键事务、对关键资源的访问以及一个外部 HTML 状态图表——它们全部都在一个界面上显示

SAP 公司的意图是利用 SAP Screen Personas 减少培训时间，取悦其用户社区，帮助 IT 部门节约定制 SAP 体验的开支，目标是保持现有客户基础，吸引新客户。和 SAP Fiori 一样，SAP Screen Personas 也包含在每个 SAP 用户许可证中。

10.5.3 SAP Web IDE

SAP Web IDE（集成开发环境）是最终用户（而不是开发专家）使用的基于 Web 的工具，用于快速建立原型和创建移动、平板、桌面和浏览器用户应用。其模块化架构使用户和其他人能够插入自己的 SAPUI5 内容（后面将做介绍），不管 SAP 是部署在场内还是云中。开发也在云中处理，所以用户无须在本地加载 SAP Web IDE 或者说服 IT 部门提供基础设施和管理。您可以通过 SAP HANA 市场或者 SAP HANA 云平台购买 SAP Web IDE。

10.5.4　SAP UI Theme Designer

SAP UI Theme Designer 可以跨越不同设备和技术创建常用用户体验（UX）主题。例如，使用 Theme Designer 在 Web Dynpro ABAP、SAP NetWeaver Business Client（NWBC）和其他 SAP 用户界面上创建一致的用户体验。为了快速开发主题，也可以选择修改现有主题。

10.5.5　SAPUI5 和其他用户界面框架

SAPUI5 是一个界面框架，开发人员（而非最终用户）可以用它创建在移动、平板电脑和经典桌面环境中操作的新 SAP 用户界面。它的焦点是帮助开发人员为偶尔使用 SAP 的用户（而不是 SAP 超级用户）创建轻量级的用户界面。用户界面框架本质上是创建新应用程序用户接口的开发环境。SAP 公司将 SAPUI5 框架称作"HTML5 UI 开发工具包"。

现在还有一些其他框架，包括 OpenUI5 和很受欢迎的 Web Dynpro for ABAP。OpenUI5 是 SAPUI5 的开源版本，可以免费取得（按照 Apache 2.0 开源许可证），因此对试图创建现代应用体验的开源开发团队很有吸引力。而 Web Dynpro for ABAP 在帮助组织定制经典 SAPGUI 方面有 10 年的历史了。（Web Dynpro for Java UI 框架甚至早于 ABAP 版本，但是在 SAP 推出具有更强功能的新框架之后没有再继续开发。）

10.6　小结

本章，我们研究了登录和使用 SAP 应用的方法，以及传统 SAPGUI 的细节，包括 SAP 对象、控件、对话框、单选按钮等。然后，我们将注意力转向基于 Web 和更新的访问方法，如 Fiori Launchpad，最后介绍了 SAP Screen Personas 和其他最新工具。

10.7　案例分析

请考虑以下有关 SAP 访问方法的案例，并回答之后的问题。您可以在附录 A 中找到与此案例分析相关的问题答案。

10.7.1　情境

您被要求帮助一位 SAP 新用户熟悉 MNC 核心 ERP 和其他应用程序的访问方法，包括和多种传统及较新方法相比的优劣之处。

10.7.2　问题

1. 您需要哪些信息才能通过 SAP 登录面板进入新系统？

2. 假定您从来没有输入过销售订单，用哪种方式查找销售订单输入事务最简单？

3. 从 SAP 菜单导航到 CCMS（通过选择工具，CCMS）。SAP 菜单结构是哪种类型的界面对象？

4. 在登录 SAP 时必须输入两个字符的语言标志符吗？

5. SAP Fiori Launchpad 和 SAP Screen Personas 的主要差别是什么？

6. 说出两种可以帮助开发人员（而非 SAP 最终用户）创建在移动、平板电脑和经典桌面环境上操作的新 SAP 用户界面的现代 UI 框架。

第 11 章

使用 SAP ERP 完成工作

在本章中您将学到：
- 常用 SAP ERP 财务、运营、人力资本管理和企业服务业务事务
- 4 种业务情景下使用的模块和子模块
- 其他重要的模块和子模块
- 其他有用的 SAP ERP 业务事务

本章简单介绍 4 个核心的 SAP ERP 业务情景和为这些情景提供功能的模块与子模块。为了提供背景知识，我们还加入了与模块相关的、最终用户使用系统中常用的特定情景业务事务代码列表。本章将提供使用 SAP ERP 完成工作的真实场景。

11.1 4 种 SAP 业务情景

正如第 7 章中概要介绍的那样，SAP ERP 可以配置为支持 4 种常见业务情景，这些情景与几乎所有企业都息息相关：
- SAP ERP 财务；
- SAP ERP 运营；
- SAP ERP 人力资本管理；
- SAP ERP 企业服务。

每个场景由一些单独的 ERP 模块组成，这些模块共同交付与每个业务场景相关的功能。这些业务场景支持典型的业务线（LOB）流程，如资产管理、企业战略与可持续性、客户销售与服务、财务与管理会计、人力资源管理、信息技术管理、制造、营销、物流、采购、研究与开发、工程、基本供应链管理等。

为了真正地交付这些业务线流程，SAP 顾问配置（在必要时定制）不同的 SAP ERP 模块，

如：

- SAP CO（控制）；
- SAP FI（财务）；
- SAP HCM（人力资本管理，也称人力资源）；
- SAP MM（物料管理）；
- SAP PM（工厂维护）；
- SAP PP（生产规划）；
- SAP PS（项目系统）；
- SAP QM（质量管理）；
- SAP SD（销售与分销）。

这一列表并不完整，但是能够让您了解可配置和组合以创建支持业务流程的模块的广度，这些业务流程支持 SAP 的 4 种主要业务情景。在下面几个小节中，我们将仔细研究这 4 种情景及其底层模块、子模块和业务事务。

11.1.1 SAP ERP 财务

SAP ERP 财务有 4 个核心领域：财务与管理会计、控制、金库与基金管理和财务供应链管理。下面将研究其中的几个领域。

1. 财务与管理会计

财务与管理会计涉及总账、应付账款、应收状况、资产会计和基金管理流程，这些流程通过配置 SAP ERP 的 FI 和 CO 模块交付。

FI 子模块包括：

- 总账；
- 记账终止；
- 税收；
- 应收账款；
- 应付账款；
- 合并；
- 明细分类账。

CO 子模块包括：

- 成本要素；
- 成本中心；
- 利润中心；
- 内部订单；

> 作业成本核算；

> 产品成本核算。

您可能会预计到，还有其他模块或者子模块参与这一领域的工作，但是为了简单，本章忽略这些模块。表 11.1 展示了一些常用的财务与管理会计事务代码（T-代码）。

表 11.1　　　　　　　　　　　财务与管理会计 T-代码样例

功能	T-代码	描述
财务	XK01 和 XK02	创建和更改供应商（中心）
财务	MK01 和 MK02	创建和更改供应商（采购）
财务	VD01 和 VD02	创建和更改客户（销售）
财务	FD32 和 FD33	更改和显示客户信贷额度
财务	FCHU	创建支票引用
财务	FB10	发票/贷项快速输入
财务	OBWW	代扣所得税
财务	FD10	客户余额
财务	FD11	客户账户分析
财务	FRCA S	结算日程表
财务	FV50	预置总账项目
财务	F.07	总账：余额结转
财务	F.08	总账：账户余额
财务	F-04	结算记账
财务	F-43	输入供应商发票
财务	FBS1	输入待摊/预提凭证
控制	KB11 和 KB13	输入和显示初级成本重过账
控制	KB21 和 KB23	输入和显示作业分配
控制	KB51 和 KB53	输入和显示作业记账
控制	KB41 和 KB43	输入和显示收入重过账
控制	KB66	显示非直接作业分配重过账
控制	KB16NP	显示人工分配
控制	KB17NP	撤销人工分配
控制	KB33	显示关键统计数字
控制	KO88	订单实际结算

在日常业务中还使用其他一些财务和控制事务，但是上表应该能够帮助您了解 SAP 财务与管理会计功能的广度。

2. 管理

金库管理模块可以进一步分为如下子模块：

> 现金管理；

- 现金预算管理；
- 市场风险管理；
- 贷款管理；
- 基金管理；
- 核心金库管理。

表 11.2 展示了 SAP 金库管理事务代码的样例。

表 11.2 库管理 T-代码样例

功能	T-代码	描述
金库	FZ42	自定义客户应用类型
金库	FZ55	自定义保险类别
金库	FZP2	创建法人
金库	FZ56	自定义损益表指标
金库	TBEX	市场数据表格
金库	FLQC1	流动性项目
金库	FZB7	报表
现金预算	OF03	转移现金储备
现金预算	OFGB	基金管理：逐步转移 FI 数据
现金预算	FMR2	按照公司代码显示实际/承诺项目
现金预算	FMR3	计划/实际承诺项目报表
现金预算	FMR5A	12 期预测：实际与计划
现金预算	OFG5	基金管理：接管所有文件

3. 财务供应链管理

财务供应链管理（FSCM）用于在组织内部实体之间或者实体与外部合作伙伴之间转移现金，包括几个重要的子模块：

- 内部现金管理；
- 信贷管理；
- 纠纷管理；
- 托收管理。

表 11.3 展示了 SAP FSCM 事务代码的样例。

表 11.3 SCM T-代码样例

功能	T-代码	描述
FSCM 内部	IHC2 和 IHC3	更改和显示付款单
FSCM 内部	IHC0	付款单浏览器
FSCM 内部	IHC1IP	创建内部付款单
FSCM 内部	IHC1EP	创建外部付款单

续表

功能	T-代码	描述
FSCM 托收	UDM_SUPERVISOR	经理使用的托收工作列表
FSCM 托收	UDM_SPECIALIST	专家使用的托收工作列表
FSCM 托收	UDM_STRATEGY	托收策略
FSCM 托收	UDM_GENWL	创建工作列表
FSCM 托收	UDM_PRDIST	分发工作列表项目
FSCM 托收	FDM_COLL01	托收管理
FSCM 托收	UDM_BP	托收管理：业务合作伙伴

11.1.2 SAP ERP 运营

第二种主要 SAP 业务情景是 SAP ERP 运营。这一情景与物流和 ERP 具体供应链事项等公司运营活动相关，是在 5 个流行的 SAP ERP 模块基础上构建的：SD、PP、PM、MM 和 QM（此外还有仓库管理、产品成本核算、全球贸易、运输管理等）。下面将逐一简单介绍这 5 个核心模块。

1. 销售与分销模块

销售与分销模块用于创建和处理销售订单，仓库拣货、包装和运输等处理，执行定价职能，向客户发出账单，进行销售活动等。关键功能组件包括：

- 销售；
- 本地化；
- 国际贸易；
- 出具发票；
- 信贷；
- 电子数据交换（EDI）；
- 装运；
- 运输；
- 报告；
- 销售支持。

表 11.4 展示了常见 SD 事务代码样例。

表 11.4　　　　　　　　　　　SD T-代码样例

功能	T-代码	描述
SD 基本功能	V-41 和 V-43	创建和更改材料价格
SD 基本功能	V-44	显示材料价格
SD 基本功能	V0F0	配置记账信息
SD 基本功能	V-45	创建价格列表

续表

功能	T-代码	描述
SD 可用性	CKAV	检查可用性（可承诺量）
SD 可用性	CO06	延期未交货处理
SD 信贷	OVB5	创建请购单请求
SD 信贷	OVB6	交货拣货请求
SD 信贷	OVB7	发货请求
SD 出具发票	VF01 和 VF02	创建和更改出具发票凭证
SD 出具发票	VF04	维护发票到期列表
SD 出具发票	VF21 和 VF22	创建和更改发票列表
SD 出具发票	VF11	撤销出具发票凭证
销售活动	V+11	创建直接邮寄
销售活动	V+21	创建潜在销售机会
销售活动	V+23	创建业务合作伙伴
SD 销售	VA01 和 VA02	创建和更改销售订单
SD 销售	VA21 和 VA23	创建和更改销售报价
SD 销售	VA41 和 VA42	创建和更改合同
SD 销售	VD53	显示客户材料信息
SD 报告	V.15	显示缺货订单
SD 报告	VA35	计划协议列表
SD 报告	VA45	合同列表
SD 报告	VA05	销售订单列表

2. 生产规划与控制模块

生产规划与控制模块（或简称生产规划）使公司能够执行生产容量规划、处理制造场所功能、开发创建顺畅运行的生产线所需的时间与材料需求规划。关键功能组件包括：

- 物料管理；
- 物料清单；
- 路径选择配方（如何规划构建某种产品）；
- 主配方（如何构建某种产品）；
- 主生产规划与调度；
- 材料请求规划（MRP）；
- 生产执行；
- 需求管理；
- 预测；
- 收益分析。

表 11.5 展示了常见 PP 事务的样例（记住，物料管理、仓库管理和其他模块中的许多事

务对于执行端到端的生产规划流程也是必需的)。

表 11.5　　　　　　　　　　　PP T-代码样例

功能	T-代码	描述
PP 主数据	MD01	MRP 运行
PP 主数据	MD05	单独显示 MRP 列表
PP 调度	OPU3	生产订单控制参数
PP 调度	OPU4	维护容量规划
PP 信息系统	MCPU	生产订单分析：提前期
PP 信息系统	MCPS	运营分析：提前期
PP 信息系统	MCPH	工作中心分析：日期
PP 信息系统	MCPW	材料分析：提前期
PP 规划	PX03	规划工具
PP 规划	PFSE	调用流程调度程序
PP 需求管理	MD70	复制总体预测
PP 需求管理	MDPH	规划参数文件
PP 需求管理	MD61	创建计划中的独立需求
PP 需求管理	MD83	显示客户独立需求
PP MRP	MDL1 和 MDL2	创建和更改生产批次
PP 配方	CO53	控制配方监视器
PP 配方	CO53XT	监视控制命令/配方
PP 流程订单	COR1 和 COR2	创建和更改流程订单
PP 生产订单	CO01 和 CO02	创建和更改生产订单
PP 生产订单	CO22	MRP 控制人订单
PP 确认	CO13	撤销生产订单确认
PP 确认	CO14 和 CO15	显示和输入生产订单确认
PP 分销	DRPS	计算安全库存
PP 分销	DRP9	维护工厂分类

3. 企业资产管理（工厂维护）模块

企业资产管理模块（前工厂维护模块，这个旧术语仍常常使用）由意在保证昂贵的设备资产正常运行的活动组成。

关键功能包括：

> 检验的规划与执行；
> 人力和其他服务的调度；
> 执行服务所需材料的调度；
> 停机时间和其他运行中断规划；
> 主动预防性维护的执行；

> 被动性维修的执行。

企业依赖数百个各种 EAM/PM 事务以运行其企业资产管理职能。表 11.6 展示了 EAM/PM 事务代码样例。

表 11.6　　　　　　　　　　　　EAM/PM T-代码样例

功能	T-代码	描述
EAM 维护	IW31 和 IW32	创建和显示工作订单
EAM 维护	IW38 和 IW39	更改和显示工作订单列表编辑
EAM 维护	IW40	显示多级工作订单
EAM 历史	IW13	材料用途列表
EAM 任务列表	IP02 和 IP03	显示和更改维护计划
EAM 维护	IP42	创建战略维护计划
EAM 维护	IP30	期限监控
EAM 维护	IP11 和 IP12	更改和显示维护策略
EAM 计量	IK11 和 IK12	创建和更改计量文档
EAM 计量	IA03	显示设备任务列表
EAM 设备	IE01 和 IE02	创建和更改设备
EAM 设备	IQ01 和 IQ02	创建和更改序列号
EAM 确认	IW41	输入订单确认

4. 物料管理模块

SAP 的物料管理模块包含一些为 ERP 部署的最常用功能,它支持的功能如下:

> 创建和处理采购请求(PR);
> 处理采购订单(PO);
> 货物收据;
> 应付账款;
> 库存管理;
> 物料清单(BOM);
> 管理物料(从主原料到成品)。

SAP MM 十分流行,而且可能是 SAP ERP 覆盖面最全、最广的模块(几乎触及所有领域)。表 11.7 展示了一小部分常用的 MM 事务代码。

表 11.7　　　　　　　　　　　　MM T-代码样例

功能	T-代码	描述
MM 物流	MM02 和 MM03	更改和显示物料
MM 物流	MMBE	库存概况
MM 物流	MMI1	创建运营用品
MM 物流	MMS1	创建服务

续表

功能	T-代码	描述
MM 采购	ME21N	创建采购订单
MM 采购	ME51N 和 ME52N	创建和更改采购请求
MM 采购	ME5A	采购请求：列表显示
MM 采购	ME54	发布采购请求
MM 采购	ME59	自动生成采购订单
MM 库存	MB21 和 MB22	创建和更改预定
MM 库存	MB1B	转账
MM 库存	MB1C	其他货物收据
MM 库存	MI01 和 MI02	创建和更改实际盘点凭证
MM 库存	MI21	打印实际盘点凭证
MM 库存	MI05 和 MI06	更改和显示库存盘点
MM 库存	MI07	处理差额列表
MM 外部	ML81	创建服务输入单

5. 质量管理模块

质量管理模块提供在多种背景下有用的功能（它插入到多个其他组件，提供那些组件环境中的质量管理功能）。SAP QM 服务于如下目的：

- 质量规划；
- 质量检验；
- 质量控制；
- 质量认证；
- 质量通告。

组织使用 QM 模块管理与材料、供应商、合作伙伴和制造商相关的质量问题。这包括货物库存检验、产品批次保质期监控、检查周期管理、质量检验简化、通过通告和任务分配强调和解决生产问题以及客户投诉处理。QM 可以进一步分为多个子模块：

- QM-CA 质量认证；
- QM-CA-MD 基本认证数据；
- QM-IM 质量检验；
- QM-IM-RR 结果记录；
- QM-IM-SM 采样管理；
- QM-IM-UD 检验批次完成；
- QM-PT-BD 基本数据；
- QM-PT-BD-CAT 目录；
- QM-PT-BD-ICH 检验特性；

- QM-PT-BD-SPL 样本与统计过程控制（SPC）；
- QM-PT-CP 控制计划；
- QM-PT-FA 故障模型与影响分析；
- QM-PT-IP 检验规划；
- QM-PT-RP-PRC 采购中的 QM 控制；
- QM-PT-RP-SD 销售与分销中的 QM 控制；
- QM-QC-AQC 主动质量控制；
- QM-QC-IS 信息系统；
- QM-QN 质量通告；
- QM-QN-NM-8D QM 8D 报告——汽车行业。

表 11.8 展示了常见的 QM 事务代码样例。

表 11.8　　　　　　　　　　　　QM T-代码样例

功能	T-代码	描述
QM 认证	QC52 和 QC53	更改和显示采购中的认证
QM 认证	QC55	工作列表认证：采购
QM 认证	QCE2 和 QCE3	更改和显示通信支持
QM 认证	QCMS	检验批次认证
QM 检验	QST08	显示测试计划项目
QM 检验	QST10	显示规划模块
QM 控制	QDP3	更改采样方案
QM 控制	QDL1 和 QCL2	创建和更改质量级别
QM 通告	QMW1	创建质量通告
QM 通告	QM50	时间表显示质量通告
QM 管理	OQB8	定义 QM 系统

11.1.3　SAP ERP 人力资本管理

SAP 的第 3 个主要业务情景——SAP ERP HCM 包含了传统 HR 模块，用于招聘、福利、时间管理、工资单、培训、职业生涯管理、接任规划和多种其他相关职能。历史上，SAP 将 HR 分为人员管理（PA）、培训/活动管理（PE）、个人时间管理（PT）和工资单（PY）。表 11.9 展示了 HR 事务代码的样例。

表 11.9　　　　　　　　　　　　HR（HCM）T-代码样例

功能	T-代码	描述
PA 福利	PZ07	出勤概况
PA 福利	PZ43	退休金
PA 薪酬	PA97 和 PA98	薪酬管理

续表

功能	T-代码	描述
PA 职工安置	OORW	工作计划：规则值
PA 职工安置	OOPD	HR 主数据
PA 职工安置	OOSO	创建岗位要求
PA 职工安置	OODY	轮班计划：时间类型/余额
PA 管理	PA00	初始 PA 主数据菜单
PA 管理	PTMW 和 PTME	时间管理员的工作空间
PT 出勤	CAT4 CATS	工作时间记录表：批准数据
PT 出勤	CAPS	批准时间：主数据
PE 活动	PVH1	创建/更改教员
PE 活动	PVB2	显示业务活动预算
PE 活动	PV02	预登记出勤
PT 定期活动	PTCOR	上下班时间校正：测试
PY 常规	PA03	维护人员控制记录
PY 常规	PU98	指定群组工资类型
PY 税收	PU19	税收报表程序

11.1.4 SAP ERP 企业服务

第 4 个（也是最后一个）主要 SAP 业务领域是 ERP 企业服务，以另一组模块作为基础：SAP 资产管理（AM）、QM（前面已经讨论过）、房地产（RE）和 SAP 物流的运输（TM）子模块。下面详细介绍 RE 和 TM 功能。

1. SAP RE 模块

SAP 房地产模块帮助组织管理其设施和物业。因为物业管理涉及许多法律、地理和监管问题，SAP RE 由许多子模块组成，涵盖了房地产控制、会计、承包以及租金调整、税收、土地使用管理、服务费用管理以及与销售相关的各种流程。表 11.10 展示了 RE 事务代码样例。

表 11.10　　　　　　　　　　　RE T-代码样例

功能	T-代码	描述
RE 销售	FOUBN	显示销售结算历史
RE 销售	FOU3N	显示销售报表
RE 销售	FOJUNS	输入销售及条件类型
RE 税收	REITDS	输入税收分配
RE 税收	REITZA	维护选择比率方法
RE 管理	FOMG	重复运行发票打印输出
RE 合同	REGC0001	申请
RE 合同	REGC0102	授权类型

续表

功能	T-代码	描述
RE 管理	FOB1	出租一次性入账
RE 管理	FO35	创建建筑物
RE 管理	FO8K	进行房地产摊销、预提

2. SAP TM 子模块

SAP 运输子模块包含将货物从一个位置移到另一个位置的物流活动，您可以用它创建托运单、调货单和交货单；创建货运登记；规划运输方法；选择承运商；调度和监控运输过程等。表 11.11 展示了 TM 事务代码样例。

表 11.11　TM T-代码样例

功能	T-代码	描述
物流运输	VT01N	创建装运
物流运输	VT11	选择装运：材料规划
物流运输	VT12	选择装运：运输处理
物流运输	VT70	输出装运信息
物流货运	TK11	创建条件（装运成本）
物流货运	VI01	创建装运成本
物流货运	VI12	列出装运成本：结算

11.2 其他流行业务事务

除了核心 ERP 领域中的事务之外，运行常规业务还需要许多其他重要事务，最重要和最流行的两种事务是跨应用程序事务和另一组与环境和工作场所安全性相关的事务。下面将简要介绍。

11.2.1 跨应用组件模块

许多业务流程和技术功能必须"跨"职能领域运行。SAP 将其称作跨应用组件，它们代表着 1 万多个独特的事务。流行的跨应用（CA）业务功能包括：

- 审计管理；
- 银行；
- 员工自助服务；
- 主数据管理；
- 项目风险管理。

面向技术的跨应用功能更普遍，包括 IT 部门用于管理和维护 SAP 的功能：

- 归档和文档管理；

- 应用链接启用（ALE）；
- 数字签名服务；
- 常规应用功能；
- 数据传输与留存；
- 脚本服务；
- 打印工作台；
- 日程安排管理器；
- 消息；
- 开发工作台。

表 11.12 展示了一小部分跨应用事务代码样例。

表 11.12　CA T-代码样例

功能	T-代码	描述
CA 文档管理	OD07	文档管理前端
CA 文档管理	CVI2	更改收据列表
CA 数字签名	CJ00	查找数据签名
CA 数字签名	DSAL	数字签名日志
CA ESS	HRUSER	设置和维护 ESS 用户
CA ESS	PZ00	ESS 启动菜单
CA ESS	PZ01	"谁是谁"
CA ESS	PZ30	我的照片
CA 打印	EFCM	打印工作台表单类处理
CA 打印	EFTP	打印工作台批量处理
CA 调度器	SCMA	日程表管理器：调度器
CA 调度器	SCMO	日程表管理器：监视
CA 常规状态	BS02 和 BS03	维护和显示状态配置文件
CA 常规状态	BS22 和 BS23	维护和显示系统状态

11.2.2　环境、健康和安全性模块

环境、健康和安全（EH&S）模块帮助组织管理和监视食品安全、环境监管法规依从性、员工和产品安全性跟踪记录、职业保健事务、废料管理依从性、危险品转移等领域。表 11.13 展示了 EH&S 事务代码样例。

表 11.13　EH&S T-代码样例

功能	T-代码	描述
EH&S DG	DGC4	危险品：定义危险品分级
EH&S DG	DGC5	危险品：定义水污染分级
EH&S DG	DGC6	危险品：指定危险标签
EH&S DG	HMCC	危险品：危险标识编号

续表

功能	T-代码	描述
EH&S 产品安全性	CG02	物质工作台
EH&S 产品安全性	CGE2	包装工作台
EH&S 废料管理	WAM01 和 WAM02	创建和编辑处置文件
EH&S 废料管理	WAM04	查找处置文件

SAP EH&S 功能持续扩展，以应对组织和社区在创建更安全工作环境、可持续过程以及更清洁环境方面的压力。

11.3　小结

在本章中，我们研究了业务最终用户使用 SAP ERP 的方法，研究了一系列常用业务功能和最终用户为支持 4 种核心 SAP ERP 业务情景所执行的特定事务代码的样例。我们还探索了其他重要功能领域和相关的事务代码，通过提供运行业务所用的详细业务事务的一个样本，本章应该已经帮助您巩固了对使用 SAP ERP 完成工作的认识。

11.4　案例分析

如下的案例反映了一位业务用户对更好理解 MNC SAP ERP 环境的兴趣。您可以在附录 A 中找到本案例相关问题的答案。

11.4.1　情境

随着 MNC 持续部署 SAP 企业资源规划（ERP），它将重点放在用对 SAP 所称的 4 个核心业务情景拥有经验的新员工补充现有员工上。您是具有物料管理和房地产管理经验的新雇员。MNC 的一位招聘经理要求您进行一次电话面谈。

11.4.2　问题

1. SAP 的 4 个核心业务情景是什么？
2. 哪个情景与您的物料管理经验最有关联？
3. 哪个情景与您的房地产管理经验最有关联？
4. 面试者对您的 MM 采购经验特别感兴趣。您会提到哪些类型的事务，来说明自己所具备的经验？
5. 面试者询问您最熟知的 SAP RE 子模块，您可能讨论哪些子领域，以阐述自己的经验？

第 12 章

其他 SAP 业务套件应用的使用

在本章中您将学到：
- SAP SRM 常用业务事务
- SAP CRM 模块和常用业务事务
- SAP SCM 功能和常用业务事务
- SAP PLM 常用业务事务和系统限制

上一章讨论了如何使用 SAP ERP 完成工作。在本章中，我们超越 ERP，探讨另外 4 种经典的 SAP 业务套件应用，以及使用它们完成工作的方法。

12.1 使用 SAP SRM

SAP 供应商关系管理（SRM）是 SAP 在 ERP 和业务智能/数据仓库之外的第一个应用程序。它是一个成熟的产品，有一组健全的功能，可以管理采购，支持公司内部日常使用的货物和服务。SAP SRM 有助于优化和管理公司与其供应商之间的关系，在这方面上很像 SAP CRM 对管理公司与客户关系的帮助。SAP SRM 的关键功能包括自助采购（经典的购物车功能）、战略采购、主数据管理（前目录内容管理）、费用分析和供应商评估。表 12.1 展示了 SAP SRM 中常用的事务代码（T-代码）。

表 12.1　SAP SRM T-代码样例

功能	T-代码	描述
SRM	BBPSC01	购物车——全部功能
SRM	BBPSC02	购物车——向导
SRM	BBPSC03	购物车——有限功能
SRM	BBPSC04	购物车状态

续表

功能	T-代码	描述
SRM	BBPSC05	公共模板（创建）
SRM	BBPSC06	公共模板（更改）
SRM	BBPSC07	经理收件箱
SRM	BBPSC08	员工收件箱
SRM	BBPSC09	管理员主控室
SRM	BBPSC10	审核人收件箱
SRM	BBPSC11	购物车显示货物概况
SRM	BBPSC12	购物车显示货物详情
SRM	BBPCF01	供应商 GR/SE
SRM	BBPCF02	桌面用户 GR/SE
SRM	BBPCF03	收货/专业用户服务
SRM	BBPCF04	确认批准
SRM	BBPCF05	执行确认审核
SRM	BBPCF07	外部确认显示
SRM	PPOCA_BBP	创建属性
SRM	PPOCV_BBP	创建供应商组
SRM	PPOMA_BBP	修改属性
SRM	PPOMV_BBP	修改供应商组
SRM	PPOSA_BBP	显示属性
SRM	PPOSV_BBP	显示供应商组
SRM	BBP_PD	文档显示（EPB）SRM——企业采购员
SRM	BBPGETVD	转移供应商主数据 SRM——企业采购员

12.2 使用 SAP CRM

第 5 章中已经讨论过，SAP CRM 提供了客户互动的处理。这包括基本的重要客户相关功能，如营销、销售、服务与支持——这些功能只会越来越重要，这也就能解释为什么整个 CRM 市场比其他主要业务应用成长得更快——也能够部分地解释为什么 SAP 在过去数年的增长大部分归功于 SAP CRM 的部署。SAP 增长的另一个原因是 hybris 的收购，这为 SAP 成熟的 CRM 平台增加了一个多渠道电子商务与产品内容管理（PCM）解决方案。今天，SAP CRM 中的重要功能（模块）包括：

- ➢ 销售；
- ➢ 营销；
- ➢ 服务；
- ➢ 定价；
- ➢ 分析；

> 互动中心（IC）；

> SAP hybris PCM 功能（多渠道能力，以前通过 SAP 的 Web Channel 提供）。

SAP 提供 400 多个 CRM 事务代码。表 12.2 列出了最有用、最流行的一些代码。

表 12.2　　　　　　　　　　　　SAP CRM T-代码样例

功能	T-代码	描述
CRM 常规	CRMD_ORDER	CRM 事务处理
CRM 常规	CRMD_BUS2000111	维护机会
CRM 常规	CRMD_BUS2000112	维护服务合同
CRM 常规	CRMD_BUS2000120	处理投诉
CRM 常规	CRMD_BUS2000121	维护销售合同
CRM 常规	CRMD_BUS2000108	维护线索
CRM 常规	CRMD_BUS2000115	维护销售事务
CRM 定价	CTFC_CRM	CRM 字段目录
CRM 定价	PRC_CONDTYPE_CRM	维护定价条件类型
CRM 常规	CRMBS02	维护状态配置文件
CRM 常规	CRM_DNO_MONITOR	事务监视
CRM 调查	CRM_MI	显示调查中的文档
CRM 活动	CRMCACTARC	归档控制 CRM 活动
CRM 活动	CRMC_ACTIVITY_H	自定义维护活动
CRM 活动	CRMC_ACT_SURVEY	客户维护活动问卷
CRM IC	CRMC_IC_CLMPROF	调用表配置文件维护
CRM 营销	CRM_MKTPL	营销规划
CRM 事件	CRMV_EVENT	自定义事件处理器
CRM Email	CRMD_EMAIL	维护邮件表单
CRM Email	E2C	向 CRM 发送邮件
CRM 跨应用	CRM_UI	启动 CRM Web 客户端
CRM 跨应用	CRMM_BUPA_MAP	业务合作伙伴数据交换
CRM 跨应用	CRMC_UI_PROFILE	定义业务角色

12.3　使用 SAP SCM

　　SAP SCM 是 SAP 历史最悠久的应用之一，因此成熟、强大，老实说也很复杂。组织使用 SAP SCM 合理化和优化供应链和生产计划，最大限度地节约成本。SCM 的核心组件是 SAP 高级规划优化器（APO），它包括如下模块。

> 以需求规划（DP）中保存的历史数据为基础的需求预测。

> 通过供应网络规划（SNP），根据可用运输和生产能力进行跨工厂订单分布。

> 生产规划——详细调度（DP-DS）。

- 运输规划——车辆调度（TP-VS）。
- 供应商管理库存（VMI）。
- 可承诺量（ATP）功能提供多层次可用性检查，可以根据材料库存、生产、仓库与运输能力、跨工厂成本等进行。

除了 SAP APO，SAP SCM 还包括其他一些组件。

- SAP 事件管理（EM），提供管理规划与实际情况偏差的功能。
- SAP 库存协作中心，支持供应商管理库存（SMI）或者供货商管理库存（VMI）的跨企业集成。
- SAP 自动 ID 基础设施（AII），提供 RFID 扫描仪与 SAP SCM 业务事务之间的连接。

业务事务包括专注如下功能的事务。

- 供应链规划系统。
- 供应价值链系统。
- 供应链执行系统。
- 供应链可见性系统。
- SCM 库存管理系统。
- SCM 运输与物流管理系统。
- 供应链网络设计系统。
- 供应链事件管理系统。
- SCM 交付凭证系统。
- SCM 预测系统。
- SCM 资产管理系统。
- 供应链报告系统。

表 12.3 展示了一些常用的供应链管理事务代码样例。

表 12.3　　　　　　　　　　　　SAP SCM T-代码样例

功能	T-代码	描述
SCM APO	AMON1	警告监视
SCM APO	RRP3	APO 产品视图
SCM APO	MSDP_ADMIN	SNP 和 DP 管理
SCM APO	CSNP	成本维护：SNP
SCM APO	SDP94	供应和需求规划器：初始屏幕
SCM APO	SDP8B	定义规划书
SCM APO	OM17	数据校正
SCM APO	SCC_TL1	运输线路
SCM APO	OM13	分析 liveCache 和 LCA 构建
SCM APO	OM16	数据查看器

续表

功能	T-代码	描述
SCM APO	RLCDEL	从 liveCache 中删除订单
SCM APO	MC90	发布到供应网络规划
SCM APO	MAT1	产品
SCM APO	MC62	维护特征值
SCM APO	MVM	模型规划版本
SCM APO	RES01	修改资源
SCM 基本	CIF	APO 核心接口
SCM 基本	CFM1	创建集成模型
SCM 基本	CFM4	显示集成模型
SCM 基本	CFM7	删除集成模型

12.4 使用 SAP PLM

SAP 产品生命期管理（PLM）的功能不言自明：帮助组织管理每个产品的生命期。PLM 包含产品和流程建模、工艺流程、产品设计与装配、结构管理与同步、配方管理、内建分析（通过业务内容查看器工具）等。表 12.4 列出了原生与常用的产品生命期管理事务代码样例。

表 12.4　　　　　　　　　　SAP PLM T-代码样例

功能	T-代码	描述
PLM 管理	WPS1	修订规划
PLM 管理	WPS2	以报表形式创建订单
PLM 配方	RMWB	启动配方工作台
PLM Recipe PLM 配方	MRTRSC02	管理配方代次
PLM 日志	CLIST	配置控制：元件列表
PLM 日志	LBK1	日志应用
PLM 复制	CRWBD	复制工作台
PLM 复制	UPSREP01_CM	由基准创建复制表
PLM 配方	FRML02	编辑公式
PLM 配方	FRML03	显示公式
PLM 配方	FRML04	公式信息系统
PLM 配方	FRMLC07	自定义：按视图物品类型
PLM 配方	FRMLC49	事件角色
PLM 配方	FRMLC52	设置公式视图参数
PLM 转换	RMXM_BOM_CMP	比较物料清单（BOM）

SAP PLM 与采购管理流程、材料主数据、工程与文档管理功能、安全性与维护流程以及 ECM/OCM、AutoCAD、Inventor、Pro-E、Solidworks 等工具紧密集成，难以提供原生 PLM 事务的全面列表。但是，表 12.4 应该有助于了解使用 SAP PLM 管理产品生命期的方法。

12.5 小结

本章概要介绍了使用 4 种常见 SAP 业务套件应用的方法。有了使用 SAP SRM、CRM、SCM 和 PLM 的新知识，结合第 11 章中使用 SAP ERP 完成工作的知识，我们在下一章中就可以将注意力转向 SAP 报表应用和工具的使用了。

12.6 案例分析

研究如下有关 SAP SRM、CRM、SCM 和 PLM 使用方法的案例，可以在附录 A 中找到关于本案例的问题答案。

12.6.1 情境

MNC 正在寻找有一定经验的业务应用最终用户，以支持即将进行的 SAP 业务套件实施。您被要求电话约谈 MNC 内部候选人员，这些人都充满热情，在 SAP SRM、CRM、SCM 和 PLM 将要代替的传统应用上有一定的经验。您的目标是确定有潜力的候选人，让他们加入职业生涯发展任务，为 SAP 做好准备。

12.6.2 问题

1. 哪些类型的业务事务或者功能上的经验能够说明候选人在客户关系管理应用上有丰富的经验？

2. 一位聪明的电话约谈候选人花费 20 分钟谈论了有关购物车功能配置、多供货商目录管理以及供应商评估的相关问题。哪一个 SAP 应用套件模块适合她？

3. 另一位电话约谈候选人谈论了自己在需求规划、生产规划、运输规划和车辆调度方面的经验。他学习哪一个 SAP 业务套件组件最快？

4. 尽管旧系统完全能够提供配方管理功能，但许多 MNC 目前的 PLM 最终用户从未学习过。您应该预期从这一领域上有经验的 PLM 最终用户那里听到哪类事务？

5. 最后一位候选人似乎在产品生命期管理任务上相当有经验，但是坚持认为 PLM 是独立系统，不需要其他任何模块或者系统就能运作。对于 SAP PLM，他的立场是否正确？他是不是短期内的理想候选人？

第 13 章

使用 SAP 输出报表

在本章中您将学到：
- 报表用户与系统类型
- SAP 新报表解决方案
- SAP BusinessObjects 系列产品中的多种工具概述
- HANA 驱动的 BW、BWA、SAP BW 以及 Business Explorer 概述
- 原生 SAP ERP 报表选项
- 其他传统运营报表选项

如果没有创建运营报表、分析数据、可视化趋势并最终做出更明智决策的能力，业务应用就毫无意义。本章介绍的报表方法涵盖了从今日仍在使用的传统 ERP 报表工具与方法到 SAP 最新产品与应用的范围。在本章中，我们讨论用于企业级报表、运营报表、特殊查询、特殊研究、仪表盘或者可视化等场景的工具。但是首先，我们应该解释报表用户的类型以及为报表需求提供来源的系统或者工具，为后面的学习打下基础。

13.1 SAP 报表用户类型

SAP 应用支持和管理企业的业务流程及底层数据。虽然这些数据保存在 SAP 系统中，可在 SAP 界面上显示，但是您可能仍然想要从系统中生成打印或者自定义输出，或者通过可视化手段或仪表盘展示您的发现。从最普遍的意义上讲，这些输出称作"报表"。业务用户、经理、高级管理人员以及其他用户使用报表理解其业务，做出更加明智的决策。

报表用户有许多类别，根据用途，我们常见的有 3 类：轻量级仪表盘用户、决策者（包括专门的"BI 用户"）和运营报表用户。

- **轻量级仪表盘用户（高管人员和偶然使用的"轻"用户）**：这些用户使用数据库中保存的高度聚合和摘要的数据，通常通过提前准备好的仪表盘或者简单手机应用及笔

记本电脑、智能手机、平板电脑及其他类似设备上的其他应用程序提供。自助服务用户通常也属于此类"轻用户"。响应时间的要求与事务用户类似（例如，小于 1 秒）。高管人员、自助服务用户（如需要执行时间输入或者对查看工资单感兴趣的用户）和其他需要简单状态或者数据输入界面的人属于这一轻用户类别。

➢ **决策者，包括专业业务智能（BI）用户**：分析海量数据（可能是数据库中数月或者数年的详细和摘要事务数据），按照地区/地理位置、生产线等分析一段时间内的趋势或者数据之间的关系。这些用户有时候被称作数据挖掘者，因为他们以特殊的方式查询数据，以发现可能显著影响业务运行的信息。例如，BI 用户可能研究特定地理位置客户的细节：他们购买或者租赁何种产品、在下一次通常还会购买哪些其他商品、资金来源及服务情况。由此，可以预测出采用哪一条生产线、何种仓储及分销方法最有利可图，可以最大限度地在单次或者产品/客户生命期内最大限度地提高销售量。因此，BI 用户的数据或者系统资源需求较难预测。

➢ **运营报表用户**：分析相对少的针对性数据，根据数量（例如，一组特定产品在某个地区的销售量，按照销售代表、最大客户订单等排序）找出趋势。运营报表用户往往在工作过程中每周或者每月执行一组重复的查询，在总体数据与系统资源需求上相当容易预测。运营报表和仪表盘用户共占所有报表用户的 70%~90%。

图 13.1 展示了这 3 种用户类型和他们用于输出 SAP 报表的系统或者工具。

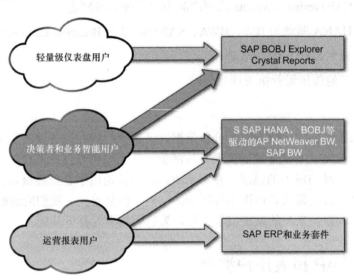

图 13.1
SAP 报表用户在视角上各不相同，因此需要的系统或者工具也不同

为了处理这些不同的报表用户类型，SAP 提供了许多新型和传统的报表方法及工具，包括：

➢ 用于发现、探索和企业报表的 SAP Business Objects Explorer 及 Crystal Reports；
➢ 用于创建仪表盘和可视化的 Xcelcius；
➢ 用于业务智能/分析的 SAP NetWeaver BW、BWA、BW on HANA、SAP Business Explorer (BEx) Analyzer 和 SAP BOBJ Enterprise；
➢ 用于 SAP ERP 运营报表的 Web Intelligence、SAP Report Painter、ABAP List Processing（ABAP 编程）、ABAP Query Reporting 和 Ad Hoc Query Reporting；

> 旧的 SAP 报表选项包括结构化图形报表（Structural Graphics Reporting）、执行信息系统和 SAP 信息系统（报表树）。

下面将探讨几种方法和工具。

13.2 SAP Business Objects

SAP Business Objects（BO 或者 BOBJ）是 SAP 于 2007 年收购的，是 SAP 最重要的收购行动之一。收购 BOBJ 赋予 SAP 提供更出色、更紧密集成或者更深层次的如下功能：

> 部署和管理 BI 工具集所需的基础服务；
> 处理轻量级自助服务报表、查询和分析所需的工具；
> 客户已经习惯使用的企业报表能力（特别是 Crystal Reports）；
> 可从不同客户平台访问由常见前端用户应用（如 Microsoft Excel）操纵的数据可视化能力
> 相同的前端应用上的附加插件功能；
> 为保存在不同 SAP 和非 SAP 数据库上的数据创建抽象最终用户视图（"宇宙"[Universes]）的能力；
> 更强大的企业信息管理（EIM）框架，为基于 ETL 的查询和分析打下基础。

BOBJ 为 SAP 的报表套件能力也增色不少。下面将概述几个重要的应用和工具。

13.2.1 SAP BO Explorer

SAP BO Explorer 是 SAP 最简单高效的报表工具之一，高管人员和其他轻用户可以像使用搜索引擎一样，用它挖掘导入 SAP "信息空间"的企业数据。在 SAP BO Explorer 找到数据之后，用户可以用简单的图表、表格和其他可视化方法（见图 13.2）查看，或者再导入 Microsoft Excel 进行进一步的分析。

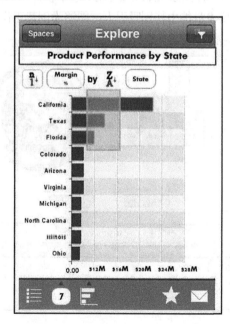

图 13.2
SAP Business Objects Explorer 界面示例（通过智能手机应用访问）

使用 BO Explorer 之前，必须由组织内部人员创建和填充信息空间。这一操作需要数据访问授权。此外，信息空间必须定期重新索引，毕竟，用户通过索引搜索，这和大部分搜索引擎一样。

幸运的是，一旦设置了信息空间，就很容易安装和使用 SAP Business Objects Explore 前端。您可以和其他应用程序相同的方式在笔记本电脑或者台式机上加载以获得最丰富、最好的体验，或者使用 iPhone 和 iPad 上的移动应用。

13.2.2　SAP BO Crystal Reports

SAP 于 2007 年收购了 Business Objects，同时得到了 Crystal Reports（BOBJ 已经在 2003 年从 Seagate 软件公司收购了 Crystal Solutions），扩增了运营和企业报表能力。Crystal Reports 有许多名称，包括 Crystal Decisions 和 Crystal Services，但是其各种形式在二十年来已经成为了行业报表标准，它的好处包括：

- 快速简便的设置，包含创建现成报表的模板和向导；
- 实用，可以构建各种不同的报表，从标准化财务报表到其他业务报表，以及法律报表；
- 格式上的灵活性，涵盖了多页报表和基于多重查询的报表；
- 容易加入图形和基本可视化功能；
- 在 Web 上安全分发报表的能力。

Crystal Reports 多年来非常成功，以至于现在不仅成为了数千家公司的报表解决方案事实标准，也为 500 多家 ISV 所采用。

13.2.3　SAP BO Xcelcius Enterprise

如果要进行个性化仪表盘的设计和部署，或者通过门户、报表、Microsoft Office 文档或者 Adobe PDF 进行安全可视化，就需要使用 SAP BO Xcelcius Enterprise。这个软件易于使用且功能强大，可以快速创建和交流输出。它的专业化仪表盘能力特别吸引人，能够为创建工作提速（见图 13.3）。

图 13.3

大约 15 分钟就可以创建一个实用的 SAP Business Objects Xcelcius 仪表盘

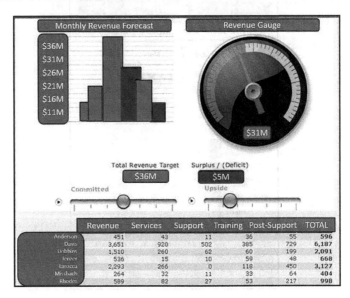

报表可以设计为离线操作，或者提供一分钟内响应的实时状态。SAP BO Xcelcius 在细节挖掘、假设分析方面也很强大，还提供了容易直接嵌入仪表盘和其他报表形式的滑块、仪表、选择器和其他控件。SAP BO Xcelcius 还自带了预建的报表"皮肤"，以及标准化的图表和地图，这可能是所有供应商报表套件中最为实用的可视化工具。

13.2.4　SAP BO Web Intelligence

SAP BO Web Intelligence 原来称作"Interactive Analysis"（交互分析），它超越了简单的报表功能，为业务智能用户和决策者提供了健全的业务分析平台。使用它可以对现有报表进行深入分析，合并其他数据来源，就像使用自助服务的 BI 混合工具一样。关键是，数据源必须在 BO "宇宙"中定义，"宇宙"是从所有数据源（如 BEx 查询［对一个或者多个 SAP BI 信息立方体］、HANA 系统、Microsoft Excel CSV 文件、通过 Web 服务访问的数据等）获取的有组织的数据集。

与同行的报表程序类似，SAP BO Web Intelligence 支持多数据源和多重查询，可以实时和离线工作。一旦确定了想要定期查看的一组分析数据，就可以使用 SAP BO Web Intelligence 的 Web 界面，从头开始创建新的自助服务报表。您也可以使用现有报表作为新报表的模板，还可以在自助服务分析工作中挖掘和分析新数据和现有数据，加入计算、过滤、排名和排序功能。

SAP BO Web Intelligence 前端可以从 SAP BI 启动面板上以 Java 小应用（"富互联网应用"）或者 SAP BO Web Intelligence 富客户端的形式启动，还可以使用一个功能较有限的 HTML Web 界面。各种前端的好处与不足参见 SAP BO Web Intelligence 用户指南。

13.3　SAP NetWeaver BW 系列产品

在 SAP 收购 BOBJ 之前，它早已开发了一套功能相当强大的报表系统。最初的 SAP 业务信息仓库（Business Information Warehouse，BIW）是 SAP 在 R/3 之后的第二个重要应用，也是第一次尝试提供真正（但有限）的业务智能。经过多年来的几次更名，这套工具现在称作业务仓库（Business Warehouse，BW），它的真正意图是从 SAP R/3 中接管报表负载。通过将用户从 R/3 上卸下，重定向到在 BW 上运行报表和查询，珍贵的 R/3 资源得到了更多的带宽，可以容纳更多的 R/3 用户，或者提供更快的在线用户响应。关于 SAP NetWeaver BW 的更多信息参见第 5 章和第 6 章。

13.3.1　SAP NetWeaver BWA

正如 SAP NetWeaver 业务仓库将处理带宽归还给 R/3 和后续的 SAP ERP 系统那样，SAP 业务仓库加速器（Business Warehouse Accelerator）将更多的带宽交还给 SAP NetWeaver BW 系统。这是 SAP 的第一个应用到报表的内存中硬件/软件解决方案，虽然在几年前取得了相当大的成功，但是现在基本上已经被 SAP HANA 驱动的 SAP BW 所取代。

13.3.2　SAP HANA 驱动的 SAP BW

在第 6 章中已经介绍过，SAP 最新的内存数据库支持 BW。从用户的角度看，从 SAP BW

转移到 SAP HANA 驱动的 SAP BW 时，所改变的只是他们访问的报表的实时特性。利用 SAP HANA 驱动的 SAP BW，用户从更快的财务规划、客户了解、销售数据、指标报表、数据加载、查询性能等获益。IT 部门得益于较少的数据库维护、简化的系统管理等。只有 CFO 和会计们受到负面影响——那也只是因为他们目光短浅，将成本看得比更快、更灵巧的业务智能带来的好处和其他价值更重。

13.3.3 SAP Business Explorer

SAP Business Explorer 有时被错误地称为 BEx Analyzer，是 SAP 长期以来为 SAP BW Info Cube 数据源提供的轻量级报表工具。SAP Business Explorer 最初是作为缓慢的广域网（WAN）连接站点的替代方案而流行起来的，基于 Web 的 BEx 接口——BEx 浏览器比从位于公司数据中心的 Info Cubes 中将数据导入世界另一边的台式机要高效得多。

目前，BEx 处于维护模式，多年以来它已经成长得更加强大，最终能够提供健全的报表格式和特殊分析能力。但是，到 2013 年 4 月，它无法与更高端的 SAP BO 报表选项（前面已经介绍过）竞争。在许多改造报表方法的组织中，SAP Business Explorer 仍是主流应用，因此我们在这里介绍它。

13.4 SAP ERP 运营报表工具

多年来，SAP 已经开发和收购了许多工具，以满足组织的运营报表需求，其中包括 Web Intelligence（前面已经概要介绍过）、SAP Report Painter、ABAP List Processing（ABAP 编程）、ABAP Query Reporting 和 Ad Hoc Query Reporting。下面几个小节将介绍其中一些工具。

13.4.1 SAP Report Painter

SAP Report Painter 已经流行了多年，是对 SAP R/3 自带的 SAP Report Writer 的升级。它有助于弥补 SAP 标准 FI 和 CO 报表对业务用户服务上的不足。它的图形化前端和快速创建简单报表的能力非常实用，这些报表当时需要专门的程序员花费数周或者数月才能开发和测试完成。SAP Report Painter 要求预定义报表的结构，但是一旦设置完成，就可以创建成组的报表，调用其他数据源（包括其他报表或者通过 ABAP 查询或主数据查询）、应用自定义表头、创建自定义（但是有限制）的图形等。SAP Report Painter 在某些情况下仍使用，但是已经大体上被 SAP BO Crystal Reports、SAP BO Xcelcius Enterprise 和其他更现代化的替代产品所取代。

13.4.2 ABAP 列表处理

通过编写 ABAP 代码生成列表，可以在 SAP 中创建定制报表，这种方式称为列表处理（List Processing）。使用 List Processing，ABAP 程序员可以在 ABAP 编辑器里编写语句来查询数据库并生成报表。因此，使用 ABAP List Processing 编写报表本身对技术要求非常高，通常委托给技术团队来完成。

在所需的报表无法通过预制报表创建时，这种方式是可行的。这种方法也可以创建接口文件，即用于向外部系统输出数据（数据馈送）的文件。例如，如果需要 SAP 系统连接外部企业系统，如外部的第三方补强产品，可以考虑使用 ABAP 列表处理方式编写一份报表，通过它向外部系统输出数据。

13.5 传统 SAP 报表选项

我们对于是否包含最老的一些 SAP 内建报表选项存在着争论，最终决定至少应该对仍然常在组织的整体报表框架中起到一定作用的长期产品略做介绍。这些产品包括下面将要介绍的结构图、执行信息系统、SAP 信息系统（或报表树）、常规报表选择、ABAP 查询和 SAP 查询以及 SAP QuickViewer。

13.5.1 结构图

结构图（Structural Graphics）是组织管理应用组件中使用的一个附加人力资源工具。这种方法使您能够显示和编辑组织规划中的结构和对象，从对象的图形结构中直接选择报表。

13.5.2 执行信息系统

执行信息系统（Executive Information System，EIS）名副其实，这是一个专为高层决策优化的报表工具。EIS 虽是一个旧工具，但对需要快速访问 SAP ERP 中的实时信息（且不想花时间和费用部署完整的数据仓库、分析和报表系统或者 SAP Business Objects 报表解决方案）的用户很实用。使用 EIS 报表组合，可以调用一个为自己的报表组合定义的层次化图表。您还可以使用报表选择，调用下钻报表的常规报表树或者自定义的树。也可以使用 Report Portfolio（报表组合）报表，输入单独报表组合的名称，然后显示。

13.5.3 SAP 信息系统（报表树）

您所需要的大部分报表可以在每个模块中找到。也就是说，每个模块包含自己的信息系统，容纳该模块专用的报表。在前面的几章中，您已经研究了这些模块特定的信息系统，SAP ERP 人力资源信息系统就是一个例子。注意，可以通过通用的 SAP 信息系统访问所有预制的 SAP 报表。

13.5.4 常规报表选择

SAP ERP 和其他组件中有许多工具，您可以使用它们提取数据，然后以报表形式显示。过去，基本报表功能通过事务代码 SART 或者通过菜单路径 Information System（信息系统）→General Report Selection（常规报表选择）浏览。在较新的 SAP 版本中，SART 不能直接使用，作为替代，使用 SARP 访问报表树。

1. 执行报表

可以直接从常规报表选择界面执行报表,根据当前在 SAP 上安装的模块,可用的报表也不相同,双击报表图表启动报表选择界面。大部分 SAP 报表使用选择界面,让最终用户输入精确的输入数据（如工资单期限、人员编号、运行特定工资单周期的原因等）,确定所需的输出。一旦输入数据提供,单击工具栏上的 Execute（执行）按钮（或者按下 F8 键）执行报表。报表执行,输出出现在屏幕上,这一输出可以查看、在事务对话框中执行%P 以电子形式保存为 Microsoft Word RTF 或 Microsoft Excel XLS 格式或者打印。

2. 搜索报表

常规选择树有一个搜索功能,可以输入搜索条件,根据名称搜索报表。从树的任何起点开始,使用菜单路径 Edit（编辑）→Find（查找）→Nodes（节点）,可以看到一个 SAP 查找对话框,输入搜索条件（例如,输入 Ledger [总账]）。

在查找框中输入搜索条件并单击 Find 按钮之后,打开一个新的查找窗口,显示搜索结果。新窗口包含将文本链接到对应报表的热键（在 SAP 文档中有时称作超文本）,以便直接跳转到报表。如果没有报表匹配搜索条件,会看到一个消息框,说明搜索不成功。

3. 选择屏幕

选择屏幕在执行 SAP 报表时显示。选择屏幕可以精确地限定查找的输出（以避免报表过大）。例如,要生成所有未决采购订单的列表,可执行报表列出公司的采购订单,在选择屏幕上指出只想显示状态为 Open 的订单。但是,在某些情况下,每次执行报表时所要查找的都是相同的具体数据。在这种情况下,必须在填写屏幕上的选择字段,输入想要的数据。为了帮助您完成这个任务,SAP 使用了"变式"（Variant）的概念。

4. 输出列表

在 SAP 中生成报表后,可以把输出保存为列表。在所有报表输出界面上都可看到列表选项,通过它您可以把文件保存到 Office、报表树或者外部文件中（如 Microsoft Word 或 Excel）。使用菜单路径 List（列表）→Export（导出）,然后选择 Word Processing（字处理）→Spreadsheet（电子表格）→Local File（本地文件）或 XML 即可保存文件。

请注意报表和列表之间的区别:报表可以从系统随时生成,包含着生成时的实时数据;而列表是之前生成的报表的输出,不能反映 SAP ERP 系统中的实时数据。换句话说,列表是静态的,而报表是动态的。

13.5.5　最早的 SAP 报表工具

在最早的 SAP 功能中,SAP ERP 系统内部提供了两个最终用户报表工具。ABAP Query（现称 SAP Query）是为所有模块设计的,Ad Hoc Query 是专门为人力资本管理模块设计的。您仍然可以用 ABAP Query 工具创建查询,在 SAP ERP 中创建自定义报表。ABAP 查询基于逻辑数据库、功能领域和用户组。同样,Ad Hoc Query 也是一个用于原始 SAP R/3 人力资源

（HR，后称 HCM）的报表工具。和 ABAP Query 工具一样，它实现了特殊方式的 SAP 数据库查询。这种查询的输出可以格式化为一个报表。

今天，SAP Query 及其特性已经得到增强。此外，Ad Hoc Query 工具现在可以用于 SAP 中的所有模块，更名为 InfoSet Query（但是在人力资本管理模块中，SAP 仍称之为 Ad Hoc Query）。两种报表工具都能够在 SAP 环境中创建报表，也都不需要任何技术技能。

SAP 还推出了另一个工具 QuickViewer。这些传统查询工具（SAP Query、InfoSet/Ad Hoc Query 和 QuickViewer）构建于 3 个主要组件基础之上：

> 查询组（/nSQ03）；
> InfoSets（/nSQ02）；
> 管理决策（特定于公司）。

使用每个组件，用户都可以创建定制报表而不需要编程技能。20 年前，SAP 定制报表意味着一名程序员端坐在一个终端逐行输入 ABAP 代码，从 SAP 数据库获取数据以创建报表。程序员必须考虑安全访问、输出、格式设置等，而 SAP 提供更新查询工具的目的就是要在后台完成所有工作，不需要程序员参与。这 3 种主要组件在使用设计上正是遵循了这一设计意图。

1. 查询组

查询组是聚集在一起的一组 SAP 用户。用户所在的用户组决定了他可以执行或维护哪些查询。此外，它还规定了用户可以访问哪些 InfoSet（数据源）。从根本上说，查询组规定了用户只能在特定的 SAP ERP 领域内创建、修改和执行报表。例如，可以为财务部门创建一个查询组，把财务用户包括进来；与之相似，也可以为人力资源部创建一个查询组，包括人力资源部专用的报表。查询组是一种简单地对报表进行分组和划分的方式。

系统管理员经常会维护查询组，可以在维护查询组（Maintain Query Groups）界面上创建查询组，运行"维护查询组"的事务码为/nSQ03。一名用户可以隶属于多个查询组，而在某种情况下也可以从其他查询组复制和执行查询（如果权限相同）。用户组内的所有用户都有权限执行本组权限内的查询，但修改查询或定义新查询需要专门的权限。

用户不能修改其他用户组的查询。尽管维护查询组通常是系统管理员的工作，但在本节后面的内容中我们还是会介绍一下如何创建一个用户组。

2. InfoSet

InfoSet（在早期的 SAP 中也被称为功能区）是 SAP 报表工具的第二个组件。InfoSet 在维护信息集（Maintain InfoSets）界面上创建，该界面的运行事务码为/nSQ02。InfoSets 就是一些区域，它们能提供专门的逻辑数据库视图，并确定查询时可以评估逻辑数据库或数据源的哪些字段。

本质上，InfoSet 就是数据源，即获得报表所需数据的地方。InfoSet 可以利用多种数据源构建，但是最常见的使用方式是使用逻辑数据库。还记得吗，如果没有查询工具，编写报表就需要程序员编写代码进入主 SAP ERP 数据库，并检索所需的记录，这谈何容易。而 SAP 对这个问题的解决方式就是逻辑数据库。

逻辑数据库是利用已索引的多个相关表预先合理分组好的数据。用专业术语说，逻辑数据库把生成报表所需的所有字段都放到一个简单的容器里，使您可以方便地从这个容器中选择报表所需的字段。尽管维护 InfoSet 通常是系统管理员的工作，但在本节后面的内容中我们还会介绍如何创建一个 InfoSet。

3. 管理决策

创建查询组和 InfoSet 都非常简单。创建工作开始前，您必须首先看一下以下方面的管理决策，了解其中哪种最适合您的机构。

- 您的集团/传输策略是什么？
- 您会使用标准还是全局查询区？

根据客户传输策略和程序员专门编写的 ABAP 报表代码情况，传统的创建报表的方式如下：程序员进入开发环境，编写定制报表的初稿。报表传输给测试集团在那里进行测试。如果通过测试，该报表会被传输到生产环境中进行使用。这种方法与使用报表工具进行查询的策略迥然不同。其他 SAP 查询工具使终端用户可以实时创建报表而无需任何技术。正是考虑到这一点，机构才必须确定自己的传输策略。

在任意集团上都可以创建查询对象，但是遵循一些最佳实践来完成它颇有裨益。对于初学者来说，使用查询工具的最终用户通常只拥有现场生产环境的用户 ID。因此，许多公司的维护查询组都设置在现场生产集团上。

根据 SAP 的权限，查询时可能需要系统管理员协助创建测试查询组、功能区和查询。如果您使用的是新近安装好的 SAP 系统，也可能会收到消息说必须首先对对象进行转换。如果收到此消息，请联系系统管理员，管理员必须执行标准的管理功能来转换对象以便用户能够继续工作。

与之相似，InfoSet 也可以在任意集团上创建，但是最佳实践阐明，InfoSet 应该按常规编程方法论进行处理，最好是在开发环境中创建 InfoSet，然后把它们传输给测试集团，在那里进行测试之后送入生产系统使用。InfoSet 的处理方式不同是因为经过培训的用户有能力向能够影响系统资源或功能的 InfoSet 添加专门的代码或程序（相关内容不在本书讨论范围内），而在这种情况下就要对它们进行测试。现在就只剩下报表（查询）本身没有讨论了。与定制编写程序的 ABAP 报表不同，查询报表设计用于以专门的方式进行实时查询，因此最佳实践是在生产环境中现场创建查询。

在确定您的集团/传输策略之后，您需要做出的第二个管理决策是选择一个查询区。SAP 支持两种查询区。

- **标准查询区（Standard query areas）**与集团相关，因此只用于创建它们的集团内部查询：例如，如果在生产集团上创建了一个标准查询，则它只存在于生产集团内。您可以通过 InfoSets 主界面（SQ02）上的 Transport Truck（运输车辆）功能，在同一应用服务器上的多个集团之间传输标准区域创建的查询对象，这样就绕过了通常使用的工作台组织器（Workbench Organizer）。
- **全局查询区（Global query areas），用于整个系统，与集团无关**：SAP 全局查询区上提供了许多标准报表，这些查询经常会传输到其他系统中，并连接 ABAP 工作台

（ABAP Workbench）。常用的最佳实践是让 SAP 继续通过全局区域提供报表，使用标准查询区的最终用户也可以用它来创建相关的查询报表。做出管理决策后，就可以着手进行配置了。

13.5.6　SAP 查询

SAP 查询的创建和维护是通过 Maintain Queries 界面（事务码 SQ01）来完成的。与查询组和 InfoSet 一般由系统管理员来维护不同，SAP 查询主要由经过培训的最终用户（配置步骤完成后）和超级用户来维护。

只有拥有合适权限的用户才能修改或创建新查询。管理查询报表的安全性有几个不同的级别，除了用户组隔离，SAP 还划分了权限组规范。每个客户的安全配置区别很大，请联系系统管理员了解公司的安全配置。

13.5.7　InfoSet（Ad Hoc）查询

与 SAP Query 不同，InfoSet Query 设计用于使基础用户能够从 SAP 企业资源规划（ERP）数据库中检索简单的单一用途数据列表。使用此工具，所有查询信息（包括选择标准）都可以显示在一个界面上。自从 SAP R/3 4.6 版以来，人力资本管理模块报表工具 Ad Hoc Query 就已经合并到了 SAP Query 中，可以供所有模块使用了，它现在被称为 InfoSet Query（但在执行 HR 报表时它还是被称为 AD Hoc Query）。本节中我们称它为 InfoSet（Ad Hoc）Query，而无论名称如何，功能都是一样的。

您可以使用 InfoSet（Ad Hoc）Query 快速解答简单问题，如去年有多少雇员获得认股权，或者创建全面完整报表进行打印或下载到您的 PC 上。InfoSet（Ad Hoc）Query 的设计使用户可以向 SAP 系统提问，并实时获得答案。您还可以使用 Ad Hoc Query 提出其他一些问题，如：

➢ 有多少雇员年龄在 48 岁以上？
➢ 哪些发票应计入成本中心 851118？
➢ 有多少零部件可以在 2015 年 7 月 29 日交付？

InfoSet (Ad Hoc) Query 非常有用，功能用户可以使用它快速方便地全面检索重要信息。完成一次性的配置后，创建 InfoSet 查询相对简单。

13.5.8　SAP QuickViewer

SAP Quick Viewer 工具是最早用于快速从 SAP ERP 系统收集数据的"所见即所得"式实用程序之一。使用 QuickViewer 定义报表只需简单输入文字（标题）并选择字段以及用于定义 QuickView 的选项即可。与 SAP Query 可以创建查询相同，QuickViewer 也可以创建 QuickView。但是 QuickView 不像查询那么易用，不能在用户之间进行交换，幸好它还可以转换成查询，用于 SAP Query。使用 QuickViewer 可以快速解答简单问题，与 SAP 查询相似，InfoSet（Ad Hoc）查询在查询区、查询组和 InfoSet 基础之上构建。

在一次性配置完成后，创建 QuickView 相对来说也非常简单，与前面介绍的 SAP 查询相似，QuickView 也分 Basic（基本）和 Layout（图形）运行模式，在基本模式下，系统会自动利用参数创建报表，而在图形模式下，用户可以通过可视工具调整报表界面。

13.6 小结

在本章中学到的报表知识可能是最终用户从本书中学到的最有意义的知识，因为它使真正地使用 SAP 运营业务成为现实。记住，要习惯 SAP 报表选项的使用，必须经过反复的尝试。最后，尽管 SAP 最新的报表解决方案和从 Business Objects 等公司获得的工具十分出色，但是在现实世界中，许多公司仍然依赖于大量传统的工具，本章也讨论了许多此类工具。

13.7 案例分析

请考虑以下案例，并回答之后的问题。您可以在附录 A 中找到与此案例分析相关的问题答案。

13.7.1 情境

MNC 公司新聘任了一位财务总监，她对 SAP 几乎一无所知，因此要求 MNC 企业报表团队派一位成员帮助她学习检查 SAP ERP 财务模块中的报表选项。您再次福星高照了，企业报表经理派您完成这项工作！现在就帮助新总监投入工作吧。

13.7.2 问题

1. 本章概述了哪 3 种报表用户？
2. 至少举出本章介绍的两种可视化工具实例。
3. 哪一种 SAP BO 工具提供了从现有报表获得真正的业务智能洞察力，或者作为 BI 聚合工具？
4. 哪一种 SAP 报表选项与 SAP NetWeaver 业务仓库相关？
5. 哪一种 SAP 应用与大部分 SAP 传统报表选项相关？

第 14 章

简化财务和办公室集成的使用

在本章中您将学到：
- SAP 简单财务真正简化的工作
- SAP 简单财务的功能与特性
- 集成 SAP 与 Office 应用
- SAP 与 Microsoft SharePoint 的集成
- 使用 SAP 的存档与表单

本章首先介绍 SAP 最新的企业记账系统——简单财务（Simple Finance，sFin），这一系统是由 HANA 技术驱动的。我们将阐述 sFin 如何消除月底结账时繁琐的人工对账任务，显著简化财务会计和财务管理人员的工作。而且，因为大部分企业工作仍然在"桌面"上完成，本章的第二部分将提供如下工作的指南：从 SAP 系统下载数据，方便地导入 Microsoft Excel，在 Micrsoft Word 中使用来自 SAP CRM 或者 HCM 的地址创建套用信函，将 SAP 数据导入 Microsoft Access，以及将 SAP 与 Microsoft SharePoint 集成。本章的最后，我们将概述常见的表单管理和存档解决方案。

14.1 SAP 简单财务插件

按照 SAP 的官方说法[1]，SAP 简单财务（Simple Finance）也称作"由 SAP HANA 驱动的 SAP 业务套件简单财务插件"(SAP Simple Finance add-on for SAP Business Suite powered by SAP HANA)，是 Hasso Plattner 发起的 FI/CO 重新设计活动的结果，利用了 HANA 的威力。作为经典 SAP 财务（FI）模块的替代品，简单财务（sFin）[2] 使用 SAP HANA 计算视图，可

---

[1] 参见 http://help.sap.com/saphelp_sfin100/helpdata/en/cb/f6d652b072ff25e10000000a4450e5/frameset.htm。——原注
[2] 参见 http://scn.sap.com/docs/DOC-59882。——原注

在每天的任何时间和每季度的任何一天运行试算表、损益表和按需现金流量分析。

经典的 ERP 6.x 财务模块和 sFin 插件之间的主要区别是，从一个使用外部财务（FI）和内部控制（CO）事务单独数据集的系统演化为使用单一数据集、将财务和控制数据匹配为一个联合数据库的系统。这样，就可以为内部和外部会计建立"单一真相来源"，使两套数据合而为一。通过这种单文档流程，不再需要进行乏味的对账工作[①]。

在第 3 章和第 5 章中，我们讨论了 HANA 架构，它能够在几毫秒内处理数百万条数据库记录。这种令人惊叹的性能最适合用于处理大量详细事务的模块，如 SAP ERP 的基础——SAP 企业核心组件（ECC）的财务（FI）和控制（CO）模块。

多年以来，FI 和 CO 模块因为需要复杂的定制才能处理所驱动的事务量而恶名远扬，FI 和 CO 开发人员在过去的一二十年内都在尝试使用基于时间、标题/行项、层次、索引和档案的聚合优化这些模块。现在，终于可以开始抛弃这些代价昂贵的定制了。

14.1.1 旧的 ERP 世界

在传统的 ERP 环境（如 SAP ECC）中，会计每天处理入账凭证，将其记录到系统中。例如，如果某个凭证与主成本相关，SAP ERP 数据库中的行项表（COEP）和汇总表（COSP）将更新（见图 14.1）。

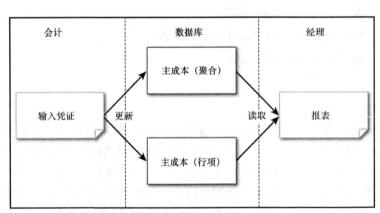

图 14.1
传统 ERP 环境中的报表和数据库访问

经理们经常会运行报表，读取聚合或者索引表以分析这些主成本，然后下钻到行项中寻找详细情况。在这种情况下，用户需要访问两个表。这一架构一次访问的数据较少，因此更适合于数据库成为瓶颈的环境。

14.1.2 理想世界

考虑到 HANA 在性能上的潜力，我们很容易找出多余的步骤。现在，想象一个数据库性能不受限制、汇总数值可以实时计算的完美环境，在这种情况下，聚合表没有必要。图 14.2 中显示的视图看上去更加清晰，不是吗？这很容易通过用来自标题表的字段扩展行项表来实现。上述做法不需要所有冗余的聚合表和索引表，利用 HANA 的列存储架构，行项可以快速

[①] 本节内容由 Julien Delvat 提供；参见其博客帖子：http://scn.sap.com/community/epm/financial-excellence/blog/2014/09/18/implementing-sap-simple-finance 。——原注

读取、实时汇总。想象一下,删除所有汇总表和索引,数据库能得到多么大的简化,数据输入和分析任务能得到多大的性能改善!

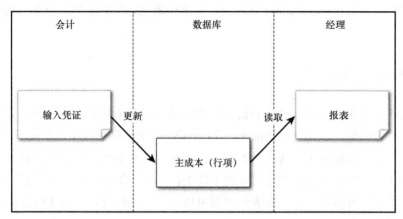

图 14.2
理想 ERP 环境中的报表和数据库访问

遗憾的是,这个理想世界有一些局限性。首先,所有报表和程序必须重新编写,以从行项表(而非聚合)中选择,在 SAP 系统中,这可能需要花费数年时间。其次,有些信息不能存储为行项,而是需要一个摘要级别。

例如,想象一个客户每个月需要 1000 个小设备的采购订单,用容纳 100 个设备的箱子发运。每个月,经理必须知道已经发运的设备数量(发运行项的简单摘要)以及尚未发运的剩余数量。如果只有行项表,就会出现如下问题:应该在哪里保存请购数量?在哪里扣减已发运数量?

这些听起来似乎是例外情况,但是实际上它们常常出现在各种规划情景或者目标的设定上,这些工作通常以某种形式的聚合来完成。常见的聚合包括成本中心组、成本要素组或者产品线/客户系列,以及 WIP(进行中)事务。为此,单一的行项表是不够的,需要更好的解决方案。

14.1.3　sFin:混合方法

为了解决重写程序和摘要数据值的双重问题,SAP 开发团队提出了一种混合架构,在这种架构中,行项值和特定的摘要值被分割到不同的表中,然后组合为一个合并视图(见图 14.3)。

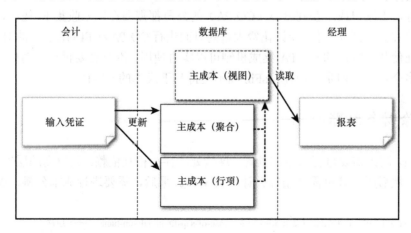

图 14.3
sFin 中的报表与数据库访问

这些新的视图（从技术上称作 CDS 视图）是 sFin 在安装时自动生成的，保证了现有程序、标准（差异、评估、结算等）或习惯的持续性，同时减小了数据库尺寸、提升了整体性能，理解这一点很重要。正如 Hasso Plattner 在自己的博客中所言，"这是 SAP 企业系统历史上最大的改进"[①]。

14.1.4 减少对账工作量

正如本章前面所述，删除汇总表加速所有财务流程，关键的期末结账也不例外，但是核心的重新设计不止于此。确实，会计在很短的期末 FI 和 CO 对账窗口期内花费了很多时间。

典型的情况之一是，当总账更正完成时需要返工，后续的成本分配必须推翻重新处理。为了避免这种情况，FI 和 CO 凭证已经在行项级别上以 1:1 的比例合并为"逻辑凭证"。利用这一新架构，内部和外部报表协调一致，报表和分析可以更灵活地执行，FI 和 CO 之间的联系更为顺畅（见图 14.4）。

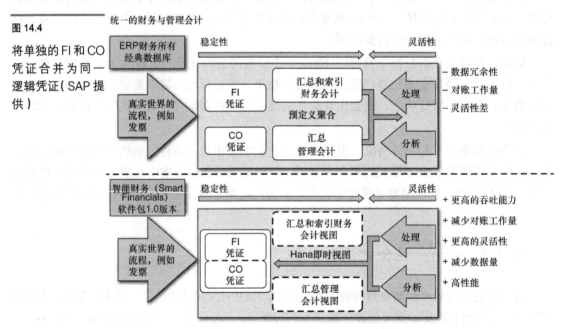

图 14.4 将单独的 FI 和 CO 凭证合并为同一逻辑凭证（SAP 提供）

例如，每个运行基于账户成本获利分析（CO-PA）的公司都需要在期末收集 FI 凭证，利用它们执行预算等管理会计活动。财务会计花费大量的时间进行 CO-PA 和 FI-GL 之间的对账。sFin 引入的逻辑凭证使基于账户的 CO-PA 集成机制可以实时使用，没有必要再进行对账，每个月末都可以跳过多个步骤。但是要记住，sFin 尚不支持基于成本的 CO-PA。

14.1.5 消除财务结账瓶颈

财务结账很复杂，因为需要进行大量的处理，这些处理存在相互依赖。从较高的层次看，财务总账需要关闭，然后所有订单需要结算并计算其 WIP。最后，需要进行成本分摊，以便

[①] 参见 https://blogs.saphana.com/2013/11/03/massive-simplification-case-of-sap-financials-on-hana/。——原注

计算客户/产品/企业利润,然后才能导出数据到数据仓库供报表和分析使用。这一流程必须在所有实体中进行,之后才能转移到企业级别。只有在这一漫长的过程(导致报表的发布)之后,才能发现任何错误或者不符的情况。有可能需要撤销多个批量处理程序的结果并重新运行,直到一切都正确地匹配。

SAP sFin 消除了聚合表并引入了逻辑凭证,因此期末结算可以循环进行,实时发布报表。这使分析师能够及早发现并更正错误,决策者可以在这一期间选择正确的方向,而不是在 30 天之后(见图 14.5)。

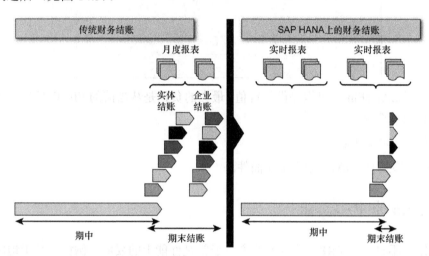

图 14.5 传统财务结账和使用 SAP HANA 进行的财务结账对比

14.1.6 下一代用户体验

一旦连接到 SAP sFin,FI 用户还能够享受 SAP Fiori 带来的新用户体验。关键的差别在于,CDS 视图代替了聚合表,这些视图也集成到了 SAP HANA Live 运营报表[①]。这一 HANA 层作为报表创建的内容发布服务。图 14.6 是 SAP Fiori 仪表盘的一个例子。利用 Lumira、Explorer 和 SAP BusinessObjects Analysis for Office 等工具[②],用户可以轻松地实时发现和分析大量数据,直到行项级别,如图 14.7 所示。

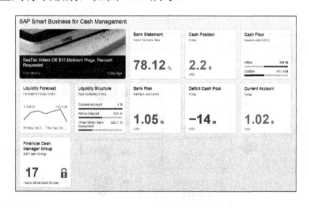

图 14.6 SAP 智能业务(Smart Business)中的 SAP Fiori 仪表盘

---

① 参见 http://scn.sap.com/docs/DOC-59928。——原注
② 参见 http://www.sap.com/pc/analytics/business-intelligence/software/data-analysis-microsoft/index.html。——原注

图 14.7 用 SAP Business Objects Analysis for Office 进行 WIP 分析

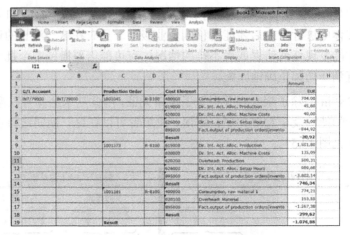

现在您已经理解了 SAP sFin 为组织提供的价值，最大的负担是从当前的 FI/CO 环境迁移到 SAP sFin。对此有两种选择：

> 使用 sFin 作为中心总账；
> 从业务套件转移到 HANA，采用 sFin 插件。

14.1.7 以 sFin 为中心总账

许多大型组织维护不只一个 ERP。这种解决方案通常是性能上的妥协（例如，基于地区的较小规模 ERP 系统）、历史（合并或者收购的结果）或者法律要求（如有些国家的法律严格禁止敏感数据保存在国外）的结果。为了实现这种运营本地化的分散组织的公司级整体视图，必须收集和集中财务数据供报表使用。

但是，上述过程非常缓慢，不能在较高的层次上实时决策，在中央存储库中的聚合结果和分散场所保存的行项之间存在失去联系的情况。SAP sFin 有助于解决这种两难的困境，因为它能够实时地从分散的源 ERP 系统中收集所有财务信息。

这种非干扰式的解决方案也可以部署在云或者场内，为组织提供灵活性，快速地部署 sFin，或者与标准 SAP 部署实践保持一致（见图 14.8）。

图 14.8 SAP sFin 作为中心总账（SAP 提供）

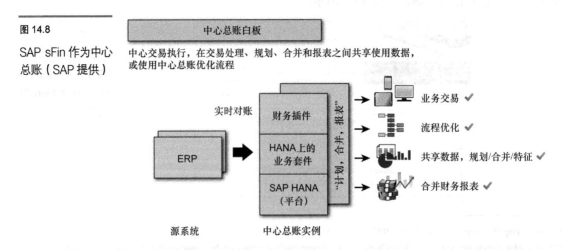

14.1.8 从业务套件到 sFin 插件

如果您的组织维护单一 ERP 环境，或者只有少数 ERP 实例，更好的解决方案可能是从传统的 SAP ERP 业务套件迁移到 HANA，并添加 sFin。为此，必须执行底层数据库到 SAP HANA 的迁移，然后才能安装 sFin 插件。请查阅文档了解更详细的要求（见图 14.9）。

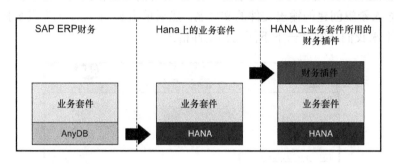

图 14.9

从传统业务套件迁移到 sFin

14.2 SAP 与桌面应用的集成

许多年来，Microsoft Excel、Word、Access 等人们熟知的应用程序都可以通过一种被称为对象链接与嵌入（OLE）的简单技术连接 SAP 并下载 SAP 数据。

Microsoft SharePoint、Exchange、Outlook、Visio、各种数据源等产品也都加入了能够与 SAP 集成的 Microsoft 产品行列。通过 OLE，您可以从 SAP 中提取数据并将其传输给其他系统，而在这个过程中数据格式和完整性不会受到破坏。例如，您可以在 Microsoft Excel 中以一系列行、列的形式查看任意多个 SAP 数据库表中的数据——这种查看和操纵数据的方式非常简单，使我们不会困在 SAP 数据库的一大堆难以解释的编号和术语之中，而这要通过 SAP Assistant 来实现。

14.2.1 SAP Assistant

SAP Assistant 是一个用于从非 SAP 应用程序调用 SAP 功能和事务的 OLE 接口。它可以通过 ActiveX 和 OLE 对象类登录 SAP，管理数据和表，调用功能和事务等。除了兼容 OLE 应用程序的 Microsoft 套件，SAP Assistant 还支持：

- Google Docs、Spreadsheets；
- Corel Office，包括 Paradox；
- Star Office；
- Lotus SmartSuite；
- 各种 Web 服务器开发环境。

实际上，当今使用的几乎所有现代应用程序开发语言都支持 OLE，包括老式的 C++编程语言、最新最强大的 Microsoft .NET Visual Basic、IBM 的 WebSphere Information Integrator 以及 SAP 的 Sybase PowerBuilder。因此，大多数非 SAP 应用程序开发人员都可以创建能够访问 SAP 信息的对象。

14.3 使用%PC 下载数据

另一个从 SAP 提取数据的简单方式是在 SAPGUI 事务对话框中执行%PC 命令。在事务对话框（见图 14.10）中输入字符%PC，并按回车键。系统会弹出一个菜单，在这里可以选择文件格式以及剪切板选项（见图 14.11）。选择最适合您目前需要的格式，按回车键，浏览到所需的目录路径，输入希望创建的输出文件的文件名，然后单击 Save 按钮把列表数据保存到指定的文件中。接下来我们详细看一下下面几种文件格式。

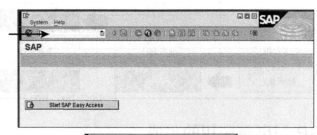

图 14.10

SAP 界面顶部的方框被称为事务对话框，用于输入命令，如%pc

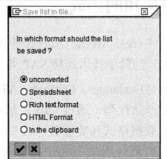

图 14.11

SAP 数据转换目标文件格式选择列表

14.3.1 导出 SAP 数据到 Microsoft Excel

有多种方式可以把 SAP 数据转移给 Microsoft Excel。最基本的方式是使用 System List（系统列表）功能，通过它可以保存 SAP 界面上显示的列表。

按照如下步骤，可用系统列表功能将 SAP 列表导出到 Microsoft Excel。

1．导航到包含需要输出的列表的 SAP 界面。
2．选择 System（系统）→ List（列表）→ Save（保存）→ Local File（本地文件）。
3．使用可能的输入帮助按钮，更改新文件的位置和文件名。
4．单击 Transfer 按钮。
5．启动 Microsoft Excel 并打开文件。

按照如下步骤可以将 SAP 查询报表输出到 Microsoft Excel。

1．执行包含您要加到自用报表中的数据的 SAP Query 报表。
2．选择 Display as Table（显示为表格）选项，然后执行报表。
3．选择 List（列表）→Download to File（下载到文件）。

4．使用可能的输入帮助按钮，更改新文件的位置和文件名。

5．单击 Transfer 按钮。

6．启动 Microsoft Excel 并打开文件。

还可以使用 SAP 查询工具将数据导出到 Microsoft Excel，步骤如下。

1．执行 SAP Query，使用选择界面上列出的选项指定所需的报表输出类型。

2．要输出为 Microsoft Excel 电子表格，请选择 Display as Table 单选按钮。

3．从该界面上选择 List（列表）→Save（保存）→Local File（本地文件），把表格下载到 Microsoft Excel 中，系统会弹出一个 Save AS（保存为）对话框，可以从中选择下载文件的格式。请确认选择的是电子表格选项。

4．下载完成后，请启动 Microsoft Excel 并打开刚刚保存的数据。

5．返回显示着表格的 SAP Query 输出界面（见图 14.12）。

可以使用相同方法下载报表或其他特殊查询。

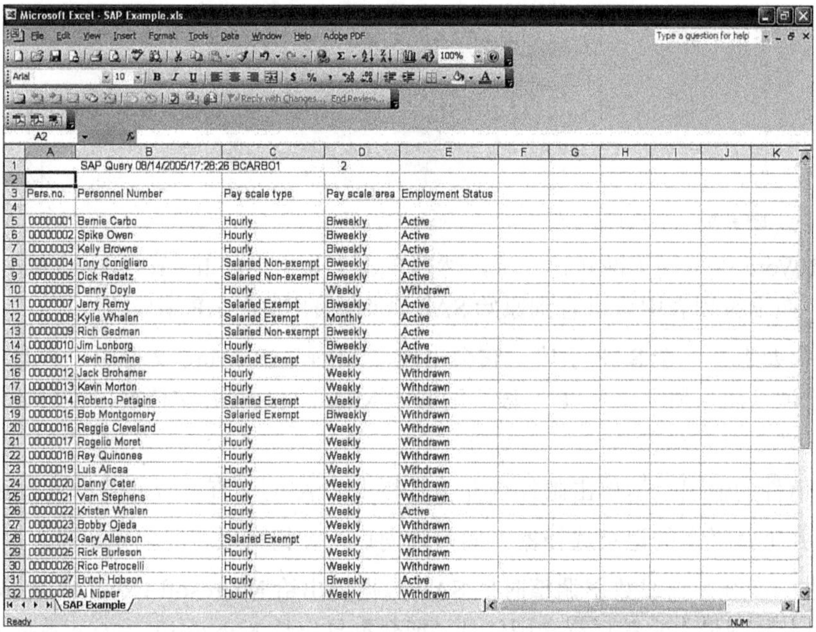

图 14.12

包含 SAP 查询数据的 Microsoft Excel 电子表格看上去和原始查询输出的数据一样

14.3.2 在 Microsoft Word 中创建 SAP 套用信函

SAP 有一个强大的接口，通过它可以使用 Microsoft Word 创建套用信函以及其他文件。假设您需要把 SAP HCM 雇员数据输出给 Word 以便创建一封致全体雇员的信，操作步骤如下。

1．选择所要执行的查询。

2．从选择界面上选择 Display as Table 选项，然后执行报表。

3．得到输出后不要把它保存为 Microsoft Excel 文件，而是单击 Query Output 界面顶部的 Word Processing（字处理）按钮，这样会打开 Word Processor Settings（字处理设置）对话框。

4．按回车键继续，系统给出的对话框上提供了多个选项。在这里可以指定是创建新 Word 文档、使用当前 Word 文档（当前系统上打开的）还是已有的 Word 文档（过去保存在电脑上的）。

5．单击绿色对勾，系统开始对 SAP 数据与 Microsoft Word 文档进行合并。执行过程中 SAP 会打开 Microsoft Word（见图 14.13）。请注意，Microsoft Word 应用程序当前包含了一个新 mail merge（邮件合并）工具栏，可以用它把 SAP 字段插入到 Microsoft Word 套用信件中。

图 14.13

Microsoft Word 应用程序启动，并创建了一个新文档

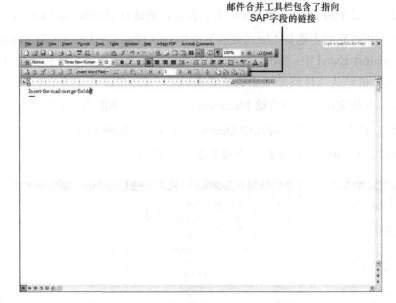

邮件合并工具栏包含了指向 SAP 字段的链接

6．在 Microsoft Word 中按回车键新建一行，然后单击工具栏上的 Insert Merge Field（插入合并字段）按钮，在下拉列表中可以看到原始 SAP 查询中的所有 SAP 字段。

7．根据自己的需要选择一个 SAP 字段，它会出现在 Microsoft Word 文档中，并且左右带有括号。按回车键可以插入另一个 SAP 字段。请输入 Microsoft Word 文档名，然后插入另一个 SAP 字段。

8．要预览套用信件的输出，请单击邮件合并工具栏上的 ABC（查看合并数据）按钮。

9．使用邮件合并工具栏上的记录选择器（向前和向后）按钮可以查看多条记录。

如您所见，在进一步进行离线数据调整时把 SAP 数据导出给 Microsoft Excel 和 Word 非常有用，可以创建报表和图形，或者起草套用信件。把数据导出给 Microsoft Access 数据库也非常有用，特别是在生成通用报表的时候。

By the Way

注意：保存与重复

您可以把 Microsoft Word 合并文档保存起来重复使用，这样下一次使用相同的套用信件时（使用最新的 SAP 数据），只需再次打开作为文档数据源的 SAP 查询，然后从菜单中选择 List→Word Processing 选项，选择 Existing Word Document（现有 Word 文档）单选按钮就可以了。然后系统会提示您输入过去保存的 Word 文档的文件名。之后，系统会启动 Microsoft Word，显示包含最新 SAP 数据的已有套用信件。

14.3.3 在 Microsoft Access 中导入 SAP 数据

本地系统中有 Microsoft Excel XLS 格式文件或可访问的共享文件时，您可以把这种文件导入 Microsoft Access，操作步骤如下。

1. 启动 Microsoft Access。

2. 从启动窗口选择 Blank Database（空数据库）选项，然后单击 OK 按钮，系统提示创建名称，并选择数据库位置。本例中，我们使用 C:\My Documents 目录，数据库命名为 mySAP.mdb。

3. 单击 Create（创建）按钮，然后您会看到出现 Microsoft Access 窗口。

4. 要把 SAP 数据放入 Microsoft Access，可以使用 Microsoft Access 菜单路径 File（文件）→Get External Data（获取外部数据）→Import（导入）。您需要在该界面上输入之前保存的输出文件位置和文件名。默认情况下，Files of Type（文件类型）框中会列出 Microsoft Access（*.mdb）文件。您必须把它修改成 Microsoft Excel（*.xls）文件。

5. 单击 Import（导入）。就像在 Microsoft Excel 中导入文件一样，Access 中也会提供 Import Spreadsheet Wizard（导入电子表格向导）。

6. 在向导的第一个界面上单击 Next（下一步）按钮继续，第二个界面会询问创建新表还是向已有表添加数据。要创建新 Access 数据库表容纳 SAP 数据，请单击 Next。在下一个窗口中，您可以对每个字段进行命名。

7. 用鼠标选择每一栏，输入字段名称。所有字段都命名完毕后，请单击 Next（下一步）。

8. 在下一个界面上可以为每条记录分配一个特有的识别编号，完成后请单击 Next 按钮继续。

9. 最后一个界面要求您提供表名称。输入 MySAP，然后单击 Finish（完成），Microsoft Access 会弹出一个确认窗口。

10. 请在导入电子表格向导的最后确认窗口中单击 OK 返回 Microsoft Access 主窗口，这时新表已经列在 Table（表）标签上了。

11. 要查看新表，请选择它，然后单击 Open（打开）按钮。现在原来的 SAP 列表已经变为 Microsoft Access 表了，它增加了一个主键字段。

这个过程要比把 SAP 数据导出到 Microsoft Excel 中略长几步。但是，Microsoft Access 是一款有效的报表工具，大部分 SAP 客户都把它用作自己主要的报表工具，特别是在没有 SAPNetWeaver Business Warehouse（BW）、SAP Business Objects、SAP Crystal Solutions、Microsoft 的业务智能工具或者 IBM 的 Cognos 分析工具等应用程序的时候。

14.3.4 Microsoft Access 报表向导

在 Microsoft Access 中使用一个名为 Microsoft Access Report Wizard（Microsoft Access 报表向导）的工具可以轻松创建报表。报表向导可以把字段布局设计过程简化为可视化步骤，通过一系列的问答确定所需创建的报表类型。该向导会引导您顺序完成报表创建,同时在后台 Access 会根据您的选择对报表进行格式调整、分组以及排序。

要使用报表向导,请按以下步骤操作:

1. 使用菜单路径 File(文件)→Close(关闭),关闭所有打开的 Access 数据库。

2. 在主 Microsoft Access 数据库窗口中单击 Reports(报表)。

3. 单击 New(新建)按钮启动 Microsoft Access Report Wizard(或者在 Design [设计] 视图中选择 create a report [创建报表] 选项)。

4. 假定您已经打开了报表向导,请在顶部的框中选择报表向导选项,并在第二个框中选择表名称,完成后单击 OK(确定)继续。

> **注意:对比数据源**
>
> 对比多个系统的数据时把数据导出给 Microsoft Access 非常有用。比如,如果您的公司在 SAP 中存储有提供商的主数据,在非 SAP 应用程序中也存储有该提供商的主数据(这就是说您还没有实施带有主数据管理的 SAP NetWeaver 流程集成),就可以使用 Microsoft Access 快速对比这两个数据源整体数据的一致性。

5. 在字段选择界面中,选择向报表输出哪些字段。用鼠标高亮选中字段,然后用 Next 按钮把它加入报表。如图 14.14 所示,已经选择了 Employment Status(雇佣状态)字段。

图 14.14

在 Microsoft Access Report Wizard 的字段选择窗口可以指定报表输出哪些字段

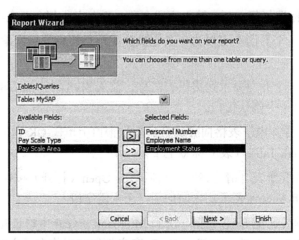

6. 当报表向导询问是否需要在报表中添加分组级别时,如果希望在报表输出中添加分组和小计功能,选择级别。完成后,请单击 Next 按钮继续。

7. 指定排序条件,如按 Employee Name(雇员姓名)排序(见图 14.15)。

8. 指定格式标准,如报表的方向(横向或纵向)以及报表布局(栏、列表或者两端对齐)。选择完毕后,请单击 Next。

9. 您可以为报表选择预定义格式。选择完毕后,请单击 Next。

10. 最后一个界面要求您提供表名称,完毕后单击 Finish 完成报表创建。

对于没有多少创建报表经验的用户来说，Microsoft Access 堪称理想的报表生成工具。使用 Access，还可以在报表中加入图形，或者为 SAP 数据创建图形和图表。

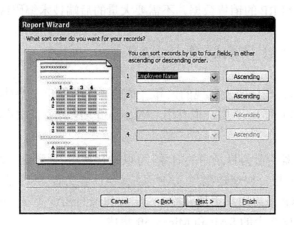

图 14.15
使用 Microsoft Access Report Wizard 可以选择多种排序标准

> **注意：使用宏**
> 如果您是 Access 的高级用户，可以考虑编写宏来自动获得最新的 SAP 下载文件，并将其导入到自己现有的 Microsoft Access 表中替换旧数据，这就实现了 Microsoft Access 导入过程的自动化。如需详细了解此功能，请在 Microsoft Access 帮助中搜索 "automate importing"（自动导入）。通过相同的方式，高级 ABAP 或 Java 编程人员可以编写程序自动生成文件供下载过程使用，从而实现从 SAP 到 Access 报表整个生成过程的自动化。

14.3.5 集成 SAP 与 Microsoft SharePoint

Microsoft Office SharePoint Server 通常用于构建公司的企业网门户和网站。有多种方法可以在 SharePoint 中集成 SAP 数据。这一功能特别有用，因为它使偶然使用的用户无须使用 SAPGUI 就可以访问发票等数据。下面列出对这种可能性的概要理解（但并不全面）。

- **使用 SAP 业务服务器页面（Business Server Pages，BSP）和 SAP Web Dynpro**：SharePoint 开发人员可以匹配 SharePoint 站点的观感，使得输出从视觉上与最终用户无缝对接。ABAP 开发工作台（事务 SE80）可以浏览可用的 BSP 应用。用 BSP 和 Web Dynpro 访问 SAP 要求使用 SPNego 技术（在第 18 章中将从技术角度简单地概述这种技术），在 SAP 和 SharePoint 之间建立单点登录。

- **使用 SAP Web 服务和 SharePoint 业务连接服务（BCS）**：ABAP 开发人员可以输出数据，SharePoint 管理员将数据拉进 SharePoint，使其作为团队的信息中心。在 SAP 企业服务存储库中可以找到可选择的 Web 服务列表。

- **将 SAP Portal iViews 部署为 SharePoint Web 部件**：在查看 SAP 门户页面并看到一个表格或者类似于电子表格的内容时，它实际上是一个 iView。SharePoint 支持双向通信，不仅可以显示 SharePoint 中的数据，还可以从 SharePoint 中更新 SAP 数据。与 BSP 和 Web Dynpro 一样，这一功能也要求设置 SSO。

此外，可以使用 Microsoft 的交互编程语言 Silverlight 构建动态和直观的业务应用。使用 Silverlight 控件，SharePoint 站点可以帮助 Microsoft Office 用户直观地按照季度、地区、产品线、业务领域等条件挖掘 SAP ERP 的销售数据，不需要大量的后端技术编码或者编程。

14.3.6 集成 Microsoft 目录服务与 SAP

尽管这一功能是在技术和管理层面上实现的，和本章的"业务用户"特性不符，但是活动目录（Active Directory，AD）对 SAP 用户很有用。Microsoft AD 为所有用户和服务提供单一安全上下文。

通过这一机制，SAP 服务器注册为目录中的对象，可以进行搜索。通过这一功能，SAPGUI 用户可以自动填充 SAP 登录面板，快速连接到 SAP 系统。AD 在方便 SSO 的设置方面也起到关键的作用。AD 集成使 SAP 最终用户更加轻松。一定要和您的 SAP 基础团队和 Windows AD 一起合作，促进这一基础层次上的 SAP 和 Microsoft 集成。

14.4 OpenText Archiving for SAP

尽管 OpenText 公司名称的含义是"开放文本"，但是它的产品完全不是开源文本处理器。相反，OpenText 公司提供 4 种通过 SAP 认证的不同归档解决方案。

- **OpenText Data Archiving for SAP**：提供将来自 SAP 的数据归档到光盘存储设备、满足联邦和其他法规关于数据存储和留存的监管要求的能力。这些数据可以直接在 SAP 中访问，从光盘媒体上读取只需要花几秒钟。许多公司仅在 SAP 数据库中保持一两年的数据，以保证系统性能的稳定。

- **OpenText Archiving for SAP**：SAP 购买了这一解决方案，更名为 SAP Archiving by OpenText，它聚焦于与结构化事务有联系的扫描文档。例如，发票、订单和员工档案被移出 SAP 数据库以节省存储空间，保证系统性能；它们被放在较为便宜、但仍然容易访问的存储设备中。

- **OpenText Document Access for SAP**：为保存在 SAP 或者另一个应用程序的所有文档和数据添加一个可从 SAPGUI 和 SAP NetWeaver 门户访问的联合视图。

- **OpenText Extended ECM for SAP**：使用 SAP 标准用户界面，跟踪和维护跨越多个应用程序的企业范围数据的分发，如电子邮件、合同、电子表单、各种报表和电子表格等。这个解决方案为 SAP 中一位或者多位客户负责人捕捉、管理、存储、保留和交付数据的能力非常实用。

14.5 SAP 和 Adobe Forms

SAP Interactive Forms by Adobe 可以在 SAP 业务流程中使用人们熟知的 PDF 表单。这种双向数据通信允许用户像 Microsoft Word 套用信函一样预先填写表单，反馈用户向 SAP 提供的输入。Adobe 交互式表单还提供了向某个流程应用业务逻辑的能力，以及收集电子签名并应用到对应文档的能力。

对于 SAP 最终用户来说，这些熟悉的表单很容易使用和完成。SAP 通过不同 SAP 解决方案（如 SAP HCM、SAP 财务、SAP SRM、SAP CRM 等）提供 2300 多种（打印和交互形式）的标准表单。SAP 的客户可以导入这些表单并根据自己的业务流程定制，或者从头开始创建新表单。

不管用户如何定制或者从头开始创建，打印表单都是免费的。SAP 提供的交互式表单的改编或者外观定制也都无需许可证。添加、删除或者更改静态图形单元或者样本文本的颜色或者位置，以及删除表单字段都被视为外观定制。非外观的定制包括：

> 在表单上添加交互式字段；
> 从一个表单设计复制字段到另一个表单设计；
> 更改字段在表单上的位置；
> 添加一个新图像字段（调用来自 SAP 应用的数据）并通过表单数据中的 URL 提交图像位置；
> 添加新图像字段（调用来自 SAP 应用的数据）并提交表单数据中的图像数据。

如果表单在生产中使用，就被视为修改，需要许可证。从头创建并部署在生产系统上的交互式表单也需要许可证。

14.6 小结

sFin 是基于 HANA 技术的下一代 SAP 业务套件解决方案的第一个例子。SAP 声称，很快将会有更多的简化后勤模块。在本章中我们阐述了 sFin 通过消除人工对账的需求，对财务会计和控制人员的工作流程带来的显著简化，尤其是在月末结账中。14.2 节深入介绍了 SAP 与常见办公应用的集成，如 Microsoft Excel、Word、Access 和 SharePoint，还简单介绍了 OpenText 为 SAP 提供的解决方案、Adobe 交互式表单以及其他此类解决方案。

14.7 案例分析

请考虑以下案例，并回答之后的问题。您可以在附录 A 中找到与此案例分析相关的问题答案。

14.7.1 情境

MNC 运行 SAP 业务套件和 Microsoft Office，由于合并，有多套 ERP 系统在用。财务部门对于月末结账期间会计们必须在周末加班对账而感到不快，营销部门埋怨用 SAP CRM 中的客户地址生成套用信函的工作量太大。客户支持部门寻求让客户填写投诉表单的简易方式，所有部门都急需文档管理和归档系统。和往常一样，IT 预算很有限。

14.7.2 问题

1. MNC 的财务部如何减少 FI 和 CO 凭证之间的数据对账工作量,消除财务结账瓶颈?
2. 实现简化财务流程有何选择及先决条件?
3. MNC 的最终用户如何快速地将数据下载到办公应用(如 Microsoft Word 或者 Excel)中,而不需安装附加的软件工具?
4. MNC 的营销部门如何从 CRM 中捕捉用于生成 Word 套用信函的客户地址?
5. 如何用来自 SAP 的数据填写表单?客户在此表单中输入的数据如何进入 SAP?
6. OpenText ECM 套件为 SAP 解决方案提供了哪些功能?

第15章

SAP 项目经理的视角

在本章中您将学到：
- SAP 的 ASAP 8 实施方法学及其演变
- SAP 项目团队扮演的角色和团队构成
- SAP 领导实体协同工作的必要性
- 其他现代 SAP 项目管理方法
- 成功项目团队的特征
- 工具和项目竣工

正如我们在第 2 章、第 3 章和第 4 章中所介绍的，可以从业务、技术以及项目管理角度来审视 SAP 实施。项目管理角度非常重要，因为它要把业务和技术视角合并为一个整体方案，帮助公司最终实现实施 SAP 系统的价值。本章我们将深入探讨项目管理视角。

15.1 SAP 实施方法学

SAP 公司很久以前就发现，如果没有合理的实施线路图，客户往往无法理清或者根本不会认识到通过 SAP 重新设计业务流程所要实现的目标。在解释自己失败的原因时，他们总是归咎于 SAP 过于复杂。实事求是地讲，SAP 的软件确实很复杂，而且实施起来要耗费大量的时间，但是造成这种复杂程度主要原因却并不在 SAP 本身。SAP 实施难度大主要是由下述原因导致的。

- 大型企业的运营本身就很复杂，特别是涉及多业务线及多个国家时。
- 全球的实际情况（语言、货币、监管实体等）是极其复杂的因素。
- 业务用户一般不情愿改变既有的工作方式，新业务流程、应用、用户界面等需要业务用户学习得更多、工作时间也更长。

- 执行官和其他业务主管内心不愿意接受这些变化，以及由于引入 SAP（或者竞争对手的企业管理产品）这种能够引起天翻地覆变化的系统所带来的风险，他们需要好的业务根据、卓越的风险缓解策略以及某种可量化的投资回报（ROI）。
- SAP 项目的投资回报（ROI）很难客观计算，许多情况下甚至根本不可能计算出来。
- 直到最近，IT 计算平台在客观上一直限制着创新，或者无法为机构的业务应用提供必要的技术敏捷性，因此也无法获得更高的业务敏捷性。
- SAP 实施团队普遍缺乏基本的计划管理、变更管理或业务转型技能，无法成功实现项目目标。
- 应用实施过程本身任务艰巨，需要反复修改，因此成本异常高昂，最后的实际支出往往会高出预算一倍！

为了确保自己的软件能够实现客户的预期目标，SAP 必须提供一套可预测的方法学。正如我们在前面曾经提到的，这套方法学就是加速 SAP（Accelerated SAP，ASAP）。在本书编著时，ASAP 8 可以从 SAP 服务市场上找到：https://service.sap.com/asap。

如果业务流程变更管理过程处理不好，SAP ERP 这样的复杂项目很可能会失败。为了避免这种情况发生，启动项目时应该在所有利益相关人之间就整个项目的控制、管理和实施方式进行有效的协调和职责划分。这不仅可以促进项目成功完成，还有助于项目人员始终关注项目的价值以及项目试图解决的业务问题的处理。

15.2 ASAP 简介

ASAP 环境最初的设想是用于小型的 SAP 项目（因为较大的项目需要系统集成商，它们通常会引入自己的方法学），而在后来的应用中它却逐渐演变成了从项目管理视角描述 SAP 实施线路图的实际标准。它可以从业务和 IT 视角帮助机构理清对当前的运营环境、组织结构、运营系统和业务流程进行改革的意义。今天，ASAP 特别关注快速（通过更新的加速器、规范指南和工具），逐步地提供价值（而不是等到项目结束才提供全部价值）。

自 ASAP 开发成功以来已经将近有 20 年时间了，小型和大型系统集成商都一直把它用于创建 SAP 实施线路图。ASAP 可以引领项目团队通过"质量之门"优化实施 SAP 所需的时间、人员和其他资源。

ASAP 提供了可重用的模板、工具和培训，这通过一系列工作流实现，交织于该方法学的各个阶段。这些工作流类似于焦点领域，包括：

- 项目管理；
- 组织变更管理；
- 培训；
- 数据迁移；
- 数据归档；

- ➢ 价值管理；
- ➢ 业务流程管理；
- ➢ 技术解决方案管理；
- ➢ 应用生命期管理；
- ➢ 测试管理；
- ➢ 移交管理。

每个工作流包含了 SAP 加速器、规范指南和 ASAP 不同项目开发策略支持的最新内容，包括将 SAP 项目作为迭代的"敏捷"项目运行的能力。要让 ASAP 更快、更可预测地交付价值，需要对 SAP 方法学进行一些修改，目前，ASAP 包括如下阶段。

- ➢ 阶段 1：项目准备；
- ➢ 阶段 2：业务蓝图；
- ➢ 阶段 3：实现；
- ➢ 阶段 4：最终准备；
- ➢ 阶段 5：启用和支持；
- ➢ 阶段 6：运营（也称为运行）。

与早期版本相比，ASAP 8 已经做了广泛的更新，敏捷方法的加入和包括组织更改管理、蓝图编制、测试、培训、移交规划、更新的项目管理内容等新增内容使第 8 版本更值得采用。图 15.1 提供了 ASAP 8 路线图的一个视图，以及执行每个阶段通常花费的时间（但是，SAP 上线后的运行实际上是长期的过程）。下面将对每个阶段分别介绍。

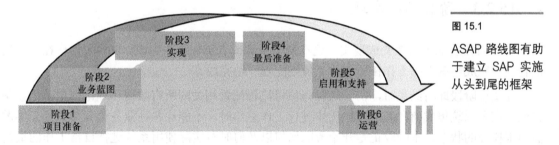

图 15.1
ASAP 路线图有助于建立 SAP 实施从头到尾的框架

15.2.1　阶段 1：项目准备

阶段 1 包含了启动 SAP 实施项目所需的必要工作。在这个阶段中，要开始组建项目团队，然后，由该团队负责开始确定、搜集、开发和管理实施项目管理所需的各种资源和工具。这个阶段要完成一些里程碑式的工作：

- ➢ 获得高层管理人员/利益相关人的支持；
- ➢ 明确项目目标；
- ➢ 建立有效的决策流程；
- ➢ 创造一种有利于进行变更和重新设计的工作环境；
- ➢ 组织一支合格、有能力的项目团队。

15.2.2 阶段2：业务蓝图

业务蓝图设计阶段的设置意图在于帮助提取实施 SAP 的公司的相关信息，然后把现有机构的业务流程映射到行业最佳实践中去。蓝图设计信息通过模板进行收集，而模板从根本上说是一些问卷，用于发掘具体的业务数据，显示公司当前是如何（或者应该如何）执行业务的。因此，这些问卷还具有记录项目实施必要性的功能。每个业务蓝图文件都会对业务需求进行总结，因此蓝图设计工作可以说是之后进行业务流程改革的基础性工作。问卷问题的类型与各种业务功能密切相关，可以反映出数据要点，比如完成采购所需的具体信息，或者具体财务报表所需汇总的信息等。

问答数据库（Question and Answer Database，Qadb）等工具最初用于支持创建和维护业务蓝图，所有数据都存储在这里，因此它实际上是蓝图的核心。而现在，系统集成商已经把自己的方法论与工具相结合，取代了 Qadb，但是工作过程和原理并没有什么变化。SAP 问题数据库（SAP Issues Database）也是如此，它是另一种在蓝图设计过程中使用的工具。这种数据库及其后续替代产品都用于保存与实施相关、受到广泛关注或者有待解决的问题。集中存储这种信息有助于搜集和管理问题、寻找解决方案，使重要问题不至被忽略或遗漏。数据库的设计形式使这些问题便于搜索、解决和进行任务更新。

当今的 SAP 实施团队使用 SAP 解决方案管理程序（SAP Solution Manager，SolMan）保存业务蓝图——第 2 阶段的主要成果。SolMan 比大部分其他替代产品更加稳定、强大，可以为当今的实施工作提供更好的可见性、审计能力和支持功能。

15.2.3 阶段3：实现

第 3 阶段将业务蓝图变成现实，这在两个步骤或者工作包中完成，80% 的工作在"基线位置"中完成，剩下的工作在所谓的"最终配置"中完成。

在实现阶段即将结束时，需要确保与项目流程配置相关的所有数据和理论依据都已搜集完整。在主系统集成商和其他合作伙伴进行工作总结时，不能让各种业务流程知识处于零散而尚未梳理的状态。本阶段正是开始考虑如何以及何时对实际使用系统进行日常工作的最终用户进行培训的最佳时机。

第 3 阶段会消耗实施项目大部分的时间和资源。业务蓝图汇总设计完毕之后，业务功能专家就可以开始进行 SAP 系统的原型设计和配置了，他们要对蓝图设计阶段总结的业务流程进行必要的建模工作。实施阶段分两步完成。

- 基线配置：由 SAP 咨询团队配置一个具有基本功能的系统，用作之后细化设计（进行更细致的配置）的基线系统。
- 细化配置：基线系统建立后，由项目实施团队对系统进行细化，以满足蓝图提出的具体业务流程需求（通常特定于行业或公司）。

在配置过程中要根据蓝图设计文件提供的信息来完成初始配置。该配置大约要实现系统最终能力的 80%。剩余的 20% 配置不在基线阶段处理，而在细化配置过程中完成。细化配置要考虑到例外情况，以及满足业务需求所需的最终调整。在从第 3 阶段过渡到第 4 阶段时，不仅应该已经开始进行 SAP 培训，而且功能测试、集成测试以及总体解决方案性能测试和压力测试也都应该已经接近尾声了。

15.2.4　阶段 4：最终准备

第 4 阶段包括启用前计算平台以及 SAP 应用程序的最终准备和微调工作，另外还包括了把旧系统的数据最后迁移到 SAP 系统上的工作。剩余的功能、集成和压力测试都必须在此阶段完成。如果最终阶段发现问题，或者发现缺少功能，项目团队将面临巨大的压力。不要在系统启用后进行大规模的返工，因为以后新版系统发布或者对整个系统进行大规模改造时会有充足的时间添加新功能。现在只需确保 SAP 系统能够提供运行业务所需的核心业务功能即可。

这个阶段还应该对平台进行所有最终的预防性维护工作，验证整个系统的能力即使未达最优也能符合要求。系统的在线响应时间性能和重要的批处理任务和报表性能对于最终用户感觉项目是否成功有着举足轻重的影响。

最后还要留出充足的时间规划和记录启用支持策略。除了一般的电脑操作和 IT 维护工作，启用准备工作还包括准备回答最终用户的各种问题，对于刚开始积极使用新 SAP 系统的用户来说不时遇到问题是不可避免的，比如应该确保 SAP 服务台配备有经过充分培训的人员为新系统提供支持。

15.2.5　阶段 5：启用支持

系统启用这个里程碑式阶段只是一个时点：只需扳动开关，用户就可以开始使用新系统了，但是策划如何顺利平稳地实现启动实际上与人们的想象大相径庭。准备工作非常重要，不仅要注意针对设想的与各个业务流程部署相关的情境做好准备，还要了解业务流程底层的技术是如何执行的。需要对业务流程的性能进行主动监视。与之相似，技术堆栈层也需要进行监视，检查每层和计算平台是否能够支持 SAP 应用程序满足业务的服务水平协议（SLA）。

另外，不要忘记确定维护合同、启用后的咨询协议，以及对所有操作流程和步骤进行记录。幸运的是，SAP 支持人员已经成功支持过无数系统的启用，而且在 SAP 的合作伙伴社区里有丰富的经验信息供大家分享。此外还有许多其他资源可用，包括博客、维基百科和白皮书，还可以参考各种 SAP 的出版物、SAP 自己的在线支持网站等。您可以转到第 24 章了解详情。

15.2.6　阶段 6：运营（运行）

运营阶段（仍然常被称作运行阶段）是 ASAP 方法的最后一个阶段，这个阶段的目标是确保启用后系统能够持续良好运行。SAP 可以通过多种工具帮助 IT 机构实现可用性高、性能良好的系统，其中最重要的是 SAP SolMan。

15.3 SAP 项目领导

典型的 SAP 项目实施领导机构包括了一个由项目发起人领导的执行指导委员会（或称项目委员会）。SAP 项目总监（也称为 SAP 计划经理 [PgM]，有时称为 SAP 项目主管）对该委员会负责，而核心项目团队本身由 SAP 项目经理（PjM）领导。对于中等和较小的项目，PgM 和 PjM 由一人承担。计划和项目经理领导多名"领域"或项目组长，称作业务流程分析师（BPA）。每个 BPA 领导多个 SAP 工作流（或"排"）。常见的 SAP 排包括订单管理排、采购排、仓库库存排等。您可能已经注意到了，排相当于功能业务领域，因此，各排的 BPA 是负责通过 SAP 业务功能交付特定业务流程集的核心功能团队领导。

15.3.1 执行指导委员会

执行指导委员会（有时候也被称为项目委员会）由 SAP 项目关键利益相关人、行政决策人、高级业务和 IT 主管以及其他一些对 SAP 所交付的价值有着浓厚兴趣的利益相关人构成。该委员会应该具备在项目的内部和外部条件发生变化时掌控项目实施的能力，因此至关重要。项目发起人是该委员会的关键成员，要与 SAP 项目总监一起领导项目实施。委员会其他成员包括下面这些角色。

- 委员会主席，如果不是项目发起人，一般就是对实现 SAP 有着极大热情的高级行政主管。
- 公司项目管理办公室（PMO）主管。
- 重要的功能领域或工作流程主管，他们均为各自业务领域（如财务、制造、物流、全球销售等）的高级代表。
- 公司的首席信息官（CIO）或其他对 IT 相关问题的决策有最终话语权的高级 IT 代表。
- 企业计算平台主管（或负责相似职责或权利的人），他一般负责着当前的系统，而成功引入 SAP 系统后，这些当前系统就会退役。
- 来自 SAP 公司的一位代表，协助沟通和利益相关人管理，找出实施中的障碍。此人常常是 SAP 公司任命的计划或者项目经理。
- 一位执行官级的首席架构师（其一般也会被 SAP 公司任命为计划或项目经理），此人要担任指导委员会的 SAP 技术联络官，负责制定战略技术方向，甚至推动 IT 相关决策。

大多数情况下指导委员会每周（或者更短的时间）召开会议，检查项目状态，快速解决问题、颁布决策、建议或者总体意见。执行指导委员会的主要任务如下。

- 确定和审批项目范围，包括不可避免的范围变更。
- 确定该项目在所有公司项目中的优先级别。
- 确保企业提供必要的资金和资源，确保项目实施成功。
- 在资源或者日程安排出现冲突时设定优先顺序。

- 解决争议。
- 为项目投入资源。
- 监视项目实施进程及其影响。
- 赋予团队决策权。

高管层认可的重要性以及其他方面的影响也不容小视，它们会直接影响项目是否实施成功。因此，历史上许多 SAP 实施项目是因为没有得到高管明确统一的支持而遭到失败的。

15.3.2 项目发起人

项目进行到这时，某些高管已经确信实施 SAP 对于公司和许多利益相关人来说是明智的决策了，而还有一些高管可能还是对此犹豫不决，无法确定业务部门能否走上正轨，或者对在 SAP 上的投资是否会获得合理的回报或者符合机构的长远利益存在怀疑。而项目发起人在帮助大家统一思想方面担当了重要角色。他（她）要积累正面影响，赢得大家认可，并向整个公司广泛介绍项目的益处。项目发起人应负责以下工作。

- 提供确保项目顺利进行所需的企业领导力。
- 领导项目委员会解决各种问题。
- 担负起管理委员会引擎的角色，成为最终用户部门及其功能领域与 SAP 项目之间、SAP 项目与公司高管团队之间的桥梁。
- 帮助公司在项目伊始确定与谁合作来实施和监管 SAP。

项目发起人还应积极参与选择代表公司领导 SAP 实施的项目主管候选人，即下面我们讨论的公司内部项目主管。

15.3.3 SAP 计划或项目总监

SAP 项目总监是 SAP 实施项目中最重要的角色，该职位一般都是由参与实施 SAP 的系统集成商雇员担当，这位总监和公司及合作伙伴领导紧密协作，推动 SAP 实施。该角色的重要职责包括：

- 为项目的领导层、可审核性、角色模型等定调；
- 在公司 PMO 机构中主持和管理项目；
- 担当与项目委员会的联络点和问责点；
- 通常在指导委员会中有一席之地；
- 从资源同步和人员配置上控制和管理项目；
- 管理成本、项目进度、质量以及各个功能领域和团队遇到的其他重要问题；
- 当业务需求与 IT 能力不匹配时，担任升级决策人；
- 在风险管理、升级的质量问题以及沟通项目整体里程碑和状态方面保持好项目实施节奏。

在项目执行期间，项目总监要付出大量的时间管理其他负责蓝图设计、测试方案设计和测试、培训方案设计和交付、生产支持的人员，还要花费很多时间开发过渡方案（确保有条不紊地从传统系统过渡到新 SAP 系统）。

15.3.4 项目管理办公室

SAP 项目实施需要有一个掌握行政权力和各种业务/IT 关系的组织机构来进行全面管理。这个团队通常被冠以项目管理办公室（PMO）的名称，负责开发和协调各类团队成员的合作环境，把团队凝聚成一个整体努力争取成功。

SAP 项目很可能只是 PMO 管理的多个在途项目之一，但是可能最受重视。PMO 负责人通常向企业的某位高管以及负责组织 IT 职能的高管（如 CIO）报告，因此对公司内部工作以及内部政治环境了如指掌。PMO 负责人可能指派一名高级项目经理领导负责 SAP 项目的三方项目经理（分别代表公司、主 SAP 系统集成合作伙伴，以及 SAP 公司本身的经理）进行工作，在较小的机构中也可能自己担任这一角色。PMO 的主要工作包括：

➢ 管理项目范围和资源规划，根据项目目标检查和调整资源和预算；
➢ 开发和维持整体项目规划，并安排各项任务的时间进度；
➢ 最大限度地提高项目质量，包括在必要的时候把问题提交给利益相关人委员会或项目委员会进行探讨；
➢ 管理项目沟通，包括定期报告，以及分阶段或根据环节具体情况定期举行会议，以此来监视和促进项目向前发展；
➢ 管理风险和突发事件，在优先级和领导人意见发生冲突时，为项目团队提供指导意见。

我们下面要对以上各项责任进行探讨。归根结底，PMO 的任务是要提供必要的资源和方法，确保 SAP 实施成功。

1. 范围管理

管理工作范围对 PMO 来说异常重要。天马行空，无所拘束的心态既无益于公司的 SAP 实施工作，也无法帮助 IT 团队明确目标。如果没有约定清晰的职责范围，项目结束时是绝对无法皆大欢喜的（如果职责范围不明确，那么是否能走到项目结束那一步也很难说）。范围的变更是不可避免的，需要积极管理，以确保范围变更得到很好的审查，并广泛地考虑其影响。

2. 进度规划

高效实用的项目建立于准确的任务时间估算之上，而且需要通过控制实现进度平衡，通过主动和灵活的管理掌控时间支出。项目启动时建立的进度表肯定不会一成不变，因此，项目团队中的各种利益相关人必须定期举行会议，讨论可能出现的意外情况以及各种影响进度的潜在问题。项目过程中始终坚持定期更新进度表可以让利益相关人及时了解整个项目执行中的时间安排。

进度表可以展示出里程碑、关键路径活动的时间要求，以及资源部署承诺的相对重要性。项目约束以及其他潜在问题的影响进一步突出了进度规划的重要性。请注意，有效的时间规划需要进行风险评估，对于时间超限会明显影响项目成本、进度或质量的任务，需要为其分配缓冲时间。因此，应该保证每天对进度表进行检查。

3. 质量规划

质量规划（不是希望）可以帮助确保各项项目任务以及项目整体实现预期目标。请注意质量保证（Quality Assurance，QA）和质量控制（Quality Control，QC）之间的区别。QA 与 PMO 的工作流程相关，用于确保在质量规划和系统评估活动中把项目的各种任务囊括在内。相反，QC 确定的是项目的结果是否符合既定的质量标准，这是通过定期的过程监视活动实现的。QA 与 QC 相结合可以帮助确保项目负责人能够尽早解决质量相关问题。

4. 沟通规划

在任何项目中，项目经理都需要定期就项目进展和活动与许多利益相关人进行沟通。而团队的所有成员也需要以某种形式或方式相互沟通，或者与外部的利益相关人、工作搭档等人员进行沟通。对于 SAP 这种复杂、多阶段、需要协作的项目来说，良好地规划如何进行沟通尤为关键。

5. 风险和应急规划

任何项目都有其固有的风险因素，范围、时间、人员配置、高管支持等方面的变化会影响项目的进度、依赖关系、成本、质量、任务完成情况等。因此，项目经理有责任尽可能地发现重要风险（例如，用风险和问题日志进行跟踪），这样就能在出现任何真正的紧急情况前，对可能发生的突发事件进行权衡和推导。

15.4 项目团队构成

掌握了项目方法学的概要知识以及 PMO 的详细情况之后，现在我们可以把注意力转向 SAP 项目团队及其子团队了。SAP 项目团队要体现出在设计、构建和技能方面的综合能力，它对于实施成功与否举足轻重。项目成功需要行政管理支持、底层 IT 支持，特别是将来要过渡到 SAP 系统上的公司各个业务部门对项目团队的认同和对项目的积极参与。在组建项目团队时，需要考虑以下几点。

- ➢ 对所有影响 SAP 安装的业务领域进行评估（如财务部门、会计团队、仓储人员、工厂维护部门、行政决策机构等）。
- ➢ 从管理和领导责任到专业技术技能，确定每位团队成员所需的技能。
- ➢ 对具体负责支持 SAP 的公司 IT 部门成员（有时候也称为 SAP 支持团队或 SAP 虚拟团队）进行评估。

公司的项目团队需要包含受到该项目影响的业务团队的重要成员，以及在 SAP 系统启动前后负责提供支持的 IT 部门的重要人员。高管的支持绝对必不可少。在项目团队中，必须使成员集中力量对日常事务进行开发，即使他们关注公司的长期目标也是如此。图 15.2 给出了一个项目团队结构的示例。

对角色和需要完成的任务有了认识，就可以将整个项目团队组织成特定的业务和技术团队负责各自的领域。

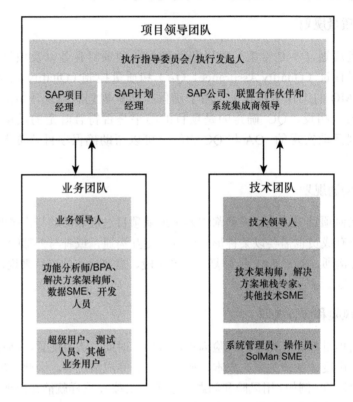

图 15.2
在 SAP 项目团队中，业务团队和技术团队应该向一个中心领导实体报告

15.4.1 业务配置团队

业务流程分析师（BPA）组成不同的业务配置团队，这些团队对 SAP 的实施至关重要。BPA 的数量取决于项目的范围（也就是部署的应用程序和实施的具体模块或功能）。

业务团队可以按照大流程（如订单到收款）或者功能模块（如 SAP ERP 销售与分销、SAP 物料管理等）组织。在实现阶段的第一部分中，业务团队原型化每个业务流程或者蓝图中描述的情景。通常为每项工作使用一个或者多个业务沙箱。原型完成和业务流程模型完善（或者足够好）之后（可能需要几周到几个月），这些团队开始配置（也就是在 SAP 开发环境中真正配置 SAP 业务流程）。

15.4.2 开发和定制团队

开发人员负责定制系统，完成无法"配置"为开箱即用的工作。因此，开发团队填补 SAP 的缺陷。这些开发人员使用 ABAP、Java、Microsoft .NET 或者其他软件程序和编程语言，创建自定义代码或者与其他应用的特殊集成点。这些定制配置中有些很快就能完成，而其他一些定制工作可能要花费许多个月开发、测试和改善。

15.4.3 集成团队

集成团队是另一个面向业务团队，其焦点是集成不同应用和模块中的业务功能。这对于确保新 SAP 系统业务流程在不同应用、模块和技术中顺利工作至关重要，如果忽视了这一点或者管理不善，可能造成无法跨越的边界。这一工作在测试或者 QA 环境中进行，在配置团队完成第一轮配置之后立即开始。集成测试贯穿了实现阶段的其余部分。

15.4.4 测试团队

测试团队负责识别 SAP 功能、性能和能力上的问题，他们的目标是帮助创建一个高质量的解决方案。测试团队使用现有模板或者创建新的"用例"，反映每个将来的业务情景。在每个业务情景测试中，该团队发现没有按照预期工作的领域，例如某个类型的客户可能无法下特定类型的订单，或者某些业务单位无法访问关键信息。此类问题数不胜数，而且常常很复杂，使测试团队和所使用的流程成为项目最关键的因素之一。测试团队定期向开发和配置团队报告其发现，后者修复错误的配置、定制功能和集成（并重新测试）。

15.4.5 数据团队

所有 SAP 配置、开发和测试进行的同时，另一个团队关注数据。这个团队致力于理解数据如何在业务流程、系统和利益相关者之间流动，这有时候被称作数据架构或者信息架构。数据专家了解旧系统中有多少数据需要保留、保留在哪里、保留多长时间，他们还确定需要移到新 SAP 系统中的数据，包括移动的方法。例如，公司可能需要将传统系统最新事务数据的一个大型子集转移到新的 SAP 系统中，并在一个参考系统中保留其他数据，以符合法律或者监管要求。其他数据可能需要保存在一个数据仓库中，以便查看旧订单、发票或者采购请求。

还有一些数据如客户主数据、参考数据、仓库库存、财务余额等需要转换和迁移到新的 SAP 系统中。

15.4.6 应用和平台安全团队

以最终用户角色、授权和总体安全性为焦点的团队将与所有其他业务团队一起，帮助确定有权查看、创建和更改数据的人员。类似地，技术团队的一部分致力于确保 SAP 平台和系统的物理安全、病毒保护和其他安全防护。和业务团队成员一样，这些安全专家在实现阶段开始时立刻介入，在整个项目期间持续工作。

15.4.7 技术团队

还有许多代表着不同 SAP 技术团队的技术专家自始至终参与实现阶段。这些专家中，很多人为 SAP 技术团队（历史上曾经称为 SAP 基础团队）工作。因为 SAP 应用的数量在过去 5 年内有很大的增长，必备的系统格局数量也每年都在增长。SAP 技术团队规划安装，并管理 SAP 应用层。从 Ariba 到 Business Objects、从 Business Warehouse 到 hybris、从客户关系管理到供应商关系管理、从解决方案管理器到 Success Factors 等，SAP 技术团队的工作遍及整个项目。

还有另一个需求：管理和导航到技术与功能之间的模糊区域的需求。技术-功能团队处理这方面的问题，其架构师和咨询师在蓝图制定开始之后特别重要，他们帮助业务团队有效地与技术团队进行沟通和合作。虽然他们并不深入业务和技术，但是在两个学科之间起到了桥梁作用。

基础设施团队是另一个重要的技术团队。对于内部环境，该团队负责设置运行 SAP 应用所需的服务器、操作系统、磁盘子系统、数据库和私有云资源。这些团队成员从业务和技术沙箱开始，安装计算平台基础设施和 SAP 应用并打上补丁。之后，他们在开发系统、测试/QA 系统、生产系统等环境中进行相同的工作，小心谨慎地移动和同步系统之间的配置更新。

其他技术团队运营计算机和其他基础设施，管理和维护所有系统。

还有许多其他技术团队也在实现阶段起到重要的作用，例如，培训团队为最终用户使用新系统做好准备，专注于用户体验（UX）的团队可能创建基于 Microsoft SharePoint 或者 Adobe Forms 的易用前端，其他 UX 开发人员可能开发应用，使 iPhone、Windows Phone 或者 Android 智能手机能够访问 SAP。还有一些技术人员可能安装远程访问服务，使最终用户可以在带宽较低的地区用 Citrix 或者 Microsoft 远程桌面服务（RDS）访问 SAP。

15.5 项目团队成员特性

不管 SAP 项目团队成员的具体角色是什么，整个团队（和个人）都应该具有 5 种关键特性：

- ➢ 善于评估新系统所实现的功能或者个人及公司范围内全体业务流程的影响；
- ➢ 确定当前业务流程影响的能力；
- ➢ 理解 SAP 软件处理的工程需求的具体业务流程的能力；
- ➢ 设计和完成跨企业 SAP 结构、层次和业务流程配置集成所需的知识；
- ➢ 在实施过程中高效地分享知识，在系统上线之后长期作为知识提供者；

组建和准备好了合适的团队，就可以很好地实现 SAP 项目了。

15.6 项目工具和其他方法学

由于 ASAP 长久以来已经证明了自己的有效性，SAP 的大多数实施合作伙伴通常会继续使用 ASAP 框架或者它的定制版本。多年以前 ASAP 就衍生出了 GlobalSAP 以及后来的 ValueSAP。ASAP 的用途主要限于刚性阶段，而事实上各个实际实施阶段经常重叠交错，企业也经常会发现由于地理上分阶段部署的结果导致多个 ASAP 阶段同时进行，而这些都与 ASAP 的方法论不符。因此新的 SAP 部署方法论在实施过程中增加了对核心关注点的评估和持续业务改进，这些变化有助于克服前面提到的一些不足之处。

在引入 ASAP 多年之后，SAP 公司发布了一种改进型的交付工具——SAP 解决方案管理程序（SAP Solution Manager，SolMan）。今天，SolMan 已经相当成熟了，不仅可以为项目实施提供多种线路图，还改进了功能内容，其中包括样本文件、新模板、预设业务流程库以及出色的项目管理工具。SolMan 也不再是可选的，它成为了必要的实施工具。

SAP SolMan 在 ASAP 基础上构建。最近增加的 Learning Maps 功能进一步增强了它的项目监视和报告能力，这是一种与角色相关、可以通过互联网使用的培训工具，具有在线辅导和虚拟教室的功能。通过这种方式，项目团队可以快速进入角色。由于 ASAP 和 ValueSAP 方法论的培训和相关支持已经被 SolMan 取代了，项目团队应该从基于 ASAP 的方法论过渡到那些 SAP SolMan 能够提供支持的方法论上。

但是有一点需要注意，这些方式归根结底仍然是能够提供支持模板的框架和方法学。即便 SolMan 只能为实施提供方便，还有许许多多的实际工作要亲自完成，但是，如果您希望部署的是众所周知的成熟 SAP 功能，而且有意要避免过多的定制部署工作，那么 SolMan 仍将会是您实施工作不可多得的利器。

15.7 项目竣工

每个成功的 SAP 最终会迎来竣工的时点，此时新系统启用，旧系统退役，项目团队终于可以从容地转劳为逸了。生产过渡完成，新系统启用之后，对于项目总监来说，显然项目已经结束或者"竣工"了。应该在以下方面总结获得的经验教训，并编写 SAP 项目竣工文件：

➢ 把项目目标与已实现的功能进行对比；
➢ 把项目的实际交付质量与质量要求等级进行对比；
➢ 项目问题的状态和最终结果。

回答如下问题也很重要。

➢ **项目文档**：所有项目文档是否都已经由责任客户方进行了验收签字？
➢ **项目的财务健康状况**：是否所有费用都已支付或协商完毕了？
➢ **财务结果**：项目的预算和财务状况的最终报表是否已编制？是否可以提供给利益相关人委员会？
➢ **项目团队评估**：是否对每位项目成员都进行了书面评估，并且已提交？

总结项目团队在项目实施过程中学到的经验教训非常重要。项目问题和解决方案、变更订单的状态、安装和配置检查表等构成了有用的项目内在信息和知识库。此外，要注意跟踪和归还项目团队使用的所有资产，归档或销毁机密或保密材料，结束其他内部事务。

最后，我们发现在项目竣工之后，许多公司低估了上线后的"维护模式"。SAP 项目完成之后，很快就需要升级、启动支持包循环或者启动核心上线时未实现功能的子项目。可以这么认为，您永远都没有离开 SAP 项目。一定要注意，不要在处理持续 SAP 维护和支持的必要流程和规程（将在第 21 章中讨论）就位之前过快地收回资源。

15.8 小结

本章介绍了 SAP 经过更新的项目实施方法论 ASAP，SAP 开发它是为了满足以可重复方式管理 SAP 的需求。我们还对重要的领导职位、SAP 项目团队和子团队、相关管理焦点领域等进行了简要介绍。本章最后对项目执行和控制事务以及项目收尾过程进行了讨论。

15.9 案例分析

请阅读案例分析情境，回答后面的问题。您可以在附录 A 中找到与此案例分析相关的问题答案。

15.9.1 情境

MNC 正准备把自己过时的人力资源管理系统更换成 SAP ERP HCM。假定您拥有 20 年的项目管理和业务经验，并且在 MNC 公司建立了良好的业务和 IT 关系网，因此公司选择您担任 SAP 项目总监的职务。您需要向指导委员会做本项目的可行性简报。请在做简报之前对以下问题进行快速评估：

- 项目必须在当前日期算起的一年内完成。
- MNC 已经前瞻性地建立了强大的 PMO（项目管理办公室）。
- MNC 没有高级技术主管或系统架构师。
- 人力资源部副总监亲身经历过失败的 SAP 实施项目，并公开表示不喜欢 SAP。

15.9.2 问题

1. SAP 的 ASAP 方法论如何帮助该项目在一年内启用？
2. IT 团队在 SAP 方面缺乏技术领导，您应该求助于谁？
3. MNC 的 PMO 应该如何为项目进展提供支持？
4. 鉴于人力资源部副总监不愉快的 SAP 经历，您会面临哪些挑战？
5. 考虑整个情境，您会向指导委员会就此项目提出哪些初始建议？

第 16 章

从技术专家的视角看 SAP

在本章中您将学到：
- 把业务优先级映射到技术实施中
- 理解系统响应时间和 CPU 负载的关系
- 如何使用 SAP Quicksizer 和读取 SAP Early Watch 报告
- SAP 系统可用性和安全性的一般技术知识
- SAP 基础技术团队组建和工作考虑因素

在从项目经理的视角审视过 SAP 之后，现在我们可以从 SAP 基础专业人员的角度考察一下 SAP 项目了。就像高楼需要稳定的地基一样，SAP 解决方案堆栈及其技术团队需要提供类似的坚实基础。毕竟，SAP 技术（或者"基础"）团队对短期的贡献最大，并且为开发人员和配置人员最终创建 SAP 业务解决方案打下了基础。

这些公司内部的 SAP 基础专业人员以及公司外咨询人员要负责规划、交付和维护运行 SAP 所需的技术架构。从战略技术架构到如何运行系统这样的战术决策，SAP 技术专业人员工作范围之广几乎无所不及。

16.1 转移重心：从业务到技术

业务蓝图设计和项目管理任务处理完毕后，下一阶段就是执行 SAP 部署工作了，它涉及到 SAP 组件和产品底层的技术架构。SAP 基础专业人员和其他专业人员需要根据项目之前步骤中总结出的业务需求来确定和部署所需的实际 SAP 组件。SAP 基础团队会暂时把 SAP 项目的重心从业务转移到技术上来。蓝图制定和设计工作让路给了如何集成各种 SAP 和第三方应用程序、如何具体开发和测试使用的方法论，并最终评估和选择 SAP 计算平台（硬件、一种或多种操作系统以及数据库软件的组合）等问题。这些步骤中，许多都包括在了 SAP 的安装主指南（Installation Master Guides）中，我们下面对它进行讨论。

16.1.1 安装主指南和 SAP Note

即使对于经验丰富的 SAP 专家来说，安装 SAP 的准备工作（更不要说实际安装过程了）也是千头万绪，纷繁复杂。准备工作的最佳起始点就是 SAP 的各种主指南（Master Guide）。每个组件的主指南不尽相同，但对成功都不可或缺，请一定要加以利用。

但是，除了主指南之外您还需要很多东西。您需要阅读许多与实施项目的技术情境相关的具体安装说明（SAP Note）。获取指南和说明非常简单：用浏览器登录 http://service.sap.com/instguides 和 http://service.sap.com/notes（后者需要 SAP Service Marketplace 用户 ID）。

及时查看所有相关说明是很麻烦的工作，因为说明中多处引用其他 SAP 说明。此外，相关信息可能隐藏在 SAP 开发人员网络（SDN）[①]、SAP 社区网络（SCN）[②]和各种博客中，互联网搜索可能发现令人吃惊的有用线索。

您应该花时间通读指南，确定自己是否要真的继续实施。您是否遗漏了某个软件？是否使用了安装指南推荐的最新补丁和升级包？您的服务器和磁盘平台能否达到任务要求的标准？诸如此类的问题都需要在真正动手实施前正确处理好。

16.1.2 搭建舞台：SAP 格局

在典型的 SAP 环境中，格局（Landscape）中会包含多个 SAP 实例（或安装）。由于 SAP 应用在任何公司都属于"关键任务"，在实施生产系统之前全面测试新定制、代码和补丁的理由很充分，这也就是应该用开发系统和质量保证系统补充生产系统的原因。许多 IT 部门还增加了用户培训系统以及技术沙箱（sandbox）系统，这些非生产系统不必拥有 SAP 许可证，不保存敏感数据的环境，因此可以移到云端。一旦格局中每个组件的跨度定义之后，认真观察不同系统的架构或者"适型"很重要，下面将就此进行讨论。

16.1.3 理解 SAP 适型

在开始安装 SAP 之前，必须有人对"架构"（即 SAP 环境）进行规划。这个过程完成后，还要进行一种被称为适型（sizing）的系统设计。适型是对新系统所要承担的业务和在系统需要进行的资源投资方面之间的平衡。简言之，适型是寻找能够承担最高预期负载的最小系统的过程。

您的任务是将业务需求转化成技术参数。尽管您可以使用 SAP Quicksizer 之类的工具或者简单地询问硬件供应商 SAP 能力中心的专家，但是您仍然必须接受，结果必然是"种瓜得瓜，种豆得豆"。在适型中，"种子"就是对预期负载的估算。因此，对适型的原则有基本的理解，有助于避免过高或者过低的系统格局适型。过大的 SAP 系统得到的是糟糕的 TCO；过小的系统可能明显降低业务进行的速度，尤其是系统需求（使用量）最大的情况下。

[①] 参见 https://www.sdn.sap.com/。——原注
[②] 参见 http://scn.sap.com/welcome。——原注

SAP 系统的性能取决于可用资源和实际负载的比率。SAP 用户的生产力本质上由系统响应时间决定。从用户的角度看，响应时间是用户在按下回车键之后到系统响应在屏幕上显示之间等待的时长。在这一时期，用户通常无法执行任何任务。因此，短的响应时间是每个 SAP 系统的终极目标。低于 1 秒的平均响应时间通常被认为是正常的，超过这一时间通常是对工作流的干扰。好的响应时间只能在系统启动且缓冲区填满之后才能实现——也就是在系统已经"热身"之时。所以，重启之后通常会感觉性能下降。

从 SAP Quicksizer 和硬件供应商的角度，响应时间是处理事务所需的平均时长，这指的是从处理请求到达应用服务器到应用服务器的响应传送到网络之间的时间①。从用户的角度看，响应时间还包括网络基础设施的通信时间以及终端设备上的处理时间。

从业务部门的角度，通常只在意生产系统的性能，因为这些系统直接影响企业的生产力。但是，开发和测试系统的性能也很重要，因为这些系统通过开发人员的效率，间接地影响项目成本。

> **注意：**
> 理论上，如果所有用户被迫定期发送请求（就像基准测试中的负载生成器那样），管理者们百分之百利用资源的梦想就很容易实现了。但是在现实中，如果平均 CPU 负载接近 100%，响应时间是无法接受的。

16.1.4 预测 SAP 系统负载

第一次实施 SAP 解决方案时（称为"绿地"项目）会遇到真正的挑战。对于这种项目通常没有很多适型所需的信息，因此大部分参数必须根据经验和最佳实践进行估计。

适型时至少应该知道用户数量和他们将要使用的功能，处理事务数量与用户数成正比这一事实可用于粗略估计系统的必要资源。但是，我们必须区分几类用户。

- 许可或者命名用户的数量与适型无关，因为不太可能所有命名用户同时活跃于系统之中。
- 同时登录的用户数量对主存的适型必不可少，因为 SAP 系统为每个用户上下文分配内存。
- 同时活跃用户（并发用户）的数量最为关键，因为这些用户执行业务流程，需要 CPU 资源、产生 IO 操作、在磁盘上写入数据。

> **注意：SAP 适型的第一个经验公式**
> 命名用户中的 30～50%同时登录，登录用户中的 30～50%同时活跃。

各种 SAP 事务产生的负载大不相同，因为其复杂度、与其他模块的交互特别是必须访问的数据库表数量都不一样，这些差别是每个解决方案特有的负载因素。对于适型，必须指派用户使用最多的解决方案。

---

① CCMS 事务 DINOGUI 显示服务器上对话步骤的执行时间。显示为 DIALOG 的这个时间还包含网络到 SAPGUI 的运行时间。——原注

并不是所有用户对系统造成的压力（也就是创建某种系统"负载"）都一样。按照活动程度，并发用户可以分为3类。

> **低活跃度用户**：每5～6分钟执行一次交互。主要活动是分析信息的经理就是一个例子。
> **中活跃度用户**：每30秒执行一次交互。这是SAP ERP系统中最常见的用户配置。
> **高活跃度用户**：每10秒执行一次交互。这种高活跃度达到了人类能力的极限，仅发生在输入大量数据的用户身上。

> **By the Way**
> **注意：第二条SAP适型经验法则**
> 　　好的出发点是假定低活跃度用户占40%，中活跃度用户占50%，高活跃度仅占10%（但是，在SAP零售环境中，默认为低活跃度用户占10%，中活跃度用户占60%，高活跃度用户占30%）。

对于经典的ERP系统，企业员工人数自然成为用户数量的上限（例如，在员工自助服务中），但是对于网店来说这不一定适用。在成功的营销活动中，CRM和ERP系统必须处理可能出现的负载高峰，客户可能因为过长的等待时间而转向其他网站。

除了用户发起的在线事务之外，适型还必须考虑批处理任务。通常的假设是批处理任务需要的系统资源少于在线事务，因为它们的响应时间不重要。但是，这种假设并不适用于所有情况。

在某些情况下，夜间的批量负载可能远大于上班时间在线用户造成的最大负载，它们的总运行时间对企业至关重要。典型的例子之一是SAP的零售业解决方案（IS-Retail），它的夜间补货规划绝对必须及时完成，货车才能装货并在凌晨时分出发。其他例子包括公共事业公司（IS-Utility）、银行（IS-Banking）或保险公司（IS-Insurance）解决方案中运行的发票业务。在上述所有情况下，夜间批处理任务的事务负载数倍于在线用户的负载。在所有行业中都频繁运行的批处理任务是付款、催缴和财务结账。考虑到即使较小的现代企业也在全世界设立分支机构这一事实，数据中心的夜间可能是世界另一边的上班时间。

此外，系统设计必须考虑系统负载在一段时间内的不均匀分布。真实的活动模式包含典型的每日和每年最大值。在大部分企业中，午餐时间开始时有一个负载高峰，在正午过后很快下降。经理们在午餐之前启动大型报表，希望可以在回来之前得出结果，从而造成了这一高峰。

根据所处行业，还可能有季节性的负载峰值，例如冰淇淋制造商的高峰季节是夏季，礼品制造商一年中最繁忙的时期是圣诞节。对于系统设计过程来说，系统在特定时间窗口必须处理的最大订单数比每年输入的总订单数重要得多。

> **By the Way**
> **注意：注意峰值！平均值毫无意义！**
> 　　记住，如果您计算24小时内的汽车平均速度，那么这个平均值还不如蜗牛的速度——想想，汽车在停车场或者车库里静静地等待您回来的时间有多少。但是，车辆制造商必须为最高速度设计发动机、变速箱、悬挂系统和刹车。对于SAP系统也是一样。
> 　　因此，系统适型必须考虑系统负载在一段时间内的不均匀分布。和基准测试中生成的负载不同，真正的SAP最终用户不会在一天或者一年内稳定地执行其事务。所以要记住，平均值可能受到操纵而毫无意义，要将焦点放在业务特定的季节性高峰上。

注意，原则上不能因为没有在线用户（如 SAP NetWeaver 流程集成）或者单个用户可能产生不可预测的资源消耗（如运行 SAP 分析解决方案的用户，包括 SAP BW、APO 和 HANA）就仅从用户数量出发对多个 SAP 解决方案进行适型。

16.2 理解 SAP Quicksizer

收集了所有业务相关信息之后，必须将其转化为硬件架构。每个用户和合作伙伴都可以用在线工具 SAP Quicksizer[①]，根据如下输入计算最小必要 SAPS、内存、磁盘空间和 I/O 吞吐量。

- 每个 SAP 应用都有自己的需求，因此在 Quicksizer 项目中各有一个部分。
- Quicksizer 可以进行基于用户和基于事务的适型（取两者中较大者决定硬件需求）。
- Quicksizer 假定系统进行中等规模的定制（定制代码少于 20%）。
- Quicksizer 的结果包含应对不确定性的 40% 安全边际。
- 输出仅考虑生产系统，需要对开发、质量保证、测试、培训、沙箱和其他非生产系统进行适型估算。
- Quicksizer 不考虑操作系统和虚拟化管理器的资源需求！
- 和许多其他软件工具一样，Quicksizer 服从"种瓜得瓜、种豆得豆"的概念，不检查输入项是否有意义。

更多细节可以参考 SAP 服务市场中的 SAP Quicksizer 指南[②]。还有一个用于 SAP HANA 的特殊版本（带有提示）[③]和各种 HANA 方案的 SAP Notes。

和 SAP 解决方案组合一样，SAP Quicksizer 根据各种客户情境的实践经验不断扩展和改良。为了确保不会在无意中使用旧版本，Quicksizer 没有离线版本。

> **注意：问卷（大部分情况下）是浪费时间**
>
> 上面提到的信息通常是用离线问卷收集，然后由来自硬件供应商的适型专家输入 Quicksizer 工具的。从多个硬件供应商请求服务的客户必须将相同的数据输入完全相同的问卷，造成相同的数据多次进入 Quicksizer，重复多次结果完全相同的工作（如果没有打字错误的话）。
>
> 客户获得可比结果的最有效手段是自行将数据输入 Quicksizer，并在 Quicksizer 的结果部分选择"send also to"，将数据发送给考虑的所有供应商，这确保了"同一基准"的比较。

By the Way

16.3 超越 Quicksizer：基于计量的适型

幸运的是，大部分企业在内部或者经典外包服务商那里使用完整的 SAP 套件已历时多年。在这种情况下，可以计量得出单独的资源需求，而不是估算。很明显，基于计量的适型远比绿地适型精确，因为它考虑了一个公司的所有单独参数。

---

① 参见 service.sap.com/quicksizing，访问该工具需要 SAPS 用户凭据。——原注
② 选择 SAP Service Marketplace→Products→Performance and Scalability→Sizing→Sizing Guidelines。——原注
③ 参见 ttps://websmp107.sap-ag.de/hanaqs。——原注

作为维护合同的一部分，SAP 客户每年会收到两份早期预警报告（Early Watch Reports），或者在重大系统更改之后按需得到早期检测报告。这些报告专注于系统的健康状况，还显示了关于平台和利用率的信息，可用于确定 SAP 解决方案的资源消耗。

从早期预警报告的标题页，可以看到 SAP 解决方案和数据库的类型以及 SAP 版本。从性能指标（Performance Indicators，通常在第 3 页）部分可以得到如下信息：

> "在系统中测得"的活跃用户数量；
> 每小时最大对话步骤数量；
> 实际数据库尺寸；
> 前一个月的数据库增长。

遗憾的是，系统中测得的用户数与适型所需的并发登录或者并发活跃用户无关。实际上，这些数字是从测得的对话步骤数量计算的，因此是某种等价于标准用户的假设。根据每周对话步骤的数量，将用户（根据用户名确定）分为几类：低（每周小于 400 个对话步骤）、中（每周 400~4800 个对话步骤）和高（每周大于 4800 个对话步骤）。性能指标表中的活跃用户数量只是"高"和"中"用户的总和，"低"用户被忽略。如果"低"用户的数量相对于中高用户来说很大，10 个"低"用户将被计为一个"中"用户。

"Hardware Configuration"（硬件配置）中的"Hardware Capacity Check"（硬件容量检查）部分在确定资源消耗上更有用，可以从中得到数据库服务器和应用服务器的型号、核心数量以及安装的内存数量。但是，最重要的是提供了通过 SAPOSCOL 代理从每台服务器上得到的最大 CPU 负载和内存利用率。

和单独服务器的 SAPS 得分结合起来，很容易自己算出每台服务器上的最大 SAPS 消耗，加总得出系统在负载高峰时"吸引"的总 SAPS 数——实际上就是我们试图在绿地适型复杂的最佳实践中估计的数字。

在理想的世界里，您应该知道当前 SAP 格局中所有服务的 SAPS 得分，如果不知道，必须从 SAP 基础测试中得出。但是，在任何情况下，您都必须考虑 SAP 版本与 SAPS 数值相关性的影响，这一点在第 3 章中曾经讨论过。

此外，从早期预警报告中得出适型相关信息时要考虑如下事实。

> 从一整周（从周一到周日）得到的响应时间、用户数平均值和事务/时间剖面。
> 最大 CPU 负载是最大的一小时平均值，相对小的负载高峰会被消除，但它们通常造成最大的麻烦。
> 在虚拟环境中，如果使用无法区分运行于相同服务器的多个 SAP 系统的旧版本 SAPOSCOL 代理，这些数值可能引起误导。
> 报告仅涵盖 3 周。如果年终结账之类的高负载活动不发生在这几周内，就会遗漏真正的高峰。

来自不同供应商（如 IBM 和 HP）的性能分析工具有相同的缺点，因为它们从早期预警报告等相同来源获得信息。遗憾的是，早期预警报告没有提供关于系统产生的存储系统每秒输入/输出操作数量（IOPS）的信息。

注意，SAP Quicksizer 使用的经验法则（0.6IOPS/SAPS）基于本书作者之一过去主持的一项科学研究，研究中使用了现已过时的 R/3 版本的几个数据集。和波兹坦大学 Hasso Plattner 学院合作进行的新研究分析了来自多个 SAP 解决方案的数百万个计量指标，结果表明 SAPS 和 IOPS 之间没有普遍的关联。因此，IOPS 必须用 OS 级命令（如 sar）或者 glance 等工具在单独 SAP 系统上测得。

16.4 性能能否得到保证？

每个业务部门都希望 IT 部门在任何时候保证 SLA 中定义的性能水平。但是，正如前面说到的，响应时间是事务负载和可用资源间比率的相关变量，因此，如果系统负载不恒定，通常无法保证恒定的响应时间。

IT 部门（或者云服务提供商）的情况可以比作运输公司，后者可以保证货车的功率，但是如果载荷、坡度、天气、道路条件和交通状况未知，就无法保证从 A 到 B 的速度。同样，IT 部门能够保证可用的 SAPS 数值，但是如果事务负载和用户行为未知，就无法保证系统的响应时间。在互联网上保证响应时间完全不现实，因为我们甚至无法知道数据包使用的路由。

而且，业务流程容量需求的不可预测性造成的影响远大于上述的技术条件。适型过程基于事务性能需求的计量，仅仅涵盖 SAP 系统的整体功能的一小部分。

在主要估算数字上增加额外的普遍估算是考虑定制、报表、批量工作和热点影响的唯一方法。这些普遍估算是采用普通报表的系统的平均值。经验显示，因特定需求而进行的定制超出平均水平的系统与这些数值有很大的差异。

而且，几乎所有事务的响应时间都不可避免地因为数据库尺寸的增大而延长，例子包括在线可用量检查和价格确定等操作。回到我们用卡车所做的比喻，这和路途中增加负载相同，路面条件和坡度等同于系统中的用户数和事务数，客户编写的代码则对应于道路上的凹坑，用户出口则对应绕道。

16.5 理解 SAP 可用性

SAP 系统通常是企业中最重要的关键任务系统。正如现代生活依赖于电力一样，企业依赖于 SAP 解决方案的可用性。

SAP 应用服务器一般通过以多台应用服务器形式出现的冗余性和 SAP 登录组的组合实现高可用性。对于数据库服务器，存在各种经过证明的高可用性（HA）解决方案，如 Oracle 真正应用群集（Real Application Clusters，RAC）、Microsoft SQL Server 数据库镜像和可用性组，或者 SAP HANA 系统复制。

但是，仅关注基础设施的硬件部分，对于保证业务关键系统稳定性来说是不够的，还必须包含数据备份、文件和打印服务、管理用户的目录服务、安装和更新操作系统的部署服务以及 DNS 或 DHCP 等网络服务。

正如老话所说，最薄弱的一环决定了整个流程链条的稳定性。例如，SAP 事务可能因为 DNS 服务的域名解析无法按工作或者数据卷满而无法访问文件系统而被取消。这个例子说明

SAP 系统的稳定性不仅受到可以解决的技术缺陷的影响，还受到缺乏关于系统监控和维护的知识和关注的影响。

在现实生活中，错误的配置常常导致 DNS 服务失效，未能及时扩展则是数据卷利用率达到 100% 的原因。

16.5.1 如何定义可用性

在许多情况下，系统可用性以一年之间的百分比表达。但是，这种百分比之定义了一年中总的停机时间，没有揭示关于系统停机频率的任何情况。一个系统在每个月中两次失去网络连接长达 10 分钟，其平均可用性仍然达到每年 99.9%，但是用户不会觉得很满意。另一个指标是平均故障间隔（MTBF），如果事故发生之后需要花费数天才能恢复运营可用性，那么这个指标也毫无用处。

因此，系统可用性更有意义的计量指标是 MTBF 和维修系统所需时间之间的关系。可用性可以用平均维修时间（MTTR）除以平均故障间隔来定义：

$$可用性 = 1 - MTTR / MTBF$$

IT 基础设施的每个组件都有自己的可用性水平，系统总体可用性可以通过单独组件可用性相乘来计算。因此，从数学意义和实践意义上来说，系统的可用性是单独组件可用性的乘积。

结果是，系统总可用性总是低于单独组件的可用性。例如，两个可用性为 99% 的串联组件的总可用性仅为 98%（99%×99%），每年的停机时间超过一周。

另一方面，通过两个可用性为 99% 的组件冗余合并，可以得到 99.99% 的总可用性。这就是 Cisco UCS 系统中所有网络组件默认都实现冗余性的原因。

这种系统的可用性可以通过两个组件同时失效的概率——也就是两个故障概率的乘积——计算：

$$A_{total} = 1 - (1 - A_1) \times (1 - A_2)\text{[1]}$$

但是，对此我们假定在所有其他组件失效时，单独组件仍然能够使系统运营。因此，如果服务利用率为 100% 时所有冗余电源同时供电才能够满足功率需求，那么它们就不能提高可用性。

《SAP Hardware Solutions》[2]一书介绍了可用于实现完全容易基础设施的各种方法，覆盖范围达到电缆连接级别。

16.5.2 需要多高的稳定性？

可用性和**稳定性**常常被混淆，但是它们不是一回事。可用性表明有足够的容量，而稳定性表示业务流程能否在必要时运行。稳定性是应用服务提供商在可用性之外还必须满足的一个质量特性。

---

[1] 原书的公式为 $A_{total} = (1-A_1) \times (1-A_2)$，应为笔误。——译者注
[2] Missbach、Michael 和 Uwe M. Hoffman，《SAP Hardware Solutions》，Prentice Hall，2001。——原注

在面向服务的架构中，互联系统之间的接口成为跨系统业务流程稳定性的关键点。在紧密耦合的分布式业务系统中，如果其中一个涉及的系统必须在数据库严重错误之后重置到系统故障之前的状态，就会出现业务流程链条中的不一致问题。

随着将 HANA 内存数据库作为所有 SAP 解决方案单一数据存储库的愿景的提出，这种一致性问题将从根本上解决，至少对于仅使用 SAP 的实现是如此。

16.5.3 规划停机时间

在定义 SLA 时，您不可避免地要确保足够的维护时间窗口。特别是您需要注意，维护窗口之间的间隔不要过长。例如，如果在 24/7 运行的系统中每季度只有一个维护窗口，意味着制造商找出的错误在 3 个月内无法通过补丁、缺陷修复或者更正消除，这样的错误可能造成计划外的停机。

因此，维护窗口太少、太短是不利于总体可用性的。维护的时间和不需要确保可用性的时间一样，被视为已经实现了可用性。

16.5.4 考虑灾难恢复能力

SAP 部署完毕后，公司的生存状况很有可能要取决于新系统的可用性。由于公司所有的资金都要通过系统进行流动，所有的账簿也都要保存在一个地方进行维护，因此没有灾难应对方案是绝对不可接受的。而且需要一种灾难恢复（DR）方案与避免业务中断（或称业务连贯性）的规划相配合，这样才能把 DR 在业务上的意义与技术需求结合起来。

SAP 及其硬件和软件合作伙伴可以支持多种不同的 DR 方式和解决方案，其中一些与硬件密切相关，因此在选型和架构阶段要特别注意。其他补强型的 DR 解决方案可以以后再加入到 SAP 架构中。常见的 DR 解决方案如下所示。

- 从磁带或光盘进行备份恢复的基本解决方案（任何灾难恢复方案中都有的必要部分，而后面几项方案则是可选的）。
- 数据库日志传送（在数据库层配置）。
- 涉及存储复制技术的解决方案（例如通过 EMC、NetApp 或 IBM 存储系统，或直接通过 HANA、SQL Server 等数据库，或者通过专门设计用于实现此功能的实用程序来实现）。

在考虑购买 DR 系统之前，可以花一些时间与已经实施过类似解决方案的公司同事或同行沟通一下。您可能会惊讶地发现，当把所有的业务需求和技术限制都考虑进来之后，DR 解决方案居然会变得如此复杂。您还可以求助于技术合作伙伴，向他们了解一些实际案例以及其他技术手段。

16.5.5 发生灾难时需要多少资源？

即使用于任务关键应用的数据中心配备了完整的冗余基础设施，但如果灾难来袭，只有一个数据中心和什么都没有是同样的效果。如果因为数据中心的活动地板被淹没而不得不切断电源，紧急电源供应就没有多大用处。

为了减少投资，许多灾难恢复（DR）概念约定，在紧急情况下，只要系统可用，有限时期内的资源减少是可以接受的。

但是，必须理解资源减少的后果。CPU 和主存资源减少到一半并不意味着响应时间加倍，而是只有一半的用户能够在紧急情况下使用系统。

原因之一是 CPU 使用率和响应时间之间呈前面所述的非线性关系。而且，只剩下 50% 主存的系统在 100% 的用户登录使用时将被迫进行大量页面调度，这会使响应时间完全无法接受。

不过有个好消息，投资于 100% 复制主数据中心的辅助数据中心基础设施可用于 SAP 系统格局中的所有非生产部分。只有和生产系统规模相同的测试系统才能得出与生产系统相同的压力测试结果，所以，使用这种系统作为灾难时的故障切换目标是最佳实践。考虑高可用性（HA）和灾难恢复（DR）的投资就像对火灾和事故采取的措施：接受客观的保险费支出，以防范您希望永远不要发生的事件。

在评估云架构中的不同解决方案时，您不应该思考公司所能承受的可用性，而应考虑它能够免遭多少次停机。

对应急演练也是一样。如果没有人知道如何使用灭火器，那么它就毫无用处，同样，如果没有人知道如何从备份中重建系统，那备份也就没什么用处。定期进行重建测试，有助于确保备份在必要时有用。

16.6 安全性考虑因素

在业务和 IT 模式改变时，信息安全性变得更加困难。传统安全策略依赖于密码和简单网络边界防护，但是，随着云服务和 SAP Afaria 等自带设备（BYOD）措施以及任何时间/任何地点的敏感信息访问的采用，IT 基础设施变成了无边界的渗透性环境。在这种环境中，实际上没有任何网络边界。

攻击者往往利用多个进入点获得对 SAP 资源的访问特权，窃取数据或者破坏系统。云服务和移动设备的使用一方面增加了生产力和成本效益，另一方面且增加了组织遭到破坏性攻击的脆弱性，进一步恶化了安全态势。

安全性必须用跨越内部控制和职责分离、用户访问点、网络基础设施和云数据中心直至应用程序堆栈的纵深防御策略实施。

简单地实施访问边界之间的防火墙不再足够。现代网络威胁往往通过"鱼叉钓鱼"和恶意软件活动发动针对最终用户设备的攻击，这些手段设计用于劫持用户对 SAP 资源的访问，从而完全绕过传统的边界控制。只有建立以聚焦于威胁的持续安全能力为基础的全面架构，才能有效地保护 SAP 应用程序免遭现代网络攻击的威胁。

除了外部攻击者之外，组织还必须应对严重的内部人员威胁。爱德华·斯诺登可能是最广为人知的例子，但是内部人员攻击事故频繁发生，常常并不见诸于报道。例如，2008 年，在列支敦士登某银行工作的一位计算机技术人员向多个国家的税务机关出售了包含犯罪信息的 CD。偷漏税调查造成了数千名银行客户遭到数百万美元的罚金，甚至导致德国最大企业之一的 CEO 辞职。

内部人员的动机可能各不相同，IT 专业人员所面临的挑战是判断哪些活动包含了未授权使用或者恶意目的，哪些活动是合法的。缓解内部人员威胁的技术来自于好的安全策略和实践，包括背景调查、安全培训和意识、访问强制与监视以及异常检测[①]。

公平地说，没有人会设计一个专为防护某个特定系统或者应用程序的安全架构，但没有合理、完整的安全架构，任何 SAP 部署都存在风险。本书的意图不是为构建全面的信息安全计划和架构提供指南，但是本节中的指导方针有助于识别需要改进的差距和机会。

您可能认为，安全与网络部门必须对安全性负责，但是，安全性是每个人的职责。虽然每个人所起的作用不同，但是都要参与。因此，SAP 基础专家将花费一定的时间，不仅确保 SAP 应用层正常工作、可用，还要致力于确保其安全。这类活动包括加固 OS 和数据库以对抗病毒、木马和类似威胁的通用任务。还有一些活动是 SAP 特有的，如实施安全网络通信（SNC），与外部安全提供商接口。最后，基础团队必须参与系统物理服务器和磁盘基础设施对内外部攻击的防护。

16.6.1 加固 SAP 环境

在 SAP 基础团队"拥有"用于 SAP 的服务器和数据库的组织中，它们也有责任加固操作系统和应用。例如，Microsoft 以白皮书[②]的形式提供了加固指南，记录了减少 Windows 攻击面的最佳实践。Windows 更新服务器和 Windows 安全配置指南等工具能够帮助管理员统一部署和实施安全设置及补丁级别。

数据执行保护（Data Execution Prevention，DEP）是 Windows 设计的用于帮助预防（恶意）软件在主存保护区域中执行的功能。DEP 可用于避免代码注入导致的一些缓冲区溢出攻击（例如"冲击波"蠕虫）。这种设置默认启用。但是，必须实施活动目录服务并正确地加固，才能使这些功能实现必要的安全性。

Microsoft 活动目录（AD）可用于在整个组织的 IT 环境中集中控制和实施用于 SAP 及所有访问管理需求的安全策略及配置。将 SAP 系统置于一个专用的活动目录容器，管理员就可以受控的方式实施 SAP 服务器上的特定安全设置，为安全性负责。

Windows 安全性配置向导（SCW）可以创建一个包含安全加固设置的 XML 策略文件，该策略可以统一应用到整个 SAP 云环境中。SCW XML 文件还可以转换为活动目录策略，将配置应用到单个服务器或者服务器组。将标准的云 XML 安全配置策略上传到活动目录之后，可以使用组策略编辑器进一步加固 Windows 操作系统。使用组策略编辑器工具，可以检查和在必要时调整系统审计策略。

AD 管理员可以委托 SAP 组织单元（OU）的有限控制，这使 SAP 管理员在运行 SAP 安装程序之前能够创建<SID>adm 和 SAPService<SID>账户，消除了用域管理员账户安装 SAP 或者使用本地服务账户安装 SAP 的必要——这两种方法是不建议使用的[③]。

如果 SAP 管理员熟悉活动目录，AD 团队可以将重置密码或者创建新账户的权限委托给

[①] 美国计算机紧急响应组（CERT）《Insider Best Practices》参见 https://www.cert.org/insider-threat/best-practices/。——原注
[②] 参见 http://blogs.msdn.com/b/saponsqlserver/archive/2012/05/28/sap-on-sql-server-securitywhitepaper-released.aspx。——原注
[③] 参见 http://technet.microsoft.com/en-us/library/cc732524.aspx。——原注

SAP 管理员,在这种情况下,SAP 管理员只有权限更改 SAP OU 内的账户。为了避免其他策略"撤销"SAP 特定策略,建议激活 SAP 容器上的策略块设置。

> **提示:对所有 SAP 容器使用单一策略**
>
> 为沙箱、测试和生产容器使用单一策略确保了所有 SAP 系统的一致行为。在云环境中扩展安全策略时必须格外小心,因为不管 SAP 容器可能扩展到多广(甚至进一步扩展到混合云环境),它们仍然必须保持独特性。
>
> 克隆虚拟机,然后将其添加到初始池是云环境中常见的做法。新克隆的 VM 的一些属性可能必须更改,以反映在 SAP 格局中的独特性,这要求之前的所有安全策略跟进,并涵盖新 VM 及其用户。

许多安全漏洞要求 Web 浏览器在服务器上运行恶意代码。在实践上,没有理由在 SAP 服务器上安装任何 Web 浏览器。Internet Explorer 可以从 Windows Server 2012 上完全删除。但是,简单地删除 IE 目录是不够的,因为它的代码与 Windows 紧密集成。因此,必须按照 SAP Note 2055981(删除 Internet Explorer & 远程管理 Windows 服务器)[①]的步骤进行。从 Windows 客户 OS 上删除 Internet Explorer,就可以安全地忽略 Microsoft 月度安全通告上处理 IE 问题的安全补丁[②]。

16.6.2 别动运行中的系统?

所有商用操作系统都需要补丁。对软件系统的不断改进和消除已知安全弱点需要在控制下对生产系统应用补丁。

例如,Microsoft 在每月的第二个周二发布安全补丁。但是,不建议盲目地应用发布的所有补丁。每个补丁都必须单独处理,以确定是否相关。只有适合于 SAP 系统的补丁才应该在生产系统上实施——而且必须进行恰当的测试。如果补丁明显与 SAP 系统不相关,可以推迟到下一次计划停机时安装。

另外,补丁可以延迟到 Microsoft 发布下一个 Windows 服务包(Service Pack)时进行,服务包包含了之前所有安全补丁。

最后,如果未使用的组件被禁用或者拦截,就没有必要立刻对其实施补丁。系统管理员可以决定在安全通告发布之后几个月内的下一次计划停机期间打补丁。系统管理员为未用或者禁用的功能打补丁通常是为了一致性而非安全原因。有些客户要求一致地为所有 Windows 服务器打上补丁,即使这些功能被完全禁用。在这种情况下,安全解决方案可能会降低立即在有合适安全措施的 SAP 服务器上实施紧急停机的必要性。

最后(但并非不重要),不应该忘记虚拟化管理器。VMware[③]和 Microsoft[④]等虚拟化管理器供应商的"虚拟化管理器加固"指南值得在任何重要的私有云实施之前认真研究。这些指南还有助于更好地理解公共云中虚拟化管理器安全性的预期。

[①] 参见 http://service.sap.com/sap/support/notes/2055981。——原注
[②] 参见 www.microsoft.com/technet/security/current.aspx。——原注
[③] 参见 www.vmware.com/support/support-resources/hardening-guides.html。——原注
[④] 参见 www.technet.microsoft.com/en-us/library/dd569113.aspx。——原注

还要注意 SAP 归档和备份/恢复。如果这些功能配置不当,执行这些功能的必要基础设施可能被用于数据的不正当访问。使用表级审计以验证数据何时由何人读取、更改或者创建的实用工具对安全审计很方便。设置和实施数据库特定角色(如谁可以访问和备份数据、更新数据库可执行程序或者二进制文件,或者作为数据库操作员)也很重要。

基于上述理由,必须花时间与组织 IT 安全团队建立良好的工作关系。大企业有专门的 SAP 安全团队,以支持角色和授权管理、用户配置、超级用户监视以及以用户为中心的职责分离。

一般来说,您必须确保 SAP 基础专家、计算机操作员和数据库管理员实施相同的职责分离,最大限度地减少最终用户衍生的欺诈行为。好的检查和平衡有助于保证员工的诚实和系统的安全。

16.7 网络考虑因素

云计算、全球托管服务提供商和在全世界工作的最终用户一起反映了一种环境——SAP 之类的业务应用比以前更依赖于网络。

您可能觉得疑惑,为什么网络的话题没有和其他技术基础设施(如服务器和存储)一起讨论。您甚至可能认为,联网完全不是 SAP 基础团队的主题。这样想是对的:今天,数据中心拥有 10 和 100GB 互联网,互联网带宽也很充裕,网络适型已经不再成为问题。但是,随着 SAP 系统连接到互联网,网络已经成为安全策略的一个不可或缺的部分。

从安全网络通信(SNC)到公钥基础设施(PKI,使用户能够安全地在不安全网络中移动数据),再到单点登录(SSO,从登录的视角集合多个应用),访问 SAP 变得更容易。但是,前端或者最终用户的访问越容易,后端也就变得越复杂。共享路由器和交换机需要从物理上加以保护,连接 SAP 应用、Web、数据库和其他服务器的专用网络链路安全性需要加强,整个端到端的网络基础设施必须得到监视,以发现未授权的入侵,并管理容量和性能。SAP 基础团队必须紧密地与组织的 IT 网络架构和支持团队协作,确保这些访问、安全性措施、配给和许多其他网络服务得以执行。

SAP 组件在互联网上的可用性也必须得到解决,所有这些工作的目标都是为 SAP 服务器提供安全环境,而不影响应用的最终功能。根据特定的情况,网络可能需要特殊的防火墙或者代理服务器,或者其他旨在提供更安全的 SAP 环境的设备。在这些组件上,都必须维护访问控制列表(ACL)。

在 SAP 系统格局中的每个系统上,创建独立的网段更有可能,也往往是可取的做法。有些网段可能专用于最终用户访问,而其他一些网段可能只用于密集的数据库-应用服务器通信,或者专用于基于网络的服务器备份,甚至可能有指定给系统管理和监视流量使用的第 4 种网段。HANA 外扩的实施需要配置最多 7 个 VLAN。

直到最近,这些配置还必须逐台机器进行,造成配置难以维护和审计。在应用格局改变时重新配置 IP 地址、VLAN 和加密 ACL 是相当乏味而且容易出错的工作。

例如,当一个可供外部咨询人员从互联网上访问的 SAP 开发系统在项目结束后退役时,必须关闭数百个网络设备上开放的端口。这种工作往往是低优先级的,但是如果没有关闭这些端口,就会给潜在入侵者留下后门。

Cisco 以应用为中心基础设施（Application Centric Infrastructure，ACI）等技术引入了创建**应用程序网络配置文件**的能力，革新了上述过程，这种配置文件是表达计算机分段之间关系的配置模板。ACI 将这些关系翻译为路由器和交换机能够实现的网络结构（如 VLAN、IP 地址等）。

Cisco ACI 结构由作为路由器和交换机运营的具体组件组成，但是作为单一的实体配给和监视。这种运营方式就像能够提供高级流量优化、安全性和遥测功能的分布式交换机和路由器配置，将虚拟和物理工作负载对接起来。

ACI 不仅提供近乎实时地实例化新网络配置的能力，还能够快速地删除网络。ACI 确保所有为外部开发人员打开的网络"大门"在 SAP 系统上线之后一致关闭。Cisco UCS Director（UCSD）等工具协调 ACI 服务和计算配给（如通过 Cisco UCS、VMware vCenter 或者 OpenStack），为整个基础设施提供快速配给服务。

16.8 运营考虑因素

除了帮助技术系统的构架和组成 SAP 系统的组件部署之外，SAP 基础专家还必须考虑基础团队如何配备人员，在系统就绪之后进行运营和维护。

16.8.1 SAP 基础团队人员配备

SAP 实施中最有价值的资源之一——SAP 技术或者基础团队直接影响 SAP 生产系统执行预定功能、支持公司业务流程的质量。好的团队必须拥有进行一切工作所需的经验和能力：从正确安装系统到维护稳定的运营状态、通过巧妙应用变更管理方法最大限度降低停机时间、计算不断增大的工作负载的影响、领导与业务相关的 IT 项目、规划完整的 SAP 功能增强和升级等。

许多 SAP 基础团队由两个子团队组成：一个项目团队和一个运行（稳定状态或者"基础负载"）团队。而且，SAP 基础团队常常由公司员工、托管合作伙伴资源和拥有专业技能或经验的承包商组成。

> **By the Way**
>
> **注意：**
> 只有结构合理、人员配备齐全的 SAP 基础团队才能完成新项目的实施，使 SAP 生产系统在多年的运行中需要的维护工作量更小。这里列出的团队似乎很多，但这只是开始。必须和项目的主系统集成商、硬件和托管服务合作伙伴、SAP 公司和 IT 部门一起决定对您独特的 SAP 系统格局和项目确定最合适的团队及人员组合。

尽管 SAP 基础团队常常领导和 SAP 相关的事务，但是并不是独自完成。SAP 基础团队需要协作的其他 IT 团队如下所示。

> **IT 项目管理办公室（PMO）团队**：由具有管理大规模和复杂 IT/业务项目经验的项目管理专业人士组成。

- **服务器基础设施团队**：任务是服务器的上架和扩展、操作系统编排，通常还要准备和维护各种在 SAP 格局中担当特定任务的各种数据库、应用、互联网和其他服务器。
- **存储基础设施团队**：负责 SAN 设计、部署、性能和维护监督。SAN/磁盘团队起到关键的作用，因为系统的命脉——数据——正好在它的职责领域中。
- **安全性和网络团队**：负责管理物理安全和 SAP 特定的最终用户角色与授权。
- **数据库团队**：负责部署和持续管理。在许多情况下，SAP 基础团队也要负责其数据库，尤其是 HANA。
- **备份团队**：任务是确保备份和恢复、系统监视和基本可用性任务得到定期和主动的处理（在下一节中详细介绍）。

除了为 SAP 基础团队配备合适的人员并与其他团队合作之外，还有另一组任务消耗 SAP 基础团队专业人员们的时间：主动执行保持 SAP 系统正常运行所需的运营、管理任务。下面将概述一些此类任务。

16.8.2 运营与管理

机构的计算机操作团队会在系统启用后协助 SAP 基础团队照管 SAP 系统。这项工作任务繁重，不仅包括了整个 SAP 技术堆栈，还涉及多项业务应用程序，也许还要为多个最终用户群提供服务。由于维护 SAP 过于纷繁复杂，因此我们要用整整一章的内容进行介绍。请参考第 20 章详细了解以下各方面的信息。

- 前瞻性地监视 SAP 业务流程。
- 审查 SAP 系统日志。
- 管理系统的计算平台以及其他基础设施。
- 检查和微调工作负载分配。
- 进行数据库管理。
- 管理打印输出。
- 管理批处理任务（也称为后台处理任务）。
- 执行性能管理。
- 处理日常运营。

由于有 SAP 基础专业人员的视角做基础，因此我们已经准备好仔细考察 SAP IT 实施的最后一个重点了，即 SAP 开发人员。在这之后，我们将介绍一些与安装、维护和增强 SAP 相关的实际技术问题。

16.9 小结

本章我们研究了 SAP 技术专业人员的工作优先级和视角，介绍了把业务需求与 SAP 实施底层的各种技术和技术考虑因素相结合的意义。在介绍要规划哪些组件以及系统的构建和适型之后，我们还讲解了在安装 SAP 前要妥善处理的基本网络、存储、服务器、应用程序、最终用户访问等问题。最后，我们介绍了部署和维持 SAP 正常运行所需的 IT 团队。

16.10 案例分析

请考虑这个 SAP 基本专业人员案例分析，并回答之后的问题。您可以在附录 A 中找到与此案例分析相关的问题答案。

16.10.1 情境

作为 MNC 公司即将开始的 SAP 企业资源规划（ERP）组件实施项目的新高级基础技术主管，公司要求您考察当前的相关事务状态，然后对项目提供建议。

在考察过程中，您注意到 MNC 拥有出色的计算机运营、服务器和数据库管理团队，但是公司当前使用的大型机计算平台基本达不到 SAP ERP 人力资本管理（HCM）模块的环境要求（该模块要安装在 Windows/SQL Server 平台之上）。公司经常要在开发、测试和生产前准备阶段环境中支持任务关键型计算应用，但是又没有正规的灾难恢复经验。

16.10.2 问题

1. 您对当前技术团队是否已准备好为 SAP 项目提供支持有何想法？
2. 如本章内容介绍的，SAP 基础技术团队主要负责完成哪三大领域的工作？
3. 您打算指挥团队从哪里开始准备进行安装规划？
4. 您是否会建议 MNC 保持当前的系统格局？
5. 虽然缺乏正规的灾难恢复专业技能，但 MNC 非常熟悉而且能够熟练完成定期的磁带备份和恢复工作。您还需要考虑哪两种灾难恢复解决方案？

第 17 章

SAP 开发人员的视角

在本章中您将学到：
- 开发人员与配置专家的不同
- 传统与较新的编程工具概述
- 实施选项研究
- 解决方案经理如何为开发提供支持
- 查看 SAP 过程模型
- 实施指南基础

从本书前一版发行以来，SAP 开发领域有了很大的变化。与业务用户、IT 项目经理和 SAP 基础专业人员一样，SAP 开发人员在 SAP 业务应用方面有着独特的视角。"开发人员和他们负责配置的同事创建解决方案，帮助业务用户运行业务。本章关注 SAP 开发领域的变化以及这些变化对 SAP 实施及支持的影响，在本章的最后，我们将研究用于创建或者自定义 SAP 功能的工具和方法。

"开发工具"这一术语经常用于泛指 SAP 提供的各种用于创建或增强 SAP 系统、代码和配置的实用程序。它们具体可以分成两类：编程工具和配置工具（下面将做介绍），与之搭配的是开发人员方法学。

17.1 编程工具

我们在第 6 章已经对 SAP 编程工具进行了介绍，包括用于开发、监视和管理业务流程的 SAP NetWeaver 复合工具的介绍。提醒一下，这些工具包括：
- SAP NetWeaver 复合环境（Composition Environment，CE）；
- SAP NetWeaver 开发人员工作室（Developer Studio）；

- SAP NetWeaver 可视化设计器（Visual Composer）。

这些工具可以根据 SAP 底层平台，进一步分为 3 种主要领域：ABAP、Java 和 SAP NetWeaver 复合环境。

开发人员使用编程工具对系统进行定制，扩展系统的基本能力，填补 SAP 应用程序标准功能上的空白。定制可能包括以下方面：

- 开发标准 SAP 程序中没有的增强功能（新功能）；
- 创建业务领导要求的专用报表，帮助运营业务；
- 创建把新数据输入系统所需的专用表格（通过这种方式可以避免大多数人为数据输入出错风险）；
- SAP 与其他系统的连接或者接口；
- 开发能够把一个系统的数据传输给另一系统的专用转换程序（一般是从传统系统转换到新 SAP 系统）。

下面我们就对定制中使用的几种工具进行介绍。

17.1.1 SAP 业务流程管理

SAP NetWeaver 业务流程管理（Business Process Management，BPM）本质上是 SAP NetWeaver 复合环境的一个子集。前面已经讨论过，它能够帮助您根据常见的流程模型，建立组织的业务流程模型并执行和监视这些业务流程。您可以设计和定义流程步骤，建立业务规则和例外，建立流程模型，然后建立用户界面或者必要的交互表单。这些功能使用如下 3 个工具执行。

- 流程设计器（Process Composer）：供架构师和开发人员创建和测试业务流程模型。
- 流程服务器（Process Server）：用于执行流程模型。
- 流程桌面（Process Desk）：供流程用户执行其任务。

17.1.2 SAP 移动应用开发平台

SAP 移动平台的最新版本包含一个 SAP 移动应用开发平台（MADP），它提供了一个 Java 网关和一个基于 Java 的 SAP 流程集成（PI），用于集成来自不同系统的数据。更重要的是，它提供了身份验证、连接性和系统管理服务，这些服务共同扩展了 SAP，支持移动文档、内容管理、开支管理等功能（内建于 SAP Afaria 中）。

17.1.3 ABAP 和 SE80

SAP 高级业务应用程序编程（ABAP）的历史可以追溯到 20 世纪 80 年代，虽然目前已经有了一些新的替代产品，但 ABAP 仍然是 SAP 编程使用的主要工具。ABAP 编程的核心是 ABAP 开发工作台（Development Workbench），它通过事务码 SE80 调用。这个工作台提供了丰富的功能，开发人员使用它们可以创建和修改 SAP 程序。它的主要功能包括：

- 对象浏览器（Object Navigator）；
- 包构造程序（Package Builder）；
- 针对 ITS（互联网事务服务器）服务的 Web 应用程序构造程序；
- 针对 BSP（业务服务器页面）的 Web 应用程序构造程序；
- Web 服务；
- ABAP 词典（ABAP Dictionary）；
- ABAP 编辑器（ABAP Editor）；
- 类构造程序（Class Builder）和功能构造程序（Function Builder）；
- 界面绘制程序（Screen Painter）和菜单绘制程序（Menu Painter）；
- Web Dynpro。

其中，最后一种工具 Web Dynpro for ABAP 最为重要，因为它取代了旧的基于 SAPGUI 的界面绘制工具。

17.1.4 Java 和 NWDS

在 SAP 的 NetWeaver 应用服务器上进行基于目前的 Java EE5 标准的 Java 开发。SAP 过去把 Java 用作与平台无关的开放源代码开发框架，使客户能够利用现有的非 SAP 开发资源进行开发。当时，大家曾认为 ABAP 开发会被 Java 开发所取代，但是随着宿敌 Oracle 在 2010 年收购了 Sun 公司（因此也就收购了 Java），SAP 的首要任务也可能已经改变，究其原因，可能是 Java 的作用预计会有所减弱。

为了支持 Java 开发，SAP 提供了 SAP NetWeaver 开发人员工作室（SAP NetWeaver Developer Studio，NWDS），我们常把它简称为 Developer Studio。该工具基于开放源代码的 Eclipse 软件开发框架，具有以下特点：

- 内置了 Java EE 5 设计时（design-time）支持能力；
- 支持 Web 服务；
- 动态应用程序调试；
- 热部署；
- 向导和图形工具可以加快开发速度。

SAP 还通过 SAP 格局提供了多种发布 Java 修改的选项。尽管 Java 对象还可以通过手动过程进行本地部署，但 SAP 的 NetWeaver 开发基础架构（NetWeaver Development Infrastructure，NWDI）使客户能够用模仿 SAP 面向 ABAP 的传输管理系统（Transport Management System，TMS）建立的强大修改管理工具，对 Java 开发进行管理。

17.1.5 复合环境

SAP NetWeaver 复合环境（Composition Environment，CE）提供了一个面向服务、基于标

准的开发环境，SAP 开发人员可以在这个环境中建模和开发被称为**复合体（Composites）**的复合应用程序，这些复合体实际上只是把现成的功能、数据集或现有的解决方案组合起来开发出的解决方案。通过这种方式，可以使用"可重用"的 SAP 和第三方组件，加快业务流程创新。

ABAP Development Workbench、Java NWDS 以及 SAP CE 都提供了开发 SAP 的核心工具集，但是真正创建实用 SAP 应用程序的工作是使用 SAP 的各种配置工具完成的，我们将在本章后面的内容中对其进行介绍。现在，让我们把注意力转向 SAP 开发人员使用的方法学。

17.2 开发人员和 SAP 方法学

最新的 ASAP 方法学与解决方案管理器工具包括了新示例文档、新模板、用于容纳业务流程的信息库以及比前几代产品更强大的项目管理工具。下面介绍它们是如何与最新的 ASAP 8 方法学协调使用的。

> **By the Way**
>
> **注意：ASAP 方法学的局限**
>
> 尽管 SAP 的 ASAP 方法学在过去几年中迅速成熟，但是要注意，它只提供实施 SAP 必要的高层任务所用的步进式框架，具体的开发资产和确定使用何种资产、如何使用的规范指南都不在方法学之内。例如，许多 SAP 实施合作伙伴将引入自己的详细方法论、框架、工具和其他素材。

17.2.1 实施开发阶段

如图 17.1 所示，核心实施开发阶段包括 4 个阶段，这是原始 ASAP 方法学的基本简化版。

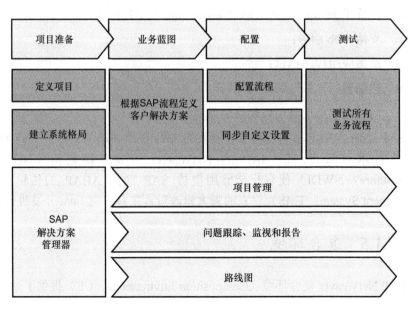

图 17.1
SAP 实施的 4 个核心阶段

1. 项目准备

项目准备从检索信息和资源开始,这是为实施项目配置所需组件的重要时期,这个阶段要完成一些重要的里程碑式的工作,包括:

- 获得高层管理人员/利益相关人的支持;
- 明确项目目标;
- 构造一个高效的决策流程;
- 为变更和再工程创造合适的环境氛围;
- 组建技能合格、能力胜任的项目团队。

2. 业务蓝图

SAP 定义了一个业务蓝图阶段,用于提取实施项目所需的公司相关信息。设计业务蓝图本质上也是记录实施过程、概括将来的业务流程和业务需求。

为了进一步为此流程提供支持,SAP 还提供了多种产品和情境下的实施内容,可以从业务流程信息库(Business Process Repository,BPR)的解决方案管理器上获得这些信息。BPR 中的这些内容可以在项目交付前为文档编制、事务和配置提供支持,为客户实施某种业务情境提供具体帮助。

3. 配置

业务蓝图设计完成后,"功能"专家就可以开始配置 SAP 了。配置阶段又分为如下两步。

- **基线配置**:SAP 咨询团队配置基线系统。
- **微调**:项目实施团队微调基线系统,使之满足 SAP 项目的具体业务和流程需求。

在基线配置过程中要基于您在蓝图文件中提供的信息来完成内部配置。剩余的 20%配置不在基线配置中处理,而在微调配置过程中完成。

微调过程通常处理基线配置中不包括的例外情况,最后还要进行必要的调整来满足特殊需求。在这个阶段,您还要逐步配置完成 SAP 实施指南(SAP Implementation Guide,SAP IMG),这个工具循序渐进地指导 SAP 的实际配置。

4. 测试、最终准备和启用

从工具的角度看,最终准备和启用就等同于测试。工作负荷测试(包括峰值工作量、日常负荷、其他形式的压力测试等)以及集成或功能测试都需要认真完成,以确保数据的准确度和 SAP 系统的稳定性。这也是进行预防性维护检查以确保 SAP 系统实现最优性能的重要阶段。启用准备工作还意味着要准备回答大量的最终用户问题,这是绝对无法避免的,例如那些在他们开始积极使用新 SAP 系统时将要问到的问题。

要实现成功启用,准备工作非常重要,不仅要注意对设想的与各个业务流程部署相关的情境做好准备,还要了解业务流程底层的技术是如何执行的。做好支持持续运行的准备工作也是必不可少的,包括维护合同以及记录工作流程和步骤等。幸运的是,我们有丰富的信息和其他资源可用。

5. Run SAP 和其他路线图

Run SAP（运行 SAP）线路图提供了一套能够帮助组织成功提高运行效率的方法学，其中包括了"如何实施"（how-to）和最佳实践文件，可以为管理任务提供指导。随着新应用程序和组件的不断开发，SAP 也在不断扩充具体产品的实施线路图。现有的一些 Run SAP 线路图包括：

- 针对 SAP NetWeaver 企业门户的 ASAP 实施线路图；
- 解决方案管理线路图；
- 全局模板线路图；
- 升级线路图；
- Enterprise SOA 转型加速方法学。

重要的是，归根结底这些方式仍然不过就是通过提供支持模板来提供实施框架、方法或者组织部署工作，即使是解决方案管理器也只是为实施 SAP 项目提供方便。在大多数情况下，仍然需要按照 SAP 实施指南（SAP Implementation Guide）来完成实际工作，下面就对该指南进行介绍。

17.3 配置和 SAP IMG

现在我们返回到配置阶段，您应该记得，实施指南（IMG）在帮助您配置 SAP 时扮演着重要的角色。IMG 本质上就是一个巨大的树状结构图，其中列出了实施 SAP 所需的全部工作，它可以指导您完成配置 SAP 各个领域的工作。对于所有业务应用，SAP IMG 都包含以下内容：

- 对实施过程的各个步骤进行说明；
- 给出 SAP 标准（默认）设置；
- 描述系统配置工作（任务和活动）。

该指南从基本设置开始，如"您当前在哪个国家？"最终问题会深入到"您的采购订单从哪个编号开始？"这样的具体问题。不熟悉 SAP IMG 几乎无法完成 SAP 实施。启动它的事务码为/nSPRO，或使用菜单路径 Tools（工具）→Customizing（定制）→IMG→Execute Project（执行项目），系统会弹出与图 17.2 相似的主界面。

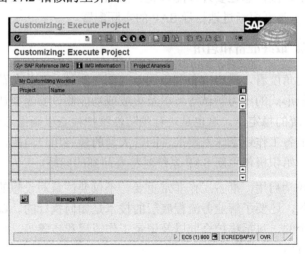

图 17.2

实施指南的主界面随 SAP 组件、安装情况以及完成的配置程度不同而不同

17.4 IMG 的不同视图

开发人员可以充分利用不同视图的优点,以多种不同的方式使用 SAP IMG。不同的视图可以提供不同的信息和优先级,您还可以定制自己的 IMG 视图。请注意,共有 4 种 SAP IMG 视图,下面就分别对它们进行探讨。

- SAP Reference IMG(SAP 参考 IMG)。
- SAP Enterprise IMG(SAP 企业 IMG)。
- SAP Project IMG(SAP 项目 IMG)。
- SAP Upgrade Customizing IMG(SAP 升级定制 IMG)。

17.4.1 SAP Reference IMG

SAP Reference IMG(单击图 17.2 中显示的同名按钮)包含了 SAP 提供的所有 SAP 业务应用程序组件的文档。可以把它用作所有配置数据的唯一来源(见图 17.3)。

图 17.3

使用 SAP Reference IMG,您从一个控制台即可定制整个 SAP 实施

17.4.2 SAP Enterprise IMG

SAP Enterprise IMG 是 SAP Reference IMG 的一个子集,仅包含了您要实施的组件的文档。它的外观与 Reference IMG 相似,但是只列出了您的公司实施项目所需的配置步骤。例如,如果您仅实施 SAP ERP(企业资源管理)内的后勤模块,则 IMG 就只包含了后勤相关的信息,而不会提供其他配置信息(如 HR 工资单配置信息等)。

17.4.3 SAP Project IMG

SAP Project IMG 是 Enterprise IMG 的一个子集,仅包含了您要实施的 Enterprise IMG 组

件的文档。例如,如果您只需要实施 SAP ECC Logistics,但把实施分成了两个项目——一个实施销售和分销模块,另一个实施物料管理模块——就可以建立两个不同的项目,这样更便于对项目进行管理和配置。

17.4.4 SAP Upgrade Customizing IMG

SAP Upgrade Customizing IMG 基于 Enterprise IMG 或者基于专门的 Project IMG。图 17.4 中的 IMG 视图显示了所有与既定版本升级的版本说明(Release Note)相关的文件。要阅读特定功能组件的版本说明,请单击相应的方形图标。

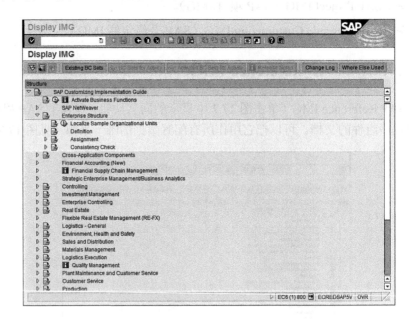

图 17.4
在 SAP Upgrade Customizing IMG 上可以根据具体的 SAP 版本指定配置

17.4.5 使用解决方案管理器进行集成

现在,您可以使用 SAP 解决方案管理器(Solution Manager,SolMan)的最新功能在内部创建项目,还可以把它们与一个或多个组件系统中的 IMG 项目链接起来。这使您可以集中浏览多个项目的配置,并且在 SAP Solution Manager 中提供一个唯一的配置库。

17.5 其他 IMG 基础知识

使用事务码 SPRO 可以看到,IMG 的初始视图是一个左侧显示有符号的树状图。您可以使用每个条目左侧的加号(老版本 SAP)或者使用树状结构中的三角(新版本 SAP)来展开树的分支,查看其子结构。也可以把光标放到某个行项上然后使用菜单路径 Edit(编辑)→Expand/Collapse(扩展/收起)或者把光标放到行项上然后按键盘上的 F5 键来展开分支。要展开所有分支,请把光标放到最高层,然后选择菜单路径 Edit→All Subnodes(所有子节点)。

17.5.1 IMG 帮助

学习如何在 IMG 中检索单独行项的帮助很重要。只看行项的描述，并不总能明确该项的配置细节。您可以通过在 IMG 中双击任意活动行项访问相关的帮助。系统会为您显示选中项的配置活动的详细帮助信息。有时候系统会弹出一个小窗口描述活动的原因以及需要哪些配置，包括该活动的配置示例；而有时候系统可能会启动 SAP 帮助程序，让您可以搜索更多信息。在 IMG 中的行项执行后仍然可以使用帮助。IMG 中的大多数活动都可以带您进入一个界面，可以在这里添加或修改表中的值来配置 SAP 系统。

仅凭字段描述和特定选项帮助提供的信息，您可能仍然不知道应该做什么。请把光标放到任意字段上，然后在键盘上按 F1 键，IMG 活动界面上会启动字段级的特定选项帮助，帮助文件以小窗口的形式显示，描述了该字段允许的输入值。使用 IMG 帮助是获取 SAP 系统配置活动所需信息的基本方式。

17.5.2 IMG 文档

一般来说，IMG 是配置信息的主要来源。因此，搭配解决方案管理器一起使用时，它也是记录配置的理想位置。使用 Status Information（状态信息）图标可以进入 Status Information 界面上的 Memo（备注）标签。在这里，您可以记录 IMG 提供的具体配置步骤的相关注释、意见或配置信息。您也可以使用光标选择文档符号，系统会给出一个如图 17.5 所示的界面。

通过这种方式您可以为 IMG 中的每个行项输入文字信息，随着配置的进行来编制系统文档，因此这是一个非常有用的工具，这样在项目实施完成后或将来进行 SAP 升级和改动时就能有大量说明可供参考了。您可以在 Memo 标签上提供的空间内输入配置说明，并把它们与 IMG 中的行项保存到一起。而以后可以使用 Read Note（阅读注释）符号查看这些说明。

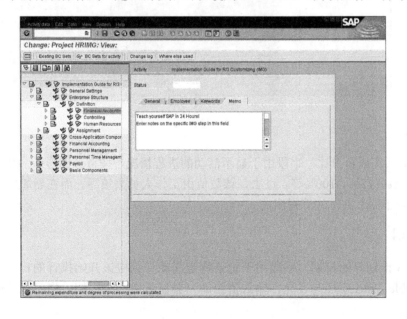

图 17.5

使用 IMG 的备注功能编写配置说明，记录特殊活动

17.5.3 状态信息

选择 Status Information（状态信息）标志，可以进入 General（一般）标签，如图 17.6 所示。使用该标签，可以记录特定行项配置的状态和进程，包括计划的开始和结束日期与实际开始和结束日期等。

Status Information 界面的用途之一是维护最新的配置记录，跟踪实施进程，从这里可以方便地查看谁正在做什么工作。在这个界面上您首先要赋值的是 Status 字段。Status 类型包括以下几种：

- ➤ In Process（进行中）；
- ➤ IN Q/A Testing（正在进行 Q/A 测试）；
- ➤ Complete（已完成）。

在确定公司规范时，您可以建立多种状态级别。通过这种状态分级方式，可以把配置工作的完成情况分成不同的类别。

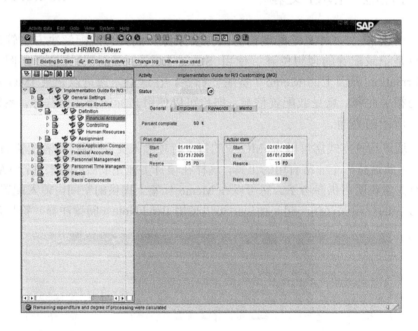

图 17.6
状态信息界面记录行项状态、规划和实际起止日期、完成状态等

1. 完成百分比

Percent Complete（完成百分比）字段用于显示活动的进程情况，按百分比显示，比如完成百分比为 25%、50%、75%、100%等。过去，该数值由工作人员来填写。而在新版的 SAP 中，完成的百分比是由 SAP 实际计算得出的。

2. 计划起止日期

Plan Start Date（计划开始日期）字段用于记录特定活动计划应该开始执行的日期。单击该字段上的 Possible Entries Help（允许输入值帮助）会显示出一个日期，您可以从中选择日期（这样就无须直接输入了）。选择月份、日期和年份确定日期后，双击或选择绿色对勾确认。Plan End Date（计划结束日期）字段用于记录该活动的计划完成日期，该字段还提供了 SAP 日历。

3. 计划工作天数

Plan Work Days（计划工作天数）字段记录的是一项活动的计划时间跨度，可以手动维护计划开销。如果实际天数和处理状态都没有维护，系统会计算出剩余天数。

4. 实际起止日期

实际工作中，工作并不总是能按计划进行。Actual Start Date（实际开始日期）字段用于记录一项活动开始的实际日期。与之相似，Actual End Date（实际结束日期）字段用于记录一项活动完成的实际日期。当计划开始日期和实际开始日期不同时这些字段才需要维护。

5. 实际和剩余工作天数

Actual Work Days（实际工作天数）字段记录的是一项活动的计划时间跨度，该字段通常在计划开始和结束日期与实际开始和结束日期矛盾时进行维护。

Remaining Work Days（剩余工作天数）字段记录的是一项活动的剩余天数，剩余天数是由实际天数和处理状态计算获得的，如果这些字段没有填写，系统就会从计划天数计算获得。您也可以手动设置剩余天数。

6. 用于资源分配的员工标签

对于 IMG 中的每个具体任务，可以分配资源（或人员）来完成此任务。使用 Status Information 界面上的 Employee（雇员）标签来表明资源分配；使用资源字段上的 Possible Entries Help 按钮，可以选择负责执行该活动的资源。有多个资源复选框时，我们可以为一项任务分配多种资源。

17.5.4 版本说明

Release Note（版本说明）包含了从上一版以来 SAP 系统修改的具体相关信息，其中包含了功能和界面改动，以及菜单路径和表结构的变化。在开发人员把 SAP 从一个版本升级到新版本时，Release Note 会非常有用。它还是检索相关功能在 SAP 系统中运作的相关信息的有效工具。要查看具体情况下是否有 Release Note，可以打开 IMG 在每项活动旁边显示的一个指示标志。

17.6 小结

开发工具和实施策略的各项相关决定会影响 SAP 项目实施中付出的时间、成本，以及所遵循的实施路线。SAP 快速部署方案是一些有效而且高效的解决方案，但它们可能不完全适用于您的具体情况。由于所有公司都有自己的特点，因此在决定使用哪种工具和方法学时，您应该与 SAP 代表深入讨论公司的独特需求，并以此为基础开展工作。

在 SAP 框架安装好之后，就可以使用 IMG 帮助定制和实施 SAP 系统了。IMG 设计用于确定执行 SAP 实施工作所需的配置活动，引导您实现成功。使用它，您还可以调整 SAP 系统，通过定制配置使之符合公司的独特需求。

17.7 案例分析

请考虑以下开发相关的案例分析，并回答之后的问题。您可以在附录 A 中找到与此案例分析相关的问题答案。

17.7.1 情境

您最近出席了 MNC 开发人员和配置人员主持的一次团队会议，在返回自己的业务部门后，一些希望了解详情的新同事向您提出了一些问题。

17.7.2 问题

1. 启动 ABAP Development Workbench 的事务码是什么？
2. 创建 SAP Java 应用程序的开发环境叫什么？
3. SAP 开发使用的 3 个主要工具集是什么？
4. SAP NetWeaver 企业门户的 ASAP 实施线路图是哪种方法学的例子？
5. 哪种 IMG 视图仅包含了公司准备实施的 SAP 组件的相关文档？

第 18 章

SAP 安装与实施

在本章中您将学到：
- SAP 技术安装阶段
- 安装的计划和准备阶段
- 如何获得和安装 SAP 试用版
- 在 Amazon 云服务上安装 HANA
- SAP 云应用库简介
- 设置单点登录（Single Sign-On）

在开始实施 SAP 之前，我们已经经历了漫长的准备过程，现在终于可以开始进入实际技术安装阶段，准备配置和开发真正的业务系统了。为了让所有没有实际接触过 SAP 软件的用户能够在本章学到更多东西，本章我们要完成 SAP 试用版以及一个真正的 SAP 系统（尽管进行了简化）的场内安装。今天，云计算吸引了越来越多人的目光，因此本章的最后我们将描述 HANA 系统在 Amazon AWS 云上的安装，并介绍 SAP 云应用库。

18.1 初始步骤

在进行任何技术安装之前，必须安装 SAP 解决方案管理器。您需要 SAP 解决方案管理器（SolMan）生成 SAP 的许可证键码，并向 SAP 支持发出其他所有 SAP 解决方案的提升请求。SolMan 还用于整个 SAP 系统格局的补丁、传输和监视。

概要了解安装过程很重要。SAP 安装过程可以分成 4 个阶段：规划阶段、安装前的准备阶段、实际安装阶段以及安装后的调整阶段。认真进行规划，并细致地完成所有安装前准备工作就可以保证安装顺利完成。同样，仔细进行安装后的调整工作可以确保 SAP 系统能够真正有效、实用。

> **注意：**
> 在大多数新实施 SAP 的项目中，首先安装的是某种技术沙箱，或称实验系统，其目的就是在安装实际用于开发、测试、培训、生产或其他工作的系统前熟悉安装过程。

18.1.1 SAP 安装准备

SAP 安装过程的第 1 阶段是规划，这个阶段需要进行大量的研究并阅读许多文件。可以从 SAP 服务市场[1]找到并下载安装指南，仔细阅读指南中列出的所有 SAP Notes[2]（以及它们所引用的 SAP Notes）以避免致命的问题。为了正确地完成安装步骤，一定要记住，SAP 定期发布更新，SAP Notes 可能每月甚至每周都进行变更。

您需要有 SAP Service Marketplace ID（用户 ID）才能进入该系统，成为 SAP 客户或者合作伙伴才能得到 ID。SAP 服务市场（见图 18.1）和真正的市场一样堆满了营销辞令，所以真正找到这些指南可能并不容易。

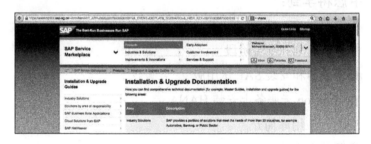

图 18.1 SAP 服务市场

18.1.2 查找和下载安装指南

浏览 SAP 服务市场和软件下载中心可能很令人困惑，因此，本节循序渐进地描述查找必要指南和文件的方法。如果您已经熟悉了这一过程，可以直接进入下一节。

首先，您可能无法找到指向希望安装的软件的链接。诀窍是向下滚动，直到看到按字母排序的索引（见图 18.2）。

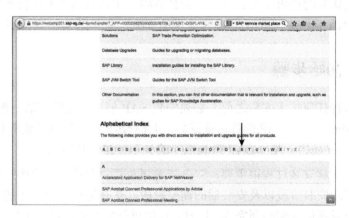

图 18.2 SAP 服务市场安装指南索引

---

[1] 参见 http://service.sap.com/instguides。——原注
[2] 参见 http://service.sap.com/notes。——原注

要获取 SAP 解决方案安装指南，单击字母 S 或者向下滚动直到到达图 18.3 所示的选择项。

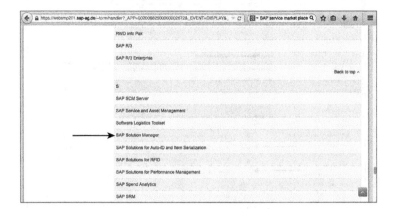

图 18.3
SAP 服务市场中指向 SAP SolMan 安装指南的链接

单击链接到达另一个充满营销素材的页面（见图 18.4）。

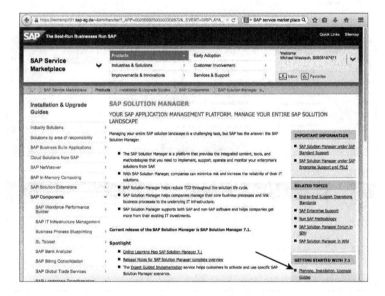

图 18.4
SAP 服务市场中的 SolMan 页面

如果您的屏幕够大，就会看到 Getting Started 方框。单击第一项——Planning, Installation, Upgrade Guides（规划、安装、升级指南）——显示图 18.5 所示的页面。由此，可以访问主指南（Master Guides）、介质列表和其他有用的项目。

18.1.3 查找和下载 SAP 软件

下一个挑战是在 SAP 软件下载中心[①]（见图 18.6）中查找必要的介质。实际上，SAP 仍然为 SAP ERP、SAP CRM 和 SAP SRM 等产品提供 DVD。但是，所有 SAP 解决方案（特别是较新的产品）默认的交付模式是仅下载，只有印度的客户默认得到物理介质。

将鼠标指向 Files for Your Database 字段或者输入如下链接开始下载数据库：https://support.sap.com/software/databases.html（见图 18.7）。

---

① 参见 https://support.sap.com/swdc。——原注

图 18.5

SAP SolMan 下载页面

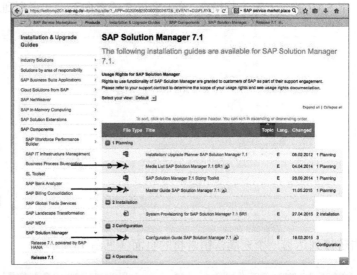

图 18.6

SAP 软件下载中心

图 18.7

通过 SAP 软件下载中心看到的数据库安装文件

要获得应用程序代码，请回到 SAP 软件下载中心并单击 Installations and Upgrades（安装和升级），然后单击标题 Alphabetical List 到达应用程序索引，在列表中单击字母 S（见图 18.8）。

图 18.8

SAP 服务市场的下载索引

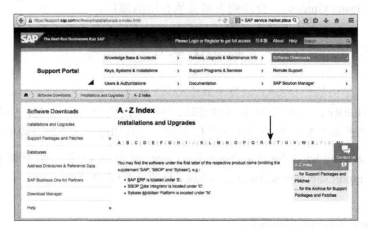

以 S 字母打头的 SAP 解决方案很多，所以在应用程序索引中单击 S 时，会得到一个很长的列表（见图 18.9）。向下滚动直到找到指向 SAP Solution Manager 软件下载（右边的栏目）的链接（注意，这个列表中不会看到 SAP HANA。SAP 的内存数据库隐藏在应用程序索引的 H 字母下）。

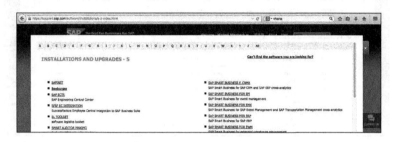

图 18.9
SAP 服务市场上以 S 字母打头的解决方案列表

下一页只有一个链接可以单击（见图 18.10）。

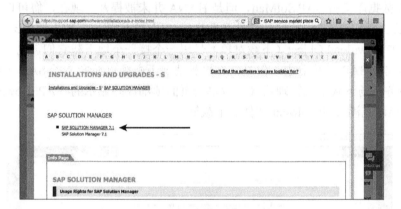

图 18.10
SAP 服务市场上的 SAP SolMan 下载

现在，您已经实现了目标，只要单击 Installation（安装）就可以转到图 18.11 所示的屏幕。

选择 Media for Solution Manager on Windows，以本例中需要的 Oracle 作为数据库。您可能会觉得困惑，为什么在单击选中的操作系统和数据库组合之后什么都没有出现。实际上，您需要最后一次向下滚动，就可以看到图 18.12 中显示的屏幕，这是您的单击操作的结果。

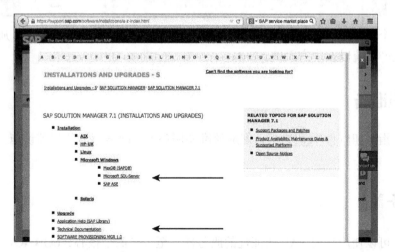

图 18.11
在 SAP 服务市场上的 SAP 解决方案管理器下载项

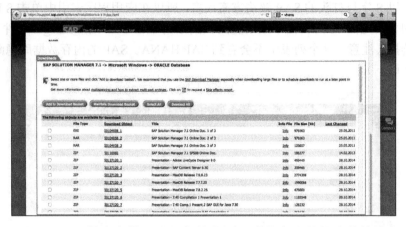

图 18.12
SAP 服务市场上的 SAP SolMan 下载站点

在 Technical Documentation（技术文档）下，您将找到一个指向安装指南的快捷方式。注意，尽管 SAP 内存数据库支持 SAP SolMan，但是 HANA 并未被提及。现在，您可以选择用于所有数据库（尽管上面没有选择）的安装文件和数据库代码，它们都很好地压缩为 .zip、.rar 和 .exe 文件。可以单击 Download Object（下载对象）号码一个接一个地下载它们，也可以单击左侧的矩形框将其放入 SAP 下载篮中。但是，在这种情况下必须已经安装了 SAP 下载管理器。您也可以从服务市场下载下载管理器（或者单击页面顶部高亮显示的 SAP Download Manager）。图 18.13 显示充满 SAP SolMan 文件的下载篮。

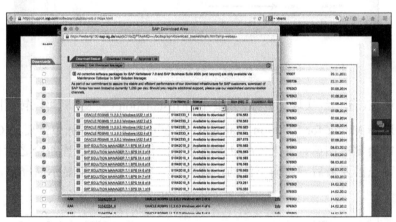

图 18.13
充满 SAP SolMan 文件的下载篮

将介质复制到一个中心位置，您最终将再次需要这些文件，以安装开发、测试、质量保证、培训和其他非生产系统以及生产系统。

18.2 基础设施准备

下载所有必要的指南和软件/代码之后，您应该准备服务器、网络和运营基础设施，下面将做讨论。

18.2.1 服务器

对于沙箱系统，可以使用任何 SAP 认证过的服务器，至少有两个核心、6GB RAM、用于 SAP 系统的 200～250GB 空间,以及安装介质工作所需的临时磁盘空间。建议使用具有 16GB RAM 的 4 核机器,物理内存中的缓冲区越多,性能越好。

18.2.2 网络

SAP 沙箱的网络需求只是一个有效的 IP 地址,但是实施通过互联网连接用户和合作伙伴的完整生产系统格局时,网络团队所要做的就不是这么简单的事情了。和存储子系统的细节一样,网络架构超出了本书的范围。如果您希望更深入研究(您可能是网络团队的一员),可以阅读我们的《SAP on the Cloud》[1]一书,该书深入探讨了这一主题,包括以云计算、物联网(IoT)和应用程序为中心的基础设施(ACI)方面的最新发展。

18.2.3 操作系统

操作系统的安装类似于任何其他应用程序安装。基本的操作系统安装建议包括使用标准磁盘挂载点或者盘符,使用标准的文件分配单位大小。对于 Linux 系统,可以在安装指南中找到交换文件和文件包的要求。对于 Windows 系统,SAP 的安装指南对页面文件大小和少数设置做了一些建议,以优化性能。SAP 希望客户负责许可证、维护合同和 OS 介质的获取。

先决条件检查列表

使用检查列表是确保操作系统配置可重复、为 SAP 安装做好准备的极佳方法。下面是在 SUSE Linux 上安装 SAP(使用 Oracle 数据库)的检查列表示例。

- ➢ 检查网络聚合和其他网络接口属性。
- ➢ 安装 JRE(Java Runtime Environment,Java 运行时环境)。
- ➢ 确认已安装了合适的 Linux rpm。
- ➢ 选择 MD5(message digest 5)算法作为默认方式对密码进行加密。
- ➢ 检查交换空间是否够大(查看 SAP Notes 中的最低要求)。
- ➢ 阅读 SAP Note 1915299,了解 Oracle Database 12c Release 1 的安装纠错方法。

注意:
 Linux RPM 实际上可以指代多种不同实体,它可以指代 RPM Package Manager、rpm 程序(用于管理已安装软件)或者这种文件使用的文件格式(rpm 文件格式)。在后一种情况中,rpm 格式用于以打包格式(预编译好的二进制或者源代码格式)来发售软件。

18.2.4 数据库服务器安装

数据库的安装过程取决于 SAP 的软件版本以及数据库软件本身。SAP 可以支持多种数据库平台,包括自己的 HANA、ASE、IQ 和 MaxDB,以及最流行的两种数据库——下面几节

---

[1] Missbach,Michael 等人《SAP on the Cloud》(原书第 2 版)Heidelberg: Springer,2015。——原注

将要介绍的 Microsoft SQL Server 和 Oracle。

1. Microsoft SQL Server

Microsoft SQL Server 在 SAP 安装过程之外单独安装。尽管大部分安装过程是标准的 SQL Server 数据库安装过程，但 SAP 还是提供了相应的安装说明。与几乎所有 Microsoft 软件的安装过程相同，SQL Server 的安装过程也非常简捷。SAP 仅支持 SQL Server 的企业版（但是功能上等价于企业版的 SQL Server 180 天试用版本）。由于可用性高和实际性能出众，SQL Server 不仅在 SAP 市场上占有的份额越来越多，而且依靠它进行业务关键型和任务关键型计算的中等规模 SAP 系统也越来越多。

注意，SAP SE 已经发布了一个 SAP Server 安装 DVD 映像，可以下载。该映像包含一个脚本，可以按照正确的顺序和其他设置安装 SQL Server[①]。

2. Oracle 数据库软件

尽管近几年来市场占有率逐渐减小，但 Oracle 数据库仍然是 SAP 环境中常用的数据库，尤其是最大、最老的系统。撇开其成本不说，Oracle 毕竟还是能力强大、成熟的数据库产品。安装这种数据库软件一般只需运行一个 SAP 提供的批处理文件就能完成，这个批处理文件会回答 Oracle 安装程序提出的各种配置问题。在最近发布的 SAP 版本中，Oracle Server 软件被放到了 SAR 文件中，在安装 SAP 安装过程中解压缩。有趣的是，SAP 安装过程仍然会在运行 RUNINSTALLER 前停下来要求安装人员完成 Oracle 的安装。Oracle 安装完成后，还必须安装最新的 Oracle 补丁集。我们需要安装的是 Oracle 企业版。

18.2.5　SAP 软件安装

从现在起，您可以按照官方的 SAP 安装指南或者 http://www.thusjanthan.com/guide-installing-sap-netweaver-7-31-suse-usingoracle-11g/等博客中的指导进行安装。从涉及的所有步骤中，您肯定能够感觉到 SAP 安装的复杂度。

18.2.6　安装后的任务

安装 SAP 的工作已经基本上完成了，但在系统投入使用之前您还需要完成以下工作。

1．使用 stopsap 和 startsap 停止和启动系统。

2．登录系统（在集团 000、001 或 066 上使用 SAP*或 DDIC 登录［066 只能使用用户 SAP*访问］）。SAP*和 DDIC 的默认密码不再像过去一样是 19920706 和 06071992，对于新系统，请使用您在安装时输入的密码。

3．安装 SAP 永久许可证。安装过程中创建的临时许可证密钥的有效期为 90 天。您可以从 http://service.sap.com/licensekeys 获得永久许可证密钥。

---

① 参见 SAP Note 1970448: https://websmp130.sap-ag.de/sap/support/notes/1970448 。——原注

4. 使用最新的核心和支持包。安装完成后，安装最新的支持包，可以从 SAP 软件分发中心（http://service.sap.com/swdc）下载。

5. 创建一个集团副本（以防万一您需要改回最初的集团或者创建新集团供开发团队修改）。

6. 根据 SAP Notes 和基础团队的建议修改 SAP 配置文件。例如，您需要修改 SAP 工作进程的默认数量和组合、内存配置以及缓存参数等。

这样一来 SAP Solution Manager 4.0 系统的安装就大功告成了。在认识了实际安装 SAP 的复杂程度之后，让我们尝试一下简单得多的 SAP 试用版安装过程吧。

18.3 安装 SAP 试用版

在解决方案开发人员网络（Solution Developer Network）的发起下，SAP 还在 SAP Store 上提供试用版本[①]。只要进入 SAP Store，在搜索行中输入 trial 或者 SCN 就可以进入图 18.14 所示的页面。

图 18.14

SAP Store 上可以找到 SAP 的试用版本

您必须向下滚动，才能从可用的试用版本中选择，在页面最底部可以选择更多版本。在提供姓名、电子邮件地址、公司名称之后，确认同意使用条款，然后单击 Submit 按钮。之后，您会接收到一封电子邮件，包含一个 48 小时内有效的链接，单击该链接可以得到一组软件组件。图 18.15 展示了一个 SAP NetWeaver Application Server ABAP 7.03 链接的示例。

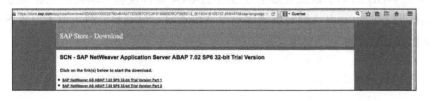

图 18.15

NetWeaver 试用版下载页面

第 1 部分有将近 4GB，可能要花费 30 分钟才能下载；幸运的是，第 2 部分只有 103MB，解压 RAR 文件，单击 welcome.htm 文件，按照欢迎界面右侧的步骤（见图 18.16）进行。

尽管这比现实世界中的 SAP 安装简单得多，但是仍然必须准备必要的基础设施，如果在笔记本电脑上安装，一定要保证资源符合上述的系统要求。

---

① 参见 https://store.sap.com。——原注

以管理员身份登录到 PC 并启动安装程序，剩下的安装过程通常要花费数个小时（取决于基础设施）——对于精简配置的硬件可能需要花费 6 个小时或者更长的时间。保持耐心！我们的系统花费了 3 个小时。SAP 安装过程是磁盘密集型任务，因此对于台式机或者笔记本电脑相当慢。如果您的机器的硬盘灯狂闪，那可能是正常的。SAP 还提供了短期托管试用版本[1]，但是有些版本仅限于 3 天内使用，而且不能加载自己的数据。

图 18.16
NetWeaver 试用版安装页面

要登录到 SAP，必须安装 SAPGUI。在 SAP 试用版解压之后，会创建 SAPGUI 目录。该目录中有一个文件 SagGuiSetup.exe。我们建议您在安装 SAPGUI 试用版之前删除其他 SAPGUI 安装（并运行所包含的工具清理操作系统注册表）。准备就绪之后，运行 SapGuiSetup.exe 程序并遵循提示操作。

18.4　公共云平台上的 HANA

作为场内安装的 SAP 解决方案管理器实例的一个替代品，现在让我们来看看如何在 Amazon AWS 上配给一个"为加载数据做好准备"的 HANA 实例。安装的细节参见最新的 Amazon 快速入门参考[2]。注意，虽然 SAP HANA 可以用于 Amazon 和 Microsoft Azure[3]，但是在本书编著时 Microsoft Azure 还没有支持在 HANA 上运行 SAP 应用，因此，这里详细讨论 Amazon。正如作者 Karthik Krishnan 所言[4]，"在 AWS 云上实施 SAP HANA 是一个高级主题，如果您是这方面的新手，参见 AWS 文档的 Getting Started 部分。此外，建议熟悉如下技术：Amazon EC2[5]、Amazon VPC[6] 和 AWS CloudFormation[7]。"

内存占用为 60~244GB 的单节点或者多节点 SAP HANA 虚拟设施自动根据 SAP 最佳实践配置。HANA 运行于 Linux 之上，同时部署了一个 Windows Server 实例，用于下载 SAP HANA 介质，以及托管 SAP HANA Studio 应用。

---

[1] 参见 http://www.sap.com/software-free-trials/index.html。——原注
[2] 参见 https://s3.amazonaws.com/quickstart-reference/sap/hana/latest/doc/SAP+HANA+Quick+Start.pdf。——原注
[3] 参见 http://azure.microsoft.com/blog/2014/07/22/step-by-step-guide-for-deployment-of-sap-hanadeveloper-edition-on-microsoft-azure/。——原注
[4] 参见 https://s3.amazonaws.com/sap-hana-aws/v1.0/doc/SAP+HANA+Quick+Start.pdf。——原注
[5] 参见 http://aws.amazon.com/documentation/ec2/。——原注
[6] 参见 https://aws.amazon.com/documentation/vpc/。——原注
[7] 参见 https://aws.amazon.com/documentation/cloudformation/。——原注

18.4.1 HANA 数据库大小和时间限制

对于生产上使用的 AWS，SAP 官方只支持最大 244GB 的 HANA 实例。对于 HANA 上的 SAP Business One，生产使用限制为 60GB。记住，压缩数据集的最大尺寸只有 HANA 数据库物理（许可）内存占用的大约 60%。

要使用更大的数据集进行概念验证（PoC），必须要求 HANA 认证的硬件供应商出借一个单元或者使用它们的"先试后买"服务。注意，PoC 必须在 90 天内结束（HANA 许可证的"宽限期"），此后，安装将到期。除了完成一次新安装或者从 SAP 购买常规许可证，没有其他途径可以延长这一时间。

Amazon 对 SAP 软件采用自带许可证（BYOL）模式。在这种情况下，您必须已经拥有 HANA 许可证，在开始之前从 SAP 软件下载中心下载 SAP HANA 平台版。

不要忘记，云不是免费的，资源都需要成本。在本书编著时，根据所选择的内存占用，Amazon 向单一 SAP HANA 节点的基础设施收取大约 1.78 美元/小时（60GB）到 4.35 美元/小时（244GB）的费用。影响收费的其他因素包括记账选项和托管 AWS 资源的地理位置。

18.4.2 HANA 部署过程的 4 个步骤

HANA 的部署包括构建 Amazon VPC、子网等，共 4 个步骤。

1. 注册一个 AWS 账户，选择部署 HANA 的 Amazon EC2 地区，准备用于 HANA 部署的 EC2 实例和 EBS 卷，并生成一对键码。注册过程包括接听电话，用电话键盘输入一个 PIN 码。

2. 设置 Amazon 虚拟专用云（VPC），部署一台 Windows 服务器下载 SAP 软件和安装 HANA Studio，部署一个 NAT 实例，并配置 Amazon VPC 内资源的安全访问。幸运的是，您所需要做的只是启动一个 AWS CloudFormation 模板，模板配置了虚拟网络，为您的部署提供 AWS 基础设施。模板中唯一必须输入的是 KeyName，这是第 1 步中创建的键码对名称。

3. 从 SAP 软件下载中心将 HANA 介质下载到第 2 步配给的 Windows 服务器上的一个 EBS 卷，要连接到 RDP 实例，单击 Connect 按钮并使用启动期间使用的键码对文件，获得 RDP 实例密码。在系统中输入解密的密码和 IP，通过远程桌面连接到 RDP 实例（见图 18.17 和图 18.18）。

RDP 包含一个挂载为 D:\ 的 16GB Amazon EBS 卷，如图 18.19 所示。

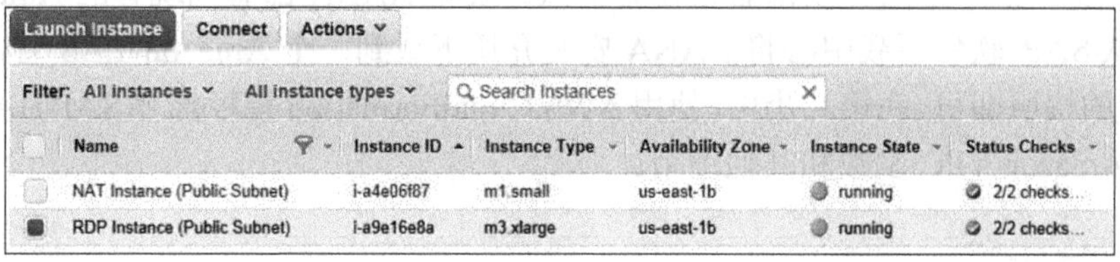

图 18.17

NAT 和 RDP 实例

图 18.18 连接到 RDP 实例

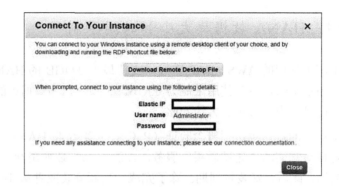

图 18.19 Windows Server 卷布局

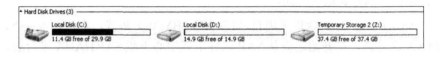

现在，可以从 SAP 软件下载中心将 SAP HANA 平台版介质下载到 D 盘。

1）登录 https://support.sap.com/swdc。

2）在左侧导航面板上选择 Installation and Upgrades，然后选择 A～Z 索引。

3）选择 H，然后从列表中选择 SAP HANA Platform Edition。

4）单击页面顶端的 SAP HANA Platform Edit 1.0（不要和下面的信息页混淆），然后单击 Installation。

5）在 Downloads 窗口中，找到想要下载的版本，将每个文件直接下载到 D:\。第一个文件是打包的，用于提取与您下载的版本相关的所有文件内容。

6）双击第一个文件开始提取过程，确保内容都被提取到驱动器 D:\。

4．最后，启动几个 AWS CloudFormation 和 PowerShell 脚本，初始化 AWS 上的 SAP HANA 部署。为这一步要准备好系统 ID、主密码、实例类型和 HANA 节点数。这些脚本执行如下任务。

1）创建 SAP 介质卷的 Amazon EBS 快照。

2）为 SAP HANA 部署配给 Amazon EC2 实例。

3）用通用（SSD）卷为 HANA 服务器配给 Amazon EBS 存储。

4）执行支持 SAP HANA 安装的操作系统级任务。

5）执行 SAP HANA 安装和配置后步骤。

典型的单节点 SAP HANA 部署大约花费 25 分钟，多节点部署花费 35～60 分钟。在多节点方案中，首先部署主节点，然后并发部署工作者节点。要将 HANA 部署到现有的 Amazon VPC，只需要人工从 SAP 软件下载中心将 HANA 安装介质下载到一个 Amazon EBS 卷，解压介质，并创建该卷的快照即可。在第二步中，使用 AWS CloudFormation 模板部署 SAP HANA 节点，并人工输入 Amazon VPC 参数和其他细节。

18.4.3 访问新的 HANA 系统

可以使用远程桌面客户端连接到预先加载 SAP HANAStudio 的 Windows 实例，访问 SAP HANA 节点，也可以配给企业数据中心和 Amazon VPC 之间的 IPsec 加密硬件 VPN 连接，直接从企业网络连接到 HANA 系统。

您还可以设置数据中心和 AWS 中心之间的 AWS 直接连接，直接访问 AWS 资源。详情参见 Amazon Direct Connect 网页。

18.5　SAP 云设施库

多家云提供商可以在不到半个小时内为 SAP 解决方案协调好必要的硬件基础设施。但是，正如在本章中所见，下载、安装和配置必要的 SAP 软件需要花费很多时间和精力。

为了缩短 SAP 客户仅为评估新功能或者测试某个组件的小升级所花费的时间，SAP 提供了一组称为云设施库（Cloud Appliance Libraries，CAL）的应用程序。该库起源于 SAP 公司的内部项目"Titanium"（钛），目标是为 SAP 员工提供对预配置、立即可用的 SAP 应用的按需访问，以便开发和展示。最近，SAP 将这一"库"提供给了客户，以便更快地配给沙箱、测试和开发环境（见图 18.20）。

SAP 可以从一个包含不同 SAP 软件组件或者特定配置组合的机器映像库中选择。SAP 提供和管理实际内容，这一服务的基础设施放在公共的 IaaS 云中。现在，Microsoft Azure 和 AWS 提供对 SAP CAL 的访问。

对于 SAP，CAL 最大的作用是新客户可以利用快速的先试后买服务。由于 SAP 格局虚拟化管理（Landscape Virtualization Management，LVM）连接器集成到了 CAL 中，客户的场内基础设施可以统一、透明的方式与公共云连接（见图 18.21）。

注意，CAL 本质上只能提供绿地安装，但是，CAL 对于现有自定义 SAP 系统格局的生命期管理没有多少帮助。

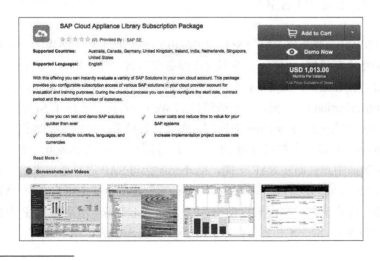

图 18.20

SAP 云应用库订阅页面[1]

---

[1] 参见 https://cal.sap.com。——原注

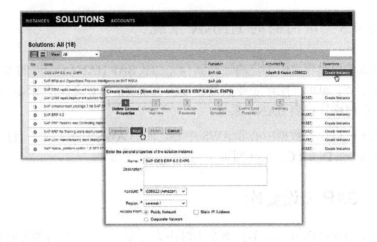

图 18.21
用 IDES 数据[①]，通过云应用库创建一个 ERP 开发系统

18.6 SAP 单点登录简介

现在是时候离开 SAP 试用版了解一个更为重要的安装环节了。真正的 SAP 系统安装完毕后，基础层上的 Microsoft Active Directory 集成就已经完成，应该能够启用 SSO（Single Sign-On，单点登录）了。通过 SAP SSO，用户基于 Windows 系统的账户（在 Active Directory 分配）可以映射到同一个用户的各个 SAP 用户账户上。这样一来，用户在登录各账户时只需输入一次 ID 和密码就可以了，比如登录 Windows 工作站时输入一次，而登录 SAP 时就不必再输入登录信息了。如果用户在 SAP 系统的多个 SAP 客户端上都有账户，则仅需在一个客户端上输入一次即可。

基本 SSO 集成相当简单，只需要把 Generic Security Service API v2 动态链接库（DLL，可以从 SAP 免费下载）分发给每台涉及 SSO 的服务器和最终用户计算机即可。遗憾的是，这种 SSO 技术只能用在纯 Microsoft 环境中，而混合环境无法利用这种简单的集成方式。如需了解 SSO 安装和配置的相关说明，请参考 SAP 的 Windows 版安装指南。

18.6.1 用 SPNego 启动 SSO

另一种方式是使用 SPNego 来实现 SAP SSO。SPNego 这个名称来自于所用的安全机制：**简单和受保护的 GSS API 协商机制**。SPNego 使用远程服务器为客户端应用程序提供授权。这种能力最先是 Microsoft 在 Internet Explorer 5.1 上引入的，被称为集成 Windows 身份验证（Integrated Windows Authentication）。今天，大多数流行的 Web 浏览器都集成了 SPNego，包括 Firefox 和 Google Chrome。权限通过 Kerberos 来控制，通过它各种系统可以安全地相互进行通信。在 Microsoft Windows 和 SAP 上都可以对 SPNego 进行配置。在 Microsoft 一侧，Active Directory 使用 Kerberos 验证用户；而在 SAP 一侧，Kerberos 会与 SAP 进行通信来验证最终用户，并确定用户访问 SAP 的权限。在 Windows 服务器内，必须创建一个服务用户账户（Windows 用户账户），使用这个服务账户进行一些配置以便与 SAP 系统关联起来，然后在 SAP 内部执行 SPNego Wizard 来定义 Windows Server 和服务账户，还必定义 SAP 内映射的用户。

---

① 国际展示与评估系统（International Demonstration and Evaluation System），SAP 的模型公式。——原注

所有设置都配置之后，登录过程实际上就非常简洁了。用户使用自己的网络账户通过 Active Directory 登录计算机时，会收到"票据生成票据"（ticket-generating ticket，TGT）。用户尝试检索 SAP 上的数据时，SAP 会向用户的系统发送一个请求，以协商安全性。用户的系统会检索自己的 TGT，然后向 SAP 发送该票据（见图 18.9）。该票据包含了用户的账户信息以及其他一些数据。然后 SAP 就可以根据此票据决定该用户是否映射到 SAP 账户了。如果是，系统会对用户的访问进行进一步的验证，确保其有权访问要求的数据。过去，需要有一个 Java 系统作为 SPNego 中介，随着最新的 ABAP 支持包的发布，这种需求已经过时。

SPNego 经常用于把 SAP 与 Microsoft Office SharePoint Server (MOSS) 2010（或更高版本）链接起来。但是除了 SPNego，MOSS 2010 还可以使用另一种 SSO 方式，即安全断言标记语言（Security Assertion Markup Language），我们下面对其进行讨论。

18.6.2　通过 SAML 启用 SSO

安全断言标记语言（Security Assertion Markup Language，SAML）是一种开放、强大的标准，用于在不同域之间交换权限和身份数据。这意味着 A 公司的用户可以请求和获取 B 公司运行的应用程序的数据。由于采用的是开放式标准，SAML 没有绑定到特定技术上。SAML 由 OASIS 安全服务技术委员会开发，其目的是解决复杂、实际商业情境中浏览器的 SSO 问题。

SAML 无论对 SAP 还是对 Microsoft 都是一项新技术。Microsoft 已经开始在自己的 Active Directory 产品上实施 SAML 支持了，但您可以看到 SAML 影响最大的地方还是 SAP 与 Microsoft Office SharePoint Server 2010 之间的沟通。SAML 也用于 Duet Enterprise 中进行身份验证和授权。

SAML 依靠身份提供程序（identity provider）来鉴别用户身份。MOSS 2010 以及其他可信来源可以用作 SAML 身份提供程序。如果身份验证成功，它会发给用户一个令牌，当用户试图访问其他系统时就可以出示该令牌，它包含了用户的身份断言。身份断言包含了描述和验证用户身份的信息（本质上包含一个安全数据包）。如果目标系统识别出了该用户，用户就可以获得访问权了。

18.7　小结

本章介绍了成功完成技术安装所需的各个步骤。我们逐步完成了在 Linux/Oracle 平台上实际安装 SAP 的各个步骤。安装后阶段的完成标志着技术实施的结束，接下来就该功能团队上场了。之后，我们学习了如何获得和安装 SAP 试用版。本章最后，我们讨论了 SAP 与 Microsoft Active Directory 的技术集成以及 SSO，包括 SPNego 和 SAML 在其中扮演的角色。

18.8　案例分析

请考虑这个 SAP 安装案例分析，并回答之后的问题。您可以在附录 A 中找到与此案例分析相关的问题答案。

18.8.1 情境

MNC 已经标准化了 Windows/SQL Server，需要实施 SAP Solution Manager 以准备进一步的 SAP 安装，包括云端的 HANA 以及用于该团队的一个技术沙箱。您已经与实施合作伙伴合作构建并确定了解决方案的规模，所有必要的计划工作均已完成，您准备开始进行安装了，并且已经知道，该团队还希望执行 HANA 上 200GB 压缩数据的概念验证（PoC）测试。

18.8.2 问题

1. 第一步应该做什么？
2. 应该首先安装哪种 SAP 格局环境？
3. 可以从哪里下载 SAP 介质？
4. 可以在 Amazon 上进行 HANA 概念验证测试吗？
5. HANA PoC 需要在多长时间内完成？
6. MNC 正在试图削减 IT 支持成本。目前，MNC 的 IT 服务台看似永无休止地在修改和重设着密码，有哪种低成本的技术实施后可以立刻缓解 IT 服务台的工作压力？

第 19 章

SAP 与云

在本章中您将学到：
- 适合各种 SAP 解决方案的云类型
- 云和其他计算交付模式的简史
- 虚拟化如何帮助您在云上部署 SAP
- 云的退出策略
- OpenStack 和 Monsoon
- ERP 与 SuccessFactors、Ariba 和 hybris 的集成

本章我们介绍云计算技术，包括面向各类客户和提供商的各种云的区别，然后我们会对多种类别的云提供商进行综述。之后我们还将介绍从传统的计算平台到客户端/服务器、基于 Web 的平台以及最新的云计算平台的演变过程，帮助您深入了解 SAP 目前是如何使用云的。本章还将介绍客户如何利用 Amazon AWS、Microsoft Azure 及其他云提供商的服务。我们将介绍用于开发的 SAP 内部 OpenSatck 云 Monsoon 的实施，并讨论了缓解此类方法风险的退出策略。本章的最后，我们提供将 SAP 近年以来收购的 SaaS 解决方案集成到现有 SAP 解决方案格局的一些线索。

19.1 天气预报：多云

信息技术行业每隔一二十年就会以一种奇妙的方式重塑自我。在 IBM 大型机如日中天的时代我们就在进行虚拟化，而今天，我们仍然对虚拟化奉若神明，就好像它是刚刚诞生的突破性技术，这未免有小题大做之嫌。我们过去是通过客户端/服务器方式把集中式大型机计算的 IT 能力分配给各个桌面应用的，而今天，我们正忙于通过与昔日大型机计算等效的架构把 IT 能力再次集中起来。毕竟，所谓的云不过就是从远端计算机提供服务的一种大型机形式的翻新之作。

但是，云计算并不真是一个全新的概念。如果您使用过 Microsoft 的 Live Hotmail 产品，就已经使用过云了，它被广泛地认为是第一种云计算应用。Hotmail 于 1996 年启动，只不过那时候人们还没有把这一切都贴上"即服务"的标签！

Amazon 的兴趣在于把自己丰富的计算资源利用起来（与其闲置等待偶尔的季节性或突发采购高峰才使用，不如更充分地把它们利用起来），它可能算是早期云创新的典范了。一个在线书店（Amazon）只不过就是定义了基础设施即服务（IaaS）计算模式，就一下子把 CSC、HP 和 IBM 这样的大 IT 提供商惊呆了。Amazon 不仅率先通过一套现代理论把廉价的准系统服务器绑定到一起，创建了一个计算结构，而且提出了一个革命性的概念：在第一个租户注册之前购买资源，使其无须等待数月才能交付服务，也无须像在经典的大型 IT 提供商托管模型中那样签订多年的协议。

所以，云计算并不是什么全新的概念，它只是计算交互模型的再造，对寻求更有效地交付整组服务的一群消费者来说意义重大。

第 8 章概述了不同风格的云。虽然还有许多其他的定义，但是定义"云"的最简单方式是详细说明它与经典托管方式的不同之处。托管环境下客户仍然有"自有"的设备（有时候在数据中心内用铁丝网"保护"起来），而云中的资源是在所有租户中共享的，提供商决定使用的基础设施组件。IaaS 以自助服务的模式提供了基础设施的自动配给，但是，客户仍然必须安装和维护应用，负责软件许可证和维护协议。除了几种例外情况，计费是根据分配（而非消耗）的时间资源进行的。

除了刚才提到的几点之外，云解决方案和场内基础设施使用的技术没有太多差异。而且，为基础设施自动配给开发的技术也可以用于场内，以托管和处理敏感数据。随着组织意识到自己需要结合公共云的敏捷性和私有云的控制和安全性，混合云变得越来越重要。

正如云计算可能因为目标消费者或者用户群体（业务最终用户、应用开发人员和 IT 专业人士）而不同，它也可能因为托管计算机的实体和用于交付云服务的其他资源而出现差异。另一个需要考虑的维度是计算机的物理位置。业界一般公认，云提供商利用传统 IT、非托管私有云、外包私有云和公共云（见图 19.1）开发如下云托管模型中的一种或者多种：

➤ 内部私有云；
➤ 托管私有云；
➤ 公共云；
➤ 混合云。

图 19.1
SAP 资源获取途径选择

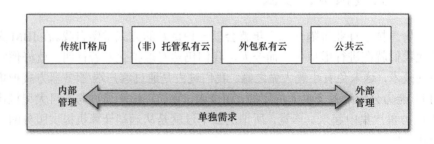

19.1.1 私有云

公司将其任务关键应用与必要的基础设施放置在场内的理由仍然很充分。大部分理由和风险、安全或者政府监管有关。但是，公司可以利用为云计算开发的架构和工具（在下面几节将做介绍），这样，可以得到同样的可伸缩、高弹性以及最为重要的适应能力，而且，所有资源都在自己的严密控制之下。

私有云的关键特征包括：
- 高等级的控制能力和安全性；
- 能够符合各种法规要求；
- 集成和性能问题比公共云更少；
- 成本比传统的计算平台低。

19.1.2 公共云

公共云的多样性与其广泛性一样突出，当今绝大多数云应用都是公共云。任何通过互联网提供基础设施或者软件的实体都可以称作公共云提供商。但是，仅仅购买一个机库（或者旧碉堡），放置几百台廉价的刀片服务器并不能真正地提供云服务，关键是服务的管理和维护。

对于在关键业务流程上使用云服务的公司来说，经过精心协商、包含财务刺激的服务水平协议（SLA）决定了应用程序是满足业务需求还是惨遭失败，所以，别让价格左右您的判断。

19.1.3 混合云

混合云可以用包罗万象来描述。一般来说，我们把混合云服务定义为包含互联的公共云和私有云或者说本地和远程资源的任意扩展或分层平台。混合云通常用于在保证前端可伸缩性和恢复能力的同时确保后端资源，如数据、特殊的业务过程以及其他敏感资源的安全。

由于风险比纯公共云低（或者可管理性更高），并且比传统的计算平台具有更强的引入业务创新的能力，因此对于许多初次引入云技术的客户来说，混合云方案是最为合理、实用的。

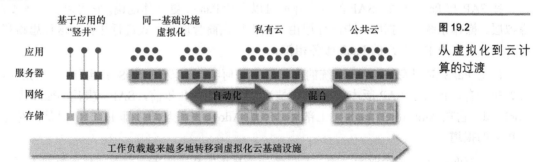

图 19.2 从虚拟化到云计算的过渡

19.2 将 SAP 与云相结合

许多软件提供商都将长期的云属性作为发展的重点，SAP 也不例外。SAP 的核心事务系统甚至早在 R/2 时代就已经支持多租户的概念了。SAP 的集团模型，即公司 A 和公司 B 可以使用相同的底层计算平台一同运行在相同的应用实例上，是最早的多租户软件范例。在后面几页内容中，我们将探讨 SAP 与云计算的其他交集。

19.2.1 SAP Web 应用服务器

SAP 没有一次性地从客户/服务器切换到更现代化的计算模式。基于 Web 的计算平台加速了 SAP 应用平台的发展。尽管与原来的设想不同，SAP 的 Web 应用服务器（WebAS）仍然发展成了一个令人敬畏的 Web 技术平台。

WebAS 为可扩展标记语言（XML）和 Web 服务技术提供了增强支持，包括对简单对象访问协议（SOAP）和 Web 服务描述语言（WSDL）的早期支持。由于 WebAS6.30 加入了对 Unicode 的支持，因此具备了在涉及语言支持等因素的特殊公司级技术平台上进行标准化的能力，最终成为了一个能够从底层增强 NetWeaver 的平台，这也是它引人注目的原因之一。

19.2.2 SAP 与 SaaS

在本书的第 4 版编著期间，SAP 唯一准备上市的 SaaS 云解决方案是面向终端市场的 Business ByDesign（BBD）。即使在今天，SAP 的其他"传统"应用也无法以这种方式交互，因为它们从一开始就不是按照 SaaS 应用的形式构架的。SAP 的按需式 CRM（CRM-on-demand）与 SaaS 的概念相当接近，您也可以说它支持基本的 SaaS 模式。同时，SAP 已经通过收购 SuccessFactors、Ariba、Fieldglass 和 Concur 显著地扩展了 SaaS 产品组合。这些解决方案的功能已经在第 12 章中介绍过。在完整企业应用框架中实施它们所面对的挑战将在本章的最后一节中讨论。

19.2.3 SAP 与 PaaS

在 SAP 与 PaaS 方面，SAP 的复合环境可以支持 PaaS。更具体地说，它可以以一种硬件、虚拟层、操作系统、数据库、中间件层由"云"提供商管理的方式进行托管，这种思路和支持开发人员作为主要客户的 PaaS 服务相符。

但是 PaaS 对现有的 SAP 系统的支撑能力如何呢？有没有 PaaS 有实际意义的应用场景？也许有，但对于 SAP 版本的 PaaS，情况尚不明朗。几年前，SAP 收购了 PaaS 提供商 Coghead，它在 Amazon 的 IaaS 之上部署了一层 Adobe 开发环境（即 EC2），但是，对此没有更多的报道。

另一方面，HANA 企业云（HEC）更像一个真正的托管服务，而非现代云解决方案。

19.2.4 SAP 与 IaaS

在本书编著时，Amazon 和 Azure 统治着公共云上的 SAP IaaS 服务。尽管 Amazon 和 Azure 都没有使用经过认证的服务器，或者出现在 HANA 的认证硬件列表上，但是 Amazon 甚至能够提供 SAP 许可证（支持的 SAP 应用参见 SAP Note 1656099）。SAP 为计算 Amazon 和 Azure 映像性能提供了特殊的基准测试[①]。

Atos、CapGemini、CSC、Deloitte、Freudenberg-IT、NNIT、NTT、T-Systems、Verizon 和 Virtustream 等 SAP 认证云提供商[②]提供完全经过 SAP 和 HANA 认证的基础设施，除了基本 IaaS 之外，还提供 SAP 解决方案的补丁和维护服务。

19.2.5 虚拟化不等于云计算

记住，尽管虚拟化有助于云计算的实现，但是"虚拟化"和"云计算"这两个词不能互换使用，只是一些虚拟化供应商以此作为广告中的噱头。实际上，虚拟化甚至不是云的必要成分，正如基于 Cisco UCS 的 HANA 云参考架构所展现的那样，软件驱动的裸机（物理硬件）也能提供弹性、灵活性、自动配给和即收即用的定价模式。这确实是好消息，因为许多客户/服务器应用或者 HANA 在设计中从未考虑虚拟化。有些应用在虚拟化环境中工作得很好，但是其他应用可能需要直接访问服务器和磁盘硬件，或者在这种情况下才有最佳的表现。幸运的是，在两种情况下都可以从云计算中得益。

19.3 将 SAP 系统转移到云

尽管虚拟化并不等同于云计算，但是虚拟化对于将现有 SAP 系统转移到云中很有帮助。在第 18 章中已经介绍过，Amazon 上的 HANA 以及 SAP 云应用库（CAL）安装是没有任何定制或者数据加载的绿地安装，转移现有定制化环境（包括数据）是另一回事。

虚拟化的好处很明显，我们可以在逻辑上复制一台服务器（以扁平文件的形式），包括虚拟机中的所有 SAP 应用和配置。虽然虚拟化是云计算的主要支柱之一，但是云提供商可以使用不同类型的虚拟化管理器技术或者虚拟机容器实现其 IaaS 服务。根据每个提供商的技术兼容性，将虚拟机从一个云提供商转移到另一个提供商有 3 种方案。

> **在线迁移 VM**：如果现在的服务提供商和新提供商的云平台基于相同标准（如 OpenStack），从技术上讲，可以用在线或者近于在线的规程移动托管 SAP 应用的虚拟机。很明显，先决条件之一是新旧服务提供商之间有安全、高带宽、低延迟的网络。如果没有这样的网络，VM 影响仍然很容易以扁平文件的方式复制，对配置进行很少的修改之后就可以在新提供商处启动。

> **导出/导入 VM**：如果一个或者两个服务提供商使用专属云平台，转移的过程就需要更大的工作量。在现任云提供商处，必须停止运行 SAP 应用的虚拟机，将其导出并

---
① 参见 http://global.sap.com/campaigns/benchmark/appbm_cloud.epx。——原注
② 参见 http://global.sap.com/community/ebook/2012_Partner_Guide/partner-list.html。——原注

转换为一般可接受格式（如 VMware ESX VMDK 映像、Citrix Xen VHD 映像或者 Microsoft Hyper-V VHD）。这些映像必须通过专用网络或者物理存储设备传输到新云提供商的数据中心。之后，导出 VM 映像，如果有必要，还要转换为新服务提供商的云平台技术。

> **提取和转移应用数据及配置**：很明显，这是最糟糕的情况——公共云提供商没有提供虚拟机的导出/导入功能，从一个云服务提供商转移到另一个提供商的工作量和现在从传统托管基础设施解决方案转移到另一个的工作量相同。在最好的情况下，只需要复制 SAP 数据库或者 NetWeaver 配置文件等普通文件即可。但是，如果使用的操作系统或者数据库不同，SAP 数据必须迁移（使用 R3load，通过 SAP 异构系统复制进行）到目标操作系统或者数据库，然后在新服务提供商处安装新系统。

19.4 SAP 即服务？

SAP 在营销中推出了"SAP 即服务"的口号，这是什么意思？寻求 SAP 即服务的潜在客户可能设想用一种即付即用的模式访问 SAP 的经典 ERP 或者业务套件应用。

多年以来，服务提供商已经同时托管 SAP 应用程序以及底层的虚拟化 SAP 基础设施，拥有和管理 IT 运营和管理人员，为每个业务应用程序的技术堆栈解决后端 OS、数据库以及 SAP 许可证细节等问题。人才力量强大的托管提供商甚至可能拥有必要的开发和定制资源，不断提升应用程序的能力，使之与客户不断变化的业务需求保持同步。最终，在理想情况下，用户可以无须再根据访问系统的 SAP 最终用户的数量支付每月的账单。这不就是云计算吗？

接近，但确实不是！但无论如何，这种 SAP 交付方式仍然很诱人不是吗？也许吧。对这种情况的描述似是而非，给人的第一印象确实很像云计算。实际上，这最多只能算是一种有意思的单客户外包模式。这种方案没有提供自动配给，没有随工作负荷变化的资源弹性，没有类似支持多租户的功能，也没有自动补丁管理或平台维护。每种看似"云状"的功能实际上都需要手动控制，而手动过程就需要停止窗口运行，也无法实现动态伸缩等。SAP 的架构限制再加上传统技术平台的架构实际上杜绝了实现真正 SAP 即服务模式的可能性。由于将基础设施和运营外包给了 IBM Softlaye，SAP 只在纸面上销售这项服务。而之前谈到的私有云 IaaS 解决方案反而使我们能够更接近这种模式。

19.4.1 云中的非生产 SAP 系统

我们可能在书上和会议上听到过许多关于三系统 SAP 格局的介绍，但是在现实世界中，随着时间的推移会部署更多的系统。我们常常看到，对于每个生产系统，都部署了 2~10 个（甚至更多）的"后台"非生产系统，常见的有预演（或预生产）系统、多层质量保证系统（为了更好地支持平行功能集成和回归测试）和开发系统、多种类型的培训系统（支持不同的最终用户群体）以及专用的技术沙箱（帮助 IT 团队推进季度改进循环）。此外还可能部署其他一些技术沙箱，以学习最新产品的使用、测试数据迁移和加载过程或者试验延后的功能升级。业务团队可能需要一些最后关头使用的业务沙箱，以试验新的 SAP 功能或者在寻求开发新业务功能时试验成熟的应用。即使从这一列表中删除各种开发和测试/QA 系统（这可能使投产过程相关因素复杂化），保守估计下，也有大量的小型非生产系统可以在 IaaS 或者 PaaS 云中托管，得到更大的灵活性和更低廉的成本。

同样，"独立"系统也很容易迁移到 IaaS 云中。为历史目的（实际上很少使用）维护的参考系统是很好的候选系统。试验和概念验证（POC）系统也是如此，许多这类系统很小，只需要很少的计算资源。从性质上看，许多系统都是过渡性或者短命的（今天建立，明天就可能消失），另外一些系统则支持低利用率和可用性预期不高的高灵活性用户群体，换言之，这些系统都很适合托管在云中！

19.4.2 未来：云独步天下，Sun 无立锥之地

今后，SAP 云计算将如何发展？必须说明，除了 SAP 已经公布的消息和许多客户的要求，我们没有任何专门的知识。所以，除了云技术将继续改变 SAP 系统与平台的交付及管理方式之外，我们很难提出更多的想法。但是，我们预期，在接下来几年间的变化将由 SAP 的任务关键客户推动。SAP 的客户将继续要求对平台和应用进行新一轮的革新，以及在相同或者更高成熟度的情况下将其业务推向更高水平所需的平台和应用。他们将要求在风险最小的情况下交付这些创新和成熟度。

- 客户会继续要求云提供商提供与任务关键型系统应用相适应的苛刻 SLA——高可靠性、卓越的可用性、极低的计划外停机时间，以及在出现不可避免的平台和数据问题时更强大的恢复能力。
- 能够安全可靠地控制公司存放在云里的重要数据，以及管理和实施隐私安全保障的手段，这些都会持续推动云成熟度提高。
- 云提供商把新重点转移到了帮助客户避免提供商锁定上，这将有效地鼓励更多客户向云转移（在认为自己的决策按预期良好执行时可以把自己的数据、业务流程、便携式应用程序收集起来放到其他支持 SAP 的云上，这一点肯定能让人大感欣慰）。
- 思想最超前的云提供商会创建策略引擎，使客户能够指定哪些数据需要或无须存放，给出他们的关键性能指标，并精确处理他们的实时性能需求、重要的批处理限制窗口、可用性要求、工作负荷爆发策略、服务管理要求、分层存储策略、数据备份/留存策略、灾难恢复和业务持续性考虑因素、运行优先级等。通过这种方式，在这种云上托管服务的公司可以确信自己的治理、风险和与 ITAR、FDA、HIPAA 等机构的依从性以及策略考虑因素都可以得到适当、主动的处理。

SAP 可能会关注的重点领域是那些与自己的云策略相关的领域。随着应用程序成熟度的提高以及对云工作负荷支持技术的不断改进，再加上能够把突发的工作负荷放到公共云上进行处理的能力（处理意外的峰值负荷或季节性负荷），SAP 将能够更好地巩固自己的市场地位，同时为自己的重要客户带来欣喜。因此，我们认为 SAP 与大 IaaS 和 PaaS 提供商的关系会愈来愈紧密，SAP 的格局虚拟化管理（LVM）和云管理产品会越来越成熟，而它的应用程序架构会缓慢演进，直到不再需要大规模的重构。

19.4.3 云过渡和退出策略

Cisco Intercloud（见图 19.3）等技术可以在无须重新配置 IP 地址的情况下，用公共云资源扩展场内基础设施和私有云。这一概念还简化了提供商的变更，避免了 IaaS 和 PaaS 中的供应商锁定现象。

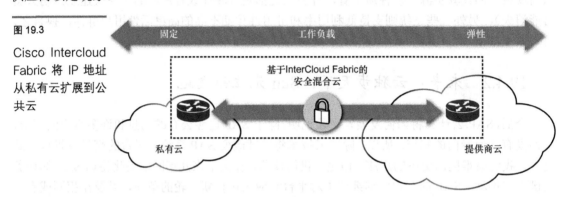

图 19.3 Cisco Intercloud Fabric 将 IP 地址从私有云扩展到公共云

但是，更换 SaaS 提供商需要面对一些特殊的挑战。只要您喜欢所提供的服务，SaaS 模式就能够工作得很好，但是对于"明天"的事情，仍然有一些概念上的缺失。

确实，您可以 RTF 或者 CSV 文件的形式取回数据，但是如何在不"拥有"软件的情况下，让税务审计人员看到数年前的 ERP 账册？只要您采用场内方式或者 IaaS/PaaS 模式，就可以保留一个"在磁盘上沉睡"的旧系统，无须支付软件维护费。

如果您将 SAP 许可证转换为 SAP 云许可证，就必须考虑类似的"退出"问题。只要遵循"自带许可证"方法，就可以自由地在云提供商之间转移，甚至回到场内模式。在"SAP 即服务"模式下，签订转换 SAP 许可证协议之前，和 SAP 商讨一种退出策略是明智之举。

19.5 Monsoon 项目

我们来看一看 SAP 自己的内部云部署，以便应用他们的研究成果。尽管 SAP 在云技术上投入甚多，但是自己的事务和分析生产系统仍然采用相当传统的场内方法，即使 HANA 方案也是如此。和许多其他企业一样，SAP 在自己的开发活动中采用云方法。多年以来，SAP 自己的内部云已经演化成了规模巨大的异构基础设施，自称拥有大量的物理和虚拟机，具有 2000TB RAM 和 50PB 存储容量。

新功能需求、技术的变化和许多并购造成了各种技术竖井，从而使所有迁移工作都变得十分复杂。升级采用人工、半自动或者自动方式进行，取决于云实施的时间。多种多样的新技术方法，以及分布在全球多个数据中心混合使用的 VMware 和 XEN/KVM 虚拟技术，使 SAP 基础设施和维护的复杂度越来越高。

此外，SAP 还从 Amazon 和 Rackspace 租赁了许多资源。这种非结构化环境的问题并不是 SAP 独有的，而是多年来各个大规模企业云部署增长未受控制造成的现实。尽管 SAP 在面对这一挑战时做得很好，但是这种情况还是给内部用户和云管理团队带来了很大的损害。

- 尽管采用了云模式，但是开发人员等待新基础设施的时间仍然过长，因为运营治理部门需要管理层对资源分配的批准。
- 只有完整的发行版本才能推出，这种障碍造成升级/更新过程的费用更高。
- 各种单独解决方案使标准化基础设施格局无法实现，导致伸缩性低下。
- 技术竖井造成必要的技术分散在许多人身上，使紧张的故障排除过程中的协作更加困难。

为了解决这些问题，改善内部开发人员的状况，SAP 启动了 Monsoon 项目，目标是实现具有统一 IaaS 管理的异构云架构，以及可以扩展到全球所有 SAP 数据中心的自动化端到端应用生命期管理。此外，SAP 希望归还从 AWS 和 Rackspace 租赁的资源，回到自己的场内数据中心。

19.5.1 DevOps

Monsoon 以 DevOps 模式实施，使 Monsoon 的开发与运营分为两个并行工作的团队，实现"持续交付"。这意味着 Monsoon 的一些部分已经在生产中实施和使用，而其他部分仍然在开发之中。经过开发和测试之后，组件可以直接传输到生产环境，无须等待单独的发行循环。

19.5.2 开放源码

总体上，Monsoon 项目大量使用开源技术。开源自动化解决方案 Chef[①]是 Monsoon 自助服务门户的基石，使 SAP 开发人员可以自行部署和自动配置所需的基础设施资源，这也适用于自行开发的应用。除了 XEN 和 KVM 虚拟化管理器之外，还将利用容器虚拟化技术 Docker[②]和 Cloud Foundry[③]等解决方案。

19.5.3 OpenStack

Monsoon 的软件定义基础设施是由 OpenStack 支撑的。这个开源项目的焦点是云环境的编排和管理，和其他开源项目一样，开发人员社区对这一项目做出了贡献，而一些供应商联合起来为 OpenStack 提供后援，试图使自己在 OpenStack 上构建的服务能够在市场中占据领先地位。许多服务提供商和软件供应商已经开发了与 OpenStack API 兼容的服务和解决方案，OpenStack 已经持续演化，成为了一个行业标准，其目标是成为云基础设施的实际标准。

OpenStack 还负责身份验证、计量和计费。在云服务代理和云集成层，SAP Monsoon 使用 OpenStack Nova 作为云计算结构控制器[④]，用 Cinder 提供"块存储即服务"[⑤]，Neutron 提

---

① 参见 https://www.chef.io/chef/。——原注
② 参见 https://www.docker.com/。——原注
③ 参见 ttp://www.cloudfoundry.org/index.html。——原注
④ 参见 http://docs.openstack.org/developer/nova/。——原注
⑤ 参见 http://docs.openstack.org/developer/cinder/。——原注

供接口设备（如虚拟网卡）之间的"网络即服务"[①]，Ironic 利用 PXE 启动和 IPMI 等常见技术配给裸机[②]。此外，可以利用 Amazon EC2 等外部 API，在多个云基础设施（多重云）之间分布工作负载。

19.5.4　OpenStack 的风险

考虑到 Monsoon 的复杂性，该项目应该命名为"猛犸象"（Mammoth）。OpenStack 是行业中最大规模的开源项目，由不同社区开发的大量组件必须无缝地协同工作。整个项目的稳定性取决于每个组件，正如实践经验所展现的那样，这种方法很容易出现问题[③]。

出于维护目的和其他改进，一个开发人员和供应商社区参与编写了其他附加程序和源代码。因此，在使用 OpenStack 时，我们必须考虑混合多个独立项目的复杂性。

而且，利用的"开放"产品并不因其免费许可证承诺的概念而是"免费的"，它们需要专业支持。不仅构建和开发开源云基础设施需要专业知识，确保正常的基础设施运营也是如此，解决方案管理和维护也需要广泛的技能，所有这些都依赖于合适的文档。您一定知道，大部分开发人员即使在有偿的情况下也不喜欢编写文档，从这一点就可以想象出他们在志愿项目中会怎么做了[④]。

而且，OpenStack 仍然处于开发模式中，这意味着市场上还没有很多经验和技能。训练有素、经验丰富的 OpenStack 管理员、架构师和云服务代理少之又少。这个市场仍然处于幼儿期，大型 IT 供应商目前正在培训和加强人员的知识水平。

IT 组织如果试图通过从头开始集成所有组件，以一己之力应付这种复杂性，就容易暴露在这样的风险之下：他们没有使用行业兼容标准，而是创建了难以管理的自有云解决方案。根据单独公司的需求定制 OpenStack，很容易导致 OpenStack 环境与外部的 OpenStack 云基础设施不兼容，因此，混合方案下的内部和外部云基础设施连接变得相当困难。

CIO 终究应该立即规划如何在 IT 组织内构建 OpenStack 的基本技能，即使专业服务承包商可以在 OpenStack 云的实施和运营中提供帮助，IT 架构师和管理员们仍然应该负主要责任，了解发生的情况。OpenStack 不是只需要加热一下的方便食品，而是由多个单独组件组成的复杂技术平台，其配置类似于烹饪多道大菜的精美晚餐，技能和热情是此时最需要的。

19.6　集成 SAP SaaS 解决方案

SaaS 业务解决方案不太可能以独立的方式使用。在使用云解决方案的企业中，总是需要将它们与现有场内系统或者其他云解决方案集成。在两个系统之间同步某一处理之中使用或者创建的数据是复杂的活动，实施、测试和维护这种集成的工作量也不应该低估。

---

① 参见 http://docs.openstack.org/developer/neutron/。——原注
② 参见 http://docs.openstack.org/developer/ironic/。——原注
③ 参见 http://www.theregister.co.uk/2014/05/13/openstack_neutron_explainer/。——原注
④ 参见 http://www.theregister.co.uk/2014/10/30/todo_opensource_lessons/。——原注

SAP 已经宣布了 S/4HANA 与现有 SaaS 解决方案的预打包集成。最初的例子包括一个用于在 HCM 中集成 SuccessFactors 和 S/4HANA 的快速部署工具。对于已经运行 S/4HANA 的客户，下面几节将介绍 SuccessFactors、Ariba 和 hybris 与 SAP ERP 系统的集成。

19.6.1　SuccessFactors

SuccessFactors 是一个真正的 SaaS 解决方案，它是按照多租户系统的形式架构的，为每个客户提供隔离的应用实例。所有租户共享相同的数据库模式，但是租户数据在数据库级别上分段，避免客户数据的混合。这种云解决方案是在 Cisco UCS 基础设施上开发的。

SuccessFactors 必须与 ERP 集成。将加薪数据从 SuccessFactors 传输到 SAP 工资单模块就是一个例子。将 SAP HCM 作为一个记录系统，或者以 SAP 所称的"Talent Hybrid"模式、用 SuccessFactors Employee Central 代替它，将显著影响集成的设计和中间件平台的选择。

SAP 场内系统和 SuccessFactors 可以采用不同的集成类型。SAP HCM 和 SuccessFactors Business Execution（BizX）所用的集成插件 2.0 版本支持 NetWeaver 流程集成（PI）、HANA Cloud 和扁平文件下载。使用这个插件需要一些 ABAP 的知识，以修改 BizX 字段和 SAP ERP 字段的映射，还需要一些 PI 知识，以从 SAP 向 BizX 传输客户特定字段（或者相反方向）。

要使用 NetWeaver PI，必须安装相应的企业服务存储库（ESR）内容。利用 SAP HANA Cloud 集成（HCI）则需要完成 SAP 的上线过程，可以联系 SAP 云托管服务完成这些工作。虽然 PI 包含在基本 NetWeaver 许可证中，只需要 PI 的实施成本，但是 HCI 的使用需要收取 SuccessFactors 订阅费用的 7.5%。当使用多个应用时，这一费用可能更高。

如果只实施员工数据和评估数据的集成，仅使用文件下载进行集成，就不需要 NetWeaver PI 或 SAP HCI。在这种情况下，可以使用 SuccessFactors FTP 站点或者自己的 FTP 服务器。SAP HCM 和 SuccessFactors BizX 集成插件支持 PGP 加密，将数据保存在文件系统中。如果用文件下载选项提取员工数据报表或者评估报表，SAP 将生成一个 .csv 或者 .txt 文件，文件名与您指定的逻辑文件名相同，并将文件保存在自定义时指定的逻辑文件路径下。

对于 Employee Central，Boomi AtomSphere[①]中间件平台捆绑了 Employee Central 订阅，但是这一解决方案对于 Talent Hybrid 场景可能太昂贵。

SAP 计划在 PI 和 HCI 上提供相同的预定义 Employee Central 集成内容，但是 PI 无法用于集成 Employee Central、Kronos 或 WorkForce Software EmpCenter 等第三方云应用。HCI 具有这一能力，可能在未来的某个时点捆绑 Employee Central 订阅。

与 SuccessFactors BizX 的通信采用 HTTPS 和 SOAP 消息，SOAP 连接受到 Web 服务安全性的保护。详细的信息可以在网上搜索 Security Guide for SAP NetWeaver，并选择 Web Services Security[②]。

---

① 参见 http://www.boomi.com。——原注
② 参见 https://help.sap.com/saphelp_nw73ehp1/helpdata/en/f3/780118b9cd48c7a668c60c3f8c4030/frameset.htm。——原注

习惯于定制传统 SAP 解决方案以适应自身流程的客户可能会觉得沮丧：使用 SaaS，他的用户不得不适应 SuccessFactors 规定的流程。这种过渡需要改变对服务交付方式的心态。我们建议在项目中引入擅长变更管理的人才，否则，项目的失败将归咎于定义了不合适策略的人。和往常一样，要牢记实施的关键是支持客户服务，而不只是采用某种技术。

19.6.2 Ariba

许多客户以混合模式组合场内 SAP SRM 系统和 Ariba，在这种情况下，Ariba 必须集成到现有 SAP 应用堆栈的工作流中。为了确保采购的所有货物和服务都能够在财务和进货部门做出合理的解释，Ariba 必须集成到 SAP ERP 系统（见图 19.4）。

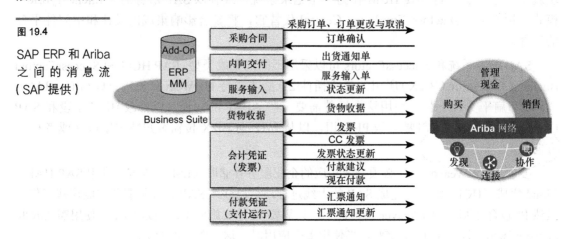

图 19.4
SAP ERP 和 Ariba 之间的消息流（SAP 提供）

不要低估更改现有应用逻辑所需的工作量（参见 SAP Note 1991088）。《SAP 业务套件管理员的 Ariba 网络集成指南》[1]描述了 Ariba 与 SAP ERP 采购员系统的集成，并包含了无修改的插件，这些插件可以帮助 SAP 系统用 Ariba 支持的 cXML[2]格式交换消息。

对于 SAP ERP 供应商系统的集成也有一个类似的指南[3]。将 Ariba 中使用的税种和税率与 ERP 系统中特定国家的税务编码相对应是集成中的主要任务之一。您还必须确定在 Ariba 的发票或者付款通知送达时所要创建的发票凭证类型，并且设置控制参数，以决定凭证因为警告或者错误而无法处理时如何继续。

私有或者公共云中的 SAP ERP 系统可能直接连接到 Ariba 网络，或者通过 SAP PI "中介"连接，不建议采用混合方式[4]。如果决定使用 PI，可以利用和 Ariba SAP NetWeaver 网络适配器一起交付的内容包（Content Package）[5]。所有消息通过 Web 服务以 cXML 格式交换。凭证输出用消息输出控制触发。因此，为了在 SAP ERP 和 Ariba 网络之间传输采购合同，必须自定义消息输出控制。

---

[1] 参见 http://service.sap.com/~sapidb/011000358700000993782013E。——原注
[2] 参见 cXML 用户指南，可在 cxml.org 上找到。——原注
[3] 参见 help.sap.com/se4aribanet10。——原注
[4] 参见 scn.sap.com/docs/DOC-51873。——原注
[5] 登录 Ariba Connect，选择 Software Online→ Download Software→Ariba Adapter for SAP。——原注

入站发运通知请求（Ship Notice Requests）在 SAP ERP 中创建内向交货凭据并相应更新采购合同。入站服务输入单（Service Entry Request）请求在 SAP ERP 中创建服务输入单并相应更新采购合同。服务输入单的批准或者否决触发一个状态更新请求消息，将状态传输到 Ariba 网络。

在本书编著时，发票的集成有如下限制。

- 在 Ariba 中，供应商可以更改发票项目的计量单位，导致其与对应的采购合同项目不同。SAP 不允许发票项目和引用的采购合同项目使用不同的计量单位。
- Ariba 和 cXML 定义支持一张发票中的不同总额使用不同货币。SAP 发票对所有总额只支持单一货币。
- Ariba 允许每个发票项有多种税收。在 SAP 中，如果接收公司的国家代码没有税务管辖体制，则不支持发票项目级别上的多种税收。如果在发票抬头级别上提供多种税收，SAP 中的项目税务代码用 BAdI 实现确定。
- Ariba 允许在一张发票上有多种附加总额，如特殊处理与运送。SAP 发票只支持"计划外配送成本"这一种附加成本。Ariba SAP 集成 1.0 版本将 Ariba 的特殊处理与运送总额合计为计划外配送成本。
- 如果在 SAP 发票中，计划外配送成本作为单独的一个 G/L 行项，cXML 中的税种只在 cXML 中的出货金额和特殊处理总额采用相同税种和税率时才对应于 ERP 的计划外配送成本税务代码。如果两者不同，该发票通常无法在 SAP ERP 中处理。
- Ariba 支持发票抬头和项目级别的折扣与手续费，但是，抬头级别上的折扣与手续费无法转移到 SAP 发票，因为计划外配送成本字段已经用于表示特殊处理与运送成本。因此，如果 Ariba 与 SAP 集成，抬头级别的折扣与手续费得不到支持。项目级别的折扣与手续费得到支持，根据标准发票验证流程处理。

为了 Ariba 折扣管理（Discount Management）与 ERP 的集成，SAP 系统可以根据进货发票的会计凭证将付款建议转移到 Ariba 中，默认选项是在宽限期中支付，以利用现金折扣条款。在到期日之后支付而不接受任何折扣的选项必须实施 BAdI 方法才能启用。

如果与支付相关的数据发生变化，SAP 发送更新后的付款建议。例如，如果会计系统中的支付条款或者折扣总额变化，系统指定一个付款通知，从而通过部分付款减少付款总额。当发票完全支付时，对应的付款建议发送给 Ariba 并包含"删除"操作，确保删除对应的付款计划。

19.6.3 hybris

作为 SAP 收购策略的一个例外，hybris 不是一个 SaaS 解决方案。该架构基于 Spring[1] 开源框架，Hybris 平台使用 Tomcat[2] 或 VMware vFabric tcServer[3] 等 Java EE servlet 容器在私有云（场内）中执行，或者由公共云提供商托管，服务以 Spring bean 的形式实现。

---

[1] 参见 http://www.springsource.org/about。——原注
[2] 参见 http://tomcat.apache.org。——原注
[3] 参见 http://www.vmware.com/products/vfabric-tcserver/。——原注

该系统由 Web 和应用服务器以及作为持久化层（在断点之后仍能保持数据）的数据库组成。Web 服务器提供静态内容并将动态内容请求重定向到应用服务器，应用服务器安装 hybris 套件并运行所有业务流程。这个容器使用 Java 和 JVM，可以在 Microsoft Windows、Apple Mac OS X Server 和各种 UNIX 操作系统上运行。

从 5.1 版本开始，除了 Oracle、MySQL 和 Microsoft SQL Server 之外，还支持 SAP HANA 和 MongoDB 作为持久化层。

19.7 小结

本章我们对云计算进行了介绍，包括了云客户和云提供商的一些想法，然后对云技术的发展进行了回顾，并介绍了 SAP 内部如何利用云技术，以及如何在云实现方面继续发展。最后，我们还简单概述了 SAP 最近收购的一些产品与业务套件集成的方法。

19.8 案例分析

请考虑这个 SAP 云案例，并回答之后的问题。您可以在附录 A 中找到与此案例分析相关的问题答案。

19.8.1 情境

在降低成本、提高业务敏捷度的压力下，MNC 的整个 IT 部门接受了考察利用云计算可能性的任务。公司已经安排好您的 SAP 技术团队与 CIO 新设的云指导委员会合作，而由您负责让大家认识到什么是云，以及在 SAP 环境下云的真正意义。请通过回答以下问题为委员会提供支持。

19.8.2 问题

1．SaaS、PaaS 以及 IaaS 分别针对哪些客户？
2．在我们总结出来的云提供商模式中，哪种代表着向云计算迈出了最合理或者最现实的第一步？
3．哪些 SAP 应用程序可以通过 SaaS 交付？
4．在本章列出的云应用程序和系统中，哪些目前或者不久之后将最适用于 SAP 团队？
5．SAP 的 Monsoon 对我们有何帮助？

第 20 章

SAP 系统管理

在本章中您将学到:
- 主动系统监视
- SAP CCMS 和 SAP 解决方案管理器简介
- SAP 格局虚拟化管理器简介
- Nagios 简介
- SAP 系统日常监视与管理

SAP 系统的管理、维护和持续运行对出色的性能和避免意外情况至关重要，这方面的工作包括监视可用性、执行用户管理和基本授权，操作系统、虚拟化管理器和应用的补丁，以及其他基本技术管理功能。而另一方面，一般管理（management）则是指对系统进行控制。本章我们要对这两种 SAP 管理进行介绍。

20.1 管理工具

系统管理工具多种多样，但是只有 SAP 的工具能够让您深入认识 SAP 应用本身；所有声称能够深入了解应用的第三方工具都通过使用 SAP 的基本监视功能（下一节中介绍）得出数据。

SAP 系统最令人欣赏的特性之一是其可管理性，甚至在不借助第三方工具的情况下这一点也依然出色，任何大规模业务应用都无法望其项背。SAP 对其应用内建的可管理性经过了深思熟虑，其管理工具覆盖了关键技术堆栈，除了应用层支持之外还提供了操作系统和数据库的支持。在下面几页中，我们将介绍一些内建实用程序，以及值得评估的其他监控工具和解决方案[1]。

---

[1] 参见 http://wiki.scn.sap.com/wiki/display/TechOps/Home?original_fqdn=wiki.sdn.sap.com。——原注

20.1.1 计算中心管理系统

SAP 是最早为其应用提供集成工具的软件供应商之一，它的计算中心管理系统（Computing Center Management System，CCMS）是 SAP 应用实例的一部分，不需要额外的安装工作。除了管理 SAP 应用之外，CCMS 还监视托管 SAP 系统的数据库和操作系统。

CCMS 工具使 SAP 管理员可以监视和管理 SAP 的总体健康状况、应用和数据库服务器利用率、用户和批处理任务性能、打印作业等，包括实时信息和历史信息。

要收集服务器硬件的数据，必须在数据库和 SAP 应用本身启动之前启动 SAPOSCOL 守护进程。SAPOSCOL 收集的 CPU、内存和磁盘利用率、交换/页面调度活动、LAN 统计数字、文件系统状态、CPU 消耗最大的进程以及硬件信息还可以用于上线报告和本章后面描述的早期预警报告。当 SAPOSCOL 守护进程没有启动时，这些报告中将缺失对服务器的分析。

CCMS 的使用很简单，有数百个简捷的事务代码（T-代码）可以从 CCMS 中获取性能和可用性数据。例如，事务代码 ST06 和 DB02 分别提供操作系统和数据库特定数据；ST03 和 ST04 提供关于系统级性能的信息；ST07、SM04 和 AL08 提供针对最终用户的数据，如登录到特定功能区域或应用服务器、或者执行特定功能事务的用户数；ST30 可以深入分析 SAP 性能。

因为 CCMS 无法管理 SAP 企业门户等基于 Java 的解决方案，SAP 为 CCMS 的后续产品 SAP 解决方案管理器（SolMan）增加了 Wily Introscope[①]和使用 SNMP 陷阱的能力。

20.1.2 SAP 解决方案管理器

由于 SAP 系统格局通常包含大量已安装的 SAP 系统，每个都有自己的 CCMS，用单独的 CCMS 管理格局相当麻烦。SAP 解决方案管理器实现了整个 SAP 系统格局的集中管理。SolMan 还可以用于在遇到麻烦时向 SAP 支持部门发送服务单据。SolMan 作为许可证协议的一部分提供给 SAP 用户，不需要额外的许可证费用，但是 SolMan 需要自己的基础设施，必须单独实施、托管、打补丁和管理。

图 20.1 展示了包含 ABAP 和 Java 堆栈的托管系统、SolMan、Introscope 主机和 SAP NetWeaver Landscape Directory（SLD）之间的代理和连接。

SolMan 提供了从单一的集中管理控制台（单一虚拟管理平台）对任意规模的 SAP 系统格局进行端到端监视的能力，包括对应用程序和 SRM 和 CRM、PI 及 APO 等复杂组件的作业监视，还包含了监控其他 SAP 产品（如 ITS、SAPRouter、业务连接器等）状态的功能，也可以检查 SAP 系统之间的 RFC 连接性和 Web AS 中的 XML、Java 和 ABAP 技术组件状态。但是，CCMS 监控基础设施和 SAPOSCOL 仍然是基础。SolMan 提供用于业务流程分析、事故管理、更改批准、作业监视等任务的移动应用，支持 iPad 和 Android 平板电脑。

---

① 现在属于 CA。SAP Solution Manager 捆绑了一个只读版本，但是 查看权限（RTV）受到限制。——原注

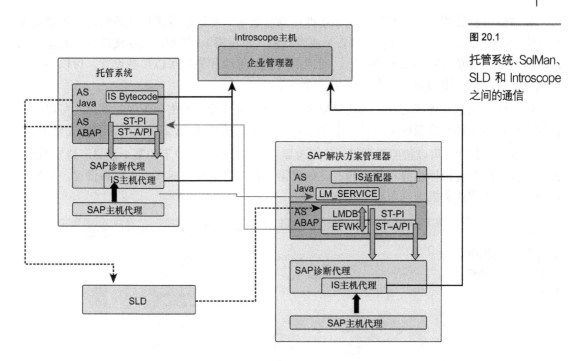

图 20.1

托管系统、SolMan、SLD 和 Introscope 之间的通信

20.1.3 SolMan 技术监视

SolMan 包含大量场景，如技术监视。图 20.2 显示了为这一场景打开的窗口，可以看到左侧有一个美观的层次化系统结构：技术系统、数据库实例、技术实例和客户机。这一列表是完全交互式的，可以在系统及其指标之间导航，指标分为可用性、性能、配置和异常。系统监视可以监视每个系统的指标。

图 20.2

用于技术监视的 SolMan Workcenter 窗口

在图 20.2 右侧可以看到系统监视接口概况。在这里，可以指定一个最基本的指标：连接用户数量。

248 | 第 20 章 SAP 系统管理

系统监视被设置为技术系统，在系统性能部分显示。实际数据采用颜色编码，可能为灰色（未定义）、绿色（好）、黄色（警告）或者红色（不正常）。例如，当连接的用户数量超出 SAP 许可证允许值时数据显示为红色。对应的阈值、等级和警报可以单独设置，可以将它们与通知联系起来。图 20.3 是系统概况的一个例子。

除了当前状态和评级之外，您还可以显示历史数据统计。单击图表中的图标，可以打开指标监视窗口（技术监视场景的另一个部分），该窗口中的数据以交互式图表的形式显示。

在这个窗口中，可以按照日期过滤，更改显示阈值，单击曲线上的某个点显示特定数值。此外，还可以查看指标趋势和数据源表。如果需要跟踪自定义指标，也很容易设置。最好的功能是可以从智能手机进行系统监视。

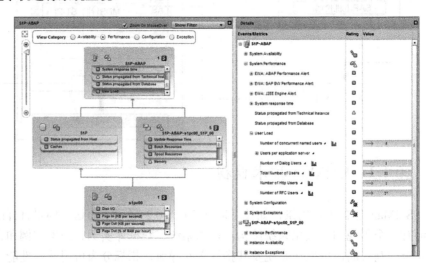

图 20.3 托管系统（本例中为 S1P）的 SolMan 概况

1. SolMan 仪表盘

SolMan 包含多个显示每个 SAP 系统格局概况的仪表盘（见图 20.4）。

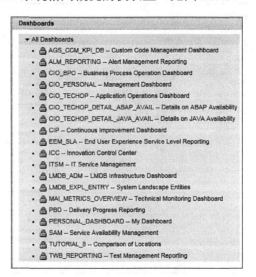

图 20.4 SolMan 仪表盘

必须激活某些功能才能启用仪表盘，如服务可用性管理（SAM）。要激活 SAP，必须在 solman_setup 事务中配置全局设置和基础设施、定义范围、设置 SAP 报表（见图 20.5）。

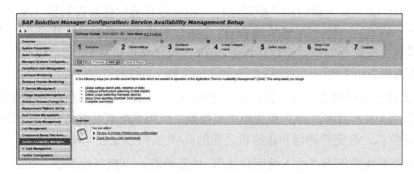

图 20.5

SolMan 服务可用性管理（SAM）设置

仪表盘只能在对应的场景激活时使用，这意味着，在没有配置和激活客户代码管理选项时，就不会显示客户代码管理仪表盘。还要记住，用户需要特殊权限才能调用仪表盘，为了简化这一工作，SAP 为仪表盘的使用提供了预先配置的用户简档。

此外，每个用户可以使用简易的步骤配置自己的仪表盘，并决定使用的指标。例如，图 20.6 中的 SolMan 应用运营仪表盘被配置为提供系统可用性及性能概况。

如果监视已经激活，可以配置更多系统。您还可以显示连接到 SolMan 的系统类型以及 SAP 格局管理数据库（LMDB）中的输入项。

2. 基础设施监视与警报

端到端的基础设施监视与警报（Monitoring and Alerting Infrastructure，MAI）随 SolMan 7.2 SP12 提供，它提供了用于错误处理和业务流程监视的高级分析工具。但是，MAI 主要的意图是供 SAP 内部和 SAP 支持部门使用。

您可以用 SAP_SM_TECH_MON_TOOL 角色调用 MAI_TOOLS 事务，运行有限数量的客户用 MAI 工具。但是，选择专家模式（Expert Mode）显示的工具是供 SAP 支持使用的[①]。

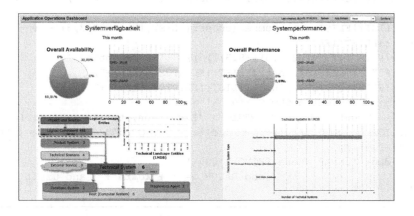

图 20.6

SolMan 应用运营仪表盘

20.1.4 SAP 格局虚拟化管理器

SAP 格局虚拟化管理器（Landscape Virtualization Manager，LVM）[②]是一个 Java 应用程

---

① 参见 http://help.sap.com/saphelp_sm71_sp10/helpdata/en/d4/5d8afe9f104fd98bb4fbb4b8cb4c2f/content.htm。——原注
② 不要与逻辑卷管理混淆，后者是一种透明地将计算机数据分布到多个分区的方法。——原注

序，以 SAP NetWeaver 应用服务器的插件形式运行。和前身自适应计算控制器（Adaptive Computing Controller，ACC）一样，LVM 依靠在 OS 上运行的代理收集机器的状态与性能，依靠与虚拟化管理器和存储阵列的接口执行其任务。SAP 主机代理可以从 Sap 服务市场下载，存储代理由存储供应商提供。

LVM 使您可以通过在可用硬件资源上拖放部署 SAP 系统。这一功能通过在外部存储设备上挂载逻辑存储卷（LUN）启用，SAP 系统的所有数据、代码和配置文件均保存在那里。LVM 还可用于部署虚拟机，也支持物理和虚拟机之间的 SAP 实例重定位。

非生产系统可以简单地关闭而"进入睡眠状态"，按需唤醒，以便节约能源。如果工作负载超过了预定义的限值，可以在无人工干预的情况下调用更多应用服务器实例。但是，SAP 系统和数据库仍然必须以"传统方式"安装，理由显而易见。

LVM 还能利用来自企业存储供应商的各种克隆功能，自动生成完整的 SAP 测试、培训和 QA 实例，但需要额外的许可证费用。这种功能包含了必要的前后处理步骤。

20.1.5 使用数据库进行监视

在一些情况下，CCMS（RZ20）或者 SolMan 中的数据可能不符合您的业务或监视需求，此时您可以利用自己的数据库查询所需数据。在监视/管理策略中加入一个查询有许多方法，例 20.1 和 20.2 由 secure-24 提供。最终，具体的实现取决于您。

例 20.1 下面的查询将从 Oracle SAP 数据库返回一段时间的运行时错误信息（用粗体显示的+dbo+、+xTime+和+xDate+等是应该用合适的数值填充的变量）

```
select datum Shortdump_Date , uzeit Time, to_char(AHOST) Host,UNAME UserName,
MANDT Client,
to_char(substr(FLIST||FLIST02,6, to_number(substr(FLIST||FLIST02,3,3))))
ShortDump ,decode (substr(FLIST||FLIST02,substr(FLIST||FLIST02,3,3) , 2 ),
'XC',
to_char(substr(FLIST||FLIST02,to_number(substr(FLIST||FLIST02,3,3))+11,
to_number((substr(FLIST||FLIST02,
to_number(substr(FLIST||FLIST02,3,3))+8,3))) )), '' ) Exception,
to_char( substr(FLIST||FLIST02,instr(FLIST||FLIST02,'AP0')+5,
to_number(substr(FLIST||FLIST02,instr(FLIST||FLIST02,'AP0')+2,3))))
Report from '+dbo+'.SNAP where SEQNO=\'000\' and
DATUM >= '+ xDate +' and uzeit >= '+ xTime +''Exception, to_char( substr(FLIST|
|FLIST02,instr(FLIST||FLIST02,'AP0')+5, to_number(substr(FLIST||FLIST02,instr(FLIST
||FLIST02,'AP0')+2,3))))
 Report from ' +dbo+ '.SNAP where SEQNO=\'000\'
                              and DATUM >= ' + xDate + ' and uzeit >= ' +
    xTime + ''
```

例 20.2 下面的查询将从一个 Oracle SAP 数据库中返回中止作业信息（用粗体显示的+dbo+、+xTime+、+xDate+和+jobname+等是应该用合适的数值填充的变量）

```
SELECT JOBNAME,STRTDATE,STRTTIME,ENDDATE,ENDTIME,STATUS from
'+dbo+'.TBTCO where ENDDATE >= '+ xDate +' and
ENDTIME >= '+ xTime +' and (JOBNAME like ' +jobName+ ')
```

20.1.6 Nagios

Nagios 是可用于管理 SAP 系统、网络和基础设施的开源监视系统之一。Nagios 为服务器、交换机、应用和服务提供了监视和警报服务，它在出现错误时警告用户，并在问题解决时再次通知客户。Nagios 采用 GNU GPL v2 许可证。

实际的检查由 Nagois 定时运行的插件完成，这些插件可以是任何脚本或者二进制程序，它们在显示检查结果时必须遵循某种预定。有许多插件可以监视整个技术堆栈，包括系统硬件、操作系统、数据库和应用程序。

监视 SAP 的 Nagios 插件提供 SAP CCMS 基础设施的一个接口，并在 Nagios 中显示结果，检查 Oracle 实例上的备份与存档，检查 SAP 应用程序可用性和响应时间（数据包往返时间）等。

check_sap_health 是用 Perl 编写的一个新插件[①]，可以直接用于监视 SAP 系统的如下方面。

- **某个实例的连接性和登录数**：该插件可以计量响应时间，这可以用于绘制图表，显示一段很长的时间内的行为。
- **CCMS 指标**：来自 RZ20 事务的一切都可以监视——树的终端节点和整个子树。如果树元素的监视得到数字值，可以用于绘制图表。
- **失败的更新**：通过查询 VBHDR 表，check_sap_health 可以在失败的更新数量高于定义的限值时发出警报。
- **运行时错误**：该插件检查最后 n 分钟内是否发生运行时错误，如果发生的错误数超出某个阈值则发出警报，可以仅检查特定程序/用户的错误，这样，就可以为系统和应用创建单独的 nagios 服务。
- **后台作业**：在这一模式中，插件在作业退出状态不佳或者运行时间超出定义限值时发出警报。同样，可以进行全局检查或者仅选择特定程序/用户。

Nagios 还提供一个 API，可用于以自行编写的 Perl 片段动态扩展该插件。这样，您就可以用几行代码实现自定义 RFC/BAPI 调用，轻松地监视业务逻辑和企业特定功能。现有的用例有：

- 计量特定功能运行时间并制作图表，用于容量规划；
- 计量来自几个远程位置的特定功能运行时间，确定网络连接性和性能问题；
- 读取夜间 UC4 作业的结束时间并检查是否违反 SLA。

20.2 SAP 日常监视

LVM 的全面实施是一个相当复杂的项目，因此 LVM 和 Nagios 的传播有限。幸运的是，基本 SolMan 安装对于大部分 SAP 格局来说都很容易完成。虽然 SolMan 所有功能的完整描述超出了本书的范围，但是我们将在接下来的几个小节中解释使用 SolMan 完成大部分常见

---

① 参见 http://labs.consol.de/nagios/check_sap_health/ bygerhard.lausser@consol.de。——原注

监视和维护任务的方法。详细的指南可以在多种出版物中找到[①]。

20.2.1 系统状态

Alert Overview（警报概况，参见图 20.7）显示所有与 SolMan 连接的系统上的所有警报，可以创建一个概况，查看单一系统或者特殊系统的警报。

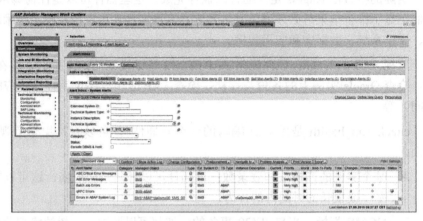

图 20.7
SolMan-技术监视
—警报收件箱

如果您想检查系统并且有一个可信的连接，可以直接深入到系统中。SolMan 提供可配置的自监视功能，可以为此目的进行配置（见图 20.8）。

要设置作业监视、BI 监视、PI 监视或者集成监视等特殊应用监视功能，需要来自应用团队的特殊参数值和必要的阈值，这种设置必须在 solman_setup 中完成（见图 20.9）。

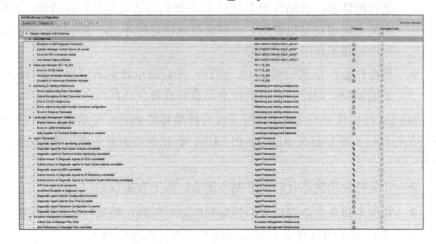

图 20.8
SolMan 的自监视界面

20.2.2 系统建议

每天在 SAP 服务市场搜索与您的系统相关的说明是一件麻烦的工作。利用系统建议，可以相对轻松地检查是否有新的安全说明、热门新闻、性能说明、法律更改说明或者更正说明。

---

① 例如，可以参阅 Lars Teuber、Corina Weidmann 和 Liane Will 的《Monitoring and Operations with SAP Solution Manager》。
——原注

可以过滤组件，使应用负责人检查其特定应用（见图 20.10）。

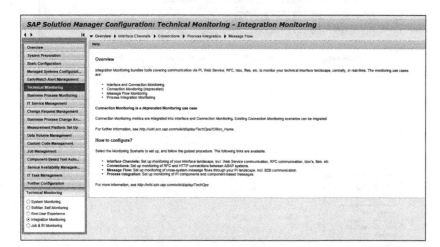

图 20.9
SolMan-solman_
setup，技术监视，
集成监视

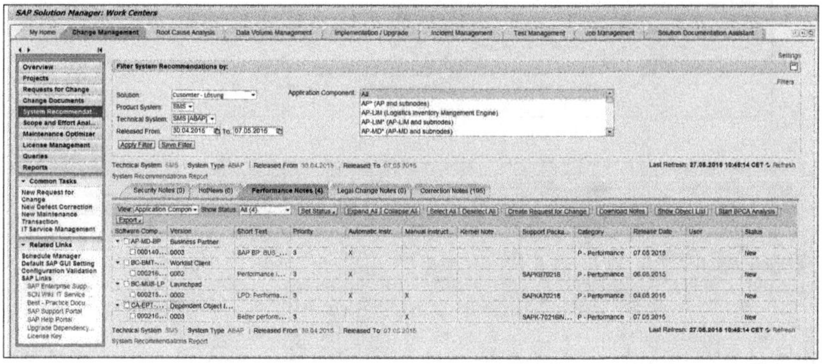

图 20.10
SolMan，变更管理，
系统建议

20.2.3　配置有效性检查

安全的重要性逐年增长。SolMan 的特点之一是安全优化服务（Security Optimization Service，SOS），它可以作为自助服务和远程服务。前一种功能包含在 SAP 许可协议中，后一种功能是 SAP 提供的补充服务。但是，在 SAP 系统中监视关键组件安全性最有效的方法是使用变更管理（Change Management）中的配置校验（Configuration Validation），这一检查功能根据标准或者参考配置验证托管系统配置。SAP 提取器框架自动从连接的系统提取所有验证所需的数据。

可以配置如下领域的有效性检查：软件配置、ABAP 实例参数、数据库配置、操作系统、配置、业务仓库配置、RFC 目标配置、系统更改配置、安全配置和关键用户授权（见图 20.11）。

20.2.4　解决方案管理器自助服务

除了 SOS 之外，SolMan 还可以执行许多其他自助服务，这些服务可以由您运行，或者由 SAP 公司人员在远程运行。SAP Note 1609155 提供了可用自助服务的全面概述（见图 20.12）。

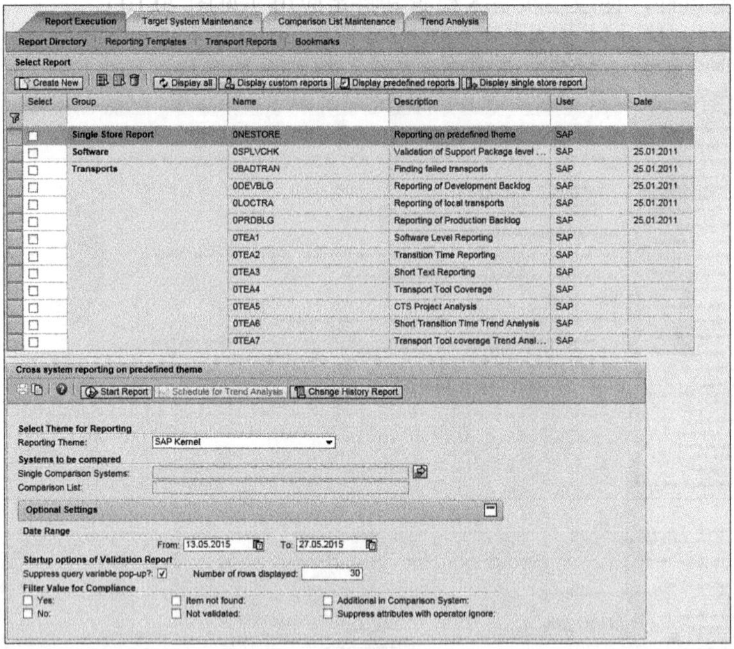

图 20.11

SolMan，配置有效性检查

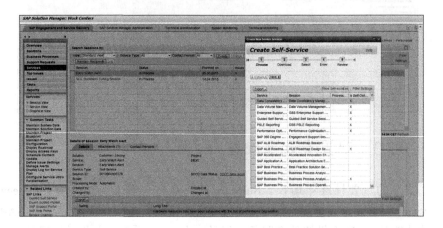

图 20.12

解决方案管理器的自助服务

20.3 小结

主动的 SAP 系统管理是维护高可用、性能可靠的系统的关键。广义来看，系统管理不是存在于真空之中，必须结合工具和方法，以方便主动维护和管理。SAP SolMan、CCMS 和 LVM 仍然是系统管理员最常用的管理工具。本章深入介绍了 SAP IT 技术人员用于管理 SAP 系统的许多工具和技术中的少数几种。

20.4 案例研究

请考虑这个 SAP 系统管理案例，并回答之后的问题。您可以在附录 A 中找到与此案例分析相关的问题答案。

20.4.1 情境

MNC 的 SAP 环境一直在增长，现在已经包含了 50 种不同的 SAP 实例。您的团队有一部分责任是主动监视整个 SAP 环境，特别是 SAP ERP ECC、CRM、企业门户（仅支持 Java），以及双栈 PI 环境。

20.4.2 问题

1. 哪一个 SolMan 仪表盘可以从服务水平的视角观察最终用户体验？
2. 哪种 SAP CCMS 事务能够监视每个功能区、每个服务器或者执行特定功能事务的用户数等最终用户数据？
3. SAP LVM 能做什么？
4. 如何集中监视包括多个格局的整个 SAP 环境？

第 21 章

SAP 增强、升级和其他补强措施

在本章中您将学到：
- 3 种常见类型的 SAP 系统更新
- 增强的意义
- 升级和增强术语
- 技术和功能升级之间的区别
- 避免混淆升级和迁移
- 升级项目需求

不管系统的运行情况有多好，不断变化的业务需求、法律义务和软件堆栈组件退出服务，都使 SAP 系统格局的更新成为必要。大多数 SAP 系统在最终启用之后都会通过某种方式按月或者按季度进行更新，更新方式用 SAP 术语来说包括增强（enhancement）、升级（upgrade）以及技术堆栈更新（technology stack update），本章我们会对这些内容进行介绍。

"绝不要动运行中的系统"这一格言广泛流传，证明每次更改都会给日益复杂的系统格局带来风险。实践经验表明，准备不足的更改是故障的主因。因此，无论应用变更的类型是什么，好的变更管理方法和集中质量保证措施同等重要。

21.1 基础：修改 SAP

在 SAP 领域里，对系统进行修改和更新可以称得上是家常便饭，但是这些更新的性质却千差万别、各有不同。SAP 和基础设施技术团队会定期对技术堆栈进行更新，下面是一些例子。

- 操作系统需要安装补丁或进行其他更新，以修复漏洞，或者防范病毒和其他潜在威胁。
- 数据库软件需要经常打补丁或进行其他更新，以修复漏洞，或者防范病毒和其他潜在威胁。

- 服务器主板和磁盘控制器不时需要固件更新，以修复漏洞或支持新硬件选项。
- 每隔几年要更新速度更快的网卡、磁盘控制器、硬盘等。

除了技术更新，各种业务团队也经常要求修改或增加业务功能。

- **发行更新**：财务团队可能需要通过升级使 SAP 企业资源规划组件（ERP）的财务模块符合新的会计原则，或者更快速地结算每月账目。
- **法律补丁**：为了符合新的联邦和州法规，后勤团队可能要求对执行国际贸易或账款结算方式进行更新。
- **功能变更和业务流程变更**：这种变更涵盖了从事务界面布局的更新到完全重建某个部分业务流程的范围。

更新（update）一词另外还有其他几种特定使用方式，这就使它的使用相当容易混淆。更糟糕的是大家还经常使用其他一些词，其含义也是修改 SAP。例如，对于非 ERP SAP 组件和应用程序，主业务更新的形式是升级（upgrade）。而对于 SAP ERP，业务更新更多的时候是通过 SAP 的增强包（EHP）实现的。在另外一些情况中，系统和数据需要进行迁移。本章将明确如何正确地使用这些术语以及理解它们的含义。

21.2 术语"增强"和"升级"

在进一步学习之前，讨论一下术语是很有必要的。在对使用中的 SAP 环境进行修改时，特别是在修改 SAP 时，有些术语非常相似，因此容易混淆。术语**迁移**（migration）和**升级**（upgrade）经常会被误用，而通用术语"**增强**（enhancement）"也经常会被误解。让我们先看一下"增强"。

21.2.1 术语"增强"的解释

一般来说，SAP 增强（enhancement）是对现有 SAP 系统的改动或更新，它们会对当前功能进行改动或扩展。在组织的 SAP 启用之后，您可能会倾向于认为所有实际开发和维护功能的工作都已经完成了，只有一些琐碎的后续工作要做了。从某种意义上说对于 IT 团队确实如此，实施工作的压力和夜以继日的测试工作已经被轻松稳定的维护、偶尔进行技术堆栈修补等工作代替了。

但是对于负责完善业务及其需求的业务分析和开发团队来说，在系统启用后仍有许多工作要完成。无论如何，业务总是在不断演进，随着业务的变化对新功能的需求也会不断出现。而更常见的对现有业务流程的 bug 修复和其他更新都需要进行测试和引入。在这些地方，进行增强规划可以为机构带来诸多好处。

增强可能来自 SAP（例如通过 SAP 支持包进行的增强），也可能来自客户（即客户自己内部开发的增强功能，可以通过 SAP 格局传输）。在许多情况下，增强也可以代表一组更新。例如，要对当前的财务业务流程进行增强，机构可能需要把技术系统的基础层更新到所需的支持包版本，然后进行定制修改来使新功能适应 SAP 系统的具体业务流程。

增强也可以通过特定的 SAP EHP（增强包）提供，EHP 是一组预先打包的业务功能，是对核心 SAP 系统功能的"小升级"。与支持包的不同在于，EHP 在 SAP 应用堆栈之上增加功能，而不是通过修改现有功能来增加能力。让人惊叹不已的是，SAP 可以安装 EHP 而不对系统造成任何影响，实际实施的时候也不会造成系统停工。但是，为了让增强或者修改对系统实际产生作用，还必须在 SAP Implementation Guide（IMG，实施指南，第 17 章中对 IMG 进行了讨论）中对它们进行激活。以这种方式，SAP 客户可以通过 EHP 来模块式地升级功能。尽管 EHP 可以把产品生命周期延长一段时间（比如对于 SAP ERP 系统），最终仍然有一天必须进行升级，下面我们就对升级进行讨论。

升级的脚步不可落后太多，许多 SAP 实施项目都停留在旧版本上，只在监管要求时才被迫更新，这似乎是避免持续的"内务管理"工作的好策略。但是，这种策略可能最终导致这样的情况：当业务需要 SAP EHP 所交付的附加功能时，这些功能却无法交付。

21.2.2　术语"升级"的解释

术语"升级"之所以容易引起混淆，是因为人们把它用得过于广泛了。关键在于知道实际修改或者"升级"的是什么：我们所说的是 SAP 服务器硬件升级、操作系统（OS）升级、Oracle 或 SQL 服务器数据库升级、SAP 内核升级、SAP 支持包升级，还是成熟的 SAP 功能版本升级？就像您之前学到的，这些大多都应算作是"技术更新"，与升级 SAP 没有关系。在使用术语"升级"时，应该尽可能具体明确，避免混淆。在对 SAP 格局内的非 SAP 组件进行升级时，可以说"我们正在升级 SAP 服务器"，或者"我们正在把数据库升级到 SQL Server 2014"。但是对这些技术堆栈组件来说用"更新"要比说"升级"更为准确。

说进行 SAP 升级实际就意味着升级 SAP 本身，这可能意味着您正在升级 SAP 系统的功能，即执行 SAP 功能升级。这种改变举措非常重大，近似于重新实施。另一方面，技术团队可能会谈到在进行 SAP **技术**升级。如前所述，这是对支撑 SAP 应用程序的基础层进行升级，在 SAP 技术升级中不会改变甚至根本不会触及功能。技术升级相当于对 SAP 内核进行更新（用新文件取代旧文件），也许还要附带对技术堆栈进行更新（例如，出于支持方面的原因这是必不可少的，因为并非每个操作系统版本或者硬件平台都能支持 SAP 基础层）。因此毫不夸张地说，对 SAP 升级的范围和幅度进行良好的沟通是非常重要的，只有这样才能帮助大家在思想上达成一致。

21.2.3　升级不是迁移

人们经常把术语"迁移"（migration）与术语"升级"混用，但这两个术语在 SAP 环境中意义完全不同，因此有必要对它们进行区分。即使是 SAP 的老客户也可能错误地说成把自己的 SAP ERP 系统"迁移"到 SAP ERP 6.0 或者把 SAP 客户关系管理（CRM）"迁移"到最新功能版本，这些表述都是不正确的。图 21.1 对几个相关术语的范围进行了正确的对应。

SAP 发布了一款名为测试数据迁移服务器（Test DATA Migration Server，TDMS）的工具，更加重了这种混淆，它与传统意义上的迁移没有任何关系，而更像是一种复制功能。TDMS

使 SAP 客户可以复制 SAP 数据库的一部分，然后围绕这个体积更小、更致密的数据库建立一个新系统，从而能够帮助新项目快速完成原型设计。对于 TDMS 来说，术语"迁移"就被赋予了一种新含义。TDMS 可以实现数据迁移，例如帮助把数据从非 SAP 系统（如 Oracle PeopleSoft）迁移到 SAP 系统里。TDMS 还可以支持以部分或完整集团副本的形式在 SAP 系统之间移动数据，这种类型的项目被称为 SAP 数据迁移。

出于以上这些原因，我们发现对不同类型的迁移进行区分也很有必要。在 SAP 环境中通俗地讲，迁移主要就是指改变技术平台，很多时候实际上就是 OS/DB 迁移（操作系统/数据库迁移）。当客户的 IT 部门决定把 SAP 计算平台从一个操作系统或数据库平台移动到不同的操作系统或数据平台上时，就需要进行 OS/DB 迁移了。这种移动错综复杂，需要有资质的 OS/DB 迁移专家提供支持，但是这种迁移与升级没有任何关系。实际上，迁移之后功能版本会保持不变，您甚至不能在 OS/DB 迁移的同时来执行升级。

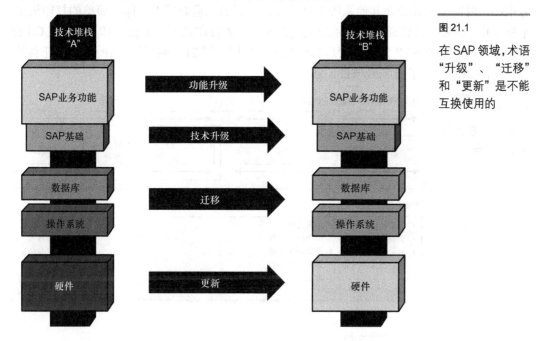

图 21.1 在 SAP 领域，术语"升级"、"迁移"和"更新"是不能互换使用的

21.2.4 SAP OS/DB 迁移

SAP OS/DB 迁移用于在 UNIX、Linux 以及 Windows 之间改变平台，也可用于转换数据库平台，如从 Oracle、DB2 或者 SQL Server 转移到 HANA。OS/DB 迁移要解决的是数据库在各种操作系统上二进制码级的不兼容（即 SAP 系统的数据库数据文件无法从一个平台直接复制到新平台）问题。与之相似，改变数据库提供商也需要把 SAP 数据重新装载到新数据库中——如果不把数据下载成通用格式然后再以新数据格式重新装载，您就无法把 IBM DB2 使用的数据文件移动到运行 Microsoft SQL Server 或 HANA 的系统中。

有时候您会听到有人用术语"异构系统复制"（heterogeneous system copy）来描述 OS/DB 迁移，与此相反的孪生术语是"同构系统复制"（homogenous system copy），在这种情况下不改变 OS 或者 DB 平台（见图 21.2）。

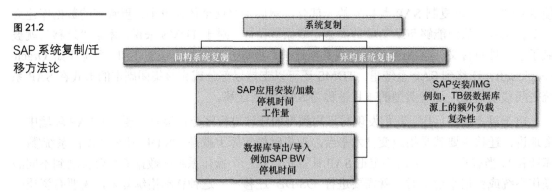

图 21.2 SAP 系统复制/迁移方法论

如果您是一位有经验的 SAP 认证迁移顾问，从基于 RISC 的平台迁移到 x86 平台没有任何风险，但是这仍然是一个需要小心准备的重大项目。迁移本身在顾问工作耗时中占据的部分很小，时间主要花费在其他系统的每个接口所需的大量测试上，即使简单的打印机接口也不能放过。如果交付凭证因为新系统上没有正确配置打印队列而无法打印，那么在 OS/DB 迁移之后启动运行的 SAP 供应链管理系统就毫无作用。图 21.3 展示了 SAP OS/DB 迁移的 4 个阶段，图 21.4 展示了典型的项目计划。

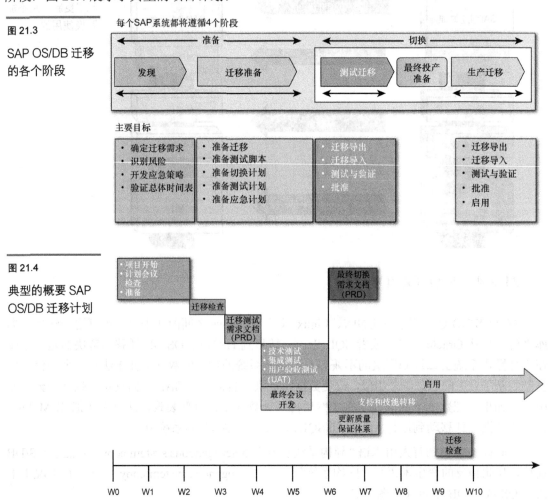

图 21.3 SAP OS/DB 迁移的各个阶段

图 21.4 典型的概要 SAP OS/DB 迁移计划

好消息是，这些迁移工作只适用于数据库，更改 SAP 应用服务器平台相当容易，因为 ABAP 和 Java 代码都是与平台无关的。您只需要安装合适版本的 SAP WebApp 服务器，并将其连接到数据库实例即可。混合和匹配在不同平台上运行的应用服务器是有可能的，但是不常见，因为这需要花费精力进行维护。

21.2.5 在升级期间迁移到 SAP HANA

如果您计划将数据库平台更改为 SAP HANA，这将被视为异构迁移。但是，如果您同时进行升级，则可以利用数据库迁移选项（Database Migration Option，DMO）和软件更新管理器（Software Update Manager，SUM）工具。DMO 是 SUM 中的一个选项，用于合并基于 ABAP 系统的更新与迁移。SAP Note 1813548 描述 BW 和业务套件系统的先决条件及限制。概要来说，这一过程使您可以在源数据库上进行准备和正常运行阶段的工作，然后将数据库连接切换到目标 HANA，进入停机阶段，迁移应用程序数据、进行数据转换并完成升级。

21.2.6 有关 SAP 升级的更多知识

如前所述，"升级"是指对 SAP 进行重大的版本改动，如从 SAP R/3 企业版升级到 SAP ERP 6.0。在技术升级中，升级项目就是要改变 SAP 基础层的版本，而不是转移到新版本的新增功能上。而另一方面，功能升级的目标是转移到新 SAP 系统提供的新功能上。

许多时候，增加功能需要对 SAP 系统的个别组件进行升级。例如，可能需要在系统中安装一个 SAP 插件或者一系列支持包（使用 SAP 事务 SPAM 或 SAINT）。而且 SAP 基础层也经常需要升级，升级项目步骤复杂、容易混乱，根据需要升级或改变的内容不同，对项目成员的要求也不同。整个过程需要进行大量的规划，这就把我们引向了下一节内容：对升级和增强进行高级规划。

21.3 高级项目规划

对升级和增强进行规划至关重要，由于改变的幅度较大，因此风险也很大！不要忘了 SAP 系统运行的是公司的业务，因此系统停工时，业务也会中断。所以对各种待定的改变，无论是硬件更新、OS/DB 迁移，还是功能升级，管理和尽量降低停工风险都是最重要的考虑因素。换句话说，如果不仔细规划，对任务关键型 SAP 系统影响如此之大的改变绝对会让您得不偿失。如果规划良好，IT 团队就会发现它能够帮助自己避免非计划中断，不会导致无法正常工作的用户迁怒于自己。

21.3.1 增强项目规划

增强往往分季度或阶段，由多个 SAP 用户组来实施，因此涉及多个功能领域和业务流程。使问题更加复杂的是每个阶段都要花上一两个季度来进行规划和测试。除了功能升级，增强可能还需要技术变更来支持新功能。阶段性实施可能包括以下各类更新中的一个或多个：

- 服务器、磁盘子系统或其他基础设施更新；
- 数据库补丁、更新或"升级"；
- 操作系统更新、安全补丁和"升级"；
- SAP 核心更新；
- SAP 支持包堆栈（ABAP 和 Java）更新；
- SAP 改动传输；
- 客户传输。

可以想象，如此大范围的改动需要团队有效配合，以及专业项目管理技能。在某些情况下，实施一批 SAP 增强时需要吸收 IT 部门的精英来提供支持，特别是当您认为这些改变必须在 SAP 格局（开发、质量保证、生产等）中的多个环境间移动时。

这些修改实施完成后，必须执行一轮或多轮测试以确保所有改变不会打断现有流程，以及这些改变已经准备就绪、可以移入生产系统了。这项工作通常是由 SAP 专家和业务用户（人工或者通过自动脚本）合作完成的，他们至少要对已修改的 SAP 功能的核心部分进行测试，以确保其能够正常工作。

在测试发现错误时，必须开发修复方法，然后在后续环境增强之后进行实施。例如，测试时可能会发现 SAP 支持包会导致某个 SAP 业务事务异常终止，这也被称为短转储（Shortump）（因为在异常中断过程中创建一个 SAP 短转储）。在故障解决过程中，可能会发现 SAP 发布的相关 SAP Note 提示可以解决该问题，他们可以把该提示下载到开发环境中，并创建相应的传输。在下一个测试阶段中，要确认这个修复可以解决与 SAP 事务中断相关的问题，随后在生产系统的增强传输列表中会添加该传输的记录，并最终把它转移到生产系统中。

21.3.2 SAP 升级项目规划

技术升级比功能升级更常见，当然也比迁移常见。虽然如此，升级的频率也不会太高，一般每 6 个月到两年会出现一次。有意思的是，SAP 技术升级在特性与所需时间上与迁移很相似，都需要 3 到 6 个月时间进行规划，由相同的 SAP 基础设施支持人员和 SAP 基础专业人员来完成。升级项目还需要 ABAP 程序员、SAP 功能分析师以及超级用户（在每个测试阶段后进行必要的业务流程测试）提供支持。功能升级的复杂度要更高一些，它还需要功能（业务）专家。

在 SAP 升级项目的规划阶段，评估现有数据库是否已经通过异构迁移转换成 HANA 是明智之举。由于 HANA 需要新的底层基础设施，寻求合并 OS/DB 迁移和 SAP 技术升级项目越来越常见。

新基础设施就位之后，必须把多个源 SAP 系统中的一个复制到新环境中。一般来说，第一次测试升级时会使用生产系统的副本作为测试源。这个系统的规模最为庞大，它本身可以表现出当前系统最终要升级（然后需要进行测试）的所有功能。

有些客户更愿意从开发环境开始升级，但是这样选择会使工作更复杂。原因何在？因为任何改变都在实际开发系统中实施，并通过该系统提升到源环境中的生产系统，而这些改变还必须通过升级后的环境推送和提升。"从两条路径进入生产系统"可以保持环境功能同步，但是这会增加许多工作。明智的IT机构只要有可能就会放弃升级开发系统。

1. 升级工具

SAP技术（或基础）团队会使用两种SAP工具——PREPARE和Upgrade Assistant，来进行技术升级。PREPARE工具用于对SAP系统进行全面评估，升级实际开始前必须对系统实施的修改、修复和服务包进行评估（为升级准备系统）。在修改完成后再次运行PREPARE检查还有没有准备步骤需要完成，然后就可以开始进行升级了。

在关键的准备阶段，基础团队要把支持包和升级过程的插件绑定到一起。在许多情况下，都必须对特定的支持包进行升级。大多数情况下，在升级过程中就应实施所有最新的支持包，而不是等待升级完成再实施它们。可能需要特定支持包级别的原因在于源系统的支持包级别，如果源系统的支持包级别引入的功能没有包含在基本目标系统中，而包含在了目标版本的支持包中，则升级就必须通过支持包实施相同级别的功能，否则，数据就会丢失。

Upgrade Assistant工具用于对升级过程进行图形化显示。它采用菜单驱动方式，基础团队可以使用它选择升级方式选项。诸如Downtime Minimized（停机时间最小化）和Resource Minimized（资源最小化）等选项可以帮助确定升级所需的时间长度，以及升级达到哪个关键点时系统必须关闭。Downtime Minimized选项使团队可以在系统运行期间进行许多升级工作，从而减少完成升级所需的系统停工时间。Resource Minimized选项会强迫系统在升级早期阶段就下线，但是它可以缩短实际执行升级过程所需的整体时间。

2. 升级测试和问题补救

在第一个开发系统升级完成后，系统需要移交给功能和ABAP团队进行测试和问题补救。在SAP中可以使用事务/nSPAU和/nSPDD来跟踪已升级对象出现的问题。SPAU用于跟踪库对象，而SPDD用于跟踪字典对象。使用SPAU和SPDD，开发人员可以发现升级影响的对象，并采取补救措施。对象修复完毕后，修改会被保存到传输中，在升级质保和生产系统出现相应的问题时就可以使用它快速进行修复了。使用SPAU或SPDD还可以选择"Reset to Original"（恢复到初始状态）选项，这样开发人员就可以恢复到上一次升级或应用支持包前的标准SAP代码了。在SPAU和SPDD里还可以进行版本控制，因此开发人员可以调用问题对象之前的版本。

ABAP代码补救工作的多少取决于对SAP系统定制量的多少，大多数客户的升级项目中有30%的时间要用于测试和修复定制代码。许多IT咨询公司已经开发出了能够在升级之前对SAP系统进行分析的工具，可以准确评估代码修复所需的工作量。除非是最简单的安装，不然在这类工具上进行投资对大多数项目来说都是物有所值的。

21.4 小结

SAP增强、迁移和升级都是重要的项目任务，需要专业技能才能完成。现在您已经了解了每种改变的正确定义和术语意义，同时掌握了如何完成相应的变更项目方面的知识，如果在SAP部署和维护工作中出现了此类需要，您应该已经可以从容应对，能够根据具体情况考虑采取相应的处理措施了。

21.5 案例分析

请考虑并处理以下给出的增强案例。您可以在附录 A 中找到与此案例分析相关的问题答案。

21.5.1 情境

目前，MNC 运行着 SAP ERP 用作财务和人力资源工作的核心应用程序。该系统由一家提供商托管，持续支持成本非常高。此外，该 SAP 系统使用的 UNIX 和 Oracle 版本陈旧，MNC 计划升级到最新版的 SAP ERP on HANA。

21.5.2 问题

1. 这次的改变相当重要，在需要管理和使其影响最小化的因素中哪种因素最为重要？
2. MNC Global 聘请了一家招聘公司帮助自己为此项目招聘一名项目经理。网上广告中写道"项目经理应拥有迁移相关技术，有把传统的 SAP ERP 迁移到 SAP ERP on HANA 的实际经验"。广告中所用的技术术语准确吗？应该怎样修改？
3. 从平台的角度看，升级项目完成后，MNC Global 如何才能降低 SAP 系统的持续支持成本，或者提高创新能力？
4. 总体来说，更新、升级和迁移的区别是什么？
5. 将这个 SAP 升级项目和一次 OS/DB 迁移合并是否可行？

第 22 章

业务用户的 SAP 职业生涯

在本章中您将学到：
- 如果您是 SAP 新手，如何入门
- 去哪里寻找 SAP 业务用户的职业发展机遇
- SAP 市场上的各种职位
- 如何对自己进行定位，实现面向业务的 SAP 职业生涯
- 进入就业市场的提示和技巧

SAP、SAP 合作伙伴及其客户共同在全球建立了一个提供着千万个职位的生态系统，它覆盖了众多的学科领域。这些工作中许多都全部或者部分与业务相关，包括最终用户、超级用户、业务流程分析师、测试人员、项目经理等。SAP 相关工作毫无疑问是一条迎接高挑战、获得高回报的职业之路，但是寻找从业良机却并非易事，特别是在没有经验或者明确方向的时候。在本章中，我们为您提供了急需的机遇方向，同时我们试图介绍一些寻找和创造面向商务的 SAP 职业生涯的技巧。如果您有志于发展的是技术职业生涯，请转向第 23 章。

22.1 业务工作的种类

SAP 商务专业人士以及面向业务的职业生涯可谓千差万别。十年前，这种职业生涯可以具体地限定为在客户公司工作的最终用户和超级用户。范围再扩大一些，代表 SAP 或 SAP 合作伙伴的业务配置人员或项目经理一直以来也被看作是商务专业人员。但今天，术语"商务专业人士"（Business professional）的应用范围被大大拓宽了。SAP 商务专业人士还介入了其他许多领域。

- 售前，帮助潜在客户从业务角度了解 SAP 的业务功能、各种组件和产品。

- 业务开发，针对销售、账户管理以及相似的"销售"职位。
- 质量、测试和风险管理专家。
- 培训工作，培训从负责销售到实际开发和交付的最终用户，或进行其他功能/业务相关培训。
- 准业务/技术职务，如工作流程和安全性（这种工作都同时具有业务和技术成分）。
- 项目管理，包括项目和计划经理（分为多种资历等级，拥有不同的技能和背景）、项目专业人士、资源管理专业人士等。
- 招聘，包括招聘人员和其他 HR/职业生涯发展专家。

现在让我们把注意力转向有可能找到这些工作的地方。

22.2 第一步：经验、培训、交流和认证

多年以来，我们已经为许多有志从事 SAP 工作和其他有兴趣闯入 SAP 就业市场的人们提供了指导。第一步可以考虑如下工作：

- 思考您目前的经验、您已经能够做什么、已经了解了什么以及如何利用这些经验和知识为 SAP 项目或者已有的 SAP 系统增添价值。这种思路是按照您原有的能力在 SAP 项目中占得一席之地，因为这种做法利用的是目前的知识（缺少 SAP 知识），所以需要在某人那里碰碰运气。SAP 业务工作是以某种业务经验为基础的。您也许可以追随一位已经担任业务工作的朋友或者同事，也许可以在周末或者下班时间参加回归测试的实习或者志愿工作，利用您在仓库管理或者应收账款方面的业务经验，在维护或者升级周期中途与 SAP 功能顾问或者业务流程分析师合作，助他们一臂之力。
- 思考您的"边缘"经验，您可能有创建业务表单和报表的经验——很幸运，这种经验很容易应用到 SAP 环境中。过去，您可能已经使用过 SAP 业已收购的报表工具，包括 Crystal Reports 或 Business Objects，您也可能已经经历或者理解了基于 Web 的业务智能工具、Microsoft Excel、PowerBI 等，探索这些边缘技能的应用。
- 参加培训。是的，经典的 SAP 培训很贵。寻找替代方案，但是不要将重点放在纯在线方法上，而忽视了正式的面对面培训课程。您必须更多地将重点放在认识新朋友同时学习新技能上，所以要考虑这两方面的平衡。
- 考虑有新老 SAP 用户同时参加的 SAP 课程，促使自己认识新的朋友，建立社交网络，让大家知道您的工作意愿。许多大学和 SAP 认证培训合作伙伴也提供各种课程，价格往往低于传统的由 SAP 主办的课程。了解这些课程，找出能够帮助您超越学习的途径。您需要建立社交网络的机会。
- 谈到社交网络，就应该考虑加入当地的 SAP 用户组。在北美，该用户组称作 ASUG（北美 SAP 用户组）。ASUG 定期在多个城市集会。也可以搜索其他用户组。大型公司和咨询机构会举办 SAP 社交活动，想办法获得邀请并保持联系。

> 思考未来。由于 SAP 解决方案不断演化和业务变化的需求，我们都需要学习一些知识以跟上潮流。力争第一！赶快学习更有经验的同事们还不知道的东西——新知识。对于商业专业人士来说，这可能包括学习新的 SAP 云解决方案、其他新 SAP 解决方案、新解决方案功能、升级 SAP 传统应用以加入新功能的方法、新功能的好处和权衡、SAP 解决方案或者独立软件供应商（ISV）解决的功能缺陷、新培训工具、新报表方法和工具等。

> 最后，如果您是业务领域的项目经理，获取项目管理学院（PMI）项目管理专家（PMP）或者计划管理专家（PgMP）、SAP 项目经理和 SAP 最新的 ASAP 方法和 SAP 解决方案管理器应用的认证。

在您从教育和曝光度的角度进行准备时，继续努力融入 SAP 环境。最终用户组织、咨询机构、托管提供商、培训提供商和其他组织需要渴望工作的人，一定要让它们知道您就是那样的人。

在寻找 SAP 从业机会的时候，您自问的第一个问题可能就是"该去哪里找？"毫无疑问，互联网肯定是个宝贵的资源，我们会在本书第 24 章中总结一下最受欢迎的 SAP 资源和求职网站，但是这些资源只能提供哪里有 SAP 职业机遇的简单信息。本节，让我们仔细考察一下其中一些信息的含义。

22.2.1 近在眼前

在寻找 SAP 工作机遇时，第一个显而易见的选择就是仔细研究一下您目前的雇主。搜索所在公司的业务和 IT 战略计划和雇主的职位空缺，并在流行的网站上使用自己公司的名称搜索一下。如果您的公司是 SAP 客户，或者计划不久后成为 SAP 客户，作为当前雇员您就掌握了潜在优势，可以通过它挖掘出 SAP 职业机遇。

当然，您是否有机会取决于许多因素。大家是否对您有所了解？您是否在机构内部工作很出色，而且与其他团队和同事合作良好？您的努力是否有结果？您可以自由脱离当前的工作吗？

即使当前雇主缺乏这方面的机会，也可以使用在线工作搜索中得到的信息，开始关注热门的工作以及如何在当前市场上获得这些热门工作。如果招聘网站上充斥着需要 SAP hybris、SuccessFactors 和 ERP 经验的职位，思考一下自己的业务经验是否对应于这些工作。您是否需要更多经验？能否从特定的培训或者曝光中得到好处？能否使用自己的知识和人脉挤进这一市场？

另一方面，当已经肯定当前的公司没有 SAP 职业机遇时，就是时候放眼窗外了。但是，在断定自己的公司不会使用 SAP 时还请务必谨慎。在大型公司中，某些部门可能已经实施了 SAP，而其他部门还不知道，特别是发生合并和收购的时候。而如果您的公司是 SAP 客户的一家提供商或厂商，您也可能会接触过 SAP 系统而没有察觉到，从而错失了在工作中积累宝贵的 SAP 使用经验的机会。如果确定当前雇主不在选择之列，可以考虑下面介绍的选择。

22.2.2 SAP 公司

如果希望谋求 SAP 业务用户职业生涯，从 SAP 本身找起不失为一个良策。SAP 公司在全球的雇员成千上万，而它遍布全世界的子公司列出的长长的职位空缺清单更是让人感觉前景光明。本书编写时，我快速搜索了一下 SAP 的招聘网站（见图 22.1，或导航到 www.sap.com/careers 并单击 Find Me My Dream Job 按钮），发现在全球有 1700 多个职位空缺。使用关键词和位置搜索，可以将列表范围缩小到特定业务或者边缘业务岗位。

面向商务的职位涉及领域极其广泛，包括：

- 业务用户专家和顾问（强调不同的行业和语言）；
- 解决方案和产品经理及主管；
- 售前经理和主管；
- 业务开发经理；
- 内部销售专家；
- 渠道开发经理；
- 客户经理；
- 行业顾问及其他专家；
- 各种业务领域（line-of-business，LOB）专家；
- 各种业务流程、功能、SAP 组件专家（从实习生、大学毕业生到高级专家）；
- 质量管理专家；
- 功能教育与培训交付和销售专家；
- 项目管理分析师；
- 风险专家；
- 招聘人员，其他 HR/职业生涯发展专家。

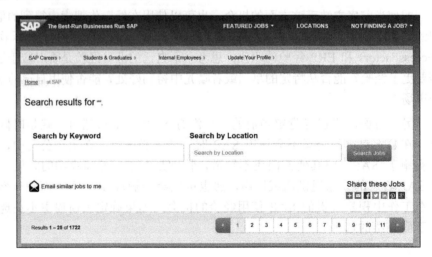

图 22.1 使用 SAP 招聘网站找出全世界的空缺职位

职位数量如此众多、范围如此广泛，应该很容易找到几个有前途的机遇才是。更新您的简历以反映相关经验及培训经历，以及自身不同于常人的地方。在这种场合，特定领域的深厚经验或者广泛业务交叉领域的曝光度能够帮助您获得面试机会。

22.2.3 SAP 合作伙伴

除了 SAP，下一个选择可能就是在为 SAP 及其客户提供软件和服务的 SAP 合作伙伴那里寻找机会了。SAP 的合作伙伴范围极其广泛，从 SAP 这种雇员成千上万、价值数十亿美元的巨型公司，到 Accenture、ATOS Origin、Cognizant、CSC、HCL、Hexaware HP、IBM、QMS、Secure 24、T-Systems、Velocity、Virtustream 和 Wipro 等外包提供商，再到提供更具体服务的小型专业公司，应有尽有。

SAP 已经把自己的合作伙伴范围拓宽到了以下领域：
- 集成合作伙伴；
- SEM 渠道合作伙伴（按 SAP 产品划分）；
- 内容合作伙伴；
- 教育合作伙伴；
- 托管合作伙伴；
- SAP BusinessObjects 合作伙伴（可以进一步划分成许多专业合作伙伴）；
- RunSAP Operations 合作伙伴；
- 服务合作伙伴；
- 技术合作伙伴；
- 软件解决方案合作伙伴。

各种类型的合作伙伴与 SAP 及其广大客户一起构成了 SAP 所谓的生态系统。要了解 SAP 有哪些合作伙伴，可以登录 www.sap.com/ecosystem/customers/directories/Search Partner.epx 进行搜索。请注意，您必须输入一套搜索条件，如名称、国家、类别，才能获得搜索结果。

合作伙伴网络还包括了全球服务合作伙伴精英，他们可以跨多个业务领域提供 SAP 咨询服务。这些公司要在全世界雇佣不计其数的 SAP 专业人员，为不断扩大的 SAP 客户群提供支持。目前的全球服务合作伙伴与前几年相比已经有了很大改变，现在包括：
- Accenture；
- All for One Steeb AG；
- ATOS；
- Bluefin；
- Capgemini；
- Cognizant；
- CSC；
- Deloitte；

- Ernst & Young LLP；
- 富士通；
- The Hackett Group；
- HCL；
- 日立；
- HP；
- HRIZONS LLC；
- IBM；
- Infosys Technologies Ltd；
- InEight Inc；
- itelligence AG；
- Logica；
- OpenText；
- Siemens IT Solutions and Services；
- Tata Consultancy Services；
- T-Systems。

请登录 www.sap.com/ecosystem/customers/directories/services.epx 查看该清单并阅读更多内容。如您所见，这些全球合作伙伴是 SAP 实现全球经营的支柱，它们为真正的 SAP 专业人员提供了主要的职业机遇。无论您想在 Capgemini 或 IBM 这样的国际服务合作伙伴处寻找业务流程管理工作，还是在 Deloitte 或 Accenture 这样的公司寻找 SAP 财务审计职位，这些合作伙伴都可以提供前途光明的 SAP 从业机遇。

22.2.4　SAP 客户

尽管前面提供了许多 SAP 从业选择，但还有一种可能就是从 SAP 众多的客户那里找到机遇。SAP 客户遍布全球，可以提供的机会在广度上与 SAP 及其合作伙伴不相上下，关键在于找到需要您的行业技术的雇主（如果您对特定领域有深入的了解）。

另外，也可以寻找需要您的经验广度的雇主。如果您曾经广泛接触过不同领域，或者在"水平"学科（如项目管理、测试、审计或者风险管理）上有经验，在某些职务上就有特殊的吸引力。

22.3　其他思路

如前所述，对于商务专业人士来说，SAP 就业机遇几乎无处不在。无论一家公司是正在计划实施 SAP，还是要维持现有的 SAP 格局，都需要一个业务专业人员团队来保证系统状态能够满足可能遇到的业务需求。本节我们就来详细考察几种类型的从业机遇。

22.3.1 业务和功能职位

在 SAP 实施项目或者各种 SAP 环境中，需要有人能够在机构的业务需求和业务流程与支持业务所需的技术之间起桥梁的作用。从功能分析师到超级用户，有多种多样的职位等待着业务专业人员有所作为。尽管这些职位的实际头衔各不相同，但我们还是要在这里对其中几个进行一下讨论。

在公司的业务领域里，每次 SAP 实施都需要有人为自己的团队提供 SAP 业务解决方案，因此，他们被恰如其分地称为超级用户。他们通常是本部门中既精通 IT 又拥有丰富业务知识的人，可以良好地进行沟通，而且有能力为那些在新技术上面临困难的同事提供帮助。在 SAP 项目中，一般首先要对超级用户进行培训，他们会与负责 SAP 功能配置的同事紧密合作解决问题。而这种重要的位置会使超级用户获得宝贵的 SAP 知识。

在 SAP 技术领域，功能分析师经常被称为配置组长、业务分析师或者业务流程负责人，而技术分析师通常被称为功能开发人员或者配置专家。所有这些职位一般都对应于一个或多个特定 SAP 模块（如 FI、HR、MM 等）。这些技术人员必须与负责业务的同事进行合作来实现公司的 SAP 实施目标。注意到这一点非常重要，因为公司实施的 SAP 模块越多，需要的相关领域的专业技术人员也越多。

例如，功能分析师可能会与团队组长或超级用户一起收集业务需求，以便对 SAP 系统进行增强。然后，功能分析师会与技术分析师以及其他技术团队成员合作激活或修改 SAP 配置，以满足业务需求。

如您所见，业务和功能人员都需要深入参与项目，并且需要紧密合作并拥有丰富的专业知识。所有这些角色对 SAP 实施来说都至关重要，需要积极主动、有能力胜任的人员承担这些工作才能实现项目成功。

22.3.2 功能项目和计划管理

可以想象，把所有所需的功能和技术角色、任务和相互依赖的关系编织成一个大规模的 SAP 项目是何等地富于挑战。许多公司和顾问机构都建立了项目管理办公室（PMO）来协调项目经理们的工作。如前所述，SAP 项目（或者范围更广泛的计划）通常需要许多项目经理管理各种 SAP 举措，或者代表不同的利益相关人参与项目。这样一来，就为那些希望作为 PjM 或 PgM 进入 SAP 领域的人带来了机遇。

计划和项目经理总是供不应求。从项目管理机构（Project Management Institute，PMI）获得的证书、相关的"大型项目"经验以及合适的时机可以让您如愿以偿地获得 SAP 就业良机。作为 PM，在与项目团队成员合作时，可以学到大量有关 SAP 功能设计、技术架构和开发方面的经验，使您在未来变得更有价值。

22.3.3 功能培训人员和测试人员

虽然这些工作不像其他 SAP 职位那样得到普遍认可，但 SAP 培训人员和测试人员对于

SAP 实施和项目成功来说却很有价值且至关重要。随着公司不断学习如何使用 SAP 执行业务流程，无论最终用户是否能够完全适应新的变化，培训人员都需要克服困难，拓宽他们的视野。能干的培训人员和培训主管会开发合适的培训课程、精心组织学生学习，并向不情愿改变的企业提供多种培训模块。

同样，SAP 测试流程永远不会结束。无论是要对系统进行项目相关增强，还是每个季度进行的修补和升级，SAP 系统总是需要进行测试，以确保能够顺利地对生产系统进行改变，这就需要有人能够手动或者使用自动测试工具来创建和执行测试脚本。尽管测试人员不是总能发展到很高的职位，但却可以在 SAP 配置和 SAP 业务流程上积累宝贵的经验，而这些经验可以帮助他们谋求更有前途的职位。

22.4 为 SAP 业务生涯做好准备

既然您已经知道了从哪里寻找 SAP 职位，以及有哪些类型的工作，那么如何谋得它呢？关键在于自己勤奋努力，不能被动假设别人会助您一臂之力。比如您的经理可能会尽力提拔您，但他也可能不闻不问。想想有多少次您的经理没有挺过最新一轮的裁员、被迫退休、调到其他岗位或者只为了自己而做出不公正的事情吧。在本节中，我们要探讨如何为开展 SAP 业务生涯做好准备。

22.4.1 近在眼前

正如在本章第 1 节中讨论的，如果您目前的雇主正在计划实施 SAP，或者已经运行着 SAP，那么您现在的公司就是寻找 SAP 就业机遇的好地方。一般来说，启动新 SAP 项目的公司会从业务部门寻找愿意面对新挑战为项目提供支持的志愿者。如果所在公司确实计划实施 SAP，您应该立刻报名参加项目，而不应错失良机。新项目也是理想的发展机遇，因为会有多种职位空缺，而且企业内部的专业人员很少，这就意味着积极主动的人可以充分利用这种有利条件，抓住机遇开始新的职业生涯。

在公司已经运行着 SAP 的情况下，要从非 SAP 工作调动到 SAP 工作岗位上难度更大，但您仍然可以通过自己的勤奋来追求理想，要利用目前掌握的公司相关知识和经验帮助自己谋求发展。如果梦寐以求的 SAP 职位无法谋得，那么也不要害怕从事一些次要的 SAP 工作，这些工作可能会成为您将来发展的垫脚石。

当然，如果目前公司没有使用 SAP，而且也没有计划会实施 SAP，或者拒绝给您任何机会，您就需要在别处寻找机遇了。

22.4.2 利用现有的业务经验

如上一节所述，SAP 会围绕业务模块和业务流程创造许多职位。与了解如何在 SAP 中配置业务流程一样，了解业务流程本身的内部工作细节也同样重要。如果您有这方面的知识，就会成为 SAP 团队的宝贵财富。实际上，业务流程专家经常会转行成为 SAP 配置专家，反之亦然。

如果您在某个业务领域经验丰富，而公司却没有对该领域使用 SAP，请不要气馁。在行业内部，这种专业知识往往是能够普遍适用的。例如，如果您在化工行业的物料管理领域工作了 15 年，就有可能利用这种经历，在其他使用 SAP 实现相似业务模式的化工公司找到工作。这也适用于行业细分领域中的所有 SAP 模块。只需明确自己的角色，找到一家使用 SAP 的公司，然后就可以在新公司寻找机遇了！

与之相似，如果您能够快速掌握新业务解决方案或者应用，可以考虑成为 SAP 超级用户，或者挑战一下自己的能力，成为自己业务领域内了解所有 SAP 事务的全能超人。您还可以考虑凭借自己的知识深度成为培训人员！利用自己的业务经验快速了解业务流程是如何在 SAP 上运行的，然后把这些知识传授给部门内的人员或其他人，使他们成为熟练的系统最终用户。如果运气好一点，再加上学员们的广泛好评，这些过渡性的培训职位也可能帮您打开通往其他 SAP 职位的大门，使您能够走上自己希望的职业生涯之路。

22.4.3 专注于边缘业务

您还可以使用许多其他"边缘"业务功能岗位进入 SAP 市场。如前所述，SAP 几乎会与所有的 IT 领域进行集成，因此随着时间的推移，进入 SAP 领域前途还是很光明的。工作流程管理领域就是一个好例子，它需要把业务和技术技能以特殊的方式结合起来完成工作流程的规划、构造和维护。

另一个例子是变更管理。我们有一位同事起初是 IT 变更管理分析师，负责公司 SAP 团队的变更管理文件。而她最终承担了在整个系统格局内管理和发送 SAP 传输的工作，现在已经是一家大公司的 SAP 基础技术人员了（是的，她选择了技术而不是业务职业生涯！）。正是通过参加团队工作，抓住机遇和充分利用自己的经验，她提升了自己的技能，使职业生涯顺利发展。

业务和 IT 功能涉及的领域也都可以提供相似的发展前景。SAP 补强或补充产品也可能就会与您的专业知识领域相结合，为您打开发展之门。所以请随时留心，准备在机会出现时充分利用自己的技能和经验一举中的。从更高的层次看，还应在追求机遇的同时认真、自觉地积累技能和经验。

22.4.4 积累软实力

尽管技能和经验对于谋求 SAP 职业工作来说必不可少，但也不要低估软技能以及其他一些无形实力的作用，它们往往决定了是应聘成功还是永远只是面试者。在本章的最后，让我们关注几个能够左右成败的小事情吧。

1. 组织沟通能力

除了要有业务头脑、经验和知识以外，求职者还要表现出通过人际关系的组织成功完成工作的能力，否则可能会遇到麻烦。当今的商业环境异常复杂，独行侠的时代早已离我们远去。良好地完成工作确实需要善于与他人合作，特别是那些您无法直接影响的人（如合作者、同事，而不是您的下属）。

因此要准备好帮助您可能的雇主了解您与团队合作完成工作的能力。要注意强调您的个人贡献（包括个人领导力、您注重工作的卓越性等），但是必须懂得赞赏团队的关键作用。展示一下您的专业关系网，说明如果您有机会为新公司工作将如何在新环境里拓展该网络。在面试时谈到这些方面，可以让雇主了解您并不是凭一己之力完成所有工作，这样他们不仅会欣赏您的自知之明，还会真正认识到您适合他们的团队。

2. 教育背景

SAP 专业人员确实就是名副其实的专业人员，与其他专业职位相似，SAP 工作也有最低资格要求。您可以看到 SAP 及其合作伙伴和客户发布的招聘职位都有最低学士学位的要求，招聘者经常希望应聘者持有 MBA 或者其他硕士学位，尽管这并非硬性要求。这并不是说多年的工作经验也无法让您谋得工作，但更高的教育背景肯定可以帮助您把排名提前（或者说简历放得更靠上）。

同样，SAP 认证也可以在您谋求 SAP 职业生涯时助您一臂之力。尽管它认证费用很高，不像有些认证那么容易获取，但也正因如此，它才会体现出您的优势，并被 SAP 业界所看重。SAP 目前有 3 个精通等级：Associate（助理）、Professional（专业）和 Master（大师）。（如需了解更多有关 SAP 认证的信息，请登录 www.sap.com/services/education/certification/index.epx。）其中任意一个认证都可以帮助您顺利开始 SAP 职业生涯，而 Professional 和 Master 认证可以真正让您变得炙手可热。请注意，要参加确实能够强化或者增加您经验的培训课程，而愣头愣脑地投入完全陌生的行业或功能领域会让那些刚开始寻找 SAP 就业机遇的新手得不偿失。

如果您的经济状况不允许您深造或者参加 SAP 培训课程，请不要气馁。在第 24 章中为您提供了大量有用的资源。其中大多数都可以在网上找到，从中您可以了解到丰富的 SAP 及其产品的信息，尽管您仍然需要寻找发展良机，但起码不会因为准备不足或知识欠缺与机遇失之交臂。只需轻松单击就可以获得简单易用的幻灯片、PDF、YouTube 形式的术语、架构、标准信息以及视频培训等。您尽可以使用这些资源弥补自己的知识缺陷，相信一定有机会很好地利用您投入大量的时间和精力所学到的知识。在面试中，这种前瞻性的自学还可以帮助您在那些缺乏主动性的应聘者中脱颖而出。

3. 职业表现

在讨论软实力时，值得一提的是，自我表现能力较之以往更为重要了。您可能听到过有人这样说"与其为现有的工作浓妆艳抹，不如为渴望的工作梳洗打扮"。这个世界的许多领域确实正在变得越来越随意——特别是对于在家工作或者在远程办事处工作的人来说。但是如果您要参加面试，或者出席公司会议或其他聚会，就要考虑自己的形象了。在大多数使用 SAP 的公司，特别是那些更保守的大公司，重视职业面貌的观念仍然有着一席之地。毕竟这些公司都是能够负担得起昂贵的 SAP 系统的大公司，他们干的一般不会是小本生意，因此希望自己的员工能够在面貌上体现出公司的成功。

此外，面向业务的 SAP 职位经常要与各个层面的管理人员以及各种业务和 IT 专业人员接触。作为高级 SAP 财务专家或者 SAP 升级项目经理，您可能被召来向业务主管、CIO、

COO 或者其他利益相关人群体做简报。您肯定不想在走进会议室时看上去不专业，让大家怀疑是不是招聘过程出了问题。因此，如果您确实希望职业生涯有所发展，还是应该对衣橱和软技能有所投入，以便使自己在不那么专业的同行中鹤立鸡群。

下一个需要改进的是沟通能力。您需要研究雇主反映出来的文化气质和语言风格，不仅仅要适应，还要在沟通方面胜人一筹。您的沟通技巧最终会反映出您自己的内涵，在这方面它的作用往往超过其他东西，包括着装。许多高层 SAP 专业人员之所以能够身登高位，不是因为他们是知识最丰富的业务流程专家或者最权威的业务开发主管，而是因为他们能够与各个业务和技术部门进行良好的沟通。只需拓宽自己的词汇量、纠正发音和表达清晰就可以大有帮助。

而出言谨慎对您的帮助可能会更大。不要忘了，"事实胜于雄辩"，发言应该有事实依据，而不能天马行空。如果您不能完全肯定是否准确，最好还是点到为止，以免言多语失。不要不假思索脱口而出，而结果却往往不正确。在您开口发言时，肯定希望大家由于知道您说的内容准确、真实、值得听取而增加对您的信任。仅做到这一点就可以推动您的职业生涯快速持续发展。

尽管如此，也不要仅停留在口头技巧上。在演讲、电子邮件或其他书面沟通方式（包括博客和其他"非正式"沟通）中，也要表现出自己成熟的职业精神。重新熟悉如何创建有效的 Microsoft PowerPoint 演示，在这方面，有许多不成功的案例，不要重蹈覆辙。既要了解听众，也要了解自己的材料。坚持每张幻灯片上有 3 到 4 个要点，并使用图表来说明数据趋势和复杂的关系。能够做出简洁有效的幻灯片本身就很说明问题，因为它可以向上级领导显示出您善于沟通。能够准确、自信地通过这种方式介绍业务问题，这种能力本身就不可多得。

4. 关于职业道德

为了准确、高透明度地运行业务，SAP 客户花费了数百万美元来实施 SAP 系统。在这些机构中，系统可用性、合规性以及数据完整性等问题是极其重要的。同样，这些特性也应该在承担系统管理和支持工作的人员身上有所反映。

现在的公司比以往更希望培养优秀的后备人才。如果您在特定技术、业务理念、应用或者软技能上有所欠缺，称职的招聘管理人员知道这些具体的不足可以通过培训和一定程度的指导来弥补，他们不会等待完全合适的人员出现，而是聘用有发展前途的人员。当然，这仍然需要有基本的经验、天分和教育背景。但是公司知道伦理道德和责任感是无法仅靠教育获得的（尽管我们每年都要在企业法规培训和相似的活动上花费很多时间，这些本身不失为很好的教育方法，但是可以肯定地说它们无法改变一个人的先天行为特性）。道德高尚且有责任感的行为正是当今的公司孜孜以求的，因此无论您做的是什么工作，请一定坚持诚实守信。您应该在面试过程中展现出自己坚强的性格和崇高的道德水准；在工作中，每做一项决策都要力求能够光明磊落地将之公之于众。大家会注意到您所做出的选择，总有一天您的正确选择会有所回报，也许就是帮助您朝着自己希望的职业道路上发展。我们深信这样的故事一定会经常上演。

22.5 小结

迄今为止，我们已经学习了如何、在哪里寻找 SAP 职业机遇，剩下的就要靠您自己努力拼搏了。对于那些有决心而且有才能的人来说，迎接挑战、获得回报的机遇无处不在。如果您认真地考虑职业生涯的改变，准备走上 SAP 商务专业人员的职业之路，请认真考虑我们在本章中给出的简单建议，并付诸实践。我们应该耐心经营自己的职业生涯，努力去实现自己的目标，而不应被他人驱策前进。市场盛衰循环、公司有起有落，但无论经济如何变化，对 SAP 专业人员的需求量一直都很高。在寻求职业发展的过程中，您应不断积累技能，无论是在业务、技术还是软技能方面。希望您在努力的过程中一切顺利，在不远的将来成为我们值得尊敬的同行。

22.6 案例分析

考虑以下业务用户职业生涯发展相关的案例分析，并回答之后的问题。您可以在附录 A 中找到与此案例分析相关的问题答案。

22.6.1 情境

在 DeadEnd 有限公司参与各种银行相关业务工作 10 年之后，您准备做出改变了。您听说 MNC 银行业务分支机构准备实施新 SAP ERP，通过几个求职版面，您注意到该公司正在积极招聘相关人员。请您在研究是否有工作机遇，以及如何才能进入 MNC 公司开始新 SAP 业务生涯时回答以下问题。

22.6.2 问题

1. 您听说 MNC 依靠多家顾问公司协助实施项目，您可以从哪里找到这些 SAP 合作伙伴的相关信息？

2. 作为一个银行集团，MNC 可能属于 3 大行业分类中的哪一类？为什么说这种内在信息对您求职有所帮助？

3. 凭借会计背景，以及能够快速掌握技术的能力，业务/功能领域中的哪些职位更适合您发展？

4. 在为当前雇主工作的时间里，您负责管理过许多备受瞩目的项目，您需要哪种类型的认证来增强教育背景，并提高您获得 MNC SAP 项目管理职位的机会？

5. 在当前公司，作为业务团队和 IT 机构之间的联络人，您展现出了一种超强的沟通能力，您认为在 MNC 的面试中应该重点突出自己哪些方面的软技能？

第 23 章

IT 专业人员的 SAP 职业生涯

在本章中您将学到：
- 去哪里寻找 SAP 技术职业发展机遇
- SAP 市场中技术角色的广度
- 技术专业人员的重要贡献
- 准备开始 SAP 技术职业生涯

与 SAP 为商务专业人士创造就业机遇生态系统相似，它也为技术专业人士提供了丰富多彩的从业机遇。本章我们就来全面了解一下这些从业机遇。与上一章学习相同，请始终牢记一点：这是您自己的职业生涯，应该积极主动地经营好它。

23.1 SAP 及其合作伙伴和客户

与发展 SAP 业务职业生涯一样，在 SAP、合作伙伴或者 SAP 客户处谋求发展技术职业生涯时，遵循的原则是相似的。我们下面就对这些可能的发展道路进行讨论。

23.1.1 SAP 公司

SAP 本身就可以在 SAP 咨询和支持方面提供理想的技术职业生涯发展机遇。请登录 SAP 主页 www.sap.com，然后单击 Careers（招贤纳士）链接（或者直接登录 www.careersatsap.com）。

在 Careers 页面上，您可以搜索 SAP 在线职业中心里提供的招聘职位。选择地区和语言（英语、德语、法语或者日语），然后您会看到 SAP 的 Job Search（职位搜索）界面。编写本书时，全世界有数百个技术职位招聘。一些有意思的工作包括：
- 具备服务器管理、系统管理和 SAP 基础层技能的 IT 技术顾问；

- SAP 内核和 SAP HANA 性能优化方面的 C/C++ 开发人员；
- 云自动化和管理专家，包括 OpenStack 倡导者；
- SAP HANA 研发团队所需的 HEC 集成管理员和 Hadoop 开发人员；
- 擅长 SAP HANA 性能优化的 C++ 数据库工程师；
- 技术作家、支持工程师和技术培训人员，以及数百个其他 SAP 特定行业、特定组件技术职位；
- HANA 合作伙伴工程师和物联网顾问。

此外，SAP 公司提供许多学生实习机会（称作"在职学生"，德语"Werkstudent"）。

其他诱人的技术职位不胜枚举。建立个人档案，就可以加入 SAP 人才社区，接收 SAP 项目工作的相关更新和信息，或者在有符合您的兴趣的机遇时得到通知。如果您已经申请了一项工作，会在单独的电子邮件中接收到关于申请过程的其他信息。

23.1.2 SAP 合作伙伴

除了 SAP，另一个可以寻求 SAP 职位的选择可能就是众多为 SAP 及其客户提供软件和服务的 SAP 合作伙伴了。这些合作伙伴范围广泛，从价值数十亿美元的大型公司，如雇员成千上万的 SAP，到 Accenture、CSC、Deloitte、Freudenberg IT 和 IBM 等外包和顾问服务提供商，再到 BMC、Microsoft、Open Text Corporation、Winshuttle 等软件提供商以及将近 600 家其他公司，还包括提供具体顾问和支持服务的小型专业公司。其他合作伙伴和准技术岗位请参考第 22 章。这些合作伙伴与 SAP 及其客户群有机结合在一起，形成了所谓的 SAP 生态系统。

23.1.3 SAP 客户

尽管前面提供了许多 SAP 职业设定，但还有一种可能性更大的情况是您会从 SAP 遍及 180 多个国家 291000 个客户那里找到机遇[①]。哪种类型的客户呢？您可能会这样问。SAP 的客户遍布各行各业，这一点我们在第 1 章就已经谈到过了。这里只需再次强调的是，SAP 把这些行业分成了 3 大类，每一类中都包含了许多具体的行业，如银行、医疗、公共领域、汽车、化工、石油和天然气、媒体、零售、公用事业等。这些只是细分行业的一小部分。无论您在哪里，在离您不远的地方都很有可能有一家运营 SAP 系统的公司。在第 24 章中，您会发现在流行的求职搜索引擎上，SAP 的客户和招聘合作伙伴提供了千千万万的职业机遇。

23.2 有哪些类型的机遇可供选择

您一定还记得，SAP 项目无论是在技术还是业务领域都可以创造出多种多样的角色和工作职能。无论一家公司是正在计划实施 SAP，还是要维持现有的 SAP 格局，都需要一个支持网络来保证系统技术上运行良好、功能正常，能够满足各种业务需求。本节我们就来详细考察几种类型的就业机遇。

---

① 参见 http://www.sap.com/bin/sapcom/en_us/downloadasset.2015-04-apr-21-01.sap-fact-sheet-enpdf.html。——原注

23.2.1 技术职位

与业务和功能职位相似，保持 SAP 格局有效运行也需要种类多样的技术职位。在第 6 章中，我们曾介绍过担任 SAP 系统管理员的 NetWeaver 和其他专家角色。经验丰富或资深的基础层人员经常会承担团队领导或者架构者的角色，负责为自己的企业设计整体的 SAP 技术战略。SAP 安全（SAP security）也是一个技术（基础层）组件，其专业程度已经发展到了在大多数公司中都要为它本身的功能设置独立团队的程度。SAP 安全专家与功能团队紧密配合，不仅要确保最终用户能够完成工作，还要保持系统业务流程的完整性。

除了系统管理角色以外，还要有一群开发人员和程序员来管理 SAP 配置和代码。曾几何时，这些人被称为 ABAPer，那时候他们只需要负责一个简单的基础层。而今天，随着许许多多其他开发平台的出现，这个词的含义也大大扩充了。现在的开发可以包含 ABAP、Java、SAP NetWeaver 复合环境、.NET，以及许多其他嵌套在核心 SAP 企业资源规划（ERP）环境之内或者在它周边提供支持的、以云为中心的开发。

由于各种 SAP 产品层出不穷，技术职位也随之变得越来越多样，越来越专业化。例如，原来那些身兼多职、博而不精的 SAP 基本系统管理员职位可能成长为 SAP 流程集成或 SAP NetWeaver 门户专家。与此相似，ABAP 程序员也需要补充 HANA studio 以及其他一些技能，以便跟上技术发展的步伐。所有这些角色的扩展趋势都向求职者明确地预示了要追求的绝不仅仅是一份 SAP 工作，而是前途光明的职业生涯。

23.2.2 技术项目管理

精明能干的技术项目和计划经理（技术 PM）特别是那些有 SAP 项目经验的技术 PM 的市场需求量非常大。由于不断出现的 SAP 新产品发布、升级、云和 HANA 迁移、硬件更新，以及每天都在出现的其他各种技术项目，市场对能干的项目经理的需求一直在增长。许多公司和顾问机构都建立了项目管理办公室（PMO）来协调项目经理们的工作。如前所述，SAP 项目通常需要许多项目经理，包括技术、功能项目经理等，来管理各种 SAP 举措或者代表不同利益相关人参与项目实施。

这种对有经验的项目经理的需求，就为那些希望作为技术 PM 进入 SAP 领域的人带来了机遇。从项目管理机构（PMI）获得的证书以及合适的时机可以让您如愿以偿地获得 SAP 从业良机。作为技术 PM，您要参与 SAP 项目多个方面的工作，从功能设计到技术架构、确定规模、开发、测试过程等。在与项目团队成员合作时会出现许多发展良机，如果您有志于发展技术职业生涯，那么这些机遇将可能帮助您走上职业生涯的正轨。

23.2.3 技术培训人员

与业务培训人员相似，即使没有被普遍重视，技术培训人员仍然在 SAP 的实施、升级以及相似的复杂项目中承担着重要的角色。技术培训人员负责帮助确保技术团队良好地完成培训，能够完成自己的工作。许多培训人员为提供 SAP 培训课程的小型 SAP 授权培训公司工作。还有些人是 SAP 自己的雇员，代表公司提供培训服务。再有一些人受雇于 SAP 或与 SAP 通过合同代表它开发培训材料。最后，已经部署了 SAP 的大型公司也会建立自己的培训部门，作为更大的 SAP 卓越中心或者整个公司培训机构的一部分。

23.2.4 SAP 测试人员

与培训的情况相似，SAP 测试流程永远不会结束。无论是要对系统进行项目相关增强，还是确认每个季度进行的修补和更新不会破坏现有功能，SAP 系统总是需要进行测试，以确保能够顺利对生产系统进行改变。这就需要有人能够手动或者使用自动测试工具来创建和执行测试脚本。尽管测试人员的职位可能并不太高，但是他们可以在 SAP 配置、业务流程以及技术改造管理等重要领域获得宝贵的经验，而这些经验可以帮助他们获得更辉煌的职业发展。

23.3 为 SAP 职业生涯做准备

现在您已经知道了从哪里寻找 SAP 职位，以及有哪些类型的工作，那么如何谋得它呢？本节的重点是探索如何在技术领域发展 SAP 职业生涯。

23.3.1 近在眼前

如果您目前的雇主正在计划实施 SAP，或者已经运行着 SAP，那么您现在的公司就是寻找 SAP 从业机遇的好地方。一般来说，启动新 SAP 项目的公司会从业务部门寻找愿意面对新挑战为项目提供支持的志愿者。如果公司确实计划实施 SAP，您应该立刻报名参加项目，而非错失良机。新项目也非常理想，因为会有多种职位空缺，而且企业内部缺乏专业知识，这就意味着积极主动的人可以充分利用这种有利条件，抓住机遇开辟新的职业道路。从业务部门调到需要业务与技术能力相结合的岗位很罕见，但是，技术上的差距通常比业务能力上的差距更容易弥补（尤其是，业务经验通常是必需的）。充分利用这一点。

利用在公司中的经验和知识，帮助自己走出积极的一步。最终，SAP 就是业务流程——您了解公司和业务流程，这是两项巨大的优势！

最后，如果您梦寐以求的 SAP 职位无法谋得，那么也不要害怕从事一些次要的 SAP 工作，这些工作可能会成为您将来发展的垫脚石。当然，如果目前公司没有使用 SAP，而且也没有计划会实施 SAP，或者拒绝给您任何机会，您就需要在别处寻找机遇了。

23.3.2 利用现有的技术经验

如上一节所述，SAP 会围绕业务模块和业务流程创造许多职位。与了解如何在 SAP 中配置业务流程一样，了解业务流程与其他系统的接口以及在计算平台上运作的方式（包括硬件、操作系统、数据库、SAP 应用技术等）。如果您有这方面的知识，您就会成为 SAP 团队的宝贵财富。

与之相似，如果您有业务背景且能够很快掌握新技术，可以考虑成为技术小组中所有与 SAP 相关的业务事务的"首席专家"，每个团队都需要这种联系人。另外，正如我们在第 22 章中所说的，可以考虑利用您的专业知识和出众的沟通技能成为一名培训人员！利用您在技术上的才干以及希望与其他人分享自己知识的团队精神，您可以向新同事或者有志于 SAP 的同事传授如何安装、升级、维护或者以某种形式支持 SAP 系统底层技术等知识。

23.4 利用现有的技术专业能力

如果您是一名 IT 专业人员，但对 SAP 技术只是门外汉，不必担心。SAP 技术涉及 IT 行业的方方面面。过去，许多 SAP 技术专业人员开始时都在其他 IT 领域工作，并最终转向了更注重 SAP 的岗位。每个人都有希望，无论您今天做的是什么工作。我们已经看到过太多的计算机操作人员、自学成才的程序员、SAN 专家、网络管理员，以及桌面支持专家转移到了高级架构设计、项目管理、IT 总监以及其他有趣和高价值的职位上[①]。经过多年来在众多 SAP 项目中的锤炼，他们成为了成就光辉职业生涯的资深 SAP 专业人员。把这一点牢记在心里，让我们现在就考察各种 IT 职位，以及从它们转向 SAP 职业生涯的潜力吧。

23.4.1 硬件和基础设施专家

如果您目前负责支持服务器硬件，并了解企业计算机相关技术，如存储区域网络、高可用性和集群或者虚拟化，您就处在有利位置上，可以在此基础上增加 SAP 经验。硬件架构和适型对于 SAP 系统的性能来说至关重要，因此 SAP NetWeaver 和基础层专业人员必须与负责硬件的同事紧密合作，来设计和实施 SAP 系统。在合作过程中，可以获得宝贵的 SAP 经验，并用它来支持自己开启 SAP 职业生涯。

此外，如果您已经对某个厂商的产品有了具体的硬件经验，可以考虑向他们争取一个内部职位。比如说，Cisco、HP 和 IBM 都是 SAP 的技术合作伙伴，它们可以为各自的 SAP 客户提供服务器、存储系统、系统管理平台专家。这些公司在全球配备了不计其数的 IT 专业人员，它们提供的机会可以成为资深架构专家有力的晋身阶梯。

23.4.2 平台管理员

在第 3 章，我们讨论过 SAP 可以使用的操作系统（OS）、数据库（DB）和平台组合。如果您已经是这些平台的管理员了，那么可以充分利用自己的经验。Microsoft Windows Server、UNIX 或 Linux 操作系统管理员，以及 Microsoft SQL、IBM DB2 或 Oracle 数据库管理员都有着他人无法企及的竞争优势。如果您是所在公司或另一家公司运行的 SAP 所用平台的专家，这对您来说真可算是天赐良机了。如果不是，可以考虑其他地方如 Microsoft 或者 Amazon 是否有合适的职位，比如，这些公司可能正在寻找对他们的产品了如指掌的人来与自己的 SAP（内部或咨询服务）团队进行合作。

---

① 例如，本书作者之一在职业生涯之初是一位工厂的工程师，后来成为 IT 负责人，另一位作者开始时是 Basic 程序员，运营大型主机，后成为 SAP 基础层顾问。——原注

但是，不要因为曾经在 AIX 和 Oracle 上运行 SAP 环境多年，就认为自己是"资深"管理员。真正有经验的资深平台管理员有多种多样的经验，这样的人可以登录使用不同的操作系统和数据库，并且熟悉最新的技术。

此外，只要有可能就应与自己负责 SAP NetWeaver 的同僚多加联系。可以向他们请教您的 OS 或者 DB 上的 SAP 是如何运行的，以及影响性能的因素有哪些等问题。了解为什么您的公司选择了这种特定的平台来满足自己的业务需求，各种计算平台在最大限度减少停机时间、提高灵活性以及最终提高业务敏捷性等方面的创新上有何区别。这种问题可以帮助您获得宝贵的知识，表现出您的志趣所在，如果问题问得适逢其人说不定也会同样给您带来宝贵的机遇。

23.4.3 开发人员和程序员

如本节前面所述，SAP 开发和编程早已从较单纯的第 4 代 ABAP 语言发展到了一整套选项，包括各种面向对象语言、Java 和 Web 服务。这种变化扩大了基于 Web 进行 SAP 开发的开放度，如果您是有经验的 HTML 5 或者.NET 开发人员，这还会增加您的就业优势。正如我们在第 6 章中所述，许多 IT 方案现在都需要 Java 技术堆栈。与之相似，Microsoft 和 SAP 一直在开发工具上进行合作，如针对 SAP 的.NET 连接器、针对 SAP 企业门户的.NET 平台开发套件（PDK）等。这些变化为那些愿意花时间接受 SAP 编程知识的人提供了各种各样的机遇。

在当今的 SAP 环境中，内容管理也是人们津津乐道的一个话题。如果您是一名 Web 开发人员，可以考虑学习 SAP NetWeaver Portal（SAP NetWeaver 门户），并把自己的 Web 开发和设计知识应用到 SAP 领域。SAP NetWeaver Portal 把现有的公司门户战略与产品（如 Microsoft Office SharePoint Server［MOSS］和 IBM WebSphere）集成到了一起。对以上一种或多种技术富有经验会使您成为宝贵的资源，把您推到拓宽 SAP 技能的有利位置。

SAP HANA 和 Hadoop 也提供了大量的发展机遇。由于这些选项本身是混合型的，所以兼具了技术和功能领域的最佳创意。SAP HANA 和大数据专家成为了某些企业中的信息管理专家。因此，数据挖掘、数据库管理等方面的技术经验和特定业务流程（如 FI、HR 和 MM）的功能经验同等重要，必须努力获得这些领域的经验，通过学习过程提升职业生涯的质量。

23.5 积累软实力

在第 22 章中，我们考察了 4 个能够同时有益于业务和技术专业人员的方面。
这些方面的能力是通用的，有志于 SAP 的技术人员也应该回顾一下：

- 在团队和机构之间进行良好沟通的能力；
- 良好的背景；
- 专业地展示自己；
- 表现出自己的责任心和道德操守。

最后，我们还有几句专门针对技术专业人员的话要说。尽管有些老生常谈，但是我还是想说一句很久以前一位朋友和我分享的话："什么也取代不了勤奋。"能够实现自己目标的人与总是抱怨自己无法摆脱现状的人之间的区别往往只是能否勤奋工作，许多 SAP 专业人员正是这方面的表率，他们用自己的努力实现了自己的目标。本章的内容无法保证您接受这些建议就可以获得 SAP 职位，但是，我们给出的提示和想法仍然不失为金玉良言。如果能够充分利用自己已经学到的知识并努力实践，相信终有一天您可以羽翼丰满，实现自己的 SAP 技术生涯之梦。

23.6 小结

本章对上一章中已经述及的许多主题从技术角度进行了重新阐述。希望您能够把从这里学到的知识付诸实践，并开始进一步地深化已有技能。同时，您还可以通过诚恳的自我评估、积累新技能（无论是技术技能、软技能还是业务技能），在本章指明的道路上不断追求。最为重要的是，积极经营好自己的职业生涯，受益者是您而非别人！

23.7 案例分析

请考虑以下与职业生涯发展相关的案例，并回答之后的问题。您可以在附录 A 中找到与此案例分析相关的问题答案。

23.7.1 情境

MNC 在 Windows 平台上实施新 SAP 的项目计划在 3 个月内启动，而您听说 SAP 技术团队中有多个新职位空缺。您已经准备好改变了，但是不确定第一步应该先做些什么；经理看起来对您的想法并不在意，更不要说您的职业生涯了，但是您不希望错失良机。您在基础设施实施、SQL 服务器管理、技术培训方面有着广泛、丰富的经验，而且也曾参加过项目管理。请一边考虑自己下一步的举措，一边回答以下问题。

23.7.2 问题

1. 再次回顾自己的职业背景之后，您产生了更好发展自己的职业生涯的想法，但是在此过程中应该遵循什么样的原则呢？
2. 您的经验可以为新 SAP 项目提供帮助，如何展示自己的经验呢？
3. 如果您最终在 SAP 基础团队中谋得了工作，成为了团队中的多面手，您应该如何继续发展自己的职业生涯呢？
4. 与招聘经理的电话约谈中，您得知在系统物理实施完毕后，SAP 技术团队可能需要一些测试人员。测试人员负责什么工作？他们如何完成这些工作呢？
5. 在面试期间，一名 SAP 技术团队成员询问您对 MNC 选择的 SAP 平台有何想法，他提到了平台的创新性能力，您应该如何推动这次谈话？

第 24 章

其他资源和结语

在本章中您将学到：
- 专业资源概述
- 重要的用户组、期刊等
- 在线资源回顾
- 选择 SAP 职业资源简介
- SAP 主办以及其他会议和活动

SAP 的业务范围十分广泛且深受欢迎，因此能找到丰富的 SAP 资源（往往是免费的）不足为奇，而真正让人感到惊奇的是这些资源是最近 5 年内才刚刚出现的。现在，可以找到许多专门针对 SAP 的会议、杂志和书籍（其中许多是在线提供的，费用很低甚至免费）以及大量在线材料，成本都十分低廉。但是，如果您有问题而又囊中羞涩又该如何是好呢？为了解决这个问题，本章对各种用户、技术人员以及其他 SAP 商务和 IT 专业人员可以获得的 SAP 资源进行了总结。

24.1 专业资源

SAP 专业资源涵盖广泛，从 SAP 自己的在线资源到价格低廉的书籍、期刊、基于专业用户的会员组织，多种多样。资源种类如此多样有一部分原因是因为 SAP 的规模——不但安装使用规模大，有不计其数的用户都在依靠 SAP 完成自己的日常工作，而且各种顾问、承包商、开发人员、工程师和其他支持人员也不计其数。下面几节我们就介绍一些较突出而且有用的专业资源。

24.1.1 SAP 的服务和支持资源

在四处寻访之前,先让我们看一下 SAP 自己的在线资源。从注重为开发和技术群体提供服务的站点,到那些针对合作伙伴的站点,SAP 提供了丰富的信息,而且访问方便。以下清单并不算详尽,但是为您提供了多个不错的出发点。

- **SAP 生态系统**:该网站通过 www.sap.com/ecosystem 访问,可以从这里访问合作伙伴、意见领袖和社区网站,其中许多站点不需要特殊的权限或者用户 ID。例如,意见领袖网站提供了业务创新和趋势、业务转型学院(Business Transformation Academy)、大数据、物联网和各种聚焦于移动、云等技术的"专家"网站。SAP 生态系统还通过 SAP 大学联盟社区实现了与学术界的联系,通过 SAP TechED 生态系统与同行联系。

- **SAP 服务市场(SAP Service Marketplace)**:通过 service.sap.com 访问,它是您进入其他 SAP 网站和资源的主要门户。该门户又细分为 Customer(客户)、Partner(合作伙伴)和 General Visitor(普通访客)几部分,每部分都提供了进入相关资源的链接。例如,从 General Visitor 门户可以进入 SAP Community Network、SAP Help Portal 和 SAP Education。

- **SAP 开发人员网络(Developer Network)**:通过 www.sdn.sap.com 进入,该网站被奉为"SAP 专业人员的社交网络",通过它可以加入或参与许多面向技术、商务的社区和具体产品社区,访问 wiki 和博客,订阅电子通信,了解近期活动等。

- **SAP 帮助门户(SAP Help Portal)**:通过 help.sap.com 进入,该网站提供了覆盖 SAP 企业资源规划(ERP)、SAP NetWeaver、SAP 业务套件、SAP R/3 和 R/3 Enterprise、SAP for Industries、Composite Applications、SAP 解决方案管理器等的文档和其他库支持材料。

- **SAP 合作伙伴门户(SAP Partner Portal)**:通过 partner.sap.com 访问,对于有兴趣连接 SAP 生态系统、加入 SAP 合作伙伴计划、获得认证以及获得 SAP 合作伙伴专供软件和其他材料的合作伙伴来说,这是他们的理想网站。

- **SAP 支持门户(SAP Support Portal)**:通过 service.sap.com/support 进入,通过该网站可以下载软件,获得证书密钥、发布和升级信息,以及使用 SAP 内容丰富的知识库(也被称为 SAP Notes)。

SAP 专业支持人员甚至可能会把 SAP Service Marketplace 设置成自己浏览器的首页。但是请注意,您需要 SAP Service Marketplace ID(有时仍称为 OSS ID)才能进入其中许多网站。

24.1.2 SAP 用户组

无论从哪种商业角度看,把与您使用相同产品和解决方案的人组织起来都是非常有价值的。SAP 也不例外。SAP 美洲用户组(ASUG)是一个独立的非盈利机构,由 SAP 客户和符合条件的第三方提供商、咨询公司、硬件提供商等构成。ASUG 的网站是 www.asug.com

（见图 24.1）其绝大部分成员都来自北美，该网站上还通过自己的 CIO 理事会、活动日程、多种社区和特殊兴趣小组、具体的行业基准制定能力，以及最佳实践提供了对 SAP 广泛而深入的透视。

图 24.1

在 ASUG 上可以关注用户对 SAP 的独立见解

ASUG 的目的是对成员进行培训、为同行和 SAP 代表之间的相互联系提供方便、影响 SAP 全球产品和服务的发展方向，这些目的是 ASUG 各项工作的基本出发点。ASUG 为成员提供了一个论坛，在论坛上成员们可以就共同关心的有关 SAP 的问题进行沟通、影响软件开发、就各种想法和最佳实践交换意见，并确立未来的发展重点。

ASUG 的成员分为两大类，分别是安装成员和准成员。前者是企业级成员，是已经安装并运行有 SAP 的公司。既有使用 SAP Business ONE、年费仅为 500 美元的小客户，也有收入超过 50 亿美元、年费高达 5000 美元的大型客户。公司内的雇员都可以从 ASUG 获益。每家公司指定一名代表（champion，公司的单一联络点），以及一个主联络人、执行联络人和最多 6 名助理联络人。

准成员包括授权提供商（即获得了商标、平台、联盟或实施合作伙伴授权的商业实体），以及有认证的补充软件程序（CSP）参与者。但未获得认证的合作伙伴，如小型顾问公司，也可以获得准成员的资格。

凭借 ASUG 成员资格可以进入 ASUG 主网站中的会员站点。从这里，会员可以进入讨论论坛、会员网络、各种 ASUG 主办的播客，观看一些过往的演示和材料等。ASUG 会员出席 ASUG 年会，参加本地和地区分部会议、网络研讨会、电话会议、分组会议、讨论会等活动时还可以享受折扣费率。通过加入 ASUG，成员公司可以从其他用户共享的经验、为普通用户遇到的难题设计解决方案以及影响和塑造未来 SAP 产品的开发方面学到丰富的知识。成为安装成员就有可能对 SAP 公司形成影响，这可能是众多公司加入进来的最主要原因了。如需了解更多有关 ASUG 的信息，可以通过 memberservices@ASUG.com 致信该用户组。

除了 ASUG，在全世界的各个地区还有许多其他 SAP 用户组织，使用德语的 DSAG（Deutschsprachige SAP-Anwendergruppe）是其中最大的，使用法语的用户组（Utilisateurs SAP Francophones［USF］）和 SAP 非洲用户组（AFSUG）、中东及北非用户组（SUG-MENA）等地区性用户组也颇受欢迎。

可以在 http://www.sap.com/communities/user-groups.html 找到代表您所在地区和语言偏好的 SAP 用户组。几乎所有 SAP 用户组都组织参与费用低廉的年会，您可以在这些会议上得到第一手经验，并与有经验的专家们取得联系。

除了世界各地的正式用户组，在不同城市的许多大公司的 SAP 部门组织了一个"SAP 定期聚会"，分享实际经验。最后，还有一些独立于 SAP 的期刊，如德国杂志《E3》（www.e-3.de）的英语版可以从 iOS 或者 Android 设备上下载。

24.1.3　SAP Professional Journal

《SAP Professional Journal》是一份双月刊，面向的读者是从开发人员到系统管理员，再到架构/基础层支持人员等方面的 SAP 专业人员，同时该期刊也面向依靠 SAP 保证公司正常运行的专业业务人员。在《SAP Professional Journal》中，您可以看到技术指南、对新产品和方案的评论、编程和其他技术诀窍、案例分析、集成和系统管理建议、迁移和升级指南，以及种类丰富的安装和支持最佳实践。其中的文章不仅仅是粗略的介绍或者简短的摘要，许多文章都完整详细，因此非常实用。

而电子版的刊物可能比纸质期刊还要更出色一些。您可以登录 www.sappro.com，查看最新一期的文章目录和摘要。更方便的是，把这个资源用作搜索引擎还可以帮助您找到许多宝贵的技术材料和 SAP 最佳实践。该网站上拥有 8000 多页的已发表的文章和其他文件，投资于该网站将使整个 SAP 支持部门都受益匪浅。

24.1.4　SAPinsider

《SAPinsider》与《SAP Professional Journal》是同一家机构出版的，即 Wellesley Information Services（WIS），但是它的格式却与后者大相径庭：它是季刊，可以免费订阅（一般是为 SAP 提供支持或者使用 SAP 的人），而且还是 SAP 公司直接赞助的。实际上，SAPinsider 是 WIS 和 SAP 联合创办的，因此，负责出版这本实用杂志的编委会能够反映出 SAP 大名鼎鼎的执行官和技术人员的思路，这就确保了杂志内容的深入性和先进性。每个季度都可以传授经典的经验教训，这使《SAPinsider》成为了 SAP 专业人员读物的绝佳补充。

除了可靠的技术建议，《SAPinsider》还提供了产品介绍和评论、SAP 开发人员的最新新闻以及多个有用的专栏，包括 NetWeaver、Under Development、Recommended Reading（书评，大部分来自 SAP Press），以及 New and Noteworthy 专区，供合作伙伴和 SAP 产品机构共享重要发现。它提供的丰富资源和信息可以帮助您及时掌握 SAP 领域的最新发展，因此也难怪有超过 12.5 万名专业 SAP 应用开发、实施、支持和使用人员都在依赖《SAPinsider》了。如需了解更多信息，请访问 www.sapinsideronline.com。

24.1.5　InsiderPROFILES

在当今市场上，最新加入 SAP 杂志这个小圈子的是《InsiderPROFILES》（前身为《SAP NetWeaver》）。该杂志成立于 2005 年，创办目的是分享有关 SAP NetWeaver、BusinessObjects 以及 SAP 总体方面的创新和见解。这份杂志在保持 SAP 业务和 IT 内容平衡方面做的很出色。

经理们可以看到分析家的评论、业界专家的想法和实际工作中的轶事,以及高层案例研究,这些都是他们为向特定方向发展建立业务案例所不可或缺的材料。技术人员和架构师会在杂志里看到最佳实践、详细的案例分析以及 SAP 专家的独立见解,这些知识可以帮助他们降低部署尚无悠久历史(对"欠成熟"产品的客气说法)产品的风险,同时做出更合理、更果敢的决定。该杂志也是免费的,在线发布。您可以访问 insiderprofiles.wispubs.com/issue.aspx 进一步了解,也许它就是您所一直期待的。

24.1.6 传统和在线书籍

当今市场上的 SAP 书籍有将近 1000 种之多。使用 barnesandnoble.com(www.bn.com)和 www.amazon.com 等网上书店,您可以轻松地搜索到最新的 SAP 相关书籍。www.sap-press.com 也是个值得一看的地方,这里提供了丰富的 SAP 书籍,内容范围广泛,如 SAP BusinessObjects、Solution Manager、Enterprise SOA、SAP Business One、性能优化、ABAP 和 Java 编程及性能调整、SAP NetWeaver 系统管理、工作流程、SAP 客户关系管理(CRM)定制与开发、SAP Business Warehouse(BW)、安全和授权、SAP 报表查询,以及其他与 SAP 相关的各种产品和功能,应有尽有。还有其他许多网站也提供了各种畅销书籍。畅销书更新得很快,但通过它们可以看出全球的读者们认为哪些东西对他们有用。

24.1.7 技术时讯

《SAP Professional Journal》的出版商 WIS Publications 还发行着多种技术时讯,而且它们的读者也并不在少数。每种时讯都集中关注一个主题,如下所示。

> **Financials Expert**:主要面向使用或支持 FI、CO 或 SAP ERP 财务模块的财务和 IT 团队。从 RP 和 BW 报表,到 SEM、Financial Accounting(财务会计)、Profitability Analysis(盈利能力分析)、G/L、Treasury、A/P、A/R、Controlling 等,它覆盖了相当多的报表功能。请访问 www.ficoexpertonline.com 了解详情。

> **BW Expert**:如果您负责的是部署、升级、优化或者支持 SAP 业务智能解决方案,那么该时讯可能就是您正在寻找的,如需了解更多相关信息,请访问 www.bwexpertonline.com。

> **SCM Expert**:如果您的 SAP 团队负责优化公司供应链,那么它就是您需要的时讯了。它覆盖了所有常见的供应链功能,包括采购、仓库、制造计划、销售和配送等。而且,SCM Expert 的目标不仅仅是 SAP Advanced Planner and Optimizer(APO,SAP 高级规划和优化),还包括了核心的 SAP ERP 模块,如 Sales and Distribution(SD,销售和分销)、Production Planning(PP,生产规划)、Materials Management(MM,物料管理)、Quality Management(QM,质量管理),以及 Project System(PS,项目系统)等。请访问 www.scmexpertonline.com 了解详情。

> **HR Expert**:负责 HR 的团队可以参考这个时讯。从指南和案例分析,到实际的最佳实践和故障解决指导,HR Expert 可以为 HR 团队及时提供他们需要的建议,帮助他们管理和优化 Employee Self-Service(ESS,雇员自助模块)、Manager Self-Service

（MSS，管理人员自助模块）、人员管理、工资单等。请访问 www.hrexpertonline.com 了解更多信息。

> **CRM Expert**：如果您的团队负责的是发挥 CRM 的重要功能，如营销、销售、服务和分析，包括各种 CRM 新用户界面、应用和工具，那么 CRM Expert 就是您所需要的东西了。它的网址为 www.crmexpertonline.com。

24.2 互联网资源

互联网上有许多资源可用，您可以使用它们与 SAP 专业人员、提供商以及整个虚拟用户社区相互沟通、学习、共享自己的想法和发现。互联网总是时时可用，不会消失，因此它是获取故障查找信息的理想来源。经常上网搜索一下是否有新的 SAP 资源不失为一个好习惯，因为实际上网上每天都会有大量的新材料出现。下面就对我们认为最好的资源以及它们的内容进行一下介绍。

24.2.1 SAP ITtoolbox

目前最热门、实用的网站之一就是 SAP ITtoolbox。多年来它一直对我们这些 SAP 领域的工作人员帮助巨大，这充分证明了它的价值。该网站有超过 700 个活跃的讨论小组，一直以来都为自己的社区提供良好的服务，SAP 领域中几乎每个人都会注册 ITtoolbox 门户。ITtoolbox 不会让您淹没在每周提供的无用信息之中，相反，您可以自己选择最感兴趣的主题类型，而 ITtoolbox 会在具体主题内容更新时把最新内容发送给您。您对 SAP 职业生涯、培训或者认证感兴趣吗？或者希望查阅以 SCM、ERP 项目管理或 SAP 硬件平台为重点的知识库？SAP ITtoolbox 完全可以满足您的要求。可以在 www.ITtoolbox.com 注册 SAP ITtoolbox。

24.2.2 SAP Fans

SAP Fans（www.sapfans.com）一直是一个出色而公正的 SAP 信息来源（该网站与 SAP 公司没有任何关系）。SAP Fans 被设计成一个论坛，目的是让使用 SAP R/3、R/2 以及其他 SAP 系统的 SAP 客户能够相互交换想法。该网站上包括了用户、技术和其他一些"讨论"论坛，通过它们，您可以发表问题、评论以及有关 SAP 系统的经验，获得其他 SAP 专业人员的反馈意见。这些论坛分为若干领域，最有用的可能还是技术区。这里也有许多非技术区，主要进行一般性讨论、发布招聘信息和简历，以及教育服务、列出培训课程和处理认证问题等。最后，这里还有一个 Knowledge Corner（知识角），有人实时主持讨论，您可以在这里就功能、技术和 ABAP 的相关问题进行提问。通过这些讨论论坛，您可以方便地提出自己在 SAP 系统方面遇到的问题，其他 SAP Fans 用户会看到您的帖子，并很可能会给出可能的解决方案。在讨论和分享经验时获得的联系网可以成为您的宝贵资源。

本书编写时，SAP Fans 的注册用户已经超过了 10.8 万人，帖子数量接近 100 万。由于它是了解 SAP 新闻、活动、产品、书籍以及从业机遇的理想场所，因此您应该把 SAP Fans 加入自己的收藏夹。该网站上确实有些内容比较陈旧了，但是大多数材料却非常新（而且免费），这也就难怪，无论是经验丰富的 SAP 迷还是刚刚入行的新手都把它列为最有用的资源。

24.2.3　SAP FAQ

SAP FAQ 诞生于 1994 年，最初是德国奥尔登堡大学的 de.alt.sap-r3 Usenet 论坛，它是一个前沿的 SAP 学术安装网站。作为一个历史悠久的非盈利专业技术网站，SAP FAQ 赢得了全球的赞誉和尊重，并且一直保持着自己受人尊敬的地位。它成立的目的是要为那些使用 SAP 的人、实施 SAP 的公司、学生，以及那些把 SAP 视为潜在 ERP 解决方案或职业生涯选择的人提供一个综合性的信息来源。

24.2.4　TechTarget 和 SearchSAP.com

现在可以通过 TechTarget 进入过去所谓的 SAP FAQ "订阅版"讨论论坛、专家解答论坛以及其他相似资源，TechTarget 也是 SearchSAP.com 的前身。实际上，尽管您输入的是 www.sapfaq.com，也还是会转到 itknowledgeexchange.techtarget.com/itanswers，这是一个门户网站，通过它可以找到丰富的材料、现场讨论、薪金调查、活动和会议、技巧提示、有用的时讯等。在新发展趋势和产品方面，这里是交换想法的极佳场所。这里有一个庞大的 SAP 产品目录，覆盖的主题远远超过了常见的 ERP、CRM 以及供应链。比如，您可以在这里找到难得一见的灾难恢复和容量规划相关信息。如果您对 SAP 针对热门的业务流程管理（BPM）或报表领域有哪些工具感兴趣，也会发现有许多材料可看。从一般性讨论、核心的 FI 和 HR 模块讨论，到具体的行业对话，注册用户可以自己选择有兴趣或者适合自己专业的讨论主题。由于注册是免费的，因此对于要考虑预算的 SAP 专业人员来说 SearchSAP.com 和 TechTarget 是无须考虑的选择。如需了解更多信息或进行注册，请访问 searchsap.techtarget.com。

24.3　SAP 会议和活动

除了 ASUG 会议以及由 ASUG 资助的定期活动，现在 SAP 专业人员、用户以及其他相关人员可以参加的专业 SAP 会议也越来越多了。其中一些面向的是专业技术和开发人员，如 SAP TechEd，而另一些（如 SAPPHIRE NOW）针对的则是高管或其他决策人。每年《SAP Professional Journal》和《SAPinsider》的出版商（WIS Publications，本章前面已经详细讨论过了）也会举办大量的产品专题会议和活动。

担心出席会议的费用？考虑出席会议，或者和同事、客户一起出席？会议举办方总是喜欢把从业者和客户召集到一起来共享实际应用经验。与大家分享您获得的经验教训也是对 SAP 领域的一大贡献。通过会议建立关系网非常有效，而且还可以从自己的同行那里了解到最新而且有时是非常重要的 SAP 情况。当然，几乎所有的会议主办方都会承担您的机票和旅店费用，以及会议费用，他们甚至有时候还会帮您解决一些杂项费用。

24.3.1　SAPPHIRE NOW

如果您希望了解高层或者执行官级别的人士对 SAP 目前优先发展方向和创新举措的看

法，或者希望有机会与执行官级别的人士建立联系，可以考虑参加每年一度的 SAPPHIRE NOW 会议。该会议每年在美国、欧洲以及其他地区（如印度等亚洲国家）举行。会议期间会有几次技术讨论会，但 SAPPHIRE NOW 之所以广为人知主要是因为它能够透露出未来的发展趋势，提供客户案例分析和成功故事，以及大量的商业展示会。访问 www.sapphirenow.com，可以了解上一次会议以及即将到来的 SAPPHIRE NOW 活动的相关信息。

24.3.2 SAP TechEd

再没有什么方式能够比参加 SAP TechEd 更让人深入 SAP 圈子，并挖掘出有用的知识和最新消息的了。由于该活动并不着力去举办营销活动，因此无论您正在负责优化系统，还是规划自己的下一次重要升级，都可以在这里实实在在地学到与自己日常工作有关的内容。SAP TechEd 可以提供机遇让您方便、快速、便宜地参加认证考试——只此一项就可以帮您节省数千美元的路费和各项开支，因为您可以把多个培训和认证旅程合并到一次 4~5 天的行程，在此期间走完多个伟大的城市，如奥兰多、拉斯维加斯、班加罗尔、马德里和北京等。带上您的家人和 SAP 梦想一起度个短假吧！

24.3.3 Managing Your SAP Projects 会议

如果您的团队负责规划和开发 SAP，可以考虑参加最成熟的 SAP 会议之一——WIS 举办的 Managing Your SAP Projects（管理您的 SAP 项目）会议。Managing SAP Projects 能够提供注重解决问题和复制成功的实际建议，使您有机会了解是哪些因素成就或者破坏了实施或者升级工作，可以看到大量的客户案例分析，了解 SAP 项目主管们及其团队所实际采用的高层战略和领导策略。为获得这些实用的意见支付一些会议费用是值得的。

由于此年会主要关注的是项目管理，认证专业项目管理人员［通过项目管理机构（PMI）获得认证］可以参加超过 90 场研讨会，从而赚取 Professional Development Unit（PDU）积分，这非常有助于他们保持自己的 PMP 资格。由于这也是一个与供应商无关的会议（SAP 公司不提供赞助，尽管许多发言者来自各个 SAP 组织），因此那些注意 SAP 观点是否公允的人会发现，这里的研讨会气氛还是很诚恳坦率的。

24.3.4 WIS 主办的其他研讨和会议

Wellesley Information Services 还举办其他多种针对特定内容和特定产品的会议。近年来，WIS 已经在北美和欧洲城市举办了超过 50 次的会议和研讨，会议主题从针对管理人员的 SAP ERP 到注重技术的 SCM、PLM、HR、BW、CRM、IT 等许多方面。新近开始举办的 SAP Solution Manager 会议获得了许多 SAP 专业人士的一致好评。像所有 WIS 会议一样，与 SAP 公司保持中立的立场使该会议卓尔不凡，虽然日程只有几天，但却可以从中获得大量的实用信息。请访问 www.wispubs.com/eventCalendar_SAP.cfm 获得近期 SAP 会议的清单，看看有哪些会议就在您附近召开。

24.4 聘用和职业生涯机遇

当您开始实施一个 SAP 项目时，注意到的第一件事可能就是自己突然间变得炙手可热了。收件箱和语音信箱总是充满了大量招聘消息，声称会为您提供更高的薪水、出差次数更少、更多发展机遇等。有些机会听上去很划算，但是却可能使您失去警惕，因此，要做好心理准备。

SAP 知识在今天可以说是热门商品，职位空缺非常多而且还在不断增长，但也需要有相关的技能才行，这包括职业和技术技能，以及开发和配置专业技术。深入掌握如何配置和安装 SAP ERP 模块的知识、能够为 SAP 编写 ABAP 或 Java 代码，或者指导 SAP 系统进行复杂的功能升级或 OS/DB 迁移都同样具有非凡的价值。那些通过实际的 SAP 项目获得了程序管理和项目管理技能的人非常抢手，因此，有大量的网站热情地为您提供聘用机遇也就不足为奇了。下面就是几个这样的网站。

24.4.1 Softwarejobs.com

www.softwarejobs.com 是发布和查看 SAP 聘用机遇的好地点。它的在线职位资源是免费的，而且很实用，包括了咨询和简历编写帮助功能、行业相关杂志和相似材料链接、参加职场活动和继续教育的通道，甚至还提供了免费的个性测试、职业发展测试以及许多关于如何推动职业发展的文章。

该网站还提供了免费电子邮件服务、价格低廉的背景调查（评估您的优势，帮助招聘者做出从 500 多个候选人中聘用您的决定），以及一个成熟的资源中心门户站点，通过它可以访问上述各种服务。最后，在 softwarejobs.com 的 Job Seeker Tools（工作查询工具）区域可以方便地创建公事包、管理和发布自己的简历、执行高级工作搜索功能，并通过一些渠道发布您的简历。

24.4.2 在 ITtoolbox 寻求职业生涯发展

如前所述，ITtoolbox 提供了出色的就业和职业生涯辅助功能。从他们的主页上，您可以进入 Career Center（职业中心），通过它可以快速查看最近发布的职位，还可以注册"job alerts"（职位提示）功能，它可以把您推荐给 IT 行业最顶级的招聘公司，您还可以访问针对具体职位的 ITtoolbox 知识库。您需要为自己的一个项目雇用几个承包人吗？ITtoolbox 也为雇用方提供了一个区域。通过它可以发布职位空缺，查看网站的在线简历库（需要使用信用卡付费），可以快捷地在数千份简历中进行挖掘。请一定把该网站添加到自己的收藏夹里，说不定有一天您就会喜欢上它。

24.4.3 后起之秀

随着 SAP 就业机遇的持续增多，许多网站都提供了值得一看的工作数据库，受欢迎的网站包括 www.simplysap.com、www.justsapjobs.com 和 www.sapcareers.com 等。此外，经常查看一下 www.monster.com 和 www.careerbuilder.com 等主流网站，以及 www.dice.com 等 IT 就业网站上的 SAP 职位招聘情况也是明智之举。在当地寻找机遇时，这些网站可能会为您带来特殊的帮助。有如此众多的就业机遇，您肯定能够找到自己中意的工作。

在追求 SAP 职位或更换工作时，请一定重温第 22 章和第 23 章。

24.5 小结

感谢您的坚持——您已经完成了本书全部 24 章的学习！我们相信，您已经发现阅读本书的最新版本不是在浪费时间。这是本书的最后一章，我们一起了解了一些 SAP 相关资源，其中许多资源是免费的，而且所有的资源都可以帮助您更好地实现了解 SAP 的目标。如果您没有太多时间，也可以每隔几个月查看一下这些资源，比如可以从网络资源上获得丰富的知识，这些知识一定会不时地给我们带来好处的。

是否感觉自己已经从一无所知的入门新手变得更富经验了呢？我们希望如此。希望您喜欢我们关于业务用户的更深入讲解、新的技术细节以及过去 4 年 SAP 发展的新见解。如果果真如此，我们将感到莫大的欣慰。也许很快我们就会一起工作了。最后，如果您有任何问题、看法或经验，敬请直接联系我们。

24.6 案例研究

请考虑以下与 SAP 资源相关的案例分析，并回答之后的问题。您可以在附录 A 中找到与此案例分析相关的问题答案。

24.6.1 情境

作为最新加入 MNC、而且经验最为欠缺的 SAP 财务模块开发人员，公司要求您在 SAP 项目团队为悬而未决的 SAP ERP 升级项目进行准备的时候快速跟进，成熟起来。幸运的是，您过去为多个客户管理财务项目时积累了大量的专业技术，现在应该可以派上用场了。不出意料，您被告知公司没有培训预算。

24.6.2 问题

1. 参加哪个组织能够了解到 SAP 财务领域的其他 SAP 客户都在做些什么？
2. 有一个大型的 SAP 财务会议即将召开，您有许多研讨会要参加，但是还可以安排下这次会议。在会议费用和路费没有着落的情况下，您如何争取参加这次会议？
3. 您如何快速找出排名前 100 的 SAP 开发图书？
4. 如何及时了解互联网上最新的 SAP 信息？
5. 参加哪个 SAP 会议对您来说最有意义？

附录 A

案例分析答案

附录 A 给出了各章案例分析中提出问题的答案。请注意，在某些案例中正确答案不止我们给出的这一种。

第 1 章

1. 尽管业务应用程序市场有不少小型公司，但这个领域里的市场份额和客户认可度主要掌握在 3 家的公司手里：SAP、Oracle 和 Microsoft，其他一些公司，如 Sage、Infor、Epicor、和 NetSuite 也是有趣的选择。

2. MNC 应该首先考察 SAP ERP，因为它可以把所有最终用户连接到一个财务记录系统里。但同时，公司还需要考察 SAP 客户关系管理（CRM），以解决销量流失和其他市场机遇问题。最后，董事会还可能会有兴趣考察一下 SAP NetWeaver Portal，这是对最终用户开始工作进行统一协调的第一步，还要考虑用 SAP NetWeaver 过程集成（Process Integration，PI）产品把公司当前的各种解决方案集成到一个更紧密的系统中。

3. MNC 可能会对 SAP 提供的采矿解决方案和轧钢解决方案特别感兴趣。通过在 SAP ERP 之上实施这些解决方案，MNC 可以立刻利用采矿行业和轧钢行业的最佳实践。

4. MNC 的雇员大约有 10 万名之多，因此面临着多项挑战。各种前端客户端设备的相关问题需要处理，还要考虑 500 个不同场地与公司最终会安置 SAP 的主数据中心之间的网络链接的各种细节。幸运的是，MNC 公司为各种台式电脑和笔记本选择的是 Microsoft Windows 系统，它可以支持多种图形用户界面（包括浏览器）。

5. 董事会需要理解 SAP 的集团（Client）概念如何向不同的业务单位提供可以为特定业务实施方式（例如在不同国家或者不同业务领域）定制的法律实体（或者"集团"），从而实现业务敏捷性。

6. 语言和货币问题对 MNC 来说不构成问题，但是董事局仍然需要调查必须支持哪些特定语言和方言。

第 2 章

1. SAP 是当今市场上多种 ERP 解决方案中的一种，现在就决定采用 SAP 为时尚早，更不用说具体的 SAP 产品和应用程序了。现阶段与其关注提供商、解决方案和技术，不如更加注重开发业务架构和相关的业务线路图。

2. 业务线路图应该把业务目标、战略和架构与所需的业务功能和需求（业务蓝图设计）联系起来，从而形成最终在具体应用程序（SAP 或其他产品）之上进行配置的业务流程和工作流程。

3. MNC 缺少回头客，是在如何增收这个根本经营问题上出现了问题。有趣的是，该公司既可以下决心解决这个问题（需要谨慎），也可以简单地把工作重点放到新的增收机遇上（商品直销）。

4. 负责该工作的人员需要从以下 4 种视角考察 MNC 的状况：业务视角、功能视角、技术视角以及项目实施视角。

5. 功能视角处理的是业务解决方案是什么的问题。它回答的问题是：特定的业务流程要完成什么工作？

6. 基础视角处理的是如何实现业务解决方案的问题。它通过部署特定的应用程序和技术实现业务和功能视角设定的解决方案。

第 3 章

1. 没有任何举措能够让合并后的公司照常运行而不存在业务中断的风险，这是风险最小的选择。

2. 一切保持原样代价高昂，因为会有许多不同的服务器、操作系统和数据库产品需要管理和维护。SAP 基础技术团队在为两家不同的公司工作时仍然无法摆脱脱节状态，而且也几乎无法实现基础设施标准化和整合。

3. 把服务器、磁盘子系统、网络设备以及其他资产整合到一个公共数据中心里，有助于降低与管理和运行这些基础设施组件相关的成本，使 MNC 可以让一个数据中心退役。

4. 对计算平台进行标准化可以降低系统复杂度，使管理所有系统所需的人员更少，使 MNC 最终把同类的 SAP 实例整合到一起。

5. 无论与每个 SAP 组件相关的实例数量有多少，AMI 目前都只支持 3 种生产系统。

6. HANA 在许多方面都很实用。例如，HANA 的压缩技术有助于缩小 AMI 的巨型数据库，从而释放宝贵的磁盘空间，使数据库备份更快（也更小）。HANA 的内存性能还有助于组织提供更高的分析速度。当然，HANA 的费用也会带来额外的预算问题。

第 4 章

1. 对于 MNC 的情况，目前只需要考虑 SAP 企业资源管理(ERP)和供应链管理（SCM）。

2. 对于实现阶段，可能需要围绕功能和任务来组建团队，这可能要包括注重业务和注重技术的多个团队。例如，MNC 可以按业务和配置、集成、开发、测试、数据、安全以及其他方面的工作划分来构建许多团队。

3. 在访问策略方面，请为他们解释传统 SAPGUI 胖客户端与基于 Web 浏览器访问方式的区别。但是避免投入某种策略不失为一个好主意，因为毕竟蓝图设计阶段（在这个阶段要分析许多因素）还没有完成。

4. 告诉这个人，SAP 项目生命期包括 7 个步骤（或者阶段）：项目启动、匹配和原型化、设计和构建、系统集成测试、业务验收测试、切换准备和稳定。

5. 蓝图设计阶段确实会耗费大量的时间和资源，但实现阶段耗费的时间和资源要远远比蓝图绘制阶段多得多。

6. 财务用户的工作肯定会由于实施 SAP 而受到影响，但是他会接受新系统培训，并会发现 SAP ERP 应用程序比目前的系统更强大、功能更丰富。

第 5 章

1. 如果业务流程相当复杂，而且系统需要支持多达 2500 名用户时，SAP All-in-One 是最佳解决方案。

2. SAP Business One 是业务流程简单、需要系统在 8 周甚至更短时间内部署完成的小型公司的理想选择。

3. 如果公司喜欢让自己的雇员定制系统的功能，那么 SAP Business ByDesign 就是他们的最佳选择。

4. 对于雇员达到 2500 人甚至更多的子公司，SAP 的 ERP 应用程序可能对他们最为适合。

5. 只要您能够接受某些功能的缺失，SAP Business ByDesign 非常适合于没有 IT 工作人员或者没计划设置此类部门的公司。

第 6 章

1. MNC 可能认识到通过实施新的 NetWeaver 功能可以获得降低总拥有成本（TCO）以及提高创造力等战略优势。需要业务信息仓库（BW）报表的用户可以通过"推"技术（信息广播）来接收报表，而无须登录 SAPGUI 去进行手动搜索。这可以缩短工作时间，使用户能够把精力集中到其他业务问题上，并最终帮助 MNC 实现成本节省，提高员工的工作效率。另外，MNC 可以选择投资 HANA，以实现对报表的即时访问。

2. 在 6 种 SAP NetWeaver 组件领域（或称主题）中，最应该注意复合和业务流程管理领域的解决方案开发。

3. SAP 提供了多种资源可以帮助规划和实施 SAP BW 系统上的信息广播，其中包括 SAP NetWeaver Master Guide 以及 NetWeaver 系统的安装指南、独立引擎和客户端，它们都可以直接用于 OS 和 DB 平台组合（请注意，您必须拥有有效的 SAP Service Marketplace 用户 ID 才能访问这些资源）。

4．过去几年中 SAP 曾多次改变 SAP BW 以及 SAP BI 的使用方式。除了少数例外之外，它们在大多数 SAP 领域里都是可以互换使用的。

5．MNC 可以使用业务对业务化工电子数据互换（EDI）适配器来连接化工系统。另外，还可以通过针对具体应用的适配器或者技术标准支持传统系统。

第 7 章

1．SAP ERP 人力资本管理（HCM）模块功能丰富。该解决方案之所以那么吸引人有多种原因，包括它集成了 SAP ERP 财务、制造以及其他多种解决方案；它有世界级的人才管理功能；可以增强国际团队的能力，使他们能够把公司的员工连接到一个记录和问责系统上；它内置了业务智能能力；用作外包业务流程、SAP 广泛的 ERP 人力资本管理（HCM）合作伙伴网络，以及该解决方案的开放、可扩展技术平台的能力；以及作为 HR 部门"可靠选择"的美誉。

2．工厂维护组件包括预防性维护、服务管理、维护次序管理、维护项目、设备和技术对象，以及工厂维护信息系统。

3．SAP ERP 运营是一个正在逐步过时的 SAP 后勤功能名称，包括采购和物流执行、产品开发和制造以及销售和服务。在这些基本的物流功能中还包含了涉及采购、工厂维护、销售和分销、制造、物料管理、仓储、工程设计和建设的相关业务流程。SAP ERP 运营隶属于 SAP 制造这个总体解决方案。

4．SAP 特意在特定的解决方案和模块之间设计了重叠，这样公司就能够定制可以反映特定业务模块和过程的业务解决方案，以满足它们的需求。

5．分析解决方案是 SAP ERP 的一个重要组件，这是一个有针对性的解决方案，包括了财务、运营和员工分析功能。

6．有助于支持新客户的 SAP CRM 功能包括营销支持、销售支持、服务支持、Web 渠道支持、互动中心管理支持、合作伙伴渠道管理、业务沟通管理和实时报价管理。

7．不，SAP 制造包含多个组件，每一个都必须有合适的许可证。

8．SAP SRM 与 PLM 的紧密集成通过合理化对工程文档和其他有助于优化产品质量、制造过程等的材料的访问，提供 ERP 后端数据（如物料管理流程、财务凭证和物料清单 [BOM] 等）的可见性，给 SRM 用户带来好处。

9．ERP 组件最为成熟，然后是 SAP SCM。

10．供应链的 3 个通用组件包括供应、制造和分销。

第 8 章

1．对于经典的 SAP 解决方案，可以选择基础设施即服务（IaaS）和平台即服务（PaaS）。

2．IaaS 和 PaaS 供应商仅负责虚拟机。您仍然负责操作系统、数据库和应用代码的安装及维护，这和场内安装相同。您还需要得到所有这些组件的许可证，签订必要的维护协议。

3. 将场内安装的生产性任务关键系统与云端的开发、沙箱和培训系统相结合是行业最佳实践之一。

4. 除了 SAP 提供的 HEC 之外，许多认证云提供商业将 HANA 作为其服务的一部分提供（连同除了 HANA 实例托管之外的附加服务）。

5. SuccessFactors 专注于基于云的人才管理，人员工资仍然属于 SAP HR 的范畴。

6. Ariba 为采购提供业务网络，而 SAP SRM 专注于公司采购部门的需求。

7. Fieldglass 支持非正式员工管理。

8. Concur 通过集成差旅登记和费用跟踪，帮助其客户避免多次输入相同数据。此外，出差人员可以拍摄火车票或者酒店账单的照片以电子形式提交，而无须收集和邮寄纸质发票。

9. Hybris 提供支持销售和营销部门的多渠道零售和目录管理解决方案。

第 9 章

1. 技术团队需要超级用户的知识来定义和评审 SAP 技术和业务应用程序实际上如何解决公司的业务问题，能够解决到哪种程度。如果不从超级用户的角度进行审查，MNC 会"解决"错误的问题，更糟糕的是还会引发新问题。

2. 主集成商了解 SAP 以及具体的功能和业务领域，但是缺少 MNC 超级用户所掌握的第一手知识。在各种会计团队里工作的超级用户可以担任公司内部顾问，在当前业务实施方式以及机构工作流程方面为实施团队提供参考意见。

3. 由于超级用户掌握了关于 MNC 业务流程和 SAP 功能配置方面的知识，MNC 在系统启用后面临的最大挑战将会是如何留住他们。

4. 负责把一家公司的业务需求转换为功能规范，并用它正确指导配置 SAP 任务的专门人员和团队，也称为业务流程分析师或者"排"长。

第 10 章

1. 您需要主机名或 IP 地址、系统 ID 以及系统编号。

2. 沿 SAP 菜单路径下钻到销售订单项（选择 Logistics→Sales and Distribution→Sales→Order→Create）。

3. SAP 菜单就是非常好的 SAP 树结构实例。

4. 不是，两个字符的语言标识符是可选项（除非需要更改为另一种语言，且 SAP 组件中预先已经安装和配置了该语言）。

5. SAP Fiori 提供了在移动和传统 PC 设备上无所不在的观感，而 SAP Screen Personas 让用户和 IT 部门能够改善传统 SAPGUI 的易用性和观感。创新或者修改现有 UI 外观，是 SAP Fiori 和 SAP Screen Personas 之间的主要区别。

6. SAPUI5 和等价的开源产品 OpenUI5 使开发人员能够创建在移动、平板和经典桌面环境中使用的新 SAP 用户界面。

第 11 章

1. 4 个核心业务情景是 SAP ERP 财务、SAP ERP 运营、SAP ERP 人力资本管理和 SAP ERP 企业服务。

2. 物料管理经验直接适用于 SAP ERP 运营情景。

3. 物业管理经验直接适用于 SAP ERP 企业服务情景。

4. 您的 SAP MM 采购经验意味着可能熟悉与创建采购订单（ME21N）、创建采购申请（ME51N）、发布 PR（ME54）、列出 PR（ME5A）和自动生成 PO（ME59）相关的业务事务。

5. SAP RE 包含许多子模块，涵盖了从物业控制、会计和承包，到租金调整、税收、土地使用管理、服务收费管理和各种销售相关的流程。讨论这些可以展现您的 SAP RE 经验。

第 12 章

1. 有经验的 CRM 候选人应该能够谈论如下领域中的几个：销售、营销、服务、定价、CRM 分析、互动中心（IC）系统功能或者多渠道能力。

2. 能够聪明地谈论自助服务采购（经典购物车功能）、战略采购、主数据管理（前目录内容管理）、支出分析或者供应商评估的候选人是潜在的 SAP SRM 最终用户。

3. 具备需求规划、生产规划、运输规划和车辆调度知识的候选人可能是供应链管理最终用户的好候选。

4. 具有配方管理经验的 PLM 最终用户应该能够谈论公式创建、更改和管理，包括资产类型、管理方法、角色和参数。

5. SAP PLM 与采购和管理流程、材料主数据、工程和文档管理功能、安全性和维护流程以及许多不同工具和其他应用紧密集成。没有这种广泛的经验，PLM 候选人在短期内就不合适。

第 13 章

1. 报表用户有 3 类：轻量级的高管或者自助服务用户、BI 用户或决策者以及运营报表用户。

2. SAP 提供了多种新旧可视化工具。SAP BO Xcelcius Enterprise 工具可能是最强大的可视化工具，但 SAP BO Explorer、SAP BO Crystal Reports、SAP BO Web Intelligence、SAP Business Explorer、SAP Report Painter 甚至 SAP QuickViewer 也提供了某些可视化能力。

3. SAP BO Web Intelligence 工具从现有报表中提供业务智能见解，为业务智能用户和决策者提供了一个健全的业务分析和自助服务 BI 混搭平台。

4. 与 SAP NetWeaver Business Warehouse 相关的报表选项多种多样，包括 SAP NetWeaver BW 和 BWA、SAP HANA 驱动的 SAP BW 和 the SAP Business Explorer。

5. 大部分 SAP 传统报表选项内建于 SAP ERP（前 SAP R/3）应用中。

第 14 章

1. 用 SAP sFin 代替 SAP ERP 中的传统 FI/CO 模块。
2. 在 HANA 系统上的 ERP 内部实施一个集中总账,从源 ERP 实时收集所有财务信息。
3. 使用 %pc 命令很容易将数据直接下载到 Word 和 Excel。
4. 在 SAP CRM 中选择对应的客户地址,用 OLE 连接将数据输出到 Word。
5. 利用 SAP Interactive Forms by Adobe 中 SAP 提供的某种标准表单。
6. OpenText ECM Suite 为 SAP 解决方案提供数据和文档存档功能。

第 15 章

1. 鉴于这种时间限制,SAP 的 ASAP 方法学确实是很好的起始点。幸运的是,人力资本管理(HCM)模块相当成熟,风险、问题和挑战都是已知的。ASAP 的敏捷或迭代方法能够在这一年内快速交付价值。

2. MNC 缺乏 SAP 技术技能以及领导能力,必须从 SAP 公司或有经验的 SAP 系统集成商那里聘请一位熟悉 MNC 所在行业及 SAP HCM 的高级企业架构师。

3. 鉴于 MNC 已经有了一个成熟的项目管理办公室(PMO),可以假设 PMO 能够胜任创建项目计划、应急计划、沟通计划以及流程升级的工作,也能够很好地管理质量和风险。当然,如果没有项目经理帮助计划经理,大量的战术性工作将很快堆积如山。必须雇用具有 SAP 经验的项目经理。

4. HR 副总过去在 SAP 上的失败历史是一个重要的警告信号。没有副总对新解决方案的支持、领导和推广,项目几乎肯定会失败。HR 副总本身就是几个最关键的利益相关人之一(如果不是项目发起人)。

5. 考虑到当前的情况,您应该告知指导委员会项目有很高的风险,必须等到案例分析中的问题解决后再继续进行。

第 16 章

1. MNC 目前的 IT 团队需要重新组建并接受 SAP 知识的专门培训。但是,数据中心团队可能已经掌握了必要的知识,只需要增加基本的人员实力就可以了。

2. SAP 基础团队负责提供运行 SAP 必不可少的规划、交付、维护和技术架构。

3. 让技术团队参考 SAP 的 Master Guides 了解详细的规划和准备建议(见 service.sap.com/instguides)。

4. 尽管 MNC 目前使用的是一个非常不错的 4 系统格局(开发、测试、生产前预演和生产),但鉴于 IT 机构的技术缺陷、业务培训空白,可能还需要业务/功能沙箱以及 DR 解决方案,很可能有必要进一步拓宽系统格局。

5. 除了基本的磁带备份/恢复能力之外，其他两种 DR 解决方案是使用数据库日志传送，以及实施基于硬件存储复制技术的 DR 解决方案。

第 17 章

1. 启动 ABAP Development Workbench 的事务码是 SE80。

2. 用于创建 SAP Java 的应用程序的开发环境叫做 SAP NetWeaver Developer Studio（NWDS）。

3. ABAP 开发工作台（Development Workbench）、Java NWDS 和 SAP 复合环境（Composition Environment）是当今进行 SAP 开发的 3 个主要工具集。

4. 针对 SAP NetWeaver 企业门户的 ASAP 实施线路图是 Run SAP 线路图的一个例子。

5. SAP Project Implementation Guide（项目实施指南）仅包含了公司正在实施的应用程序组件所需的定制步骤。

第 18 章

1. 安装 SAP Solution Manager（获取 SolMan 安装介质和安装指南之后）。

2. 安装的第一个 SAP 格局环境通常是技术沙箱或者实验系统。

3. SAP 介质可以在 SAP 软件下载中心找到。

4. 是的，可以用 Amazon Web 服务（AWS）在 Amazon 上进行 HANA 概念验证。Microsoft Azure 目前只在 SAP 云设施库中输出有限的 HANA 功能（预计很快会有更多功能）。

5. HANA 概念验证必须在 90 天内完成，90 天之后许可证将过期。

6. 为了立即削减更改和重置密码的 IT 支持成本，MNC 应该考虑实施单点登录（SSO）。

第 19 章

1. 一般来说，企业的最终用户会使用软件即服务（SaaS），开发人员和程序员使用平台即服务（PaaS），而 IT 专业人员使用架构即服务（IaaS）。

2. 由于风险小于纯公共云（或可管理性更强），而且比传统的计算平台更容易引进业务创新，混合云模式是开始使用云技术最合理、最现实的第一步（但采用私有云托管模式也是不错的方式）。

3. SAP 新收购的许多新应用都通过 SaaS 交付。

4. 首先应该移入云的系统包括 CRM、最终用户培训系统、技术沙箱培训系统、业务演示和原型设计系统、各种季节性使用的系统、公司的各种测试和质量保证系统（至少包括开发系统）、用于维护数据或存储备份的系统，以及 MNC 的灾难恢复系统。

5. 尽管部署同构 SAP 云的想法可能是通用的，但是 Monsoon 本身是供 SAP 内部开发及销售团队使用的。

第 20 章

1. 启用、激活 EEM_SLA 仪表盘以查看最终用户体验服务水平报表详情。

2. 使用 CCMS 事务 ST07、SM04 和 AL08 查看最终用户数据,如登录到特定功能区或者特定应用服务器的用户数,或者执行特定功能事务的用户数。

3. SAP LVM 让您可以通过在可用硬件资源上拖放新描述的 SAP 系统,创建新系统。它还可用于部署虚拟机以及在物理和虚拟机之间重新安置 SAP 实例。

4. 用 SAP 解决方案管理器集中监控整个 SAP 环境,包括多个 SAP 系统格局。

5. SAP 早期预警报告提供了系统的健康状况,包括可用于确定 SAP 解决方案实际资源消耗的平台和利用率图表。这些信息在启用、升级、搁置的硬件更新等之前很重要。

第 21 章

1. 在进行升级等重大改变时,管理并最大限度降低风险的思想,尤其是降低停工风险通常来说是最重要的。

2. 该广告语并不准确。其中说"具有 SAP 升级技能的项目经理……"而事实上 SAP 版本更改指的是一次功能升级,而术语"迁移"的含义是操作系统或数据库变更。

3. MNC 可以在以后进行 SAP OS/DB 迁移,把 SAP 移动到可以提供更低 TCO 或更多创新机遇的平台上。MNC 也可以考虑其他托管选择。

4. 对计算平台的大多数更改都可以被认为是更新,对 SAP 功能的改变可以看作是升级,而完全改变 OS 或数据库版本就构成迁移了。

5. 组合升级/迁移项目的固有风险高于分阶段更改(两个阶段间有一段时期供系统稳定),但是它们正在变得越来越容易完成,因而越来越常见。和一次进行一项变更相比,组合升级/迁移还可能最大限度地减少总体业务停机时间。

第 22 章

1. 要了解 SAP 合作伙伴的详细信息,请查看 www.sap.com/ecosystem/customers/directories/SearchPartner.epx 上的合作伙伴搜索索引。

2. 银行业是 SAP 提供具体支持的几个行业之一。知道了这一点您就可以对各种 MNC 所需的业务流程和功能进行研究了,因此可以在设计简历、突出经验以及最终面试等多个方面获得优势。

3. 有了会计工作的从业背景以及快速接受新技术的能力,您就可以胜任 MNC 银行附属机构里 SAP 超级用户的角色了。

4. 您应该从 Project Management Institute(PMI)获得项目管理专业人员(Project Management Professional,PMP)认证。

5. 作为业务与 IT 团队之间的联络人，除了良好的业务和技术技能以外，您可能还拥有强大的沟通和组织能力，这种综合能力在您面试 MNC 时会充分证明您的重要价值。您一定要强调自己这些令人羡慕的能力。

第 23 章

1. 第一条原则是积极地经营好自己的职业生涯，不要总是被动地把自己的职业生涯和生活掌握在别人（尤其是您的经理）手里。

2. 有了在基础设施、数据库管理、培训和项目管理方面如此广博的工作背景，您可以为项目提供 4 种不同但非常有用的技能。这些技能可以弥补 SAP 项目中最为关键或者迫切的缺陷，是它们的机遇。

3. 作为 SAP 基础团队中的多面手，您可以逐渐向专注于 SAP 流程集成、SAPNetWeaver Portal 或相似组件的专家发展。

4. 无论是要测试项目相关增强对系统的影响，还是每个季度进行的修补和升级，SAP 系统总是需要进行测试，以确保能够顺利对生产系统进行改变。这就需要有人能够手动或者使用自动测试工具来创建和执行测试脚本。

5. 这位面试官可能是想知道您对各种计算平台在创新方面的区别有多深的认识。可以通过讨论平台在最大限度减少停工、提高灵活性以及最终提高业务敏捷性方面的能力来继续与他进行交流，还可以更进一步，概述云和其他托管选项。

第 24 章

1. 参加 ASUG 会议可以了解到其他 SAP 客户在 SAP 财务领域里在做些什么，因此很有意义。

2. 如果您有足够的时间，可以与同事或客户为这次会议开一个碰头会。凭借自己在管理财务项目方面的背景和专业知识，以及一份有诱惑力的客户案例分析，您将很有可能被选中一同去参加这次会议。而会议举办人会负责您的路途、住宿以及会议费用，也许还会报销其他一些费用。

3. 您可以通过在 Amazon、Barnes & Noble 以及其他同类网站上搜索找出排名前 100 的 SAP 开发书籍。按日期排序找出最新的作品，或者按畅销状态排序了解其他人正在购买哪些书。有些受欢迎的 SAP 网站也会建议一些自己认为有用的作品。

4. 使用 Bing、Google 或 Yahoo!等互联网搜索引擎定期搜索新 SAP 网站以便了解最新的 SAP 信息是个好主意。另外，请一定要经常访问 SAP 的 SDN 和主页。

5. 作为一名财务分析师，您肯定希望出席 WIS．SAPPHIRE NOW 举办的财务会议，在这个会议上还可以了解到财务领域使用的最新的 SAP 产品。另一方面，如果您的目标是社交，ASUG 也是一个理想的选择，因为可以同其他财务专家进行面对面的交流。